西部史学

（第四辑）

黄贤全　邹芙都◎主编

西南师范大学出版社
国家一级出版社　全国百佳图书出版单位

图书在版编目(CIP)数据

西部史学. 第四辑 / 黄贤全, 邹芙都主编. — 重庆:
西南师范大学出版社, 2020.10
ISBN 978-7-5697-0488-4

Ⅰ. ①西… Ⅱ. ①黄… ②邹… Ⅲ. ①史学 - 研究 -
中国 Ⅳ. ①K092

中国版本图书馆CIP数据核字(2020)第202128号

西部史学(第四辑)

黄贤全　邹芙都　主编

责任编辑: 段小佳
责任校对: 张昊越
书名题签: 朱彦民
装帧设计: 润江文化
照　　排: 夏　洁
出版发行: 西南师范大学出版社
网　址:http://www.xscbs.com
地　址:重庆市北碚区天生路1号
邮　编:400715
电　话:023-68868624
经　　销: 新华书店
印　　刷: 重庆荟文印务有限公司
幅面尺寸: 170mm × 240mm
印　　张: 20
字　　数: 338千字
版　　次: 2020年10月 第1版
印　　次: 2020年10月 第1次印刷
书　　号: ISBN 978-7-5697-0488-4

定　　价: 68.00元

目录

一 文献研究

二 先秦史研究

三 明清史研究

四 社会史研究

五 经济史研究

六 民族学与人类学研究

七 史坛名宿

一 文献研究

清华简《邦家处位》《治邦之道》部分字词的训释

王化平[1]

摘　要：文章第一节分析了清华简《邦家处位》第1、3、4简中的"抑历无訛"、"宔任百役"、"没抑无由"和"阶嫡长"，认为两"抑"字均为实词，可释作"压抑"，"宔"读为"重"，"阶"释作"升"义。第1简中的"倾昃天命"义即倾倒天命，与墨家的非命主张相一致。第二节解释了《治邦之道》第1简中的"转""損"等字。第三节解释了《治邦之道》第11简中的"唯彼废民之不循教者"一句，认为整理者对《工制》郑玄注中的相关句子理解有误。第四节解释了《治邦之道》第23简中的"鸠落有常"，第五节指出了《治邦之道》与清华简《越公其事》之"五政"的联系，认为两者均与墨家思想有关联。

关键词：墨家思想；《邦家处位》；《治邦之道》；《越公其事》

新近出版发行的《清华大学藏战国竹简（捌）》共收录8篇古佚文献，内容均属前所未见，整理起来非常不容易。经过整理者的初步整理和注释之后，8篇古佚文献的内容大体明朗。不过，由于时代久远，且缺乏足够的参照文献，8篇文献中仍有许多文义晦涩，有待疏通的地方。整理者的注释，也有一些值得商榷的地方。8篇文献中，至少《邦家之政》、《邦家处位》和《治邦之道》这3

[1] 作者简介：王化平，西南大学汉语言文献研究所、出土文献综合研究中心研究员，主要研究方向为：简帛文献和《周易》。

篇与墨家思想存在密切关联。笔者在阅读的过程中，多处参考了墨家思想，对一些文句的理解产生了不同意见。此外，笔者在看《治邦之道》时，发现篇中有些内容可与《越公其事》联系起来理解，由于这与探讨清华简与墨家思想的联系相关，故放在篇末一并讨论。

一、墨家思想与《邦家处位》篇第1、3、4简中部分句子的训释

在《邦家处位》篇中，第1简就提出“度”这个概念，并用举例的方法对此做出了解释(以下战国简释文无疑义处均用通行字写出)：

> 邦家处位，倾昃其天命，抑君臣必果以度。度，君速臣，臣适□君。君唯聋狂，使臣欲迷。政事逆美，宠福逆恶。[①]

这里实际上举出了正反两方面的例证，一方面是“度”的情况下，则“君速臣，臣适□君”，是君臣上下和谐。另一方面是“不度”的情况，则“君唯聋狂，使臣欲迷。政事逆美，宠福逆恶”，即奖赏不得当，任事者是“美”，得宠福者反而是“恶”。从这样的例证可以推测，“度”是指美恶、贤否得其所宜。[②]

再看第4简中提到的“度”：

> 夫不度政者，抑历无訿，宔(主)任百役，乃敝于亡。或恶哉，戕躁度，势僭列而旁受大政。或美哉，不见而没抑不由，无津以出，民用率欲逃，求昭政。

此处所举“不度”的后果是“恶”者得势，“美”者失落，此亦可证明所谓“度”是“美”、“恶”皆得其所宜。

第4简之大意既明，则几个关键词的训释也就容易了。首先，“抑历无訿”

---

① 清华大学出土文献研究与保护中心编，李学勤主编：《清华大学藏战国竹简(捌)》，上海：中西书局，2018年，第128页。以下引《清华大学藏战国竹简(捌)》的释文均出此处，因引用较多，不再一一出注。

② 关于“度”的内涵，学界多有讨论。刘信芳认为“度”指向君臣处位之度，设官分职之度，今人所谓规矩也，参见《清华藏八〈邦家处位〉章句(一)》，武汉大学简帛研究中心简帛网，http://www.bsm.org.cn/show_article.php? id=3257。陈民镇在《清华简(捌)读札》一文中则认为“度”是尽人事，指发挥主观能动性处理君臣关系，具体而言是君主对臣子的考察与取择，清华大学出土文献研究与保护中心，http://www.tsinghua.edu.cn/publish/cetrp/6842/2018/20181117172306966584873/20181117172306966584873_.html。陈颖飞在《论清华简〈邦家处位〉的几个问题》(《清华大学学报(哲学社会科学版)》2018年第6期)中认为“以度”是简文主旨，“度”是用人的总原则，也是用人实践中可操作的法则。

一句中，“詋”字整理者认为就是“訾”字，又引《国语》韦昭注，说：“无詋，即无訾，指没有经过‘訾相其质’的考察过程。”[1]对“詋”字的解释是很可信的。至于“抑”字，整理者训为语首助词，则未必得当。[2]理解这个字的线索在下文，下文说到“恶”“美”两种人，前者得势，后者失位，这与正常情况是相反的。且下文提到“美”“没抑不由”。因此，“抑历”之“抑”或与下文的“没抑”之“抑”同义，两者只是字形不同。“抑”在先秦文献中有“压抑”一类的意义，如《墨子·尚贤中》有“不肖者抑而废之”。[3]“历”，任职之义，可从整理者的释义。“抑历无詋”，即废免和任用均无恰当的考察过程，这自然会导致下文所说的“恶”人得势，而“美”人进用无门。“宔任百役”句，整理者读“宔”为“主”，并未释义。不过，“主任”一词很不好理解。考虑到尚贤往往与人尽其才相关，且下文言“敝”，故宜将“宔”读为“重”，“重任百役”意为给才能只堪“百役”者重位。“百役”之人才微不堪重任，自然导致“敝”。

其次，“没抑不由”句中的“抑”原简写作从氵从印之字，这可能是受“没”影响而添加了形符。简文此处“抑”与“没”字搭配，将“没抑”理解为一个复音词显然更加合适。“由”字则可从整理者的释义，所谓“没抑不由”即将“美”者贬抑不用。

事实上，《邦家处位》所强调的“度”与墨家的“尚贤”关系密切。《汉书·艺文志》说墨家出于“清庙之守”，“选士大射，是以上贤”，此尤可见墨家的“上贤”与“选士”间的密切关联。在《墨子》中，也有一些涉及“度”的相关讨论，如《法仪》和《尚贤》篇云：

> 子墨子曰：“天下从事者不可以无法仪，无法仪而其事能成者，无有也。虽至士之为将相者皆有法，虽至百工从事者亦皆有法。百工为方以矩，为圆以规，直以绳，正以县。无巧工不巧工，皆以此五者为法。巧者能中之，不巧者虽不能中，放依以从事，犹逾已。故百

---

① 清华大学出土文献研究与保护中心编，李学勤主编：《清华大学藏战国竹简（捌）》，上海：中西书局，2018年，第128页。

② 在《清华简（捌）读札》一文中，陈民镇认为《邦家处位》中印声之字均当读为“抑”，系表递进的连词，而非整理者所说表承接的连词。简4所见整理者训作“没”的“抑”，亦当为连词。

③［清］孙诒让撰，孙启治点校：《墨子间诂》，北京：中华书局，2001年，第49页。

工从事,皆有法所度。”[①](《法仪》)

然后圣人听其言,迹其行,察其所能,而慎予官,此谓事能。故可使治国者,使治国;可使长官者,使长官;可使治邑者,使治邑。凡所使治国家、官府、邑里,此皆国之贤者也。[②](《尚贤中》)

就墨家思想来说,既然提出“尚贤”,自然要涉及如何评价贤才、如何选拔贤才,所有这些方面,无不需要“法度”,此即《邦家处位》所说的“度”,遵循此“度”,即可使“美”“恶”各得其宜。

其实,墨家思想更为明显的《治邦之道》也提到了“度”,如第2篇:“[瀌](废)兴之不度”,第11-12简:“度其力以使之,饥渴、寒暑、劳逸,和于其身。”第16-17简:“举而度,以可士兴;举而不度,以可士崩。”由此可见,《邦家处位》与《治邦之道》的学派倾向其实相一致。

除“度”及相关字词外,第1简中提到的“天命”亦关系到一些词句的理解。第1简中还提到了“倾昃其天命”的问题,也值得注意。陈颖飞女士认为:“‘倾昃其天命’,指天命不正,而这是‘邦家处位’的结果。‘邦家处位,倾昃其天命’则是‘君臣必果以度’的原因和前提。那些在治国位置上的人,致使天命倾斜不正了,因此君臣必须果断地使用法度。换言之,简文所论述的‘以度’,发生在‘倾昃其天命’这一危急时刻。”[③]以法度择人才是时时都必须遵循的,不能等到“天命倾斜不正”的时候才来强调这一点。因此,“倾昃其天命”并非“邦家处位”的结果,而应是“邦家处位”应该遵循的法度之一。所谓“倾昃其天命”,即倾倒天命。在战国诸子中,墨家有“非命”说,与《邦家处位》的“倾昃其天命”较为接近。如《非命上》云:

然则何以知命之为暴人之道?昔上世之穷民,贪于饮食,惰于从事,是以衣食之财不足,而饥寒冻馁之忧至,不知曰“我罢不肖,从事不疾”,必曰“我命固且贫”。昔上世暴王不忍其耳目之淫,心涂之

① [清]孙诒让:《墨子间诂》,第20-21页。自孙诒让以来,学界对《墨子·亲士》《修身》《所染》《法仪》《七患》《辞过》《三辩》这七篇的学派性质略有争议,大体认为当属墨家作品,不过其中含有儒家思想。胡子宗、李权兴等认为:“(此七篇)实是墨子思想体系的总纲。其中可能有儒家思想的成分,墨子说过孔子‘亦有当不可易者’,何况墨子曾学儒者之业,习孔子之术。”“这七篇文章与《尚贤》《天志》《节用》等篇内容相关联,正表明是提纲挈领的总论。”参见胡子宗、李权兴等:《墨子思想研究》,北京:人民出版社,2007年,第76页。

② [清]孙诒让:《墨子间诂》,第49-50页。

③ 陈颖飞:《论清华简〈邦家处位〉的几个问题》,《清华大学学报(哲学社会科学版)》2018年第6期。

> 辟，不顺其亲戚，遂以亡失国家，倾覆社稷，不知曰“我罢不肖，为政不善”，必曰“吾命固失之”。于《仲虺之告》曰：“我闻于夏人，矫天命，布命于下，帝伐之恶，龚丧厥师。”此言汤之所以非桀之执有命也。于《太誓》曰：“纣夷处，不肯事上帝鬼神，祸厥先神禔不祀，乃曰‘吾民有命，无廖排漏’，天亦纵弃之而弗葆。”此言武王所以非纣执有命也。今用执有命者之言，则上不听治，下不从事。上不听治，则刑政乱；下不从事，则财用不足。……①

墨子视“命”为“暴人之道”，不仅抨击“执有命者之言”，而且对“天命”亦提出明确反对，如《非儒下》云：

> 有强执有命以说议曰：“寿夭贫富，安危治乱，固有天命，不可损益。穷达赏罚，幸否有极，人之知力，不能为焉。”群吏信之，则怠于分职；庶人信之，则怠于从事。②

由于墨家仍然尊天事鬼神，因此，他们提出“天志”之说，而所谓“天志”，无非是兼爱、仁义等。结合墨家思想，可以将《邦家处位》篇中的“倾昃其天命”理解为改变所谓的“天命”，此“天命”一方面指国家兴衰之命运，二是个人贫富尊卑之命运。换句话说，就是要保持国家的长盛不衰，保证个人的贫富尊卑有序可依。要做到这样的话，就必须“君臣必果以度”。

与反对“天命”相关的，是墨家对世袭在一定程度上亦持反对态度，比如《尚贤下》云：

> 是故古之圣王之治天下也，其所富，其所贵，未必王公大人骨肉之亲、无故富贵、面目美好者也。③

理解了墨家的这些思想，则第3简中的一些词句就很好解释了。第3简说：“子立代父，自奠于后事，阶嫡丈，罪卓辞。”“丈”字，整理读为“长”，可从。“子立代父”即“立子代父”，也就是父子世袭，这与“尚贤”是相冲突的。“阶嫡长”，也就是使嫡长子继任，这也是与“尚贤”相矛盾的。“阶”与“罪”在这里形

① [清]孙诒让：《墨子间诂》，第271–273页。
② [清]孙诒让：《墨子间诂》，第290–291页。
③ [清]孙诒让：《墨子间诂》，第67–68页。

成正反对照，整理者认为“阶”是“到达，导致”之义，则与“罪”不形成对照[①]，故不可从。

要之，《邦家处位》一篇当属墨家作品，可据墨家思想解释篇中的一些词句。

二、《治邦之道》第1简的解释

清华简《治邦之道》第1简及其前文中有几处疑难：

> 命是以不行，进退不稽，至力不勉，乃剸(断)弍杜慝，以免其屠。古(固)𧀠为溺，以不匽(掩)于志，以至于邦家昏乱，翦小削损，以及于身。凡彼削邦弱君，以及灭由虚丘。

2019年底刊布的《清华大学藏战国竹简(玖)》中有一篇《治政之道》，贾连翔先生认为当与第八册中的《治邦之道》同属一篇，所论甚是，整理者也采纳了这一意见[②]。上述引文中的“命是以不行进退不稽至力”这11字即采自《治政之道》文末。其中“稽”字从刘信芳先生的意见，义为考察。[③]在2018年底公布的释文中，整理者将“杜”字前的字释作“迁”。在2019年底公布的《治政之道》与《治邦之道》的合编释文中，改释作从弋从辶的字。仔细观察第1简图片可知，此字右边所从确实不是“干”字，而应是“弋”字较合适。疑“弍”字可读作“忒”，差错也。“慝”，丑恶。从下文“以免其屠”看，前一句所说行动的目的当是为了避免杀戮，因此，“弍”读作“忒”，与“慝”性质相类是比较契合语境的。

整理者读作“断”的字，疑应读作“转”，躲避之义。《管子·法法》“民不敢转其力”，尹知章注云：“转，犹避也。”[④]“乃转忒杜慝，以免其屠”，意思是躲避差错，逃避罪恶，以免杀身之罚。这样理解的话，“命是以不行”至“以免其屠”这

① 陈民镇在《清华简(捌)读札》一文中认为“阶”应读作“皆”，且“自定于后”意指世官制度下直接认定继任者的行为。

② 贾连翔:《从〈治邦之道〉〈治政之道〉看战国竹书“同篇异制”现象》，《清华大学学报(哲学社会科学版)》2020年第1期;清华大学出土文献研究与保护中心编，黄德宽主编:《清华大学藏战国竹简(九)》，上海:中西书局，2019年，第145页。

③ 刘信芳:《清华(八)〈治邦之道〉试说》，武汉大学简帛网，[2020-01-24]，http://www.bsm.org.cn/show_article.php? id=3507。

④ 黎翔凤撰，梁运华整理:《管子校注》，北京:中华书局，2004年，第303页。

一小节就是指出政治混乱，奖惩失当，以致人们做事不努力，甚至掩盖自己的过错和罪恶，以逃避杀身之祸。

又，“溺”字，整理者释作“弱”，2019年公布的合编释文中作“溺”，字形上是正确的。“溺”即沉溺，“古(固)蠹为溺”是说沉溺于懒惰而停步不前。对于“以不盬(阖)于志”一句，整理者读“盬”为“掩”，[①]又引“或说”云：“‘盬’为‘阖’字异体，疑读为‘盍’，《尔雅·释诂》：‘合也。’”因上文说国家行政懒散，下文说国家昏乱，所以，读作“盍”恐怕更合适，所谓“以不盍于志”，即上下离志，此义与上下语境最贴切。显然，这里强调上下要“合志”，与墨家的“尚同”颇为近似。

对于“翦小削损”一句，整理者云：“意谓小国将被翦灭，大国则国土侵削。”[②]此释不仅添字解经，且与上文“邦家昏乱”和下文“以及于身”脱节。既然是说“邦家昏乱”，则下文要接着来阐述“昏乱”。下文说“以及于身”，则“昏乱”有一个自远及近的过程。“小国将被翦灭，大国则国土侵削”是谈国之存亡，与“昏乱”虽相关，但讨论的对象变成了“国”，与上文不一致，故不可取。

从字形上说，“损”字之释应无问题，且亦见于清华简《别卦》，证据充足。不过，此处疑与“小”意义相近。因此，释作“损”的字疑当读为“逊”，是指谦顺恭敬之人。“小”是指小人，地位低贱之人。“翦小削逊”是说国家昏乱的情况下，地位低贱和谦顺之人先被削弱排挤。“以及于身”，是说昏乱至极，连国君自身亦将罹难。

这一段话强调国家上下离散的根源在于国君，反之，国君勤政善治，则国家上下和调，政令通畅。无论如何，祸福之根源均系于国君。

---

① “盬”字释读尚存争议。萧旭在《清华简(八)〈治邦之道〉校补》中认为是“盬” 是“盍”增旁字，读为猒，亦作厌、餍，满足、快的意思，载复旦大学出土文献与古文字研究中心，http://www.gwz.fudan.edu.cn/web/show/4340。心包在武汉大学简帛网论坛上提及“盬”恐当释为“丙/口/皿”(下部从“皿”乃追加的声符)，疑读为“病”，“不病于志”文辞较胜，也有读为“猛”的可能性。哇那亦提出“盬”也可能读为惬意的“惬”，《论衡》：“毁人不益其恶，则听者不惬于心”。心包随后表示如果以从“盍”之字立论的话，不唯“惬”，“慊”也是一个考虑，但暂且存疑，武汉大学简帛研究中心简帛网，http://www.bsm.org.cn/forum/forum.php? mod=viewthread&tid=4357&extra=page%3D1。

② 清华大学出土文献研究与保护中心编，李学勤主编：《清华大学藏战国竹简(捌)》，上海：中西书局，2018年，第139页。

三、《治邦之道》第11简“唯彼废民之不壂教者”

为方便讨论,将此句的前后文字均引出:

> 贫瘠勿废,毋咎毋㝠,教以举之,则无怨。唯彼废民之不壂教者,其得而服之,上亦蔑有咎焉。

壂字,整理读为“循”,并说:“不循教,《礼记·王制》郑注:‘谓敖狠不孝弟者。’”[①]按,整理者虽引郑注,但不顾《王制》原文语境,也即郑注释义的背景,这是不妥当的。《王制》原文有“不帅教者”一说,郑注云:“帅,循也。”郑注之所以说“谓敖狠不孝弟者”,是因为《王制》前文说:“司徒修六礼以节民性,明七教以兴民德,齐八政以防淫,一道德以同俗,养耆老以致孝,恤孤独以逮不足,上贤以崇德,简不肖以绌恶。命乡简不帅教者以告。”[②]从这段文字不难看出,郑玄其实是将“帅”读为“循”,然后以“顺”义释之。“敖狠不孝弟者”是据语境解释“不帅教者”的大义,并非释字。

再看《治邦之道》。前文“教以举之,则无怨”,是谈对待“贫瘠”者的一种方法,即“教而举之”,如此可使此类人“无怨”。然后接着说:“唯彼废民之不壂教者,其得而服之,上亦蔑有咎焉。”这是谈另一种情况。在这种情况下,君上虽“得而服之”,但“亦蔑有咎焉”。意思是“服之”,而非“举之”,且不要追究。前一种情况是贫病之人得教化而顺从之,所以可“举之”,而后一种情况是针对“不壂教者”,“不壂教”与“教”形成对照。因此,壂虽可读为循,但宜释作“顺”[③]。所谓“不壂(循)教”者,是“教而不化”的冥顽之人。对于这种人,如果“得而服之”,亦应“蔑有咎焉”。

---

① 清华大学出土文献研究与保护中心编,李学勤主编:《清华大学藏战国竹简(捌)》,上海:中西书局,2018年,第137页。

② [唐]孔颖达:《礼记正义》,《十三经注疏》影印本,北京:中华书局,1980年,第1342页。

③ 王佳慧:《读〈清华大学藏战国竹简(捌)〉札记五则》一文将破读为“遁”,认为其符合语境和历史情境,并与《墨子》主题相符。武汉大学简帛研究中心简帛网,http://www.bsm.org.cn/show_article.php? id=3315。

四、关于《治邦之道》第23简的“躹茖(落)有常”

在《越公其事》中,有所谓“勼”“落”,见于第七章:

> 王乃趣使人察省城市边县小大远迩之𩚍(勼)茖(落),王则比视,唯𩚍(勼)茖(落)是察省,问之于左右。

其中的“𩚍”,读为“勼”,整理者释为鸠聚、鸠集。[①]“茖”则读为“落”,义为零落。从第七章的上下文看,整理者的解释是很合适的。《治邦之道》第23简中的躹字(以下用字母“A”替代)上从身、阝,下从土、句,整理者推测读为“升”。[②]“升”与“落”意义相反,这与第23简的语境确实比较吻合。不过,若与《越公其事》第七章比较的话,则可推测此字从“句”得声,可与《越公其事》的𩚍字相通。上古音𩚍字是见母幽部,而A字可能是见母侯部。侯部字与幽部在古文字中偶有通假,比如《淮南子·地形》“句婴民”,高诱注云:“句婴读为九婴。”战国兵器铭文中,“越王句践”或作“郞王敨浅”。敨字见于楚玺,可读为廄,是见母幽部字,而在兵器上显然读为“句”。

从文义上看,《治邦之道》第23简上的A显然与“茖(落)”意义相反,有如《越公其事》中的“𩚍”与“茖(落)”。因此,A字也应读为“鸠”。“A(鸠)茖(落)有常”意思是人口的增减、聚散有其规律可循。古人衡量国力,人口是一个重要指标,掌握这个指标的规律自然可以使国家长盛不衰。

五、《治邦之道》与《越公其事》之“五政”

在《治邦之道》第19至22简上,有如下一段话:

> 夫若是,民非其所能,则弗敢言。彼士及工商、农夫之惰于其事,以偷求生,懋于其力,以求相贤。故民宜地,举货实,征无秽。上不忧,邦家安。其政使贤、用能,则民允。男女不失其时,则民众。

---

① 清华大学出土文献研究与保护中心编,李学勤主编:《清华大学藏战国竹简(柒)》,上海:中西书局,2017年,第137-138页。

② 围绕此字讨论较多。紫竹道人在武汉大学简帛网论坛上表示此字应是“阶”的异体,只不过把声旁“皆”换成了“几+日”而已。“阶”古训“上也”、“进也”,自可与“落”对举。哇那则认为“落”似当读为“露/路”(《故训汇纂》2217、2463页),如《管子·四时》“国家乃路”、《逸周书·皇门》“以自露厥家”等,为败也,武汉大学简帛研究中心简帛网,http://www.bsm.org.cn/forum/forum.php? mod=viewthread&tid=4357。在《清华大学藏战国竹简(玖)》中的合编释文中,则隶作陞。按,上海博物馆藏战国楚竹书《周易》等篇中有此字,与《治邦之道》中的字明显不同。

> 薄关市,则货归,民有用。不厚葬,祭以礼,则民厚。不起事于农之三时,则多获。各当一官,则事靖,民不缓。爱民则民孝,知贤则民劝,长乳则[畜]蕃,民有用。谨路室,摄圮梁,修谷澨,顺舟航,则远人至,商旅通,民有利。此治邦之道,智者知之,愚者曰:“在命。”[①]

这段话与《越公其事》所述越王勾践的复兴策略及“五政”有诸多相似之处。首先,这段话谈到尚贤使能,这一点在“五政”中多有体现,比如上文所涉《越公其事》第七章谈到的考核官员、第九章说“等以授大夫种”。在《越公其事》中,多次强调句践亲临政事,如第六章“凡此类也,王必亲听之,稽之而信,乃毋有贵贱,刑也”,第七章“乃命上会[②],王必亲听之”,第八章“王乃亲使人请问群大臣及边县城市之多兵、无兵者”,第九章“王讯之”等。这些都与《治邦之道》强调为君者察信、审核臣民相类似,同样表现出明显的墨家思想倾向。墨家非常重视体察民情,如其《尚同下》篇谈道:

> 子墨子言曰:“知者之事,必计国家百姓所以治者而为之,必计国家百姓之所以乱者而辟之。然计国家百姓之所以治者,何也?上之为政,得下之情则治,不得下之情则乱。何以知其然也?上之为政得下之情,则是明于民之善非也。若苟明于民之善非也,则得善人而赏之,得暴人而罚之也。善人赏而暴人罚,则国必治。上之为政也,不得下之情,则是不明于民之善非也。若苟不明于民之善非,则是不得善人而赏之,不得暴人而罚之,善人不赏而暴人不罚,为政若此,国众必乱。”[③]

墨家由于讲尚贤、尚同,又重勤政,因此重视对吏民政情的掌握。《治邦之道》和《邦家处位》中的“度”其实都与这些相关,他们都与墨家有着密切联系。

其次,“不起事于农之三时”“男女不失其时”“各当一官,则事靖”,是强调不扰农时、国家安定,此在《越公其事》的第四章中有体现。《越公其事》云:“王

---

① 刘国忠先生早已指出这段文字与墨子思想的联系,可以参看刘国忠《清华简〈治邦之道〉初探》,《文物》2018年第9期。后来马腾的《论清华简〈治邦之道〉的墨家思想》(《厦门大学学报》2019年第5期)一文也有论述,同样赞成此段文字与墨家思想的紧密关系。

② 整理者引郑玄注云:“会,计也。”并说:“上会,即上计。”参清华大学出土文献研究与保护中心编,李学勤主编:《清华大学藏战国竹简(柒)》,第138页。以下引《越公其事》句子较多,均据《清华大学藏战国竹简(柒)》一书,为避烦琐,不再一一出注。

③ [清]孙诒让:《墨子间诂》,第90页。

作安邦，乃因司袭常。王乃不咎不惎，不戮不罚；蔑弃怨罪，不称民恶；纵经游民，不称贷役泑涂沟塘之功。王并无好修于民三工之堵，使民暇自相，农功得时，邦乃暇安，民乃蕃滋。"《越公其事》的整理者认为句践之复兴策略类似西汉初年之"休养生息"，这一点固然有其合理之处。不过，这仅是表面。《越公其事》载录的策略除了一定成分的历史事实之外，更有受墨家思想影响而想象的成分。墨家重农耕，这在《墨子》中表现得非常明显，比如其《非攻中》篇说：

> 今师徒唯毋兴起，冬行恐寒，夏行恐暑，此不可以冬夏为者也。春则废民耕稼树艺，秋则废民获敛。今唯毋废一时，则百姓饥寒冻馁而死者，不可胜数。①

此节文字是从战争与农耕之冲突的角度谈战争之害，此外，墨家还从妨碍农时的角度谈"非乐"：

> 使丈夫为之，废丈夫耕稼树艺之时；使妇人为之，废妇人纺绩织纴之事。②（《非乐上》）
>
> 农夫蚤出暮入，耕稼树艺，多聚叔粟，此其分事也；妇人夙兴夜寐，纺绩织纴，多治麻丝葛绪，捆布縿，此其分事也。③（《非乐上》）

墨家的诸多思想主张相互间有明晰的逻辑联系，其讲尚同、尚贤、节俭，则自然要谈人才的选拔考核、重视农耕、对厚葬和礼乐所持看法与儒家不同。既然重视农耕，则自然会有遵守农时的思想。

再次，文中提到的"薄关市"等，是说要减轻赋税，稳定商品经济，这一点在《越公其事》第六章中也有体现。如"越邦服农多食，王乃好信，乃修市政""凡市贾争讼，反背欺诒，察之而孚，则诘诛之"。在战国诸子中，除管子谈商业比较多之外，墨子也是比较重视的，比如《贵义》篇说道：

> 子墨子曰："今士之用身，不若商人之用一布之慎也。商人用一布布（市），不敢继苟而雠焉，必择良者。今士之用身则不然，意之所欲则为之，厚者入刑罚，薄者被毁丑，则士之用身不若商人之用一布

①［清］孙诒让：《墨子间诂》，第130页。

②［清］孙诒让：《墨子间诂》，第255页。

③［清］孙诒让：《墨子间诂》，第258–259页。

之慎也。”[1]

子墨子曰:“商人之四方,市贾信徙,虽有关梁之难,盗贼之危,必为之。今士坐而言义,无关梁之难,盗贼之危,此为信徙不可胜计,然而不为。则士之计利,不若商人之察也。”[2]

虽然战国诸子谈“弛关市”之类的不止一家,孟子、荀子、管子,甚至法家都反对重征关市。不过,像《越公其事》这样谈的,仍需值得重视。

最后,《治邦之道》的这段文字不仅提到“不厚葬”,还提到“祭以礼”,这是墨家思想中最具独特性的内容。这两个方面在《越公其事》中同样有所体现,比如第四章记越王句践“既建宗庙,修祟位,乃大荐攻,以祈民之宁”,是“祭以礼”。“不厚葬”在《越公其事》中虽然没被直接提出,但多处强调句践在复兴过程中的节俭。节俭其实正是“不厚葬”的理由之一,《越公其事》既然说节俭,则“不厚葬”当属应有之义。

陈民镇先生认为《治邦之道》既讲“不厚葬”,又说“祭以礼”,与墨家思想并不相合[3],这其实是误解。墨家讲节葬,乃因他们重俭约、重实用。墨家的另一个特点是“明鬼”,既讲鬼神,则不能不讲祭祀。在《墨子》一书中,讲祭祀者多不胜举。如《尚贤中》云:“故国家治则刑法正,官府实则万民富。上有以絜为酒醴粢盛,以祭祀天鬼;外有以为皮币,与四邻诸侯交接;内有以食饥息劳,将养其万民。”[4]《尚同中》云:“故古者圣王,明天鬼之所欲,而避天鬼之所憎,以求兴天下之利,除天下之害。是以率天下之万民,齐戒沐浴,洁为酒醴粢盛,以祭祀天鬼。其事鬼神也,酒醴粢盛不敢不蠲洁,牺牲不敢不腯肥,珪璧币帛不敢不中度量,春秋祭祀不敢失时几,听狱不敢不中,分财不敢不均,居处不敢怠慢。”[5]《节用中》云:“其旁可以圉风寒,上可以圉雪霜雨露,其中蠲洁,可以祭祀,宫墙足以为男女之别,则止。诸加费不加民利者,圣王弗为。”[6]孟子、荀子等批评墨家“兼爱”或“节葬”,主要是从等级之“礼”的角度出发。事实上,“礼”有两个层面,一个是等级的层面,另一个是仪式的层面。墨家不

---

① [清]孙诒让:《墨子间诂》,第444页。

② [清]孙诒让:《墨子间诂》,第447页。

③ 陈民镇:《清华简〈治邦之道〉墨家佚书说献疑》,《陕西师范大学学报(哲学社会科学版)》2019年第5期。

④ [清]孙诒让:《墨子间诂》,第50页。

⑤ [清]孙诒让:《墨子间诂》,第82-83页。

⑥ [清]孙诒让:《墨子间诂》,第168页。

主张厚葬,不等于他们要完全废除礼仪,他们是要简化礼仪。

另外,上引《治邦之道》文字还对“在命”提出批评,与墨家思想最接近。墨家一方面讲“非命”,一方面讲“天志”“明鬼”,这看似是矛盾的。事实上,墨家所说的“天”是义理之天,所说的“鬼神”也是遵从义理的。墨家的义理就是尚贤、节用、尚同、兼爱、非攻、重义等,只要遵此治国,自然有福,反之则招来祸端。因此,墨家讲治国,其本质乃重视人的主观努力。《治邦之道》第27简末尾在罗列了一连串正确施政行为之后,说“则无命大于此”,此“命”包括“天命”。不能据此认为《治邦之道》承认“命”的存在。

夏县所出秦“叚丘丞印”“降丞之印”封泥考*

吴毅强[①]

摘　要：新出秦“叚丘丞印”封泥，首次从出土实物方面，证实秦曾设置叚丘县，印证了文献记载。此外，本文对“瑕丘”“负瑕”“负夏”等地名亦作了考辨。从其出土地夏县来看，反映了秦时河东郡与薛郡在行政事务上的往来。“降丞之印”封泥，“降”即秦河东郡之“降县”，亦即晋景公所迁都的“降”，传世文献作“绛”。从新出土战国秦汉简帛、陶文、金文材料来看，该地本名“降”。汉高祖六年（前201年），封周勃为绛侯，后世“绛”行而“降”废，提示我们进一步思考其得名之由。

关键词：夏县；叚丘；负瑕；降；绛

2018年10月，平湖玺印篆刻文化有限公司推出一批封泥拓片，据介绍，这批封泥为晋籍藏家所藏，是在两百多件藏泥中选出三十品，制成拓片。这批藏品中，有十数枚是到目前为止的仅见品。无疑，这批材料在考古学、历史学及书法篆刻等方面具有非常重要的学术价值。

笔者注意到，该批封泥中，有四枚夏县所出的秦封泥，官印与私印各两方，分别是：“叚丘丞印”“降丞之印”“张宜”“庄青”。夏县，古称“安邑”，是秦

* 基金项目：本文系2019年度国家社科基金一般项目“战国竹书所见东周列国史料整理与研究”（批准号19BZS031）的阶段性成果。

① 作者简介：吴毅强，1981年生，山西平陆人，四川大学历史学博士，四川大学历史文化学院，四川大学古文字与先秦史研究中心副研究员，主要从事商周青铜器、古文字与出土文献研究。

汉时期河东郡治所。当时笔者转发这批材料给陕西师范大学王伟先生，王先生指出“叚丘丞印”是首次公布的秦封泥，学术意义重大。有鉴于此，笔者不揣浅陋，撰成小文，以求教于方家。

一、“叚丘丞印”

发布者公布的释文为“段丘丞印”，定为秦封泥。笔者认为，断代正确，但应释为“叚丘丞印”。段、叚二字在古文字中极易相混。[1]

叚，金文中字形作“”（克钟《集成》207），“”（禹鼎《集成》2833）。战国文字中，“叚”字所从的右上部“”讹作“刀”、“刃”形，如“”（上博简《周易》简54），“”（清华简《皇门》简6）；或省“又”旁，“”（清华简《说命下》简9）；秦简作“”（岳麓简《为吏治官及黔首》简10正）；汉简作“”（北大简《仓颉篇》简69）；小篆作“”。

段，金文中作“”（段金歸尊《集成》5863），“”（段簋《集成》4208）；秦陶文作“”“”（《秦陶文新编》1613、1614）汉简作“”（敦煌M639C）；小篆作“”。

《封泥考略》曾著录两枚汉“葭明（盟）长印”封泥，其中葭字作“”、“”，[2]所从的“叚”旁，可与本文“叚丘丞印”封泥“叚”字对比。

叚丘，即“瑕丘”，文献或作“瑕邱”，秦属薛郡，汉属山阳郡，亦曾作为侯国，以及皇后、公主之食邑，早期相关文献记载有：

《史记·项羽本纪》：“徙魏王豹为西魏王，王河东，都平阳。瑕丘

---

① 相关金文字形，参见董莲池：《新金文编》，北京：作家出版社，第343、369页，0585号“叚”字条，0615号“段”字条；相关秦文字字形，参见王辉：《秦文字编》，北京：中华书局，第481-482页，0621号“叚”字条，第514-515页，0644号“段”字条。

② 吴式芬、陈介祺：《封泥考略》卷五，杭州：浙江人民美术出版社，2013年，第605、606页。《古封泥集成》收录，编号820、821，参见孙慰祖：《古封泥集成》，上海：上海书店出版社，1994年，第139、140页。《汉书·地理志》：“葭明县属广汉郡”。

申阳者，张耳嬖臣也，先下河南，迎楚河上，故立申阳为河南王，都洛阳。”《集解》引服虔曰：“瑕丘县属山阳。”瓒曰：“瑕丘，县名。”①

《史记·樊郦滕灌列传》：（樊哙）“攻邹、鲁、瑕丘、薛。项羽败汉王于彭城，尽复取鲁、梁地。”《正义》：“邹，兖州县，在州东南六十二里。鲁，兖州曲阜县。瑕丘，兖州县。”②《汉书·樊哙传》：“攻邹、鲁、瑕丘、薛。”③同于《史记》。

《史记·儒林列传》：“而瑕丘萧奋以《礼》为淮阳太守。”“瑕丘江生为穀梁《春秋》。”《集解》徐广曰：“属山阳也。”④

《汉书·高帝纪》：“是月章邯举军降项羽，羽以为雍王。瑕丘申阳下河南。”服虔曰：“瑕丘，县名。”臣瓒曰：“《项羽传》瑕丘公申阳，是瑕丘县公也。”⑤

《汉书·地理志》：山阳郡，县二十三，“瑕丘”条下，应劭曰：“瑕丘在西南。”⑥

《汉书·陈汤传》：“陈汤字子公，山阳瑕丘人也。”⑦

此外，除上引传授《穀梁春秋》和鲁《诗》的江公，⑧传《礼》的萧奋外，⑨较著名的还有汉哀帝母定陶丁姬，⑩均籍贯瑕丘，亦见于《汉书》记载。

瑕丘曾作为侯国，汉武帝元朔三年，封鲁恭王子刘政为节侯。又，王莽时分封的褒成侯，见于文献记载：

《汉书·王子侯表》：“瑕丘节侯政，鲁共王子，三月乙卯封，五十

① 司马迁：《史记》卷七，北京：中华书局，1982年，第316、318页。

② 司马迁：《史记》卷九十五，北京：中华书局，1982年，第2655、2657页。按：后晓荣先生认为本条材料是秦置瑕丘县的明证，并据《清一统志》：“故城在滋阳县西二十五里。”指出秦瑕丘县故址在今山东省兖州市。参后晓荣：《秦代政区地理》，北京：社会科学文献出版社，2009年，第236页。笔者认为，传世文献，完全有可能是司马迁写作时代，按照当时的名字去描述楚汉之际战争，并不能据之证明秦置有瑕丘县。

③ 班固：《汉书》卷四十一，北京：中华书局，2009年，第2070页。

④ 司马迁：《史记》卷一百二十一，北京：中华书局，1982年，第3126、3129页。

⑤ 班固：《汉书》卷一，北京：中华书局，2009年，第20、21页。

⑥ 班固：《汉书》卷二十八，北京：中华书局，2009年，第1570、1571页。

⑦ 班固：《汉书》卷七十，北京：中华书局，2009年，第3007页。

⑧《汉书·儒林传·瑕丘江公传》：“瑕丘江公受《谷梁春秋》及《诗》于鲁申公，传子至孙为博士。武帝时，江公与董仲舒并。”参《汉书》卷八八，第3617页。按：《史记》称“江生”。

⑨《汉书·儒林传·毛公传》：“而瑕丘萧奋以《礼》至淮阳太守。”参见《汉书》卷八八，第3614页。

⑩《汉书·外戚传下·定陶丁姬传》：“定陶丁姬，哀帝母也，《易》祖师丁将军之玄孙。家在山阳瑕丘，父至庐江太守。”参见《汉书》卷九七下，第4002页。

三年薨。"[①]

《汉书·外戚恩泽侯表》:褒成侯孔均。以孔子世褒成烈君霸[曾]孙奉孔子祀侯,二千户。(元始元年)六月丙午封。封邑"瑕丘"。[②]

此外,《封泥考略》曾著录一枚汉"瑕丘邑令"封泥,[③]吴式芬、陈介祺指出:"按,《汉书·地理志》瑕邱县,属山阳郡,令详前。"[④]《汉书·百官公卿表》:"县令、长,皆秦官。掌治其县万户以上为令,秩千石至六百石……列侯所食县曰国,皇太后、皇后、公主所食曰邑。有蛮夷曰道。"据这枚封泥可知,汉代,瑕丘亦曾作为皇后、公主的食邑,但史书不载受封者是何人。笔者推测,可能与汉哀帝母定陶丁姬有关。这一问题,仍有待进一步研究。

值得注意的是,《左传》记载鲁国有地名"负瑕",西晋杜预、北魏郦道元、清人杨守敬等皆认为鲁国"负瑕"和"瑕丘",实为一地。

《左传·哀公七年》:"成子以茅叛,师遂入邾,处其公宫,众师昼掠,邾众保于绎。师宵掠,以邾子益来,献于亳社,囚诸负瑕,负瑕故有绎。"杜注:"负瑕,鲁邑。高平南平阳县西北有瑕丘城。前者鲁得邾之绎,民使在负瑕,故使相就以辱之。"[⑤]

《水经》:"泗水出鲁卞县北山。西南过鲁县北。又西过瑕邱县东,屈从县东南流,漷水从东来注之。"[⑥]杨守敬按:"两汉县属山阳郡。《左传》'哀七年'杜注:'南平阳西北有瑕邱城。'岂魏、晋间废?在今滋阳县东北五里。'瑕邱城'互见《洙水篇》。"[⑦]

郦道元注:"瑕邱,鲁邑,《春秋》之'负瑕'矣。哀公七年,季康子伐邾,囚诸负瑕是也。应劭曰:瑕邱在县西南。昔卫大夫公叔文子

① 班固:《汉书》卷十五,北京:中华书局,2009年,第456页。

② 班固:《汉书》卷十八,北京:中华书局,2009年,第715页。

③ 吴式芬、陈介祺:《封泥考略》卷五,杭州:浙江人民美术出版社,2013年,第583页。

④ 吴式芬、陈介祺:《封泥考略》卷五,杭州:浙江人民美术出版社,2013年,第583页。

⑤ 杜预注,孔颖达疏:《春秋左传注疏》卷五十八,阮元校刻:《十三经注疏》(清嘉庆刊本),北京:中华书局,2009年,第4698页。

⑥ 杨守敬:《水经注疏》卷二十五,谢承仁主编:《杨守敬集》第三册,武汉:湖北人民出版社、湖北教育出版社,1997年,第1527–1538页。

⑦ 杨守敬:《水经注疏》卷二十五,谢承仁主编:《杨守敬集》第三册,武汉:湖北人民出版社、湖北教育出版社,1997年,第1538页。按:《水经注》:"洙水又西南,枝津出焉。又南,径瑕丘城东,而南入石门……又南,洙水枝津注之。水首受洙,西南流,径瑕邱城北。"参见杨守敬:《水经注疏》卷二十五,第1577–1578页。

升于瑕邱，蘧伯玉从。文子曰：乐哉斯丘，死则我欲葬焉。伯玉曰：吾子乐之，则瑗请前。刺其欲害民良田也。瑕邱之名，盖因斯以表称矣。曾子吊诸负夏，郑玄、皇甫谧并言‘卫地’。鲁、卫虽殊，土则一也。”杨守敬按：“《左传》杜注：‘负瑕，鲁邑。’瑕邱即负瑕，故言‘鲁邑’。”①

从东汉服虔，西晋臣瓒，东晋徐广，唐张守节等人的注解来看，“瑕丘”或作“瑕邱”，所指皆为汉代山阳郡之“瑕丘”，秦属薛郡。按西晋杜预、北魏郦道元之说，“瑕丘”即先秦之“负瑕”。

但郦道元认为鲁之“负瑕”，即“卫大夫公叔文子升于瑕邱”之“瑕邱”，则不一定正确。郦道元所说的卫国“瑕邱”，一作负夏，位于河南濮阳县东南一带。见于文献记载：

《孟子·离娄下》：“孟子曰：舜生于诸冯，迁于负夏，卒于鸣条，东夷之人也。”赵岐注：“诸冯、负夏、鸣条，皆地名也。负海也，在东方夷服之地，故曰东夷之人也。”②

《史记·五帝本纪》：“舜耕历山，渔雷泽，陶河滨，作什器于寿丘，就时于负夏。”《集解》引郑玄曰：“负夏，卫地。”《索隐》引《尚书大传》曰“贩于顿丘，就时负夏”，《孟子》曰“迁于负夏”是也。③

《礼记·檀弓上》：“曾子吊于负夏”，郑注：“负夏，卫地。”④

《礼记·檀弓上》：“公叔文子升于瑕丘，蘧伯玉从。文子曰：‘乐哉，斯丘也！死则我欲葬焉。’蘧伯玉曰：‘吾子乐之，则瑗请前。’”⑤

通过上引材料可知，舜所迁、就食之“负夏”，曾子所吊之“负夏”，与公叔文子所升之“瑕丘”，依据现有的材料并不能证明，与汉代山阳郡之“瑕丘”二

① 参见杨守敬：《水经注疏》卷二十五，谢承仁：《杨守敬集》（第三册），武汉：湖北人民出版社、湖北教育出版社，1997年，第1538页。按：杨守敬按：“郑《注》卫地。《御览》八十一引《帝王世纪》但言‘舜迁于负夏’，略‘卫地’之文。”赵云：“《巵林》曰：县邑同号，地志已多。于时鲁有瑕邱，何知卫无兹垄？周之典制，国有分土，行李所过，聚是防。若瑕邱独为鲁田，寸壤皆非卫有，未闻衔命介使，凭览敌国之墟，而终没大夫，卜窆强邻之陌者也。且此处所叙，咸在邾、鲁封域，忽入卫事，于理殊乖。又‘负夏’可为‘负瑕’，则虞舜所迁，岂亦在是乎？一清按：卫瑕邱在今开州东南三十里，秦置濮阳郡，即卫之帝邱。成公自楚邱来迁者也。公叔之云，宜在彼地。道元误以‘鲁瑕邱’当之，诚如方叔所讥。”参杨守敬：《水经注疏》卷二十五，第1538页。

② 赵岐注，孙奭疏：《孟子注疏》卷八下，阮元校刻：《十三经注疏》（清嘉庆刊本），北京：中华书局，2009年，第5927页。

③ 司马迁：《史记》卷一，北京：中华书局，1996年，第32、33页。

④ 郑玄注，孔颖达疏：《礼记注疏》卷七，阮元校刻：《十三经注疏》（清嘉庆刊本），北京：中华书局，2009年，第2783页。

⑤ 郑玄注，孔颖达疏：《礼记注疏》卷八，阮元校刻：《十三经注疏》（清嘉庆刊本），北京：中华书局，2009年，第2791页。

者为同一地。所谓卫国之“瑕丘”，毕竟也仅是《礼记》所记。①而战国距“舜”之时代，年代远隔，《孟子》等所记之事，亦未必可信。

综上，夏县所出这枚秦“叚丘丞印”封泥，应属薛郡之叚丘。第一次从出土实物方面，证实了秦曾设置叚丘县，印证了文献记载。从其出土地山西夏县来看，反映了秦时河东郡与薛郡，在行政事务上的往来。这为探讨当时不同郡县官府之间的关系，提供了进一步研究的材料。

二、“降丞之印”

发布者公布的释文为“降丞之印”，并定为秦封泥，甚是。在此枚封泥发布之前，相同印文的封泥近年也曾有著录，共五枚，可分为两种类型：

第一类：印文布局是$\begin{array}{|c|c|}\hline 2&1\\\hline 4&3\\\hline\end{array}$，《新出陶文封泥选编》著录一枚，编号0600，括注“六村堡”出土。②

第二类：印文布局是$\begin{array}{|c|c|}\hline 3&1\\\hline 4&2\\\hline\end{array}$，《相家巷出土秦封泥》《古陶文明博物馆藏封泥集》各著录一枚，《新出封泥汇编》著录两枚，编号0445、0447，均残缺。③

最新出版的《中国封泥大系》将上述五枚封泥皆收录（编号1501-1508号），并著录另外三枚新见的封泥（原著录于作者《自留剪贴稿本》编号0124、0125、0126），属第一类。④平湖玺印篆刻文化有限公司发布的这枚属第二类。对比可知，该枚封泥与《中国封泥大系》著录的八枚，皆非同一枚。

总结以上九枚“降丞之印”，可知出土地点的有西安的六村堡及山西夏县，这两地分别是秦时的首都区和河东郡治所。

又《中国封泥大系》1509号著录一枚“降少内印”封泥，⑤为新见品。早先著录的秦封泥有“下邽少内”“高陵少内”“江陵少内”，此次新发现“降少内

---

① 按：笔者注意到，《汉书·地理志》“山阳郡，故梁。县二十三……成武，有楚丘亭。齐桓公所城，迁卫文公于此。子成公徙濮阳”，楚丘和瑕丘，在汉代同属山阳郡。联系到春秋齐桓公迁卫到楚丘的事实，笔者推测，也有可能是卫复国后，把“瑕丘”“负瑕”这些地名带到了卫国。

② 杨广泰：《新出陶文封泥选编》，文雅堂稿本，2015年，第97页。

③ 文雅堂辑：《相家巷出土秦封泥》，原拓本，文雅堂，2003年；路东之编：《古陶文明博物馆藏封泥集》，文雅堂，2011年；杨广泰：《新出封泥汇编》，杭州：西泠印社，2010年。

④ 任红雨：《中国封泥大系》上册，杭州：西泠印社，2018年，第126-127页。

⑤ 任红雨：《中国封泥大系》上册，杭州：西泠印社，2018年，第127页。

印”,说明秦在“降”设有“少内”一职。

笔者认为,以上带“降”字的十枚封泥,“降”即文献记载之“绛”。从出土材料来看,该地可能本名即是“降”。[①]秦时的“降县”,应是晋景公(前585年)迁都之“绛”,亦名“新田”,作为晋国晚期的都城,见于文献记载:

《左传·成公六年》:“晋人谋去故绛……夏四月丁丑,晋迁于新田。”杜注:“晋复命新田为绛,故谓此故绛。”“新田”下,杜注:“今平阳绛邑县是。”[②]

《史记·晋世家》:“(平公)八年,齐庄公微遣栾逞于曲沃,以兵随之。齐兵上太行,栾逞从曲沃中反,袭入绛。”[③]

《史记·晋世家》:“幽公之时,晋畏,反朝韩、赵、魏之君。独有绛、曲沃,余皆入三晋。”[④]

上引“故绛”即《左传·庄公二十六年》:“夏,士蔿城绛”之“绛”,迁都新田后,称其为“故绛”。据《史记·秦本纪》:昭襄王二十一年(前286年)“(司马)错攻魏河内。魏献安邑”可知,公元前286年,安邑已归秦。而绛在安邑附近,也有可能在该年前后归秦。

出土陶文有“降”,如1979—1981年,在翼城县西北一千米的苇沟—北寿城城址遗址内战国晚期地层中,出土一件红色陶釜,领部有横戳印陶文“降亭”二字。“降”,整理者等已读为“绛”。[⑤]该枚陶文又收录在《古陶文汇编》(编号7.1,云“据拓片复制”),此外,该书还收录两枚出自山西侯马的“降亭”陶文(编号7.2、7.3,云“吴振禄供”)。[⑥]另外,山西侯马乔村墓地曾发现82方“降亭”

① 按:也有可能是在小篆到隶书的演变过程中,文字发生讹变,“阝”“纟”也有可能相混。故现存文献记载,写作“绛”。

② 杨伯峻:《春秋左传注》(修订本)第二册,北京:中华书局,2000年,第827–829页。

③ 司马迁:《史记》卷三十九,北京:中华书局,1996年,第1683页。

④ 司马迁:《史记》卷三十九,北京:中华书局,1996年,第1686页。

⑤ 参见北京大学考古专业商周组等:《晋豫鄂三省考古调查简报》,《文物》1982年第7期,图一〇:5、6,第1、12页;俞伟超:《秦汉的“亭”、“市”陶文》,《先秦两汉考古学论集》,北京:文物出版社,1985年,第139页;后晓荣:《秦代政区地理》,北京:社会科学文献出版社,2009年,第304–305页。

⑥ 高明:《古陶文汇编》,北京:中华书局,1990年,第99、607页。

陶文戳印，整理者认为“降亭”应是“降县市亭”的省称。[①]此外，1974年前后，秦始皇陵园曾采集到筒瓦两件，上有印文分别作“降获”（编号1142）、“降高”（编号1147）。[②]又，1981年6月18日，在秦始皇一号兵马俑坑东边200米处，采集的筒瓦上印文有“安邑为”（编号1129）。[③]“高”[④]“获”“为”皆是制陶工匠名，降、安邑是其籍贯。[⑤]

此外，出土简帛、金文也有相关材料[⑥]：

清华简《系年》简93：“栾盈袭鄚（绛）而不果，奔入于曲沃。”“鄚”，整理者径隶作“巷”，指出：“巷，匣母东部；绛，见母冬部，旁纽韵近可通。”[⑦]巷，通假为“绛”，指晋国都城。

马王堆帛书《战国纵横家书》十五“须贾说穰侯”章146行“秦兵不攻而魏效降、安邑”，说的是魏国的两个城邑，整理小组读“降”为“绛”。[⑧]今本《战国策·魏策三》“秦败魏于华走芒卯而围大梁”章有“夫兵不用，而魏效绛、安邑”。[⑨]

张家山汉简《二年律令·秩律》简449：“平阳、降（绛）、鄌、赞、城父。”年代下限在吕后二年（前186年）前后。[⑩]

北大简《周训》简112：“臣宦于降（绛），归而粮绝，羞行气（乞）而曾（憎）自取，故至于若此。”[⑪]此处讲的是晋国赵宣孟的故事，亦见于《吕氏春秋》《说苑》等书，“降”指晋国国都。

---

① 山西省考古研究所：《侯马乔村墓地（1959—1996）》，北京：科学出版社，2007年，448-455页。按：俞伟超先生提到山西侯马乔村战国末期秦墓（M25）曾出土一件陶盂，也有“降亭”陶文戳记。参见俞伟超：《秦汉的“亭”、“市”陶文》，《先秦两汉考古学论集》，北京：文物出版社，1985年，第139页。但笔者核对《侯马乔村墓地（1959—1996）》一书，并未找到这一陶文，待考。

② 袁仲一、刘钰：《秦陶文新编·上编》，北京：文物出版社，2009年，第51、52页；《秦陶文新编·下编》，北京：文物出版社，2009年，第224页。二位先生已指出“降”通“绛”，为县名。说云：“‘降’通‘绛’，两字均为冬部，见纽，双声叠韵通假。”

③ 袁仲一、刘钰：《秦陶文新编·上编》，北京：文物出版社，2009年，第49页；《秦陶文新编·下编》，北京：文物出版社，2009年，第222页。按：“为”，原缺释，今从段凯师弟说。

④ 按：袁仲一，刘钰指出“高”为制陶工匠姓，参氏著：《秦陶文新编》第51页。

⑤ 按：降、安邑陶工同见秦始皇陵园，则“降”即“绛”，与“安邑”同属秦河东郡。

⑥ 按：《二年律令》《系年》《周训》三则材料承段凯师弟提示。下引释文，为行文方便，用通行字。

⑦ 清华大学出土文献研究与保护中心：《清华大学藏战国竹简（贰）》，上海：中西书局，2011年，第178页。

⑧ 马王堆汉墓帛书整理小组：《马王堆汉墓帛书（三）》，北京：文物出版社，1983年，第17、49-50页。

⑨ 刘向集录：《战国策》卷二十四，上海：上海古籍出版社，2009年，第857页。

⑩ 张家山二四七号汉墓竹简整理小组：《张家山汉墓竹简（二四七号墓）》前言，北京：文物出版社，2001年，第44、195页。

⑪ 北京大学出土文献研究中心：《北京大学藏西汉竹书（三）》，上海：上海古籍出版社，2015年，第134页。

值得注意的是，珍秦斋藏有一件“宅阳令”戟刺[①]，本是韩器，其骹部由銎口向锋的方向刻有铭文四行，残存铭文13字（含合文1），残损3字。此外，骹部靠上另刻有字形较大的一“降”字，方向与前铭相反。李学勤先生从“降”字所从的“阜”不同入手，已正确指出该“降”字是魏人所刻，“‘降’即魏地绛，也便是晋故都新绛，在今山西侯马西”。并认为“降”“绛”是通假字，估计此矛曾归入魏人之手。[②]董珊先生认为是秦刻，“降”即晋都“绛”。[③]我认为，李先生的分析很有道理。

上引材料，除清华简《系年》用“巷”表示“绛”外，其余皆作“降”。马王堆帛书《战国纵横家书》与张家山汉简《二年律令》，抄写年代下限都在西汉初年。北大简《周训》，抄写年代在汉武帝后期，下限不晚于宣帝。[④]《战国纵横家书》和《周训》的成书年代应稍早，当在战国后期，[⑤]应保存了战国时期的实际用字情况。

从上引出土文字材料来看，该地本名应以“降”为正字。由此看来，秦之前，晋国都城名“降”，魏、秦沿之，应是汉代改为“绛”。汉高祖六年（前201年），封周勃为绛侯，见《史记·高祖功臣侯者年表》。[⑥]后世“绛”行而“降”废。这提示我们进一步思考其得名之由。

《史记·晋世家》（献公八年）“命曰绛，始都绛”，《索隐》引东汉应劭曰“绛水出西南”[⑦]，可能认为“绛”地因水得名。现在，既然得知本字是“降”，则其得名之由自然与绛水无关。今人田建文先生认为“晋”是因音谐而转为“绛”。[⑧]田先生之说是否正确，还有待验证。

上引马王堆帛书，整理小组已将“降”读为“绛”，并指出：“绛、安邑，均地

---

① 按：此条材料，蒙吴良宝教授提供。

② 萧春源：《珍秦斋藏金【吴越三晋篇】》，澳门：澳门基金会，2008年，前言第14页。

③ 萧春源：《珍秦斋藏金【吴越三晋篇】》，澳门：澳门基金会，2008年，246页。

④ 北京大学出土文献研究中心：《北京大学藏西汉竹书（一）》前言，上海：上海古籍出版社，2015年，第2页。

⑤ 北京大学出土文献研究中心：《北京大学藏西汉竹书（三）》，上海：上海古籍出版社，2015年，第122页。

⑥ 司马迁：《史记》卷十八，北京：中华书局，1996年，第894页。

⑦ 司马迁：《史记》卷三十九，北京：中华书局，1996年，第1641页。

⑧ 田建文：《旧说重提二则》，《古代文明研究通讯》总第34期，2007年，第36－42页。案：田建文认为“晋”对晋国来说，开始只是作为一个地名。还是《晋国早期都邑探索》，提出翼城一带的方言读“晋”若“绛”说。覝公簋的发现，说明有点言中的成份。“就当今方言考虑，翼城一带读‘晋’若‘绛’，甚疑穆侯之迁新都称‘晋’而音谐而转为‘绛’，若考燮父国号之改则今曲沃东南尚有白水又称‘绛水’北注入浍河，也许正是‘晋水’。而穆侯迁都之前的‘故绛’古称为‘翼’或如新绛旧称‘新田’。”“读‘晋’若‘绛’，是周语和晋语的区别”。“具体到‘晋’，读若‘绛’，亦即‘唐伯侯于晋’的‘晋’而因音谐而转为‘绛’，这也是周语和晋语的区别。”参上引田文。

名。绛是晋国旧都，今山西省翼城、曲沃、绛县等地，战国时可能都叫做绛。"[①]袁仲一、刘钰认为秦、汉绛县故址在今山西省侯马市东北。[②]笔者认为，晋国之"绛"，要分时段而论。[③]前引侯马乔村墓地出土大量带有"降亭"戳记的陶器，表明该地就是这批器物的产地"降"。[④]据上引出土及传世文献分析，秦时河东郡之"降县"，也就是晋公所迁都的"降（新田）"，传世文献记载作"绛"，在今侯马市一带。[⑤]

---

① 马王堆汉墓帛书整理小组：《马王堆汉墓帛书（三）》，北京：文物出版社，1983年，第50页。

② 袁仲一，刘钰：《秦陶文新编·上编》，北京：文物出版社，2009年，第52页

③ 目前学界对晋国早期都城问题认识还有较大分歧，或认为翼与绛为一地二名，迁都几次看法亦不一致。不过景公迁都新田，认识一致，即今侯马市。

④ 侯马乔村墓地的整理者指出："'降亭'陶器以往在晋南曾有少量发现，如苇沟—北寿城遗址内采集的一件釜和绛县磨头送交的一件釜，这两件陶釜和陶文的作风与侯马乔村所发现的陶釜和陶文特征颇为一致，从器形可知时代属战国晚期偏早阶段，应该是同地产品。因此推测，以乔村'降亭'为代表的绛县治所应该就在墓地附近，很可能与其东的凤城古城有关。"

⑤ 按：后晓荣先生指出现代考古调查表明秦汉绛县地望为山西翼城县城关附近苇（原误作"带"）沟—北寿故城。参见后晓荣：《秦代政区地理》，北京：社会科学文献出版社，2009年，第305页。

“古之学者耕且养”索隐

陈含章[①]

摘　要:《汉书·艺文志·六艺略》有言曰:“古之学者耕且养,三年而通一艺。”此句看似通俗易懂,但人们对“古之学者耕且养”的理解,实则仍存在分歧。本文提出,“古之学者”应是属于士阶层的。“养”字非养活、供养义,而是培养、教育义。“且”连接两个动词,表示两种动作同时进行。“耕且养”的学士们有两种可能的读书模式,其一是在耕作间隙穿插着读书活动;其二是趁农闲时节,集中去乡校中进行学习。

关键词:古之学者;耕且养;汉书;六艺略

《汉书·艺文志·六艺略》有言曰:“古之学者耕且养,三年而通一艺。”此句看似简单易懂,但人们对这句话,特别是针对“养”字的理解,其实是存在着分歧的。有学者将“养”解释为养育、养家糊口义,也有学者将其释为教育、培养义,还有些学者将两种意义混杂在一起注解。那么,这句话提出的背景是什么?“古之学者”是什么人?“耕且养”的“养”字又究竟是什么意思呢? 在此,笔者不揣谫陋,以期对这些问题做出补充论证和新的探究。

① 作者简介:陈含章,女,江苏苏州人,1994年生,现为首都师范大学文学院中国古典文献学2018级硕士研究生,主要研究方向为古文字学及中国古典文献学。

一、“古之学者耕且养”提出的时代背景

“古之学者耕且养”一句是何时提出的呢？王应麟指出：“《法言》曰：‘古之学者耕且养，三年通一经。’[①]《艺文志》曰：‘古之学者耕且养，三年而通一艺。’盖刘歆《七略》取《法言》之语。”[②]王鸣盛亦认为其“盖本于扬子《法言》”[③]。《汉书·艺文志》本源于刘歆《七略》，按照王应麟、王鸣盛的说法，“古之学者耕且养”一句源出《法言》，由《法言》传到《七略》，由《七略》再传到《汉书》。这大概反映了汉代学者对古代教育状况的一种认识。之所以提出这种认识，当有其时代背景。

西汉初期，汉武帝设五经博士，到了汉末，治学者大多已是专主一经，其时，“曾经盛极一时的今文经学这时似已走进了死胡同，其弊端日益显露出来，最主要的毛病是繁琐饾饤”[④]。司马谈《论六家要旨》亦评价道：“儒家博而寡要，劳而少功。”也就是说，“古之学者耕且养，三年而通一艺”，是为批评当时“碎义逃难，便辞巧说，破坏形体，说五字之文，至于二三万言，后进弥以驰逐。故幼童而守一艺，白首而后能言”的社会现状而提出的。

《法言》曰：“古者之学耕且养，三年通一。今之学也，非独为之华藻也，又从而绣其鞶帨。”这便是子云在指责俗学之弊。班固认同扬雄的说法，他自己对此也深有体认。东汉白虎观会议后诞生的《白虎通义》，可说是今文经学发展的顶峰，班固作为白虎观会议的整理者，对今文经学的弊端更加了然。他不仅在《六艺略》中说今文经学是“碎义逃难，便辞巧说，破坏形体”，在其后《诸子略》中的儒家小序中亦提到，现今儒生“随时抑扬，违离道本，苟以哗众取宠”。班固比之扬雄，其愤慨更甚。“古之学者”且耕且养，尚能“存其大体，玩经文而已”“三十而五经立”，与“今之学者”形成鲜明对比，极具时代批评性。

---

① 按，《法言·寡见》曰：“古者之学耕且养，三年通一。”俞樾《诸子平议》卷三四指出：“古者之学”为“古之学者”传写倒误。汪荣宝曰：“《汉书·艺文志》正作‘古之学者耕且养’，此可为曲园（即俞樾）说之证。然‘古之学者’犹云古人之为学，于义自通，不必为倒误也。‘三年通一’，治平本如此，世德堂作‘三年通一经’……旧刻皆无此字，盖‘三年通一’乃当时学人间习用之语，不言经而义自晓，《法言》引用成语，故其文如此。”（汪荣宝撰，陈仲夫点校：《法言义疏》上册，北京：中华书局，2013年，第223页）

② [清]王应麟撰：《困学纪闻》卷八《经说》，上海：上海古籍出版社，2015年，第292页。

③ [清]王鸣盛撰：《蛾术编》卷八一说通一《三十而立》，北京：商务印书馆，1958年，第2250页。

④ 赵伯雄：《春秋学史》，济南：山东教育出版社，2014年，第132页。

二、“古之学者”是何身份

关于“古之学者”所指，学界也有讨论。“古之学者”究竟有多“古”呢？有学者联系了此句的上下文。《汉书·艺文志·六艺略》曰：“至于五学，世有变改，犹五行之更用事焉。古之学者耕且养，三年而通一艺。存其大体，玩经文而已。是故用日少而畜德多，三十而五经立也。”日本学者本田成之根据“三十而五经立”一句，认为“古”应是指五经定下之后，即武帝立五经博士以后。[①]汪荣宝亦曰：“‘古者’云云，即指司马谈作《论六家要旨》之时而言，时当孝武之世，初置五经博士，传业未盛，学者通经不易，故谈有是言也。”[②]顾实则认为：“乐正‘崇四术以造士，春秋教以《礼》《乐》，冬夏教以《诗》《书》’，是岂可以三年通一艺之格囿之哉？不然，则此‘古者’指春秋战国以后而言。然七十二弟子身通六艺，无《五经》之可言，更何论乎五常？附会《五经》、五常、五行之说者，惟施于秦火而后之汉可耳。”[③]

本田成之、汪荣宝及顾实都抓住了“五经”这一关键词，以此为据对“古之学者”所在的时代进行了界定。钱穆却有不同的看法，他认为汉代的“古学”，是“亦仅足以示异于宣、元以下之师法与章句”[④]，“古之学者”是对应汉宣帝、汉元帝之后的“今之学者”而言的。钱穆并没有界定“古”的具体时限，而是将“古”作为一个泛指。

封建社会有着崇古的积习，一个典型的例子，就是写作之托古——将《易卦》托名于伏羲，将《本草》托名于神农。[⑤]冠上了古人的名字，其学说才会被大众接受。“人情贵远贱近，自古已然，而两汉为尤甚。”[⑥]汉代学士多贵古贱今，桓谭便提道：“世咸尊古卑今。”[⑦]王充亦曰：“秦汉之士，功行谲奇，不肯图。[不肯图]今世之士者，尊古卑今也。”[⑧]王莽改制，亦打着“复古”的旗号。这种好古乃至佞古的风气一直延续着，扬雄、班固亦不免受到潜移默化的影响。

---

① [日]本田成之：《中国经学史》，李俍工，译，上海：上海书店出版社，2001年，第152页。

② 汪荣宝撰，陈仲夫点校：《法言义疏》上册，北京：中华书局，2013年，第224-225页。

③ [汉]班固编撰，顾实讲疏：《汉书艺文志讲疏》，上海：上海古籍出版社，2009年，第93页。

④ 钱穆：《两汉经学今古文平议·两汉博士家法考》，北京：商务印书馆，2005年，第245页。

⑤ 张舜徽：《中国文献学·写作的伪托》，武汉：华中师范大学出版社，2004年，第33页。

⑥ 张舜徽：《爱晚庐随笔·见知于同时之人甚难》，武汉：华中师范大学出版社，2005年，第342页。

⑦ [汉]桓谭：《新论》第十五《闵友》，上海：上海人民出版社，1977年，第61页。

⑧ [汉]王充撰，黄晖编：《论衡》卷十八《齐世》，北京：中华书局，1996年，第810-811页。按，刘盼遂按语称“不肯图”三字宜重书，故在此补足。

故而,他们笔下的“古之学者”,应是在“贵古贱今”的大环境下提出的,“古”是泛指,无须将其落到实处。

“古之学者”的“学者”又是指什么身份的人呢?前人对此有所阐述,“学者”的身份大致有两种解释。

1.“未命之学士”

姚明辉在《汉志注解》中指出:“耕且养者,未命之学士,未有禄食,故耕与养共举焉。”[①]孙希旦《礼记集解》曰:“庶士,谓未命之士。《燕礼》所谓士旅食者也。”[②]朱熹将士分为两类:“问士人受田如何?曰:‘上士、中士、下士,是有命之士,已有禄。如《管子》‘士乡五十’,是未命之士。”[③]章学诚《春秋左氏疑义答问》云:“大夫皆已仕,士则相容未仕者也。”[④]那么,姚氏所谓的“未命之学士”,指的便是未取得功名的读书人。

2.“六乡”之“国人”

南宋理学家魏了翁曰:“自国子而下为士者,固出于乡遂之夫家,此管夷吾之所谓秀民之能为士,而班孟坚所谓且耕且养者是也。”[⑤]杨宽曾指出,西周春秋间的乡遂制度,有“六乡”和“六遂”之分,这两处的民众不仅在居住地上有“国”和“野”的差别,身份上也有不同——在“六遂”的居民称“野人”,在“六乡”的居民则称“国人”。“野人”与“国人”都会被平均分配耕地,但“六乡”居民所受的剥削远小于“六遂”的居民,属于“自由公民性质”,有自己的空余时间,且有受教育的权利。[⑥]魏了翁认为“古之学者”是“出于乡遂”,准确来说便应是指在“六乡”的“国人”,在地位上与“未命之学士”相仿。

以上两种解释,都暗含一个共识:能“耕且读”的“古之学者”,他们并非一般百姓,而是有一定的社会地位。与此同时,他们又不像真正的上层贵族一

① 陈国庆:《汉书艺文志注释汇编》,北京:中华书局,1983年,第97页。

② [清]孙希旦:《礼记集解》卷四三《丧大记》,北京:中华书局,1989年,第1135页。

③ [宋]黄士毅编;徐时仪、杨艳汇校:《朱子语类汇校》卷八六,上海:上海古籍出版社,2016年,第2250页。

④ 章太炎撰;姜亮夫、崔富章点校:《章太炎全集·春秋左氏疑义答问》,上海:上海人民出版社,2014年,第332页。有关“士”阶层的义涵,参阅步克:《历史的变迁与“士”的形义源流》,《文史知识》1991年第8期。

⑤ [宋]魏了翁:《鹤山先生大全集》卷50《靖州兴贤庄记》,四部丛刊初编本,上海:商务印书馆,1936年,第427页。

⑥ 按,此段是对杨宽《试论西周春秋间的乡遂制度和社会结构》一文的概括论述(《古史新探》,上海:上海人民出版社,2016年,第138-168页)。需要指出的是,杨宽在文中认为:“‘国人’有时被称为‘士’,即是战士、甲士。”(第167页)但余英时在《士与中国文化》(上海:上海人民出版社,2011年,第17页)中已经表明:“我们决不能因周代学校有习射之事而断定其必为军事训练之地。”“射”是礼乐教育的一部分,而不是武射。当时对“国人”的教育其实是“是文武兼备的”。

样衣食无忧。曹胜高指出："(庶士)一方面出于候补官吏的身份需要进行文化训练，另一方面却由于士人的无限增多，并不一定能在朝廷中获得任命，只能以耕作为生。"[①]唐兰亦提到，"士"介于贵族与平民之间，"他们没有奴隶就只好用自己的子弟，所以说'士有隶子弟'，而更穷一些的就只好自己去耕田"。[②]

综之，可以得出如下结论："古之学者"地位介于庶民与"有命之士"之间，他们是尚未取得功名的读书人。一方面他们没有俸禄，迫于生计，只能耕种糊口；另一方面，他们并非目不识丁的底层庶民，有通经治学的基础，有受教育的权利。在这种情况下，"古之学者"需要"耕且养"，并能够"三年而通一艺"，便说得通了。

三、"养"字如何理解

(一)东汉及以前的"养"字含义

学者们对"古之学者耕且养"的"养"字之义多语焉不详，一般就是在对整句话作通释时顺便提及而已，约莫是觉得"养"字意义浅显，不必为之专解。然而，就现在不同学者所释"耕且养"来看，"养"字义其实是有分歧的。

关于"耕且养"之"养"字，大致有三种释法：(1)释为养活、养育、养家糊口义。如何则阴认为："耕为耕田，养为养育。"[③]汪受宽在《〈汉书〉选评》中释"耕且养"为"耕田种地养家糊口"[④]。韩敬将"耕且养"释为："耕而且养，还要种地养活自己。"[⑤](2)释为教育、培养义。如涂又光认为："'耕且养'就是半耕半读，'养'犹教也。"[⑥]徐复观认为"养"当为"读"。[⑦]栗洪武、陈磊将"养"释为"教养"义。[⑧](3)混杂注释。一些注本对"耕且养"的注释有点含混。如李守奎、

① 曹胜高：《中国文学的代际》，北京：商务印书馆，2013年，第52页。

② 唐兰：《春秋战国是封建割据时代》，载《中华文史论丛》第三辑，1963年，第28-29页。

③ 何则阴：《周易与文化创新》，北京：宗教文化出版社，2015年，第427页。

④ 汪受宽：《〈汉书〉选评》，上海：上海古籍出版社，2003年，第154页。

⑤ 韩敬：《法言注》，北京：中华书局，1992年，第154页。

⑥ 涂又光：《中国高等教育史论》，武汉：湖北教育出版社，1997年，第20页。

⑦ 徐复观：《两汉思想史》，上海：华东师范大学出版社，2001年，第311页。

⑧ 栗洪武、陈磊：《从孔子自叙年谱探源终身教育的阶段性目标与基本路径》，《陕西师范大学学报(哲学社会科学版)》2014年第6期。

洪玉琴在《扬子法言译注》中,先将“养”释为“养家”义,但紧接着翻译整句话时又说:“古之学者边耕边读。”[①]罗邦柱在《文白对照诸子集成·法言》中,未明指“养”字含义,只在翻译“耕且养”一句时说:“古时候学经的人边耕养,边学习,三年就可通一艺。”[②]也不知究竟是将“养”字释为了学习义,抑或者他认为“耕且养”即是耕养,“学习”是根据下文“三年而通一艺”作的补充?

那么,“耕且养”中的“养”字,究竟是什么意思呢?

西汉及西汉以前的文献,上述提到的“养育”和“教育”义在当时均已存在。

“养育”义最为常见,如:

(1)《礼记·大学》:“未有养子,而后嫁者也。”

(2)《史记·主父偃列传》:“百姓靡敝,孤寡老弱不能相养。”

(3)《法言·问道》:“五政之所加,七赋之所养。”

“养”字作“养育”义的使用较为普遍,《法言》“养”字共有4例,除了“耕且养”一例外,其余均可理解为补养、养育。[③]

“教育、培养”义亦有不少,如:

(1)《孟子·离娄下》:“中也养不中,才也养不才,故人乐友贤父兄也。”朱熹《集注》曰:“养谓涵育熏陶,俟其自化也。”

(2)《孟子·滕文公上》:“设为庠、序、学、校以教之。庠者养也,校者教也,序者射也。”“庠”“养”叠韵为训,王念孙《广雅疏证》指出:“庠训为养,序训为射,皆是教导之名。”王引之《经义述闻》亦曰:“庠、序、学校,皆为教学而设。养老习射,偶一行之,不得专命名之义。庠训为养,序训为射,皆教导之名。其义本相近也文……养、射皆教也。”

(3)《国语·勾践灭吴》:“夫虽无四方之忧,然谋臣与爪牙之士,不可不养而择也。”此处的“养”,指的是培养“谋士”和“爪牙”。[④]

(4)《礼记·文王世子》:“立太傅、少傅以养之,欲其知父子君臣也。”郑玄注:“养,犹教也。言养者,积浸成长之。”

---

① 李守奎、洪玉琴译注:《扬子法言译注·寡见篇》,哈尔滨:黑龙江人民出版社,2003年,第96页。

② 罗邦柱译注:《法言》,《文白对照诸子集成·中》,广州:广东教育出版社,2006年,第2570页。

③ 按《法言》中除“耕且养”以外的“养”字辞例有:(1)《学行卷一》:“或曰:先生生无以养也,死无以葬也,如之何?曰:以其所以养,养之至也。”(2)《问道》:“五政之所加,七赋之所养。”(3)《先知》:“孤人孤,病者养。”

④ 北京大学中国文学史教研室选注:《先秦文学史参考数据》,北京:中华书局,1962年,第268页。

(5)《周礼·地官·保氏》:“保氏掌谏王恶,而养国子以道,乃教之六艺。”《周礼疏》曰:“‘而养国子以道’者,此官居小学,教国子以道艺……《说文》食部云‘养,供养也’,引申为教养。”[①]

(6)《韩诗外传》卷十:“季遂立而养文王,文王果受命而王。”周志锋按:“‘养’犹教育,文义明白无所疑。……本句言王季既立而教育文王,文王果然受天命而为王。”[②]

(7)《说文解字·𠫓部》:“育,养子使作善也。”引《虞书》曰:“教育子。”焦循曰:“孟子言‘得天下英才而教育之’,‘教育’即《尧典》之‘教育’,教育连文,育即是教。”[③]则《说文》所谓‘养子’即‘教育子’,‘养’即教育义。

(8)《汉书》中除了最常见的“养育”义以外,亦有“教育”义的辞例,如①《汉书·礼乐志》:“礼以养人为本,如有过差,是过而养人也。”“礼”与“过”,都能教育、培养他人。②《汉书·董仲舒传》中载有董仲舒的《举贤良对策》:“养士之大者,莫大乎太学。……臣愿陛下兴太学,置明师,以养天下之士,数考问以尽其材,则英俊宜可得矣。”意思就是说,教育培养贤士,没有比太学更好的了,故而希望汉武帝兴办太学,以此来培养天下士人。此段的两个“养”字,都是教育、培养义。③《汉书·儒林传序》:“或言孔子布衣,养徒三千人。”意思就是说,孔子作为老师,培养了三千弟子。

单就原句来看,《汉书》中称:“古之学者耕且养,三年而通一艺。”如果将“养”解释为“养育”,则该句指的是古代学者耕种养家,全然在强调“古之学者”养家糊口的繁忙,丝毫不谈读书,“学者”之“学”在何处呢?这样理解,与其后“三年通一艺”的关联性也较低。若将“养”释为“受教育”或“读书”呢?其一,如此解释,则突出了古人半耕半读的特点,他们不专一经,读书亦自如放松,与今文经学家一生穷守一经的状态形成了鲜明对比。其二,“养”为读书义,承接了其后的“三年而通一艺”,于文意更为通顺。其三,上文已经提到,“古之学者”属于“未命之学士”或“六乡”之“国人”,这就决定了他们不会单纯想着耕种养家,他们有读书的根底和对学问的渴求。“养”字若释为“读书、教育”义,与“古之学者”的身份也更为贴合。把“养”解释为受教育或泛解

① [清]孙诒让撰,王文锦、陈玉霞点校:《周礼正义》(第四册),北京:中华书局,2000年,第1011页。按,虽然《周礼》及《礼记》一些篇目的成书时代有争议,但不会晚于汉代。

② 周志锋:《训诂探索与应用》,杭州:浙江大学出版社,2014年,第221页。

③ [清]焦循撰,沈文倬点校:《孟子正义》(下册),北京:中华书局,1998年,第552页。

为读书,无论是从前后文的行文逻辑上,还是着眼于时代背景,都能得到一个圆满的解释。

(二)后世对“耕且养”的征引及“耕读”文化的传承

1. 对“耕且养”的征引

“古之学者耕且养,三年而通一艺。”此句在东汉以后,亦多为人所引用,如:

①《晋书·孔坦列传》:“臣闻经邦建国,教学为先,移风崇化,莫尚斯矣。古者且耕且学,三年而通一经。”

②清贺长龄《扶风学舍记》:“古之学者耕且读,三年而通一经,诸士果有志向学,而又不能不为衣食之谋,则入而横经,未尝不可出而负耒也。”

③清阮本焱《题耕读图》:“古之人且耕且读,三年而通一经,然犹不汲汲于求名用能处为通儒。”

④王向荣《论语要义》:“古之学者,且耕且读,三年而通一经,则三十以前,皆穷经岁月,至三十则通经而学立矣。”[①]他还在《论语二十讲·先进篇》中提道:“古无有吃闲饭读书者,一夫受田百亩,且耕且读,三年而五经立。”[②]

可以看到,在上述例句中,“耕且养”被转写成了“耕且学”或“耕且读”,“养”字所蕴含的学习、读书义便不言而喻了。

2.“耕读”文化的传承

梁漱溟提道:“士人有些像西洋的教士,其在中古亦属贵族。但中国则半耕半读,且耕且读的家世居多数。从‘朝为田舍郎,暮登天子堂’,‘将相本无种,男儿当自强’等谚语,可见其缺乏阶级分界,而‘禄以代耕’要亦不过一行职业,为构成此职业社会所不可少的一种成分而已。”[③]刘培亦指出:“耕读传家的理念最早出现在班固的著述中:‘古之学者耕且养,三年而通一艺,存其大体,玩经文而已。是故用日约少,而蓄德多,三十而五经立也。’”[④]

“古之学者耕且养”一句,在其后的历史长河中,逐渐演变成了“耕读”的

① 王向荣:《论语要义》,上海:中华书局,1939年,第76页。

② 王向荣:《论语二十讲》(下册),上海:中华书局,1937年,第23页。

③ 梁漱溟著,翟奎凤选编:《梁漱溟文存》,南京:江苏人民出版社,2014年,第229页。

④ 刘培:《耕读传家观念与士绅文化形态——以南宋文学中岩桂意象的生成为中心》,《吉林大学社会科学学报》2018年第6期。

传统，古人时常会将“耕”与“学”结合在一起，如：

①晋陶渊明《读山海经》其一：“既耕亦已种，时还读我书。”另外，和陶渊明一样，结庐耕学的诸葛亮亦将“耕”与“读”付诸实践。

②《后汉书·袁闳列传》：“（闳）服阕，累征聘举召，皆不应。居处仄陋，以耕学为业。”这亦是古人将“耕”与“学”结合的例证。

③宋张载《经学理窟》：“古人耕且学则能之，后人耕且学则为奔迫，反动其心。”这是在对比“古人”与“后人”在耕读上的不同，古人可以做到“耕且学”，后人则分身乏术。

④元郑玉《耕读堂记》：“夫古之时，一夫受田百亩，无不耕之士。家有塾，党有庠，术有序，无不学之人。秦废井田，开阡陌，焚诗书，坑学士，先王之道灭矣。汉兴，虽致隆平之治，卒不能以复淳古之风，而士农分矣。于是，从事于学者则不知稼穑之艰难，从事于农者则不知礼义之所从出。后世有能昼耕夜读以尽人道之常者，人至以为异而称之，去古道益远矣。”这是在强调耕、读结合的重要性，批评后世学子将耕与读剥离的情况。

⑤明末清初戴名世《田字说》：“古之学者不废耕，维《诗》有之……而樊迟以学稼请，仲尼非之。岂以其无与大人之学，而徒欲从事细人之行也欤？然则且耕且学，固非圣人之所禁也。”

⑥清黄清宪《赠顾生序》：“古之人无不耕且学。盖不耕则无以治生业，以仰事而俯育；不学则无以知道理，以修身而立品。”

直到如今，“耕读”的传统仍然存在着。如张雨生曾提及湖北的习俗：“过春节，贴春联，一些富户的楹联年年写着‘耕读人家’。有的还将这四个字精制成匾额，张挂门前。”[①]又如宁夏的一些传统村落中，“民居的门头多装饰‘耕读’二字”。[②]“中国传统村落传统民宅都喜欢用‘耕读传家’作为大门对联的横批或匾额。”[③]

由上述对“耕且养”的转引，及后世对“耕读”文化的传承来看，虽然前人未对“养”字进行专门解释，但实际上他们对“耕且养”已逐渐形成趋于一致的理解。

---

① 张雨生：《坞城札记·耕读人家》，太原：北岳文艺出版社，1986年，第194页。

② 宁夏社会科学院：《宁夏构建区域城乡协调发展新格局研究》，银川：宁夏人民出版社，2018年，第152页。

③ 韩雷：《双重视域下中国传统民居空间认同研究》，杭州：浙江大学出版社，2018年，第97页。

其实，西汉时虽多烦琐注经者，但亦有如同“古之学者”的存在，如朱买臣和匡衡。吕思勉便指出：“朱买臣常艾薪樵，卖以给食，担束薪，行且诵书；匡衡时行赁作，带经而锄，休息辄读诵；皆所谓耕且养者：存其大体之学，固如是而可为，其从师，亦诚于都授时往问大义疑难而足矣。碎义逃难之学，则其势不能如此。”[①]扬雄、刘歆以及班固所谓的“古之学者”，应该包括这类学者。

综上，“古之学者耕且养”一句中的“养”字应释为“教育、培养”义，中国古代农耕社会的耕读传统，便发源于斯。

三、“耕”与“养”的时间问题

（一）“且”字含义

“耕且养”，既可释为“耕而且养”，也可释为“边耕边养”，两种解释都将“且”当作连词，表并列，似乎都说得通。那么，“耕且养”该如何理解呢？

根据李春普《〈史记〉“且”字虚词用法统计分析》[②]以及赵菲《〈史记〉里“且”的用法分析》，[③]《史记》中“且”字作为连词出现已有三百余例，“且”字作“一边……一边……”和“而且”的含义在西汉时期均已出现，并较为常见。

“耕且养”在后世又有作“且耕且养”例，如钱大昭《汉书辨疑》于“耕且养”下注：“《诗·甫田》疏引作‘且耕且养’。”[④]《隋书·柳昂传》亦载：“古人之学，且耕且养。”[⑤]“且”后跟动词形式的句子多表示“一边……一边……”，表示两个动作的同时施行。《助字辨略》卷三便指出：“《汉书·郊祀志》：‘黄帝且战且学仙。’《晁错传》：‘险道倾仄，且驰且射。’《李陵传》：‘且战且引南。’《水经注》：‘且田且漕。’此且字，两务之辞，言方且如此，又复如彼也。”[⑥]若此，“耕且养”便指的是一边耕种一边读书。

---

① 吕思勉：《吕思勉读史札记·讲学者不亲授》，上海：上海古籍出版社，1982年，第677页。

② 李春普：《〈史记〉“且”字虚词用法统计分析》，《佳木斯大学社会科学学报》1996年第4期。

③ 赵菲：《〈史记〉里“且”的用法分析》，《黑龙江工业学院学报（综合版）》2019年第4期。

④ ［清］钱大昭：《汉书辨疑》卷十六，北京：中华书局，1985年，第263页。

⑤ ［唐］魏徵等：《隋书》卷四十七，列传第十二《柳昂传》，北京：中华书局，1973年，第1276页。

⑥ ［清］刘淇撰，章锡琛校注：《助字辨略》，北京：中华书局，1954年，第170页。

（二）“边耕边读”的两种方式

需要注意的是，“且”字的“一边……一边……”还有个时限问题。①古人可能是在一天之内，白天劳作完了，晚上读书，或是在劳作休息的间隙读书。②亦有可能这个“一边……一边……”，是笼统地框在一个大范围的时段中的——也许还有一种“耕且养”的方式，是在农忙时节“耕”，在农闲时节“读”。这种“读”，很可能不是单独一人在私下读，而是集体性的读书活动了。

乡学传统于周代便已出现，《周礼·地官》曰：“以乡三物教万民而宾兴之……三曰六艺：礼、乐、射、御、书、数。”吴龙辉在《六艺的变迁及其与六经之关系》一文中论证了此处的“万民”当指士乡之民，至于农、工、商三种职业的人则没有受教育的资格。[①]上文已经指出，“古之学者”属于“未命之学士”或“六乡”之“国子”阶层，他们便有着受教育的资格。

既然乡学传统早已有之，那么“古之学者”会在什么时间去上课呢？何休曰：“八家共一巷，中里为校室。……十月事讫，父老教于校室。”[②]古人开设乡学，由父老教书，而“古之学者”可能会在农忙结束后，等到农闲时再去学习。

杨宽指出，作为“六乡”的“国人”，“有参与政治、教育和选拔的权利”，[③]而这种“教育”是在冬日进行的：

> 《左传》襄公三十一年记述郑国“乡校”情况说：“郑人游于乡校，以论执政。然明谓子产曰：毁乡校如何？子产曰：何为？夫人朝夕退而游焉，以议执政之善否……”吕（思勉）先生解释说：“惟仅冬日教学，余时皆如议会公所，亦如俱乐部，故人得朝夕游其间也。”可见这种村社中序、庠、校的制度，到春秋时在中原地区还是很流行的。[④]

春秋战国时期，私学也开始兴盛起来。以孔子为代表的一批教育家开设学堂，教授学子。所谓的“古之学者”，很有可能也参与了这种私塾性质的学堂。

张政烺在《六书古义》中谈到了崔寔的《四民月令》：“崔寔此书实汉民间

---

① 吴龙辉：《六艺的变迁及其与六经之关系》，《中国哲学史》2005年第2期。

② [汉]何休注，[唐]徐彦疏：《春秋公羊传注疏》，上海：上海古籍出版社，1990年，第207页。

③ 杨宽：《古史新探》，上海：上海人民出版社，2016年，第148页。

④ 杨宽：《古史新探》，上海：上海人民出版社，2016年，第133页。

通行之制，处处与农民生活相应和。古之学者耕且养，故大学上学期以正月农事未起始业，[①]下学期以十月农事毕始业。”[②]此段恰用“古之学者耕且养”为例证，以说明古人会在农闲时集中上学。故而元代陆文圭曰：“昔三代盛时，人各里居，田各井授，自国子而下，为士者皆出于乡遂之夫家。而入学有时，故士得自食其力，不仰给于县官。”[③]

在之后的典籍中，亦能找到类似的构想，如《隋书·柳昂传》：“诏曰：建国重道，莫先于学。……古人之学，且耕且养。今者民丁非役之日，农亩时候之余，若敦以学业，劝以经礼，自可家慕大道，人希至德，岂止知礼节，识廉耻，父慈子孝，兄恭弟顺者乎？”[④]所谓“古之学者耕且养”，不仅耕读的传统为读书人所传承，古代供人们读书而开设的乡校也为后世所发展。

综上，“古之学者耕且养”一句中的“养”字，应为教育、培养义。古代尚未获得任命的乡里士人，一边耕种一边读书、受教育。一方面，他们可能是独自在农活间隙进行读书活动的，另一方面也可能是趁农闲时节，集体去乡校中学习。正如张舜徽所言，古代学者是“但期通贯大义，有裨淑身立品而已”[⑤]，与“今之学者”大不相同矣。

---

① 按：大学，即古代教育机构。

② 张政烺：《张政烺文史论集》，北京：中华书局，2004年，第18页。

③ [元]陆文圭：《吴县学田记》，《全元文》第17册，南京：江苏古籍出版社，1998年，第606页。

④ [唐]魏徵等：《隋书》卷四七《柳机传附柳昂传》，北京：中华书局，1973年，第1278页。

⑤ 张舜徽：《广校雠略·汉书艺文志通释》，武汉：华中师范大学出版社，2004年，第255页。

二 先秦史研究

西周巴国疆域考*

朱圣钟①

摘　要：本文利用考古材料、文献资料及地名信息等多重证据从历史地理角度对西周时期巴国疆域进行了系统考证和梳理，基本厘清西周时期巴国疆域疆界，并对部分有关西周巴国疆域疆界认识的误区进行了辨析。

关键词：西周；巴国；疆域

巴国与蜀国一样为周王朝在西南边陲的封国，历来与濮、楚、邓等国一起被视为周之南土，在周王朝政权体系中具有重要地位。自20世纪二三十年代以来，学界对巴人巴史研究热情日渐高涨，研究成果也层出不穷，虽然有些学者的研究涉及巴国疆域，但对巴国疆域疆界及其变化问题不做深入细致的讨

* 基金项目：本文系国家社科基金一般项目“中国古代巴人分布迁徙及其与环境的关系研究”（项目批号：07BZS037）阶段性成果；重庆市人文社会科学重点研究基地重点项目“历史时期西南地区族群文化环境生成机制研究”（项目批号：16SKB053）阶段性成果。

① 作者简介：朱圣钟，1973年生，男，土家族，湖北巴东人，历史学（历史地理）博士，西南大学历史文化学院西南历史地理研究所教授，主要研究方向为民族地区历史地理。

论。[①]本人曾对春秋战国时期巴国疆域进行过讨论[②]，并对周代巴国疆域疆界问题做过粗略梳理[③]，但仍感对西周巴国疆域疆界问题剖析不够全面透彻，因此在梳理巴地考古材料、文献资料及地名信息基础上，对西周巴国疆域疆界问题做进一步研讨，撰以成文，藉以求教于方家。

一、巴国北部疆域

早在西周初年，巴国已是为周王认可的一方诸侯国[④]，巴国作为以廪君巴人为主体建立的部族联盟政权，巴王廪君通过控制巴人各部族首领统治巴

① 顾颉刚：《论巴蜀与中原的关系》，成都：四川人民出版社，1981年，第58页，《史林杂识初编》，北京：中华书局，1963年）第26–33页，《牧誓八国》提到巴在鄂西、川东一带，但具体疆域如何、疆域疆界变迁状况如何则未有下文；董启祥：《巴史新考》，重庆：重庆出版社，1983年，第8–33页，在论及巴与越的关系时提及商至战国时期巴人活动地域，对巴国疆域疆界及其变迁未作讨论；徐中舒：《论巴蜀文化》，成都：四川人民出版社，1982年，第18–26页，在通论巴蜀历史文化时论及春秋战国时期巴人活动地域，对巴国疆域及其变迁未作探讨；蒙文通《巴蜀古史论述》，成都：四川人民出版社，1981年，第1–27页，在讨论巴蜀历史时提及巴国疆域，对巴黔中、巴、蜀分界等问题也有讨论，但对巴国疆域疆界及其时代变迁问题未作细致梳理；管维良：《巴族史》，成都：天地出版社，1996年，第41–49页，对巴人自湘鄂西西迁入川渝路线、巴国地域等问题有所梳理，但对巴人西迁建国时间、不同时期巴国疆域及其变迁问题则有所忽略；邓少琴：《巴蜀史迹探索》，成都：四川人民出版社，1983年，之《巴史新探》，第1–51页、《巴史再探》，第52–90页，二部分笼统地对与巴族杂居部族、巴族入川后情况、古代巴族活动地区域、巴人部族之廪君巴、巴蛇之巴、賨、蜑、獽等活动情况进行了梳理，对巴国疆域疆界及其变迁也未予以关注；童恩正：《古代的巴蜀》，成都：四川人民出版社，1979年，第11–15页对廪君巴人的迁徙路线及其早期活动区域、第39–51页对巴国境内主要部族进行了梳理，虽对巴人活动地域有所界定，但对巴国疆域疆界及其变迁语焉不详；邓绍琴：《巴蜀史稿》，重庆：重庆地方史资料组，1986年，第44–81页，对巴人及其部族、巴人兴衰历史过程进行了梳理，但对巴国疆域疆界及其变迁问题也不作阐述；周集云：《巴族史探微》，成都：四川省社会科学院出版社，1989年，第1–59页，对西周以前的丹阳巴人、廪君巴人历史进行讨论，其中也涉及丹阳巴人、廪君巴人的迁徙路线及其活动地域问题，第60–112页对周代巴子国历史进行了讨论，在叙述巴楚交争、巴蜀相争历史时讨论了巴与蜀、楚政治与军事关系，而对巴蜀、巴楚间疆域疆界及其变动情况疏于阐释；李绍明：《川东南土家与巴国南境问题》，《思想战线》1985年第6期，主要阐述了春秋战国时期川东南（今渝东南）为巴国南部疆域一部分史实，提及春秋后期巴国疆域的大致范围，并未涉及西周时期巴国疆域疆界问题；唐昌朴：《先秦巴国都邑与疆域考议》，《巴渝文化》第3辑，西南师范大学1994年，第122–134页，对先秦巴国疆域只有静态界定，却忽略了巴国疆域疆界的时序变动情况；周兴茂：《巴人、巴国与巴文化》，《徐州师范大学学报（哲学社会科学版）》2007年第4期，只对巴国大致地域有所论及，但对巴国具体疆域疆界及其变迁也不作梳理；陈卫华、周科华：《略论川东地区的巴国》，《四川文物》2018年第4期，对春秋战国时期巴人在鄂西汉水流域和川东、重庆活动过程及活动大致范围进行了梳理，而对春秋战国时期巴国具体疆域疆界及其变迁过程涉及不多；徐良高：《周之南土：巴国与巴文化刍议》，《四川文物》2018年第4期，对巴建国及巴国地域大致变化有梳理，但对巴国疆域疆界及其变动过程也未有细致全面的探究。

② 朱圣钟：《春秋战国时期巴国疆域考》，《历史地理》第36辑，上海：复旦大学出版社，2018年，第53–74页。

③ 朱圣钟：《族群空间与地域环境：中国古代巴人的历史地理与生态人类学考察》，北京：科学出版社，2019年，第99–141页。

④ 杨伯峻编著：《春秋左传注》（修订本），北京：中华书局，1990年，第1308页：《左传·昭公九年》载“及武王克商，……巴、濮、楚、邓，吾南土也”，隐含的意思是周武王克商鼎定天下后，巴、濮、楚、邓为周南土，也即拱卫周王室南部疆土的方国，显然此时廪君巴国的存在已获得周王认可，巴建国时间至迟当在西周初年。

国，这种做法与秦汉时代朝廷通过控制巴人部族首领控制巴地的羁縻统治形式是一脉相承的[①]。西周时期巴国疆域及其变化情况如何呢？这是一个值得讨论的一个问题。最早对巴国疆域问题予以关注的是西晋时期常璩，其《华阳国志》载巴国“其地东至鱼复，西至僰道，北接汉中，南极黔涪”[②]，这是否就是西周巴国的疆域范围呢？

巴国北部疆域，常璩说“北接汉中”，首先我们要确定汉中的地域。西晋以前汉中有楚汉中、秦汉汉中。据史念海先生研究，楚汉中郡西起今陕西旬阳县，东至湖北丹江口附近，秦、汉汉中郡则包括楚汉中郡及其以西至汉中盆地一带的地域，楚、秦、汉汉中郡地域在汉水上游河谷地带，南界大致在今大巴山一带[③]，若按常璩“北接汉中”说法，则巴国北界仅至今大巴山一线。据我们对商、西周时期汉水上游部族及方国的梳理，发现实情并非如此。

殷商以来汉水中上游分布着一些方国和部族，主要有褒、巴、庸、麇等，确知这些方国部族的地理方位后，巴国北部疆域位于何处就比较容易判断了。

商、西周时期今汉水上游陕西省汉中市一带有褒国。《水经注》载褒县故城“褒中县也，本褒国”[④]；《元和郡县图志》载褒城县“本汉褒中县……古褒国”[⑤]；《太平寰宇记》载褒中“古褒国”[⑥]；《舆地广记》载褒城县“故褒国”[⑦]；雍正《陕西通志》载褒城“周褒国”，“褒国在褒城县东三里许骆驼坪”；《关中胜迹图志》载褒城县“周褒国”[⑧]，则汉至隋褒中县、唐以后褒城县即古褒国地，在今勉县褒城镇一带，褒国疆域以褒城镇为中心，包括今留坝县、勉县及汉中市汉台区等地。说褒国疆域包括褒水流域主要是从地名角度分析的，褒水得名当与褒国控制途经褒水河谷的褒斜道有关；又《水经注》载南郑县“故褒之附庸”[⑨]，《蜀鉴》载“南郑，本古褒国”[⑩]，则南郑本属褒国，南郑在今汉中市汉台区，褒国

---

① [南朝·宋]范晔撰，[唐]李贤等注：《后汉书》卷86《南蛮西南夷列传》，北京：中华书局，1965年，第2842页。

② [晋]常璩撰，刘琳校注：《华阳国志校注》（修订版），成都：成都时代出版社，2007年，第6页。

③ 史念海：《汉中历史地理》，《河山集》（第六集），太原：山西人民出版社，1997年，第472-515页。

④ [北魏]郦道元著，[清]王先谦校：《合校水经注》，北京：中华书局，2009年，第411页。

⑤ [唐]李吉甫撰，贺次君点校：《元和郡县图志》卷22《兴元府》，北京：中华书局，1983年，第558页。

⑥ [宋]乐史撰，王文楚点校：《太平寰宇记》卷133《兴元府》，北京：中华书局，2007年，第2613页。

⑦ [宋]欧阳忞撰，李勇先、王小红校注：《舆地广记》卷32《兴元府》，成都：四川大学出版社，2003年，第946页。

⑧ [清]毕沅编撰：《关中胜迹图志》卷19，扬州：广陵书社，2003年，第22册，第895页。

⑨ [北魏]郦道元著，[清]王先谦校：《合校水经注》，第411页。

⑩ [宋]郭允蹈撰，赵炳清校注：《〈蜀鉴〉校注》卷1，北京：国家图书馆出版社，2010年，第1页。

当包括今汉中市汉台区。西周末“周幽王伐有褒，褒人以褒姒女焉”[①]，周幽王纳褒姒为嬖妾，遂有使诸侯离心的“烽火戏诸侯”和西周覆亡，因此褒灭国当在周幽王时。公元前771年犬戎攻杀郑桓公，部分郑人南迁汉中褒地，今汉中市遂名南郑[②]。

楚初受封于丹阳，其地在今汉水流域丹淅之地[③]，楚人向西扩张至丹江口以西汉水上游之前，商、西周时期汉水河谷地带还有庸、麇等部族或方国。

今鄂、渝、陕三省市毗邻地带商、西周时期有庸人建立的庸国，汉水流域今陕西省安康市部分地区及湖北省竹山县、竹溪县和房县西部皆属庸国疆域[④]。《通志》载庸“商时侯国”[⑤]，《古今姓氏书辨证》载庸“出自商诸侯之国，以国为氏”[⑥]，表明庸为商方国。今陕西省安康市地多属庸国，《史记》载楚顷襄王十九年（公元前280年）“割上庸汉北地予秦”，《史记正义》称“谓割房、金、均三州及汉水之北与秦”[⑦]，则楚上庸包括唐代房、金、均三州。又《括地志》载金州“古庸国”[⑧]，《太平寰宇记》载金州“周为庸国之地”[⑨]，《方舆胜览》载金州“周为庸国之地”[⑩]，《舆地纪胜》载金州“周为庸国之地”[⑪]，宋金州辖西城、平利、洵阳、汉阴、石泉五县。《大明一统志》载金州“周为庸国地”[⑫]，《读史方舆纪要》载兴安州“春秋时庸国地”[⑬]，明、清兴安州（府）辖安康（兴安所）、白河县、洵阳

① 上海师范大学古籍整理组校点：《国语》卷7《晋语》，上海：上海古籍出版社，1978年，第255页。

② ［北魏］郦道元著，［清］王先谦校：《合校水经注》，第412页。

③ 徐少华：《周代南土历史地理与文化》，武汉：武汉大学出版社，1994年，第242-258页；徐少华：《楚都丹阳地望探索的回顾与思考》，《荆楚历史地理与长江中游开发：2008年中国历史地理国际学术研讨会论文集》，武汉：湖北人民出版社，2009年，第51-63；石泉、徐德宽：《楚都丹阳新考》，《江汉论坛》1982年第3期；石泉：《楚都丹阳及古荆山在丹淅附近补证》，《古代荆楚地理新探》，武汉：武汉大学出版社，1988年，第200-210页；刘士莪、黄尚明：《荆山与丹阳》，《楚文化研究论集》第4集，郑州：河南人民出版社，1994年，第28-36页；赵世刚：《从楚人初期活动看丹阳之所在》，《楚文化研究论集》第4集，第37-50页、许天申：《关于楚都丹阳的几个问题》，《楚文化研究论集》第4集，第51-58页；鞠辉：《浅析楚始都丹阳地望》，《楚文化研究论集》第4集，第59-63页；李玉山：《楚都丹阳管见》，《楚文化研究论集》第4集，第80-88页。

④ 朱圣钟：《庸国历史地理问题三论》，《地域文化研究》2018年第1期。

⑤ ［唐］郑樵撰：《通志》卷26《氏族》，北京：中华书局，1987年，第453页。

⑥ ［宋］邓名世撰：《古今姓氏书辨证》卷3，上海：商务印书馆，1936年，第31页。

⑦《史记》卷40《楚世家》，第1735页。

⑧ ［唐］李泰等著，贺次君辑校：《括地志辑校》卷4《房州》，北京：中华书局，1980年，第203页。

⑨ ［宋］乐史撰，王文楚点校：《太平寰宇记》卷141《金州》，第2727页。

⑩ ［宋］祝穆撰，祝洙增订，施和金点校：《方舆胜览》卷68《金州》，北京：中华书局，2003年，第1189页。

⑪ ［宋］王象之编：《舆地纪胜》卷189《金州》，台北：文海出版社，1971年，第904页。

⑫ ［明］李贤等撰：《大明一统志》卷34《汉中府》，西安：三秦出版社，1990年，第592页。

⑬ ［清］顾祖禹撰，贺次君、施和金点校：《读史方舆纪要》卷56《陕西五》，北京：中华书局，2005年，第2707页。

县、平利县、紫阳县、石泉县、汉阴县(厅)地,宋金州、明清兴安州(府)辖今陕西省安康市、白河县、旬阳县、平利县、镇坪县、岚皋县、紫阳县、汉阴县、石泉县、宁陕县等地①,则上述各县应属庸国疆域。故《安康史略》载"商、周之际,今安康地区属庸国辖地"②,《安康碑石》载"安康地区商周之际为庸国"③,其说确有所本。宋金州、明清兴安州(府)辖区无镇安、柞水二县,则二县当不属庸国地。今安康市所辖白河县即春秋鍚穴(或误作锡穴),秦汉设鍚县,《左传》载"潘崇复伐麇,至于鍚穴",注载"鍚穴当是麇国都城"④,《后汉书》载锡县"春秋时曰锡穴",注引《左传》载"楚伐麋(麇),至于锡穴"⑤,所载与《左传》同。又《水经注》载"(汉水)迳魏兴郡之锡县故城北,为白石滩。县故春秋之锡穴地"⑥,雍正《陕西通志》载锡"古麋国地。楚潘崇伐麋,至于锡穴。按,锡今白河县"⑦,则白河县为春秋麋国鍚(锡)穴地,杨东晨也持此说⑧。又杨东晨以旬阳县为麋国地,旬阳又作旬阳、郇阳、洵阳,苏秦说楚威王称"(楚)北有陉塞、郇阳"⑨,又雍正《陕西通志》载"'北有洵阳',按即今洵阳县"⑩,所载与《史记》同,又《关中胜迹图志》载洵阳县"战国,楚洵阳邑"⑪,则旬阳名始自战国,为楚县⑫。又《读史方舆纪要》载兴安州"春秋时庸国地",旬阳为兴安州辖县,地属庸国,徐印信也以春秋初旬阳为庸国地⑬,故杨东晨旬阳麋地说有待商榷。

今湖北省竹山县为古庸国都所在地,《华阳国志》载"上庸郡,故庸国"⑭,《后汉书》载上庸县"本庸国"⑮,《史记集解》引杜预注:"庸,今上庸县",《史记

① 谭其骧:《中国历史地图集》第六册《宋·辽·金时期》,北京:中国地图出版社,1982年,第12-13页;谭其骧:《中国历史地图集》第七册《元·明时期》,北京:中国地图出版社,1982年,第59-60页;谭其骧:《中国历史地图集》第八册《清时期》,北京:中国地图出版社,1982年,第26-27页。

② 徐信印:《安康史略》,西安:三秦出版社,1988年,第3、7页。

③ 张沛:《安康碑石》,西安:三秦出版社,1991年,序言第2页。

④ 杨伯峻:《春秋左传注》(修订本),第580页。

⑤《后汉书》,第3506页。

⑥ [北魏]郦道元著,[清]王先谦校:《合校水经注》,第417页。

⑦ 雍正《陕西通志》卷3《建置》。

⑧ 杨东晨:《春秋战国时期陕南的社会变化》,《汉中师范学院学报(社会科学版)》1996年第1期。

⑨《史记》卷69《苏秦列传》,第2259页。

⑩ 雍正《陕西通志》卷3《建置》。

⑪ [清]毕沅撰:《关中胜迹图志》卷28,第23册,第1372页。

⑫ 朱圣钟:《秦汉中郡辖县考》,《历史环境与边疆:2010年中国历史地理国际学术研讨会论文集》,桂林:广西师范大学出版社,2012年,第146-150页。

⑬ 徐信印:《安康史略》,第7页。

⑭ [晋]常璩撰,刘琳校注:《华阳国志校注》(修订版),第65页。

⑮《后汉书》,第3506页。

正义》引《括地志》载“房州竹山县，本汉上庸县，古之庸国。昔周武王伐纣，庸蛮在焉”[①]，《元和郡县图志》载竹山县“本汉上庸县，古庸国也”[②]，《太平寰宇记》载竹山县“汉上庸县，古庸国”[③]，《舆地广记》载竹山县“故庸国”[④]，则庸国都即后世上庸县、上庸郡，也即今湖北省竹山县，目前多数学者认可庸都在今竹山县一带的说法[⑤]，其具体方位则在今竹山县上庸镇一带[⑥]。今湖北省竹溪县原本为竹山县地，明成化十二年(1476年)分竹山县尹店社置竹溪县[⑦]，竹山县为庸国地，由竹山县分置之竹溪县地也当属庸国地。

今湖北省房县西部早期也属庸国。《太平寰宇记》载房州“古麇、庸二国之地”，“阚骃云：‘防陵，即春秋时防渚’”[⑧]，《舆地纪胜》载房州“古麇、庸二国之地”[⑨]，《舆地广记》载房州“春秋时为麇、庸二国”[⑩]，宋房州辖房陵、上庸、竹山、永清4县，房陵县及其以东为麇国地，房州西部上庸、竹山县为庸国地。又《左传》载鲁文公十一年(公元前616年)“楚子伐麇，成大心败麇师于防堵”，防堵即房陵县，为麇国地[⑪]，《元和郡县图志》载房州“古麇国之地”[⑫]，唐房州即今房县，则房县为麇国地，雍正《湖广通志》载房县“古麇、庸二国地”[⑬]，同治《房县志》载房县“属麇、庸地”[⑭]，因房县西部与竹山县毗邻，则今房县西部当为庸国地，县治及其以东则为麇国地。

商、西周至春秋初年庸国以东汉水河谷一带还有麇国。如前文所述，麇国都鍚穴即今陕西省白河县；今房县县城及房县东部也属麇国地。又同治

① 《史记》卷40《楚世家》，第1692页。

② [唐]李吉甫撰，贺次君点校：《元和郡县图志》卷21《房州》，第546页。

③ [宋]乐史撰，王文楚点校：《太平寰宇记》卷143《房州》，第2786页。

④ [宋]欧阳忞撰，李勇先、王小红校注：《舆地广记》卷8《房州》，第180页。

⑤ 童书业：《春秋左传研究》，上海人民出版社1980年版，第242页；吴永章：《湖北民族史》，武汉：华中理工大学出版社，1990年，第23页；段渝：《楚熊渠所伐庸、杨粤、鄂的地理位置》，《历史地理》第8辑，上海：上海人民出版社，1990年，第178-180页；鲁西奇：《区域历史地理研究：对象与方法：汉水流域的个案考察》，南宁：广西人民出版社，1999年，第134页；顾颉刚：《论巴蜀与中原的关系》，第57页；顾颉刚：《史林杂识初编》，第29页；蔡靖泉：《庸人庸国庸史》，《江汉论坛》2010年第10期。

⑥ 朱圣钟：《庸国历史地理问题三论》，《地域文化研究》2018年第1期。

⑦ 同治《郧阳府志》卷1《沿革》。

⑧ [宋]乐史撰，王文楚点校：《太平寰宇记》卷143《房州》，第2783页。

⑨ [宋]王象之编：《舆地纪胜》卷85《房州》，第504页。

⑩ [宋]欧阳忞撰，李勇先、王小红校注：《舆地广记》卷8《房州》，第179页。

⑪ 杨伯峻编著：《春秋左传注》(修订本)，第580页。

⑫ [唐]李吉甫撰，贺次君点校：《元和郡县图志》卷21《均州》，第545页。

⑬ 雍正《湖广通志》卷3《沿革志》。

⑭ 同治《房县志》卷1《沿革》。

《郧阳府志》载郧县、郧西县“古麇国，春秋锡穴，战国楚地”[1]，则郧县、郧西县春秋以前为麇国地，楚灭麇国后地入楚，因此有学者说今湖北省郧县、郧西县等地为麇国地[2]，也有道理。据此则麇国地域大致包括今陕西省白河县、湖北省郧县、郧西县、房县中东部等地。

由麇国沿汉水河谷往东有居于丹淅之地的楚人，活动于湖北省谷城一带的彭人[3]，活动于今襄阳市一带的有鄀、罗、鄢等方国或部族[4]，今湖北省南漳县至襄阳市一带还有卢人[5]。这些方国或部族春秋以后先后为楚人所灭而被纳入楚国版图。其间并无巴人活动踪迹，早期学者们将巴人活动地域或巴国界定在安康以东的汉水河谷地域，现在看来是失之偏颇的。

既然今安康地区向东至襄阳市汉水河谷地带商、西周时期并非巴国地域，那巴国地域只能在这些方国或部族以南、以西去寻找了。在今陕西省汉中市以东至安康市以西的汉水河谷地带文献中少有商、西周时期方国或部族的记录，这个区域有没有部族活动呢？答案当然是肯定的。既然少有文献记录，那我们只能从考古材料中寻找线索了。据考古发现在城固县、洋县、石泉县、汉阴县、紫阳县汉水河谷地带有夏商周时期的巴文化遗迹和遗物，这些巴文化遗迹和遗物表明文化遗址所在地有巴人活动，而巴人分布地是巴人迁徙流布和巴国疆域扩展后的结果，因此巴文化遗址在一定程度上也可作为确定巴人活动地域和巴国疆域疆界的参考指标。

在汉水上游陕西省城固县宝山、洋县安冢、张村、范坝等地曾出土大批商周青铜器和陶器，青铜器有虎纹钺、巴式戈、柳叶形铜矛等巴式铜器[6]，而宝山遗址陶器与峡江地区路家河二期后段遗存有很多相似之处，如陶器中夹砂陶

---

① 同治《郧阳府志》卷1《沿革》。

② 何浩：《麇国地望与灭年》，《求索》1988年第2期。

③ 顾颉刚：《牧誓八国》，载《史林杂识初编》，北京：中华书局，1963年，第26–33页。

④［北魏］郦道元注，杨守敬、熊会贞疏，段仲熙点校，陈桥驿复校：《水经注疏》，南京：江苏古籍出版社，1989年，第2371页。

⑤［北魏］郦道元注，杨守敬、熊会贞疏，段仲熙点校，陈桥驿复校：《水经注疏》，第2371、2386页，载襄阳“古鄢、鄀、卢、罗之地”，中卢县“县即《春秋》卢戎之国”，则卢戎在今襄阳西南；蒙默：《试论古代巴、蜀民族及其与西南民族的关系》（《贵州民族研究》1983年第4期）以中卢县在今襄阳市西南、南漳县东；潘新藻：《湖北省建制沿革》（武汉：湖北人民出版社，1987年，第187页）以卢戎在今襄阳南次庐村，辖今襄阳南部和南漳北部。据此推断，卢戎分布地当在襄阳市至南漳县间。

⑥ 黄尚明：《城固洋县商代青铜器群族属再探》，《考古与文物》2002年第5期；西北大学文博学院：《城固宝山：1998年发掘报告》，北京：文物出版社，2002年，第181–188页；李烨，张历文：《洋县出土殷商铜器简报》，《文博》1996年第6期。

以褐陶为主，泥质陶多黑皮红胎，陶器中陶釜数量最多，形制为小口圜底，小底尊形杯、高柄器座也常见，两地共有器物还有高柄豆、高圈足尊形杯、细高柄尊形杯、尖底罐、大口深腹罐、有柄簋，纹饰以绳纹最多，还有方格纹、三角折线纹、贝纹，均以釜为主要炊器，二者应是相同技术、相同文化传统的产物，宝山文化与路家河二期后段遗存密切相关，当是由路家河二期后段遗存分化出来的，路家河二期后段遗存属巴文化[①]，因此学者们认为城固、洋县一带巴蜀文化遗物为商周时期巴人遗物[②]，商王武丁及妇好伐巴方后，巴人战败退守城固以东、以南地域，并通过巴中、通江、镇巴、寒泉山至汉水河谷道路往来巴、汉间[③]。城固、洋县一带巴人从何而来呢？他们应是商代早期或稍晚溯长江而上，从大宁河—任河古道或其他河谷通道北上至汉水流域[④]，后溯汉江而聚居于城固、洋县一带的[⑤]。从安康至峡江地区、清江河谷古代交通路线推测，汉水流域这支巴人当是从清江河谷经大溪水道入长江，再溯大宁河北上，于神农架与大巴山尾脉交界处沿今宣汉、城口小江与任河进入陕南的[⑥]，迁入时间大致在夏初或更早，夏启派孟涂司巴，其地即在汉水上游一带，可能夏启八年以前巴人已活动在汉水上游一带了。

此外，在陕南紫阳县白马石、马家营，汉阴县阮家坝等地考古发现商代遗存中包含有巴蜀文化遗物，这些遗址与巴地更接近，这类遗存或称为巴文化遗存更合适。白马石遗址第一期遗存为老官台文化李家村类型向仰韶文化半坡类型过渡形态，与汉水流域其他地方同期文化相同，其老官台文化、仰韶文化与关中及豫西地区关系密切，而第二期遗存与重庆、峡江地区早期巴文化关系密切，考古工作者将其界定为早期巴蜀文化白马石类型[⑦]，时间上白马石类型文化出现较晚，文化性质又与此前当地文化相异，又与巴地文化相近，

① 赵丛苍：《从考古新发现看早期巴文化——附论巴蜀文化讨论中的相关问题》，《华中师范大学学报（人文社会科学版）》2006年第4期；白九江：《巴文化西播与楚文化西渐》，《重庆社会科学》2009年第10期。

② 黄尚明：《城固洋县商代青铜器群族属再探》，《考古与文物》2002年第5期；唐金裕：《汉水上游巴文化的探讨》，《文博》1984年第1期。

③ 周集云：《巴族史探微》，第27-29页。

④ 彭邦本：《先秦汉水上游与峡江地区的交通试探》，《史海侦迹：庆祝孟世凯先生七十岁文集》，香港：香港新世纪出版社，2006年，第267-276页。

⑤ 西北大学文博学院编著：《城固宝山：1998年发掘报告》，第181-188页。

⑥ 刘帝智：《巴人源流巴人迁徙宣汉巴人》，《成都教育学院学报》2003年第5期。

⑦ 陕西省考古研究所、陕西省安康水电站库区考古队：《陕南考古报告集》，西安：三秦出版社，1994年，第385-386页。

因此可以推定这支考古学文化当是从相邻的川东、重庆或是峡江地区迁来的,文化性质当属早期巴文化范畴。又阮家坝遗址夏商遗存中陶器以夹砂黑褐陶、夹砂红褐陶圜底罐为主,纹饰主要有方格纹、绳纹、弦纹[①],这种绳纹圜底釜与重庆忠县㽏井沟夹砂深腹圜底罐有较密切联系[②],这类圜底器在商周巴地很流行,也是后来盛行的浅圜底釜的前身,学者们将其界定为青铜时代巴蜀文化遗存[③],故从大地域文化来说阮家坝夏商时期遗存也可纳入巴蜀文化范畴[④],也因地域上与巴地邻近,又与忠县㽏井沟同类文化联系密切,将阮家坝夏商时期遗存界定为巴文化应较为恰当。又马家营遗址夏商陶器以黑皮陶高领器为主的风格与白马石遗址巴蜀文化白马石类型有一定联系[⑤],学者们因其文化与早期巴蜀文化相近,故也界定为汉水上游早期巴蜀文化[⑥],据前文所述白马石遗址、阮家坝遗址夏商遗存的早期巴文化属性,则也可判定马家营遗址夏商遗存也属早期巴文化范畴,因此陕南白马石、阮家坝、马家营等地在夏商时代有巴人活动,属巴地应无疑义。至西周时期巴建国后,这些地区当属巴国疆域的组成部分。

另外,1973年汉中市曾出土带虎形符号铜矛和虎钮錞于[⑦],西乡县也曾出土虎钮錞于[⑧],这些巴式器物说明汉水上游东周时有巴人活动,这些巴人可能是商、西周时期汉水上游河谷地带的巴人后裔。说今汉中市以东,安康市石泉县、汉阴县、紫阳县以西地域为巴国地,还可从《左传》中找到旁证。《左传·昭公九年》载詹桓伯说:"巴、濮、楚、邓,吾南土也"[⑨],表明巴国在周疆域内,方位在周南。邓在今河南省邓县,楚在汉水流域丹淅之会至荆山一带[⑩],濮在湖

① 陕西省考古研究所、陕西省安康水电站库区考古队:《陕南考古报告集》,第265页。

② 四川省长江流域文物保护委员会文物考古队:《四川忠县㽏井沟遗址的试掘》,《考古》1962年第8期。

③ 赵殿增:《巴蜀文化的考古学分期》,《中国考古学会第四次年会论文集》,北京:文物出版社,1985年,第214-224页。

④ 陕西省考古研究所、陕西省安康水电站库区考古队:《陕南考古报告集》,第268页。

⑤ 陕西省考古研究所、陕西省安康水电站库区考古队:《陕南考古报告集》,第345页。

⑥ 王炜林、孙秉君:《汉水上游巴蜀文化的踪迹》,《中国考古学会第七次年会论文集》,北京:文物出版社,1985年,第236-248页。

⑦ 童恩正:《古代的巴蜀》,第15页。

⑧ 唐金裕:《汉水上游巴文化的探讨》,《文博》1984年第1期。

⑨ 杨伯峻:《春秋左传注》(修订本),第1308页。

⑩ 顾颉刚、章巽:《中国历史地图集·古代史部分》,北京:中国地图出版社,1955年,第3页,以在楚丹阳,即今丹水流域淅川一带;童书业遗著:《春秋左传研究》,第241-243页,认为楚在丹阳、荆山附近;段渝:《楚地初探》,《民族论丛》第2辑,四川省民族研究所编印,1982年,第150-158页;《古荆为巴说考辨》,《贵州社会科学》1985年第5期,认为楚在丹阳,即今汉水、丹水、淅水之间;董其祥:《巴史新考》第8-33页认为楚都丹阳在丹水之阳,今河南淅川县境。

北西部[①]。《左传》所载邓、楚、濮似乎是从东到西按方位排列，巴地在濮、楚西，汉中市以东至安康以西地正在濮、楚之西，当为巴地[②]。这与前文安康石泉县、汉阴县、紫阳县以西、汉中以东汉水河谷地带为巴国北部疆域的分析也是吻合的。西周时期因汉中盆地还未成为秦、蜀交争之地，而东部庸国局势也相对稳定，因此巴国在汉水上游河谷地带的疆域疆界变化不大。

二、巴国东部疆域

西周成王洛阳会盟诸侯后不久，庸国向南越过大巴山顺大宁河向南扩张，占领巴国大宁河流域巫溪、巫山及峡江沿岸奉节、云阳、万州、开县、梁平等地。

《逸周书·王会解》载成王洛阳会诸侯，“鱼复鼓钟钟牛”，孔晁注“鱼复，南蛮国也，贡鼓及钟而似牛形者”；又引王应麟言“《左传》鱼人注：‘鱼复，音腹，今巴东永安县。’今夔州奉节县。《十道志》：‘夔州，春秋时为鱼国，汉为巴郡鱼复县。’”[③]则是鱼或称鱼复，为南方少数民族政权，成王洛阳诸侯会盟，鱼国参与其中，并向成王进献鼓及牛形钟，据此推断西周初鱼国还是一个相对独立的部族政权。又《左传》载鲁文公十六年（公元前611年）楚伐庸，“唯裨、鯈、鱼人实逐之”，杜预注载“裨、鯈、鱼，庸三邑”[④]，又《后汉书》鱼复县注载“古庸国”[⑤]，《通典》载夔州“春秋时为鱼国”[⑥]，雍正《四川通志》载奉节县“周庸国之鱼邑”[⑦]，道光《夔州府志》载奉节县“周庸国之鱼邑，春秋时为庸国地”[⑧]，光绪《奉节县志》载“春秋时庸国之鱼邑”[⑨]，咸丰《开县志》、光绪《大宁县志》亦载奉

---

① 童书业遗著：《春秋左传研究》（第241-243页）认为濮亦在今湖北西部；段渝：《楚地初探》（《民族论丛》第2辑，第150-158页）、《古荆为巴说考辨》（《贵州社会科学》1985年第5期）、《试论宗姬巴国与廪君蛮的关系》（《四川历史研究文集》，成都：四川省社会科学院出版社，1987年，第19-35页）认为濮在楚西南，居江汉流域，在今湖北省西部。

② 童书业遗著：《春秋左传研究》，第241-243页；段渝：《试论宗姬巴国与廪君蛮的关系》，《四川历史研究文集》，第19-35页。

③ 黄怀信、张懋镕、田旭东撰，李学勤审定：《逸周书汇校集注》，上海：上海古籍出版社，1995年，第895页。

④ 杨伯峻：《春秋左传注》（修订本），第619页。

⑤《后汉书》，第3507页。

⑥［唐］杜佑撰，王文锦、王永兴、刘俊文等点校：《通典》卷175《州郡五》，北京：中华书局，1988年，第4596页。

⑦ 雍正《四川通志》卷2《建置沿革》。

⑧ 道光《夔州府志》卷2《沿革志》。

⑨ 光绪《奉节县志》卷2《沿革》。

节为庸国地[①]，潘新藻说“庸之领地，南至江”[②]，谭其骧《中国历史地图集》春秋图幅奉节标注“鱼”[③]，都认可奉节为庸鱼邑，则是春秋时鱼国已成庸国鱼邑。由此推断，鱼国为庸国所灭、庸国疆域向南扩展至峡江地区的时间当在西周成王洛阳诸侯会盟之后。

西周时期巴国东部峡江地区疆域东界庸国，因此弄清峡江地区庸国疆域就可确定巴国峡江地区的疆界。西周至春秋早期今重庆市奉节县、巫山县、巫溪县、云阳县、万州区、开州区、梁平区均为庸国地[④]。据前文所述今奉节一带古属鱼国，庸灭鱼国为鱼邑。《大清一统志》载巫山县“春秋时为庸国地”[⑤]，光绪《巫山县志》载“周巫为庸国地”[⑥]，则西周至春秋早期巫山县属庸国。光绪《大宁县志》载巫山县“周庸国地”，又载“四川大宁、奉节、云阳、万县、梁山皆其地”[⑦]，《三峡古栈道·大宁河栈道》载“庸国的中心大约在湖北，领域大致覆盖大宁河流域或其北部地区”[⑧]，则庸国灭前巫溪为庸国地。巫溪地处长江与汉江间宁河—堵水古道上[⑨]，今大宁河、堵河间还残存有古道遗迹，今大宁河沿岸古栈道就是其中一部分[⑩]，便捷的交通为庸国控制渝东峡江地区提供了可能。云阳县也曾属庸国，咸丰《云阳县志》载云阳“殷、周为庸国地”[⑪]，光绪《大宁县志》亦载云阳属庸国地，则庸国灭前云阳属庸国地。开州区也曾为庸国地，咸丰《开县志》载开县“周庸国地”[⑫]，庸国灭后其地再入巴。万州区亦曾为庸国地，光绪《大宁县志》亦载万县为庸国地，清万县即今万州区，则万州亦属庸国地。梁平区也曾属庸国，咸丰《开县志》、光绪《大宁县志》均载梁山

---

① 咸丰《开县志》卷2《建置志》；光绪《大宁县志》卷1《地理志》。

② 潘新藻：《湖北省建制沿革》，第121页。

③ 谭其骧：《中国历史地图集》第一册《原始社会·夏·商·西周·春秋·战国时期》，北京：中国地图出版社，1982年，第20–21页。

④ 朱圣钟：《庸国历史地理问题三论》，《地域文化研究》2018年第1期。

⑤ [清]仁宗敕撰：《大清一统志》卷303《夔州府》。

⑥ 光绪《巫山县志》卷1《沿革志》。

⑦ 光绪《大宁县志》卷1《地理志》。

⑧ 重庆市文物局、重庆市移民局、西安文物保护修复中心编著：《三峡古栈道·大宁河栈道》，北京：文物出版社，2006年，第27页。

⑨ 蓝勇：《四川古代交通路线史》，重庆：西南师范大学出版社，1989年，第191–194页。

⑩ 朱圣钟、王高飞、付玉强：《重庆古盐井(场)探访之旅纪实(一)》，《中国人文田野》第5辑，成都：巴蜀书社，2012年，第46–76页。

⑪ 咸丰《云阳县志》卷1《舆地》。

⑫ 咸丰《开县志》卷2《建置志》。

古属庸国，清梁山县即今梁平区，则庸国辖有今梁平区。由此我们可推知，西周至公元前611年秦、巴、楚联合灭庸前，巴国峡江地区疆界大致东至今重庆市梁平区、万州区西界一带。

西周中期楚人自荆山向南扩张，鄂西峡江地带原属巴国的今巴东县、秭归县、兴山县、宜昌市峡江地区为夔子国所据。《水经注》载夔子国"古楚之嫡嗣有熊挚者，以废疾不立，而居于夔，为楚附庸，后王命为夔子。春秋僖公二十六年，楚以其不祀，灭之"①，则夔子国始于熊挚时，国亡于鲁僖公二十六年（公元前634年）。《史记集解》引服虔载"夔，楚熊渠之孙，熊挚之后。夔在巫山之阳，秭归乡是"②，《太平寰宇记》载归州"周夔子之国，战国时其地属楚"③，同治《归州志》载"归即夔，归乡即夔乡"④，光绪《大宁县志》载"古夔国，在今湖北归州地"⑤，则夔子国治今湖北秭归县境。考熊挚王夔在熊勇前二王，熊勇为熊延子，《史记》载"熊勇六年，而周人作乱，攻厉王，厉王出奔彘"⑥，熊勇六年即公元前842年，由此推测熊挚入夔在公元前9世纪初⑦。熊挚入夔后，巴国失去了鄂西峡江之地。

说自西周中期楚人势力扩展至鄂西峡江地带也有相应的考古材料提供佐证。峡江地区秭归、宜昌、巴东等地考古发现多有西周中期至春秋早期楚文化遗存，如巴东黎家沱⑧、雷家坪⑨、茅寨子⑩、团包⑪，秭归官庄坪⑫、柳林溪⑬、

---

① [北魏]郦道元著，[清]王先谦校注：《合校水经注》，第492页。

② 《史记》卷40《楚世家》，第1698页。

③ [宋]乐史撰，王文楚点校：《太平寰宇记》卷148《归州》，第2877页。

④ 同治《归州志》卷1《地舆志·沿革》。

⑤ 光绪《大宁县志》卷1《地理志》。

⑥ 《史记》卷40《楚世家》，第1693页。

⑦ 邓廷良：《楚裔入巴王蜀说》，《楚史论丛（初集）》，武汉：湖北人民出版社，1984年，第215-227页。

⑧ 山东大学考古系：《巴东黎家沱遗址发掘简报》，《湖北库区考古报告集》（第一卷），北京：科学出版社，2003年，第11-46页；中山大学人类学系、巴东县博物馆：《巴东黎家沱遗址2000年度发掘简报》，《湖北库区考古报告集》（第一卷），第47-65页。

⑨ 国务院三峡工程建设委员会办公室、国家文物局编著：《巴东雷家坪》，北京：科学出版社，2009年，第100-111页。

⑩ 厦门大学历史系考古教研室：《巴东茅寨子遗址发掘报告》，《湖北库区考古报告集》（第一卷），第101-133页。

⑪ 广东省文物考古研究所：《巴东团包遗址发掘简报》，《湖北库区考古报告集》（第一卷），第153-167页。

⑫ 国务院三峡工程建设委员会办公室、国家文物局编：《秭归官庄坪》，北京：科学出版社，2005年，第117-501页。

⑬ 国务院三峡工程建设委员会办公室、国家文物局编著：《秭归柳林溪》，北京：科学出版社，2003年，第177-222页。

渡口[①]、庙湾[②]、庙坪[③]、何家坪[④]、缆子杆[⑤]、曲溪口[⑥]、白水河[⑦],宜昌上磨垴[⑧]、黄土包、覃家沱[⑨]、周家湾[⑩]等遗址,此外秭归县张家坪、鲢鱼山、卜庄河、旧州河、渡口,宜昌小溪口、下尾子、三斗坪等遗址也多西周偏晚时期楚文化遗物[⑪],这些遗址中西周至春秋时期楚文化遗存逐渐增多,而巴文化遗存虽有遗留但已大为减少,文化遗存的这种变化也印证了文献记录的西周中期以后楚人扩展并逐步取代巴人控制峡江东部巴东、秭归、宜昌等地的真实性。

鄂西峡江以东、江汉平原西部、北至今襄阳市以南区域在西周时期也是巴国东部疆域的一部分。据前文对汉江上游丹江口至安康一带方国地域的考订,西周时这一带有庸国、麇国等方国,丹淅之地则有楚国,襄阳一带有邓、申、鄾、卢戎等方国和部族。但据《左传》载鲁桓公九年(公元前703年)"巴子使韩服告于楚,请与邓为好。楚子使道朔将巴客以聘于邓,邓南鄙鄾人攻而夺之币,杀道朔及巴行人。楚子使薳章让于邓。邓人弗受。夏,楚使斗廉帅师及巴师围鄾。邓养甥、聃甥帅师救鄾。三逐巴师,不克。斗廉衡陈其师于巴师之中,以战,而北。邓人逐之,背巴师;而夹攻之。邓师大败。鄾人宵溃"[⑫],这里提到的楚在丹淅之地,邓在今湖北襄阳市西北古邓城,鄾在古邓城南,从楚、邓、鄾方位看,鄾在邓南,楚在邓西,楚西为麇国,麇国西为庸国,因此巴人出使邓国线路只能是从楚之东,邓、鄾之南向北行进。早期学者多认为春秋初期楚为巴宗主国,所以巴与邓国结交须先取得楚国同意[⑬]。若跳出

① 宜昌博物馆:《秭归渡口遗址发掘报告》,《湖北库区考古报告集》(第一卷),北京:科学出版社,2010年,第522-562页。

② 宜昌博物馆:《秭归庙湾遗址发掘简报》,《湖北库区考古报告集》(第六卷),第559-562页。

③ 湖北省文物考古研究所三峡考古队:《秭归庙坪遗址1995年试掘简报》,《湖北库区考古报告集》(第一卷),第274-282页。

④ 湖北省文物考古研究所:《秭归贺家坪遗址发掘简报》,《湖北库区考古报告集》(第一卷),第579-589页。

⑤ 宜昌博物馆:《秭归缆子杆遗址发掘简报》,《湖北库区考古报告集》(第五卷),北京:科学出版社,2010年,第157-173页。

⑥ 宜昌博物馆:《秭归曲溪口遗址发掘简报》,《湖北库区考古报告集》(第一卷),第313-319页。

⑦ 宜昌博物馆:《秭归白水河遗址发掘简报》,《湖北库区考古报告集》(第六卷),第441-462页。

⑧ 湖北省文物考古研究所:《宜昌上磨垴周代遗址发掘简报》,《湖北库区考古报告集》(第一卷),第737-750页。

⑨ 湖北省博物馆:《宜昌覃家沱两处周代遗址的发掘》,《江汉考古》1985年第1期。

⑩ 湖北省文物考古研究所:《西陵峡北岸周家湾山岗遗址》,《江汉考古》1994年第1期。

⑪ 湖北省宜昌博物馆:《秭归张家坪遗址发掘的报告》,《湖北库区考古报告集》(第二卷),北京:科学出版社,2005年,第436-460页。

⑫ 杨伯峻编著:《春秋左传注》(修订本),第124-125页。

⑬ 童恩正:《古代的巴蜀》,第22页;徐中舒:《巴蜀文化初论》,《论巴蜀文化》,第1-47页。

这种思维定式从地理空间上又可做出新的解读:至公元前703年时楚势力扩展至邓南,巴在楚南,巴与邓之间隔着楚国,巴人出使邓国须假道楚国,故巴子命人向楚国借道,楚王派人领巴人过境,遂有鄾人袭杀巴使团和楚护卫,从而引发巴、楚与邓、鄾的战争[①],这样的解释也是合理的。又《左传》还载"文王即位,与巴人伐申,而惊其师。巴人叛楚而伐那处,取之,遂门于楚。阎敖游涌而逸。……冬,巴人因之以伐楚。……十九年春,楚子御之,大败于津"[②],据《春秋左传正义》疏引《世本》载"楚鬻熊居丹阳,武王迁郢"[③],而《史记》载"文王熊赀立,始都郢"[④],楚武王公元前740—前690年在位,楚文王公元前689—前677年在位,楚都自丹阳迁郢经历了一个过程,武王虽迁都郢,但都城仍在丹阳,文王始定都郢[⑤],文王所都郢应在今湖北省宜城一带。今湖北省荆州市纪南城遗址C^{14}测年最早为春秋晚期或战国早期[⑥],因此可排除纪南城为楚文王、楚武王郢都的可能。楚文王时巴、楚联合伐申,巴人叛楚致巴楚相互攻伐是在楚自丹阳迁郢时段内,申在今河南南阳,那处在今湖北省钟祥市西北,津在今湖北省宜城县南[⑦]。从《左传》所载春秋早期巴人活动地域来看,主要在今湖北省襄阳市以南,今宜城、钟祥等地都有巴人活动。由此我们推测在楚人尚未拓疆至襄阳以南的西周时代,今襄樊市以南、包括今湖北宜城、钟祥一带应属巴国疆土。

在峡江东口以东长江沿线,西周时巴国东部疆域可能还包括今宜昌市、当阳市、宜都市、枝江市、松滋市、荆州市等地,东界可能在今荆州市荆南寺一带。根据考古发现,在湖北宜昌市、当阳市、宜都市、荆州市一带,殷商时期考古遗存中有圜底釜、圜底罐等巴文化器物,但也有其他文化因素,如荆南寺遗址商代遗存中花边口沿夹砂罐、深腹盆形鼎与二里头同类器物相同,而鬲、甗、簋、盆、爵、斝则多见于郑州二里岗和黄陂盘龙城,考古学表明荆南寺殷商时期文化与中原、鄂东北商文化有密切联系[⑧]。峡江东口、江汉平原西部商代

---

① 朱圣钟:《春秋战国时期巴国疆域考》,《历史地理》第36辑,第53-74页。

② 杨伯峻编著:《春秋左传注》(修订本),第209-210页。

③ [清]阮元校刻:《十三经注疏》,北京:中华书局,1980年,第1743页。

④《史记》卷40《楚世家》,第1659页。

⑤ 孙华:《四川盆地的青铜时代》,北京:科学出版社,2000年,第364页。

⑥ 湖北省博物馆:《楚都纪南城的勘查与发掘(下)》,《考古学报》1982年第4期。

⑦ 朱圣钟:《春秋战国时期巴国疆域考》,《历史地理》第36辑,第53-74页。

⑧ 荆州地区博物馆、北京大学考古系:《湖北江陵荆南寺遗址第一、二次发掘简报》,《考古》1989年第8期。

遗址中巴文化、商文化因素并存的情况表明巴文化因素是从峡江地区扩展而来的，这一带是商文化与巴文化交汇之地，为殷商时代巴文化东渐所及地域，殷商时当属巴国疆域。至于商代巴人和巴文化东扩原因，考古学者分析是“大溪至季家湖这支文化此时也正中衰，早期巴人就趁机从清江流域发展起来，扩展到长江沿岸”①，这种解释也有一定的道理。后来陆续在荆门市、荆州市、枝江市、宜都市、宜昌市、松滋市等地出土有东周时期虎钮錞于、柳叶形剑、巴式戈、巴式矛等青铜器物②，这些巴式器物应是长期活动于此地的巴人遗物，这或许也可作为西周时上述地区属巴国疆域的佐证。此外，《水经注》载东汉时枝江一带有白虎王君庙③，《荆南志》载松滋县有巴山、巴复村等地名④，这些地名也应该是因早期巴人而得名的，这又可作为周代巴人曾在枝江、松滋一带活动的地名佐证。有学者说春秋时巴国东部疆界在枝江—松滋一线⑤，结合上文分析我们认为西周巴国东部疆界也应在这一带。

清江流域在西周时仍属巴国疆域。同治《施南府志》载施南府地“周初为巴子国地”⑥，春秋时期楚国势力不断南进，公元前477年巴、楚鄾之战后，“楚主夏盟，秦擅西土”⑦，西陵峡东口以东、江汉平原西部当阳、荆门、江陵、宜都、枝江、松滋等地为楚人所据。至楚肃王四年（公元前377年）“蜀伐楚，取兹方。于是楚为扞关以距之”⑧，巴、楚疆界西退至佷山捍关一带，捍关以东山地及平原尽成楚地。至秦孝公元年（公元前361年）楚“南有巴、黔中”⑨，清江流域始成为楚地。清江流域考古发现也证实西周至春秋时清江流域为巴地，而至战国时期清江流域始为楚地，如长阳县香炉石遗址西周遗存中陶器以夹砂褐陶釜、圜底罐为代表，与夏商时期文化遗物相同，属巴文化范畴，东周遗存中陶器除圜底釜、圜底罐等器物组合外，还有以鬲、罐、盂、豆等器物组合⑩，具典型

① 俞伟超：《先楚与三苗文化的考古学推测：为中国考古学会第二次年会所作》，《文物》1980年第10期。

② 朱圣钟：《春秋战国时期巴国疆域考》，《历史地理》第36辑，第53—74页。

③［北魏］郦道元著，［清］王先谦校《合校水经注》（第497页）载永元十八年立庙，考汉和帝永元年号仅历时16年，故此处郦道元所载有误，立庙之举可能在和帝永元年间，但不可能在永元十八年。

④［宋］乐史撰，王文楚点校：《太平寰宇记》卷146《荆州》，第2842页。

⑤ 张雄：《“巴氏蛮夷”浅论》，《中南民族学院学报（哲学社会科学版）》1984年第2期。

⑥ 同治《施南府志》卷2《地舆志·沿革》。

⑦［晋］常璩撰，刘琳校注：《华阳国志校注》（修订版），第9页。

⑧《史记》卷40《楚世家》，第1720页。

⑨《史记》卷4《秦本纪》，第202页。

⑩ 湖北省清江隔河岩考古队：《湖北清江香炉石遗址的发掘》，《文物》1995年第9期。

楚文化风格，香炉石遗址西周—东周时期考古学文化的这种差异与变化，表明西周时长阳一带仍是巴地，只是到了东周(战国时期)楚人才进入清江流域并据有其地。

三、巴国东南部、南部疆域

常璩《华阳国志》载巴国疆域“南极黔涪”，但未指明“黔涪”具体地域，因此也就有了后世对“黔涪”地域的多种解释，主要有黔涪渝东南说、鄂湘渝黔毗邻地带说、贵州全境或部分地域说、湘西地区说等不同说法。要真正理解“黔涪”地域，笔者认为要充分考虑地名的时代性，只能从西晋及其以前的政区及地名中寻找线索：东晋以前黔主要指黔中，与水名无关，黔中则有秦黔中、楚黔中，其地域在今鄂湘渝黔毗邻地带，地域上南至今黔东思南、石阡、黄平、施秉、黎平、湘西通道、城步、武冈等地；涪指水有涪水，即今乌江下游河段，指政区则有汉、蜀汉之涪陵县、东汉末、蜀汉、晋之涪陵郡，地域上包括今重庆市武隆、彭水、黔江、酉阳、秀山、贵州省务川、道真、印江、沿河、德江、思南等地，这大概是常璩“黔涪”地域，也大致是东周巴国东南部疆域最远所及地域[①]。

西周时期巴国东南部疆域所及范围大致也在鄂湘渝黔毗邻地带，但涉及范围比东周时要小。商、西周以前鄂湘渝黔毗邻地带为少数民族聚居地，中原王朝视为蛮荒之地，故对这一地域的族群及部族政权疏于记载，因此要探讨这一地域西周时期巴国疆域或巴人分布状况，目前只能从考古材料中寻找线索。

根据考古发现，澧水流域商、西周时期遗址主要有澧县斑竹、文家山、宝宁桥、周家湾、周家坟山、黄泥岗[②]，石门皂市[③]、宝塔、桅岗[④]、东方桥[⑤]、马鞍[⑥]、

① 朱圣钟：《春秋战国时期巴国疆域考》，《历史地理》第36辑，第53–74页。

② 何介钧、曹传松：《湖南澧县商周时期古遗址调查与试掘》，《湖南考古辑刊》(第4集)，长沙：岳麓书社，1987年，第1–10页。

③ 湖南省文物考古研究所：《湖南石门皂市商代遗存》，《考古学报》1992年第2期。

④ 王文建、龙西斌：《石门县商时期遗存调查：宝塔遗址与桅岗墓葬》，《湖南考古辑刊》第4集，第11–18页。

⑤ 王文建：《石门县东方桥商代遗址》，《中国考古学年鉴1987》，北京：文物出版社，1988年，第210–211页。

⑥ 尹检顺、何赞：《石门县马鞍商代遗址》，《中国考古学年鉴2007》，北京：文物出版社，2008年，第349–350页。

高桥，慈利县合兴、明潭[①]、茅屋台、火烧铺、车渡、碎米地、水磨滩、沙窝[②]、合心村、明潭村[③]、桥头、姚仁华田、康家溪、屋场田、樟树塔、大田、柳枝坪、胜岭岗、象鼻嘴、北岗、洞湾，张家界市三兜丘、台上、龚家嘴台地、公王庙，桑植县朱家台、庙湾、吴家塝、长田、渡口、车坝田、浸水田、南兴台地、楠木岗[④]，鹤峰县江口、千户坪、唐家河、刘家河[⑤]等地，通过对澧水流域考古学文化分析发现，澧水下游石门皂市商代遗存与郑州二里岗、黄陂盘龙城商文化有相似之处，如方唇长体锥形实足分裆鬲，夹砂红陶附加堆纹大口缸、斝、爵，锯齿状扉棱鼎足，表明商代澧水下游考古学文化与中原、鄂东北商文化关系密切，而澧水中上游桑植县、张家界市、慈利县、鹤峰县境商、西周陶器以釜、罐为主，文化源头与三峡地区、清江流域以釜、罐为生活器具的巴文化密切相关，这些地方在西周时期当属巴国疆域范围。

沅水支流酉水流域商、西周时期遗址主要有来凤县杨家堡、葫芦堡、田家河、吊水河、牛摆尾[⑥]，酉阳县笔山坝、牛角田，秀山县人口溪、下坪[⑦]，龙山县尚家屋场、里耶瓦场、金卡毕、龙洞湾、溪口、婆婆庙、刘家堡，保靖县瓦场(厂)、柳树坪、拔茅、普溪、荒地坪、马洛坪、阳对门、大丘堡、团鱼背、大坪、芭蕉湾、大田坎、庄屋、喜鹊溪、溪口、长丘、尚堡、枫香堡、庙堡、庙嘴，永顺县不二门、杨公桥、船铺后头、乌龟包、五合门、半坡、下颗砂、哈水丘、田家寨、巴了坪、新田堡[⑧]等地，酉水上游来凤、龙山、酉阳、秀山一带商代遗址陶器多夹砂褐陶、红褐陶，器形多釜、罐、缸，纹饰多绳纹，表明商、西周时期酉水上游考古学文化与三峡地区、清江流域和澧水上游巴文化关系密切，应属同一考古学文化

---

① 周能、尚巍：《慈利县江垭库区合兴村与明潭村商代遗址》，《中国考古学年鉴1996》，北京：文物出版社，1998年，第205页。

② 郑元日：《三江口水电站淹没区新石器时代及商周遗址》，《中国考古学年鉴1989》，北京：文物出版社，1990年，第210页。

③ 周能、尚巍：《慈利县江垭库区合心村与明潭村商代遗址》，《中国考古学年鉴1996》，第205页。

④ 湖南省文物考古研究所、桑植县文物管理所：《湖南桑植县朱家台商代遗址的调查与发掘》，《江汉考古》1989年第2期；柴焕波：《湘西商周文化的探索》，《湖南考古2002》，长沙：岳麓书社，2004年，第522-533页。

⑤ 邓辉：《土家族区域的考古文化》，第98页。

⑥ 邓辉：《土家族区域的考古文化》，第100页。

⑦ 李大地，白九江，袁东山，等：《渝东南地区先秦时期的考古发现》，《"早期中国的文化交流与互动：以长江三峡库区为中心"学术研讨会论文集》，北京：科学出版社，2012年，第24-42页。

⑧ 邓辉：《土家族区域的考古文化》，第98、101页；何介钧：《湖南商周时期古文化的分区探索》，《湖南考古辑刊》第2集，长沙：岳麓书社，1984年，第120-127页；柴焕波：《湘西商周文化的探索》，《湖南考古2002》，第522-533页；朱圣钟：《区域经济与空间过程：土家族地区历史经济地理规律探索》，北京：科学出版社，2015年，第10页。

系统[①]。此外酉水流域永顺县不二门、杨公桥、船铺后头、乌龟包、五合门、半坡、下颗砂、哈水丘、田家寨、巴了坪、保靖县瓦场、荒地坪、阳对门、喜鹊溪等遗址商、西周时期遗存与峡江地区及鄂西山区商周文化属性相同或相近，显示它们应属同一文化系统[②]，若此推论成立，则酉水流域的商、西周考古学文化都应归属于巴文化系统，因此我们推测鄂西南、渝东南、湘西北酉水流域在商、西周时期应该也属于巴国东南部疆域。

沅水中上游商、西周时期遗址主要有沅陵县董家坪（高坪）[③]、泸溪县浦市，辰溪县炮台、张家溜、潭湾、下湾、沙田，麻阳县城东新区、兰里、龙舌子、步云坪，新晃县朱木山、白洲滩[④]、柏树林，铜仁市施滩、岩懂[⑤]、杜家园（漾头）、落鹅、坳田懂、黄腊关、落箭坪、坳上坪、新屋、坝皂、纸厂、笔架冲、磨刀湾、茅溪、锡堡、宋家坝、方田坝、龙井、寨坝[⑥]，洪江市窑场坪[⑦]、老屋背[⑧]，天柱县溪口[⑨]，靖州县斗篷坡[⑩]，芷江县四方园等地，这些遗址商、西周遗存中陶器有圜底釜、圜底罐、尖底钵，也有大口缸，西周时期器物中多了鼎、甗等三足器，纹饰有回纹、云雷纹等，刻画纹图案自商代一直延续到春秋时期，区域性考古学文化中既有巴文化因素，也有本地高庙文化等文化因素的遗留，还有其他非本地文化因素，考古文化具有多元性特点[⑪]。由于区域考古学文化呈现出多元性特点，这些地方在商、西周时期是否为巴国疆域还有待后续的考古发掘和考古学研究，不过从出土的商、西周陶器圜底釜、圜底罐、尖底钵等遗物推断，这些

---

① 朱圣钟：《区域经济与空间过程：土家族地区历史经济地理规律探索》，第10页。

② 柴焕波：《湘西商周文化的探索》，《湖南考古2002》，第522-533页；邓辉：《土家族区域的考古文化》，第98、101、136页；湖南省文物考古研究所、湘西自治州文物管理处：《湘西永顺不二门发掘报告》，《湖南考古2002》，第72-125页。

③ 郭伟民：《沅陵高坪商时期遗址》，《中国考古学年鉴1996》，第205-206页。

④ 邓辉：《土家族区域的考古文化》，第98、101、135页；何介钧：《湖南商周时期古文化的分区探索》，《湖南考古辑刊》第2集，第120-127页；柴焕波：《湘西商周文化的探索》，《湖南考古2002》，第522-533页；胡建军：《麻阳县城东新区商周时期遗址及战国两汉墓葬》，《中国考古学年鉴2009》，北京：文物出版社，2010年，第348-349页；张兴国：《辰溪县沙田石器时代和商时期遗址》，《中国考古学年鉴2010》，北京：文物出版社，2011年，第322-323页。

⑤ 李飞：《铜仁县施滩新石器时代晚期遗址》，《中国考古学年鉴2002》，北京：文物出版社，2003年，第366-367页；李飞：《铜仁县岩懂新石器时代晚期遗址》，《中国考古学年鉴2002》，第367页。

⑥ 李飞：《铜仁市锦江流域商周至汉代遗址》，《中国考古学年鉴2010》，第396-397页。

⑦ 郭伟民：《洪江市窑场坪商代及明清遗址》，《中国考古学年鉴2000》，北京：文物出版社，2002年，第217页。

⑧ 莫林恒、田云国：《洪江市老屋背商周至秦汉时期遗址》，《中国考古学年鉴2013》，北京：文物出版社，2014年，第343-344页。

⑨ 贵州省文物考古研究所、天柱县文物局：《贵州天柱县溪口遗址商周时期遗存发掘简报》，《四川文物》2015年第2期。

⑩ 贺刚：《靖州县斗篷坡新石器时代至商代遗址》，《中国考古学年鉴1991》，北京：文物出版社，1992年，第253页。

⑪ 邓辉：《土家族区域的考古文化》，第98-104页。

地方可能有部分巴人活动。沅水中上游地区纳入巴国疆域范围内应该是在东周时期,楚国自丹淅之地向南向西扩张,不断蚕食巴国东部疆域,导致了巴国东部地区的巴人不断南迁西移,也使巴国东南部疆域向沅水中上游不断扩展,在沅水中上游出土的春秋战国时期的巴人遗迹、遗物就是最好的证明①。

乌江下游重庆市境内商、西周时期遗址主要有酉阳县清源、邹家坝、大河嘴②、范家坝③、聚宝④,彭水县鸭母池⑤等,出土遗物中商、西周陶器组合以圜底釜(罐)、尖底盏、尖底杯、小平底罐、豆、灯形器最常见⑥,巴文化特征明显,表明商、西周时期酉阳、彭水一带属巴文化区,是巴人活动的重要区域,商、西周时期应属巴国疆域。此外,乌江下游贵州省境内商、西周时期遗址主要有沿河县大河嘴⑦、中锥堡、李家坪、木甲岭、黑獭堡、神渡坝、小河口⑧,思南县赵家坝、小河口⑨等地,出土商、西周遗存中陶器多夹砂陶,纹饰多绳纹,器形有花边口沿罐、釜、三足器、尖底盏、高柄豆、尖底杯、船形杯、陶网坠等,其文化面貌与重庆峡江地区、黔北赤水河流域同期文化相近,有学者将其界定为"巴蜀文化"⑩,黔东北与巴地毗邻,文化性质又相同,因此我们认为若将黔东北所谓的"巴蜀文化"界定为"早期巴文化"或更为恰当,若此说成立,则黔东北乌江流域思南、印江、沿河一带西周时也是巴人活动的重要区域,也当属巴国地域。

西周巴国南部疆界可能到达黔北赤水河流域赤水市、习水县、仁怀市至正安县一带。在贵州省习水县官仓坝、黄金湾、东门河,仁怀市牛鼻洞等遗址

① 朱圣钟:《春秋战国时期巴国疆域考》,《历史地理》第36辑,第53-74页。

② 重庆市文物考古所、彭水县文物管理所、酉阳县文物管理所:《乌江彭水水电站工程建设征地(重庆市)文物调查勘探试掘简报》,《酉阳邹家坝》,北京:科学出版社,2011年,第323-347页。

③ 重庆市文物考古所、涪陵区博物馆、酉阳县文物管理所:《酉阳县范家坝石器采集点发掘简报》,《酉阳邹家坝》,第367-376页。

④ 重庆市文物考古所、酉阳县文物管理所《酉阳县聚宝遗址发掘简报》,《酉阳邹家坝》,第394-401页。

⑤ 重庆市文物考古所、黔江区文物管理所、彭水县文物管理所:《彭水县鸭母池遗址发掘简报》,《酉阳邹家坝》,第386-393页。

⑥ 重庆市文物考古所、重庆文化遗产保护中心、四川大学历史文化学院考古学系编:《酉阳清源》,北京:科学出版社,2009年,第10-245页。

⑦ 重庆市文物考古所、酉阳县文物管理所:《酉阳大河嘴遗址发掘简报》,《酉阳邹家坝》,第381-385页;重庆市文物考古所、彭水县文物管理所、酉阳县文物管理所:《乌江彭水电站工程建设征地区(重庆市)文物调查勘探试掘简报》,《酉阳邹家坝》,第323-347页。

⑧ 张合荣、吴小华、张兴龙,等:《贵州沿河抢救发掘新石器晚期至商周遗址群》,《中国文物报》2007年4月20日,第2版。

⑨ 张改谋、汪汉华、覃军:《思南县乌江沿岸商周至汉代遗址》,《中国考古学年鉴2010》,第397-398页。

⑩ 吴小华:《近年贵州高原新石器至商周时期文化遗存的发现与分区》,《四川文物》2011年第1期。

中，商、西周遗物陶器多夹砂灰褐陶、红褐陶，器形有花边口沿罐、直口尖唇罐、网坠等，纹饰多绳纹、方格纹、压印纹等，文化面貌与重庆峡江地区相同，考古学文化与黔东北沿河、印江、思南乌江河谷地带考古学文化属同一文化系统[①]，文化性质属巴文化序列，由此推测商、西周时期巴人活动地域扩展到这一带，巴国南部疆域应扩展至黔北赤水河流域仁怀、习水一带。黔北赤水河流域赤水、习水、仁怀等地属巴国疆域还可从文献记录中得到印证，据道光《仁怀直隶厅志》载"秦为巴郡地"[②]，秦巴郡地乃是以巴国旧地而设置的，则清仁怀直隶厅属巴国地，又嘉庆《仁怀县志》载"汉时为符县地"[③]，汉符县乃是分秦江阳县地置，秦江阳县属巴郡地，则清仁怀县地亦属古巴国地，清仁怀直隶厅治今贵州赤水市，仁怀县治今贵州仁怀县，辖地还包括今贵州省习水县地，据此推知今黔北赤水市、习水县、仁怀县等地当属巴国疆域。又黔北桐梓县北部、正安县等地早期也曾属巴国疆域，民国《桐梓县志》载"桐在秦时地近巴、蜀，两郡分领其地"[④]，则是桐梓县境一部分属巴郡、一部分属蜀郡，从地理位置看，桐梓县北部近巴地，则桐梓县北部当属巴郡，早期为巴子国地，南部则隶属蜀郡，民国桐梓县即今贵州省桐梓县，由此推测今桐梓县北部当属巴国南部疆域的一部分。又道光《遵义府志》载"正安一州当是巴国南鄙"[⑤]，清正安州即今贵州省正安县，则是今正安县境在昔也当属巴国疆域范围。西周时期巴国的南部疆域疆界变化很小，这可能是巴国的向南扩张受到了活动于贵州高原的夜郎部族政权的强力阻击所致。

四、巴国西部、西南部疆域

《华阳国志》载巴国"西至僰道"，僰道即汉晋时期僰道县，治地在今四川省宜宾市境。僰道在秦汉时期先属蜀郡，后属犍为郡，秦蜀郡以蜀国地而置，故僰道县地秦以前当为蜀国地，因此巴国西界当在汉晋僰道县东界。又据同治《南溪县志》载南溪县"两汉僰道县地"[⑥]，清南溪县即今四川省宜宾市南溪

① 吴小华：《近代贵州高原新石器至商周时期文化遗存的发现与分区》，《四川文物》2011年第1期。

② 道光《仁怀直隶厅志》卷1《疆域志·建置》。

③ 嘉庆《仁怀县志·沿革》。

④ 民国《桐梓县志》卷3《舆地志·建置》。

⑤ 道光《遵义府志》卷2《建置》。

⑥ 同治《南溪县志》卷1《地舆志·沿革》。

区，清南溪县与江安县邻境，据道光《江安县志》载“汉江阳县地”[1]，而江阳县地“春秋、战国时为巴子国。秦并天下为巴郡地”[2]，清江安县原为秦巴郡江阳县地，西汉中叶割属犍为郡，原本为巴国地，清江安县即今四川省宜宾市江安县，据此我们推知常璩所说“西至僰道”，早期巴、蜀二国分界线大致在今四川宜宾市南溪区与江安县分界线一带。

巴国西界，即由僰道北至汉中的疆界走向如何，常璩《华阳国志》并未予以交代，这需要我们从纷繁的史料和遗留的史迹中寻找线索。据道光《富顺县志》载富顺县“秦界巴、蜀二郡之间”，“汉高帝分巴置广汉郡，建元六年武帝分广汉置犍为郡，领县十二，江阳郡（县）属焉”[3]，清富顺县地在秦朝时地处巴、蜀二郡边界地带，秦属巴郡江阳县地，则清富顺县在巴国时代地属巴国地，西界蜀国地，清富顺县即今四川省富顺县，巴国西界大致在今富顺县西界、北界一线。同治《隆昌县志》载隆昌县“在昔应隶江阳”[4]，江阳县地为巴国地，则清隆昌县地亦当属巴国地，清隆昌县即今四川省隆昌市，今隆昌市北界四川省内江市，则巴国西界大致在今隆昌县至内江市界一线。光绪《荣昌县志》载荣昌县“本汉犍为郡资中、江阳、巴郡垫江三县地”[5]，又光绪《内江县志》载内江县“汉为资中县地”[6]，《汉书·地理志》载资中县属犍为郡，是资中县属蜀地而非巴地，清荣昌县即今重庆市荣昌区，内江县即今四川内江市，荣昌区西北与内江市邻界，则巴国西界大致在今荣昌区与内江市分界线一带。民国《大足县志》载大足县“本合州巴川县地”[7]，乾隆《安岳县志》载安岳县“汉资中、牛鞞、德阳三县地，属犍为郡”[8]，民国大足县西北界安岳县东南界，民国大足县即今重庆市大足区，清安岳县即今四川省安岳县，则巴国西界在今大足区与安岳县界线一带。民国《潼南县志》载潼南县“商周蜀国地”，“秦蜀郡地”[9]，民国潼南县即今重庆市潼南区，又《潼南县志》载周秦之际潼南县涪江

① 道光《江安县志》卷1《地理志·沿革》。

② ［唐］李吉甫撰，贺次君点校：《元和郡县图志》卷33《泸州》，第864页。

③ 道光《富顺县志》卷2《建置沿革志》。

④ 同治《隆昌县志》卷2《建置沿革》。

⑤ 光绪《增修荣昌县志》卷2《建置》。

⑥ 光绪《内江县志》卷1《舆地志·沿革》。

⑦ 民国《大足县志》卷1《方舆·沿革》。

⑧ 乾隆《安岳县志》卷2《土地部》。

⑨ 民国《潼南县志》卷1《舆地志·沿革》。

一带属蜀国，琼江一带属巴国[①]，又李膺《益州记》载青石山“昔巴蜀争界，久而不决。汉高帝八年，一朝密雾，石为之裂，自上及下破处，直若引绳焉，于是州界始判”[②]，青石山大致位于今潼南区涪江南岸石镜坝一带[③]，以现在地域来看，巴、蜀分界线大致在从石镜坝向西北的琼江与涪江分水岭一线，向西北达今潼南区与安岳县分界线一带。今重庆市合川区与潼南区交界处龙多山传说是巴、蜀分界处，今合川区与潼南区分界线仍过龙多山，则是巴国西界在今合川区与潼南区分界处。光绪《定远县志》载定远县秦属巴郡地，其西界蓬溪县东南界[④]，道光《蓬溪县志》载蓬溪县“商周为蜀国地，秦为蜀郡地，汉广汉县地”[⑤]，清定远县即今四川省武胜县，蓬溪县即今四川省蓬溪县，则是巴国西界大致在今武胜县西界与蓬溪县东南界一带。嘉庆《南充县志》载南充县“春秋战国为巴国地，秦属巴郡，汉置安汉县，属巴郡”[⑥]，春秋战国时南充县地属巴国，西周时期或亦当如此，清南充县西界蓬溪县，清南充县即今四川省南充市，则巴国西界在今南充市西界与蓬溪县东界一带。光绪《西充县志》载西充县“周为巴国……秦置巴郡，属焉，汉隶巴郡充国”[⑦]，道光《南部县志》载南部县“汉置充国县，属巴郡”[⑧]，清西充县、南部县西界盐亭县，乾隆《盐亭县志》载盐亭县“本汉广汉县地”[⑨]，清盐亭县汉为广汉县地，为蜀地，清西充县即今四川省西充县，南部县即今四川省南部县，则巴国西界大致在今西充县、南部县西界与盐亭县东界一带。同治《剑州志》载剑州“秦始皇三十六年为巴郡地”[⑩]，清剑州即今四川省剑阁县，秦时为巴郡地，则在周代亦当为巴国地，今剑阁县西南界梓潼县东界，西北界江油市东界，北界广元市，则巴国西界大致在今剑阁县西界、北界一带。《汉书》载广汉郡辖葭萌、梓潼二县[⑪]，《华阳国志》载“蜀王别封弟葭萌号苴侯，命其邑曰葭萌”，“（秦）许嫁五女于蜀，蜀遣五丁

① 四川省潼南县志编纂委员会编纂：《潼南县志》，成都：四川人民出版社，1993年，第65页。

② ［宋］乐史撰，王文楚点校：《太平寰宇记》卷136《合州》，第2657页。

③ 谭其骧：《中国历史地图集》第七册《元·明时期》“元·四川行省”，第19-20页。

④ 光绪《续修定远县志》卷1《建置沿革》。

⑤ 道光《蓬溪县志》卷1《建置》。

⑥ 嘉庆《南充县志》卷1《舆地志·沿革》。

⑦ 光绪《西充县志》卷1《地舆志·沿革》。

⑧ 道光《南部县志》卷2《舆地志·沿革》。

⑨ 乾隆《盐亭县志》卷1《舆地志》。

⑩ 同治《剑州志》卷1《疆域志》。

⑪《汉书》卷28《地理志》，第1597页。

迎之,还到梓潼"[①],汉葭萌县治今四川省广元市昭化古城,汉梓潼县治今四川省梓潼县,则是今广元市、梓潼县皆为蜀地,梓潼县东南界阆中市,东界剑阁县,巴国西界应大致在今梓潼县与阆中市分界线、广元市与剑阁县分界线一带。西周时今四川省旺苍县东部属巴国,西部属蜀国,民国始置旺苍县,则巴国西界大致在从南而北经旺苍中部。由旺苍县北部向北则接巴国在今汉中市南部、东部的疆界。

另据考古发现来看,自四川阆中市至涪江中游的三台县、遂宁市、安岳县、资阳市、简阳市、荣县、自贡市、宜宾市一带先后发现一些悬棺葬、岩椁墓,墓葬风格与峡江地区的岩椁墓、悬棺葬大体相似,这些独具特色的墓葬大多位于前文我们所界定的巴、蜀分界线一带,这些悬棺葬、岩椁墓墓葬的主人,可能为巴、蜀统一各部建国之前的独立部落[②],若此说成立,则这些部族所遗留下来的悬棺墓、岩椁墓就具有巴、蜀二国建国后的疆界指征意义,因为这些地域是巴、蜀二国疆域最后扩展所及的地域,这些部族的遗风遗俗(包括葬俗)最后得以遗留下来也就可以理解了。就已有考古发现来看,部分地处巴国西部边界地带的县(市)域内确实发现有商、西周时期巴人遗物,如四川剑阁县江口镇颜家沟遗址商周时期遗物陶器器形有尖底盏、尖底杯、圜底钵、花边口沿罐、敛口钵、器盖、纺轮等器物组合[③],文化遗物与渝东峡江地区的文化遗物相同,应属商周巴文化的范畴,应属巴人遗物,一定程度上也印证了上文据文献分析得出的今四川省剑阁县域属巴国地的推论。又四川省阆中市坪上遗址商周时期遗物陶器多尖底器、平底器,器形有尖底器、细柄豆、钵、罐、器盖等[④],器物组合与颜家沟遗址相近,其文化属性也当属巴文化范畴,应属巴人遗物,这与文献记录今阆中市一带为巴国地域的记载也是吻合的。又四川南充市淄佛寺遗址、南部县报本寺遗址考古发现都有商周时期遗物[⑤],但因考古调查所搜集的遗物有限,我们认为目前还难以做出其商周时期考古学文化的判定,但从已发现的釜、罐、豆、钵等器物组合来看,似与峡江地区商周巴

① [晋]常璩撰,刘琳校注:《华阳国志校注》(修订版),第97页。

② 唐昌朴:《先秦巴国都邑与疆域考议》,《巴渝文化》第3辑,第122-134页。

③ 郑万泉:《剑阁县颜家沟商周汉代宋明清时期遗址》,《中国考古学年鉴2014》,北京:中国社会科学出版社,2015年,第383页。

④ 胡昌钰、孙智彬:《阆中县坪上商周时代遗址》,《中国考古学年鉴1990》,北京:文物出版社,1991年,第299-300页。

⑤ 白九江、蒋晓春、赵炳清:《川东北地区先秦时期考古发现与考古学文化》,《四川文物》2013年第2期。

文化间有一定的联系。又如重庆市合川区唐家坝商周遗存中陶器器形有花边口沿罐、高领罐、壶、钵、纺轮等，器表以素面为主，纹饰有绳纹、网格纹、凹弦纹等[①]，颇具渝东峡江地区商周时期考古学文化特点，因此合川唐家坝商周遗存当属巴文化范畴，合川一带西周时期应属巴国地域，这又可与历史文献中今合川一带为巴国地域的记载相印证。相信今后随着巴国西部边界地带县(市)域内田野考古工作的持续展开和考古学研究工作的深入，还会发现更多可支撑本文西周巴国西部疆域及边界界定的考古学证据。

西周时期巴国西南部疆域大致位于自今江安县境延至今黔北赤水流域赤水市一带。据前文所述今江安县在昔为巴国地，又嘉庆《长宁县志》载长宁县"汉属犍为郡汉阳、江阳两县地"[②]，光绪《兴文县志》载兴文县"周、秦时为西南夷，汉建元六年开夜郎置犍为郡，为汉阳县地"[③]，康熙《叙永厅志》载叙永厅"周、秦为蜀郡地"[④]，清江安县西界长宁县，南界兴文县、叙永厅，清长宁县为今四川省长宁县，兴文县为今四川省兴文县，叙永厅为今四川省叙永县，则古巴国西南界大致在今江安县以西长宁县北境至江安县南界、兴文县、叙永北界一带。同治《合江县志》载合江县"周属巴国，汉置符县"[⑤]，清合江县南界叙永厅，清合江县即今四川省合江县，则巴国西南界大致在今合江县南界、叙永县北界一带。今赤水河市一带清为仁怀厅地，南界叙永厅，清仁怀厅周时为巴国地，则巴国西南界大致在今贵州省赤水河市南界、四川省叙永县北界一带。

西周时期巴、蜀同为西周王朝的南土方国，在礼制森严的西周时期，同为周王属国的巴、蜀间发生大规模争斗和疆域变动的可能性不大，因此巴国西部、西南部疆界，也即蜀国东部疆界在西周时期应该相对较为稳定。

五、西周时期巴国的都城

关于巴国都城，常璩《华阳国志》载"巴子时虽都江州，或治垫江，或治平

---

① 林必忠、刘春鸿、于桂兰：《渝南高速公路重庆段唐家坝与沙梁子石器时代至汉代遗址》，《中国考古学年鉴2007》，第392页。

② 嘉庆《长宁县志》卷1《沿革》。

③ 光绪《兴文县志》卷1《舆地志·沿革》。

④ 康旭《叙永厅志》卷1《建置沿革》。

⑤ 同治《合江县志》卷3《建置沿革志》。

都，后治阆中。其先王陵墓多在枳”[1]，则是江州、垫江、平都、阆中皆曾为巴国都城，江州即今重庆市渝中区，垫江即今重庆市合川区，平都即今重庆市丰都县，阆中即今四川省阆中市，但它们都是巴国什么时代的都城，其先后次序如何，常璩并未予以交代。笔者曾从巴国疆域变迁的空间轨迹角度入手对春秋战国时期巴国都城进行了梳理，江州作为巴国都城时间最久，自春秋时期一直持续到战国中期，平都作巴国都城大致在战国中期公元前361年前后，垫江作巴国都城时间当时在楚将庄蹻西征前后，即公元前339—前329年前后，阆中作巴国都城时间也在庄蹻西征之后，时间应在垫江作都城之后，是继垫江之后的巴国晚期都城[2]，目前看来这个提法是有一定道理的。

那么西周时期巴国都城在哪呢？从目前已有史料来看，当以江州为是，即西周都城在今重庆市渝中区一带。首先，据《水经注》载“江州县，故巴子之都”[3]，《括地志》载“巴子都江州”[4]，《元和郡县图志》载渝州“古之巴国也”，“武王伐殷，巴人助焉”，“后封为巴子”，“春秋时亦为巴国”[5]，唐渝州治江州县。《通典》载“渝州，今理巴县，古巴国”[6]。《太平寰宇记》载渝州“今理巴县”，“武王克殷，封宗姬支庶于巴，是为巴子”，“春秋时亦为巴国，战国时巴亦不改”[7]，《明一统志》载重庆府“周时为巴子国”[8]，同治《巴县志》载巴县“周巴子国”[9]，则是西周巴国都城在江州县，也即唐宋时渝州治巴县，也即明清时期重庆治巴县，其治地皆在今重庆市渝中区，诸多文献皆以今重庆市渝中区为西周时期巴国都城所在地。其次，《舆地纪胜》载重庆府巴王冢“巴县西北五里，前后有石兽、石龟各二，麒麟、石虎各一，即古巴国之君”[10]，《蜀中名胜记》载重庆府“郡学后莲花坝，有石麟石虎，相传为古时巴君冢”，“治北康村，有阜二十余，俗呼古陵，亦曰巴子冢”[11]。莲花坝在今重庆市渝中区七星岗莲花池一带，巴

---

① [晋]常璩撰，刘琳校注：《华阳国志》（修订版），第24页。

② 朱圣钟：《春秋战国时期巴国疆域考》，《历史地理》第36辑，第53-74页。

③ [北魏]郦道元著，（清）王先谦校：《合校水经注》，第487页。

④ [唐]李泰等著，贺次君辑校：《括地志辑校》卷4《渝州》，第202页。

⑤ [唐]李吉甫撰，贺次君点校：《元和郡县图志》卷33《渝州》，第853页。

⑥ [唐]杜佑撰，王文锦、王永兴、刘俊文等点校：《通典》卷175《州郡》，第4584页。

⑦ [宋]乐史撰，王文楚点校：《太平寰宇记》卷136《渝州》，第2658-2659页。

⑧ [明]李贤等撰：《大明一统志》卷69《重庆府》，第1076页。

⑨ 同治《巴县志》卷1《疆域志·建置沿革》。

⑩ [宋]王象之编：《舆地纪胜》卷175《重庆府》，第844页。

⑪ [明]曹学佺著，刘知渐点校：《蜀中名胜记》，重庆：重庆出版社，1984年，第238页。

王冢当为巴国都江州时巴王族墓地，据帝王陵墓近都城的古制，可佐证古巴子国都在今渝中区一带。另外，江州及其附近的历史地名如巴子故宫、巴子岩、巴子石、巴子鱼池、巴子梁、巴子市（龟亭）、巴子古滩城等①，也在一定程度上印证了巴都江州的事实。也许正因如此，谭其骧先生主编《中国历史地图集》“西周·西周时期中心区域图”②、《简明中国历史地图集》“西周时期全图”③均将巴国标注在重庆市渝中区。

六、结论与讨论

通过前文的讨论，我们认为西周时期巴国疆域与常璩《华阳国志》所载“东至鱼复，西至僰道，北接汉中，南极黔涪”有一定出入，或者说常璩《华阳国志》所载并非西周时期巴国的疆域范围。西周时期巴国北部疆域并非止于大巴山一线，而是向北延伸至大巴山以北汉水上游河谷地带，大致包括今汉中市以东，安康市石泉县、汉阴县、紫阳县以西汉水上游河谷地带，西界褒国，东界庸国；东部疆域峡江地带东至今重庆市忠县一带，梁平区、万州区至巫山县境内的峡江地带西周时期为庸国地，鄂西峡江地带今巴东县、秭归县、兴山县、宜昌市等地在西周中期以后为夔子国地，峡江以南清江流域西周时期仍为巴国疆域，峡江东口以东北至襄阳市以南—钟祥—荆门—荆州市荆南寺—枝江—松滋一线以西地带西周时也属巴国东部疆域；东南部疆域大致包括今鄂湘渝黔毗邻地带澧水中上游地区、酉水流域、乌江下游河谷地带；南部疆域大致包括至今贵州省北部赤水河流域赤水市—习水县—仁怀县—桐梓县北部—正安县一线以北地域；西南部疆域大致包括今四川省江安县—长宁县北部—合江县等地；西部疆域大致包括今四川省江安县—富顺县—隆昌县—重庆市荣昌区—大足区—潼南区（琼江流域）—合川区—四川省武胜县—南充市—西充县—南部县—阆中市—剑阁县—旺苍县东部一线以东地域。西周时期巴国疆域除东部有一定程的变化外，其他区域疆域疆界相对较为稳定。西周时期巴国都城在今重庆市渝中区一带。

---

① [宋]王象之编：《舆地纪胜》卷175《重庆府》，第844页。

② 谭其骧：《中国历史地图集》第一册《原始社会·夏·商·西周·春秋·战国时期》，第15-16页。

③ 谭其骧：《简明中国历史地图集》，北京：中国地图出版社，1991年，第9-10页。

楚"若敖六卒"研究*

李世佳①

摘　要:"若敖六卒",系春秋时代楚国重要的武装力量,目前学界关于"若敖六卒"的研究成果甚少,有者亦仅在论著中偶有提及,并无专题研究。旁征相关史料,"若敖六卒"当是由若敖氏自行掌控的楚国最强大的"私卒",计有兵车180乘,兵卒近6000人。如此规模的兵卒,其主体当宜由若敖氏本族子弟构成,另加部分隶属于若敖氏的家臣。"若敖六卒"的强大,对楚王权构成严重危险,终致其衰微、消亡。

关键词:若敖六卒;隶属关系;兵种结构;兵卒规模;兵卒来源

终春秋之世,楚国诸世族作为重要的政治力量始终活跃在历史舞台上,而"若敖氏"即是其中最早显赫的一支。所谓"若敖氏",系指由两周之际楚君若敖熊仪(前790—前764年在位)后裔子孙所形成的亲属政治集团,主要由斗、成二氏构成,"是春秋时期楚国最有权势的芈姓世族"②。与若敖氏世族关系密切的武装力量"若敖六卒",见于《左传·僖公二十八年》(前632年),当是时,晋、楚两大强国战于城濮,《左传》文当中详言楚军参战部队为:"王(楚成王)怒,少与之(令尹成得臣)师,唯西广、东宫与若敖之六卒实从之。"

目前为止,学术界关于上引文当中出现的"若敖之六卒"研究成果甚少,

* 本文为国家社科基金项目"周代晋国世族社会研究"(19BZS032)阶段性成果之一。

① 作者简介:李世佳,1984年生,山东莒县人,现为四川大学历史文化学院副教授,主要从事先秦史、出土文献的研究。

② 石泉:《楚国历史文化辞典》,武汉:武汉大学出版社,1996年,第229页。

所见者亦仅是在论著中偶有提及,并没有对此进行专门的考究,故诸多问题尚待做进一步深入地探讨:(1)“若敖六卒”的直接领导者究竟为谁,换言之,“若敖六卒”是否系若敖氏世族的私有武装而由其自行掌控。(2)“若敖六卒”中“卒”字当如何训释,这是理解“若敖六卒”所属兵种为车兵还是徒兵的关键。(3)“若敖六卒”拥有的兵卒数量是多少,如此规模的兵卒其身份来源又如何。(4)以“若敖六卒”为代表的“私卒”在楚国经历了何种发展演进。

本文拟在传世文献的基础上,并结合相关出土材料,就上述问题展开研究,以期在楚史、楚文化研究方面有所推进,不当之处,尚祈方家不吝赐正。

一、关于“若敖六卒”隶属问题的分析

目前,学界关于“若敖六卒”的具体隶属及领导权问题,有两种截然不同的观点,可详细分析如下:

其一,“若敖六卒”,系若敖氏之“私卒”,由若敖氏家族长掌控。

《左传·僖公二十八年》(前632年)“若敖之六卒”条下,西晋杜预注:“(若敖)六卒,子玉宗人之兵。”①子玉即楚令尹成得臣,城濮之战楚军的实际指挥者,当是时为若敖氏家族长。今人杨伯峻先生云:“若敖之六卒,疑为若敖所初设之宗族亲军。”②又石泉、顾久幸、田成方诸先生皆视“若敖六卒”为若敖氏之私卒③,且是春秋时“楚国最大的私卒”④。

春秋时代楚国各等级贵族,确实皆拥有一定数量的私卒武装。《左传·襄公二十五年》(前548年)载有楚灭舒鸠一事,过程如下:

> 舒鸠人卒叛楚,令尹子木(屈建)伐之……吴人救之。子木遽以右师先,子强、息桓、子捷、子骈、子盂帅左师以退。吴人居其间七日。子强曰:“……请以其私卒诱之……。”从之。五人以其私卒先击吴师,吴师奔……楚灭舒鸠。

① [晋]杜预注,[唐]孔颖达疏:《春秋左传正义》,[清]阮元校刻:《十三经注疏》(附校勘记及附语),杭州:浙江古籍出版社,1998年影印本,第1824页。

② 杨伯峻:《春秋左传注》(修订本),北京:中华书局,1990年,第457页。

③ 参见杨伯峻:《春秋左传注》(修订本),第457页;石泉:《楚国历史文化辞典》,第230页;顾久幸:《楚制典章—楚国的政治经济制度》,武汉:湖北教育出版社,2001年,第111页;田成方:《东周时期楚国宗族研究》,武汉:武汉大学博士学位论文,2012年4月,第69页。

④ 顾久幸:《楚制典章——楚国的政治经济制度》,第111页。

分析上引史料，可获得以下两条信息：第一，子强、息桓、子捷、子骈、子盂五人皆有自己的私卒，杨伯峻注："私卒当是各将领之家兵。"[①]第二，"私卒"，顾名思义是楚国各级贵族的私人武装，这些武装当不属于国家编制，但却需要跟随主人为国出征打仗与执行诸种任务，在战争当中发挥重要作用，如上楚灭舒鸠之战中，子强五人的私卒应该说是胜败的关键。

其二，"若敖六卒"，系由楚王秉控，与若敖氏无隶属关系。

详考"王（楚成王）怒，少与之（令尹成得臣）师，唯西广、东宫与若敖之六卒实从之"一语，段志洪先生指出："西广为王室军队，东宫为太子宫甲……子玉作为成氏大宗动用若敖氏之族兵得经楚王调拨，可见若敖氏主要族兵控制在楚王手中。"[②]又程涛平先生言："（'若敖六卒'）既然是楚王派遣而来，当然不是子玉的私邑武装，否则，无需楚王下令，子玉自己便可以族长身份传令前来，由此可知，'若敖之六卒'与'子玉'只是'同姓'而已，本身并无隶属关系。"[③]

言"若敖六卒"控制在楚王手中，与若敖氏无隶属关系，有待商榷。

"西广"，楚王的亲兵卫队；"东宫"，或指太子宫甲[④]，或为楚王诸多燕寝之一的"东宫"宫甲[⑤]。在《左传·僖公二十八年》（前632年）的记载中，"楚王少与之师"与紧接的下文"唯西广、东宫与若敖之六卒实从之"，二者说的是不同之两件事情，不能藉二者连读而得出"若敖六卒"也像"西广""东宫"一样是经楚王同意、调拨之后给予子玉的结论。

《国语·楚语上》记载蔡声子论"楚材晋用"时，云：

> ……王孙启奔晋，晋人用之。及城濮之役，晋将遁矣，王孙启与于军事，谓先轸曰："是师也，唯子玉欲之，与王心违，故唯东宫与西广寔来……。"

由上条记载中"与王心违，故唯东宫与西广寔来"一语，可以断定楚成王调拨给予子玉（令尹成得臣）的仅是"西广""东宫"，并未包括"若敖六卒""若

---

① 杨伯峻：《春秋左传注》（修订本），第1104页。

② 段志洪：《周代卿大夫研究》，台北：文津出版社，1994年，第147页。

③ 程涛平：《楚国农业及社会研究》，武汉：湖北教育出版社，2012年，第206页。

④ ［晋］杜预注，［唐］孔颖达疏：《春秋左传正义》，第1824、1837页。

⑤ 李世佳：《〈左传〉"东宫"补释》，《齐鲁学刊》2017年第3期。

敖六卒"应当是跟随子玉而由其自行掌控。言由楚王控制"若敖六卒","若敖六卒"与子玉无隶属关系,盖段、程二位先生偶疏。

二、"若敖六卒"的兵种结构分析

正确界定"若敖六卒"所隶兵种,关键在于如何训释"卒"字。而"卒"字作为春秋时代的军队编制单位,计有两解:

其一,"卒"为步兵,百人为卒。

《左传·隐公元年》(前722年)载:"大叔完聚,缮甲兵,具卒乘,将袭郑。"杜预注:"步曰卒,车曰乘。"[①]又《周礼·夏官·司马》:"凡制军……二千五百人为师,师帅皆中大夫;五百人为旅,旅帅皆下大夫;百人为卒,卒长皆上士……。"[②]即一卒有军士一百人。

据上,不少学者即持"若敖六卒"就是六百步卒的观点。日本学者竹添光鸿曰:"《周礼·司马》:'凡制军百人为卒。'知六卒六百人也。"[③]徐中舒先生:"若敖之六卒……卒,百人。"[④]今人田成方先生看法亦同:"若敖之卒有六百人。"[⑤]

其二,"卒"为车兵,三十乘为一卒。

清代学者江永《群经补义》最早提出卒为车法、车三十乘为一卒的观点[⑥]。今人杨伯峻先生亦质疑"卒为百人之说",云:"卒为车法,非徒法。一卒三十乘,六卒一百八十乘……杜注谓一卒为百人,六卒则六百人,以徒法释车,误。"[⑦]又石泉先生主编《楚国历史文化辞典》中"若敖六卒"条下,云:"1卒为车30乘,6卒共180乘。"[⑧]

按,上杜预、竹添光鸿、田成方先生的说法,恐不当;江永、杨伯峻先生、石

---

① [晋]杜预注,[唐]孔颖达疏:《春秋左传正义》,第1824页。

② [汉]郑玄注,[唐]贾公彦疏:《周礼注疏》,[清]阮元校刻:《十三经注疏》(附校勘记及附语),杭州:浙江古籍出版社,1998年影印本,第830页。

③ [日]竹添光鸿:《左氏会笺》,成都:巴蜀书社,2008年,第600页。

④ 徐中舒:《左传选》,北京:中华书局,2009年,第53页。

⑤ 田成方:《东周时期楚国宗族研究》,第69页。

⑥ [清]江永:《群经补义》,[清]阮元、王先谦编:《清经解 清经解续编(附索引)》(贰),南京:凤凰出版社,2005年,第1988页。

⑦ 杨伯峻:《春秋左传注》(修订本),第456页。

⑧ 石泉:《楚国历史文化辞典》,第230页。

泉先生的观点更切合实际情况，有如下四条佐证：

佐证一，《左传·僖公二十八年》（前632年）载："晋车七百乘，韅、靷、鞅、靽。"又鲁成公二年（前589年）载：晋郤献子（郤缺）欲伐齐，"晋侯许之七百乘"，郤子曰："此城濮之赋也。"即城濮之战晋倾全国之力组建三军，计有兵车七百乘。而决战之前，子玉言："今日必无晋矣。"若子玉仅有中坚力量六卒六百人，来对阵晋军七百乘，不可能有"无晋"之言。

佐证二，《左传·宣公十二年》（前597年）晋楚邲之战，晋国下军佐栾书言楚军："其君之戎分为二广，广有一卒，卒偏之两。"城濮之战所见之"西广"当即是"二广"之一，而引文当中出现的"卒"字，其意当与"若敖六卒"之"卒"相同。"广有一卒"者，谓每广之车数有一卒，其数为"偏之两"，即两偏，故又曰"卒偏之两"。据下文"楚子为乘广三十乘"来看，则一偏是十五乘，两偏是三十乘。显而易见，楚制以三十乘为一卒，以一卒为一广。

佐证三，城濮之战爆发的前一年，即《左传·僖公二十七年》（前633年），楚大臣蔿贾曾评价子玉并做出预测，云："子玉刚而无礼，不可以治民，过三百乘，其不可以入矣。"而《左传》中的预言大都过后皆有验证。城濮兵败，楚成王遣使责让子玉（成得臣），子玉（成得臣）"及连谷而死"，即应验了"其不可入矣"的预测，连谷，"方城外地"[①]。据此，城濮之战楚军显然过三百乘，而核心即是"若敖六卒"。

佐证四，"若敖六卒"于交战时实为子玉（成得臣）中军主力，而六百人何以充任主力？且城濮战后，晋文公作王宫于践土，献楚俘于周王，有"驷介百乘，徒兵千"，人数远超六百人。

综上，杜预、竹添光鸿、田成方先生"六卒六百人"之说不成立。

三、"若敖六卒"之兵卒规模分析

另一个需要谨慎考量的问题是："若敖六卒"计一百八十乘兵车，究竟又有多少兵卒呢。

春秋时代的战争，以车战为主。车战之制，一车谓之一乘。一乘的标准配置，自前至后遍数之，最前为四马，中间夹辕二马称"服马"，两服马外侧两

① ［日］竹添光鸿：《左氏会笺》，第614页。

匹称“骖马”；四马与车厢之间由车辕连接。车厢之上正常情况下有甲士3人，除去国君与主帅所乘的指挥车外，余者皆驾车者（即“御”“戎仆”）居中；右侧之人为“戎右”，或称为“车右”“骖乘”，多以有力之士担任，任务是执干戈以御敌，并负责战争中的力役之事，如遇地势险阻需下车助推等；左边之人为“车左”，执弓矢以进攻①。此外，还有四人共乘一车之法，叫“驷乘”，然这属临时搭载性质，并非编制通例。

再者，每乘战车周围，尚需配备一定数量的步卒，步卒究竟当多少，学界意见不一。杜预本战国时期《司马法》，云：“古者兵车一乘，甲士三人，步卒七十二人。”②计一车配75人。又《左传·闵公二年》（前660年）载：“齐侯（齐桓公）使公子无亏帅车三百乘、甲士三千人以戍曹。”上引城濮之战晋大胜之后，所献楚俘是“驷介百乘，徒兵千”，据两条记载，杨伯峻先生对于杜预之说有所反驳，云：“《司马法》为战国时法，未必合于春秋制度。以《左传》考之……是一车用甲士十人。”③又《诗经·鲁颂·閟宫》：“公车千乘……公徒三万。”据此童书业先生言：“则一乘得三十人，此盖其足数。”④“徒”，徒兵也。“公徒三万”，当仅指车下徒兵而言，分配到千乘当中，则一车有徒兵三十，再加上车上甲士三人，计一乘33人。

《周礼·夏官·司马》云：“凡制军，万有二千五百人为军。王六军，大国三军，次国二军，小国一军。”⑤据此记载，大国所拥有的武装力量当是三军37500人，以此数字作为基本参照值，再来比较分析一下城濮之战当口的晋国军队。《左传》明确记载，“晋军七百乘”，即城濮之战晋三军有700辆兵车，若以杜预“一乘配75人”算，晋军概有52500士卒，远超标准。而依杨伯峻先生“一乘10人”之说，晋三军又仅有7000人，不可谓大国。而“一乘33人”，则晋三军计有兵卒23100人，再考虑到迟至城濮之战前一年，即公元前633年，晋文公才基

① 按，兵车上御者、车右、车左三人，在战争当中，职责明确，史料当中有明确记载。《左传·宣公十二年》（前597年）晋楚邲战记载：楚子（楚庄王）又使求成于晋，晋人许之，盟有日矣。楚许伯御乐伯（许伯，御者。乐伯，车左），摄叔为右（车右），以致晋师（致师，挑战），许伯曰：“吾闻致师者，御靡旌，摩垒而还。”乐伯曰：“吾闻致师者，左射以菆，代御执辔，御下两马，掉鞅而还。”摄叔曰：“吾闻致师者，右入垒，折馘，执俘而还。”皆行其所闻而复。

② ［晋］杜预注，［唐］孔颖达疏：《春秋左传正义》，第1716页。

③ 杨伯峻：《春秋左传注》（修订本），第13页。

④ 童书业著，童教英校订：《春秋左传研究》（校订本），北京：中华书局，2006年，第307页。

⑤ ［汉］郑玄注，［唐］贾公彦疏：《周礼注疏》，第830页。

于国际国内形势,“蒐于被庐,作三军”①,即在原有上、下二军基础上增设中军,故城濮之战所见晋三军应该没有整员满编,或不过是对上、下二军兵卒重新做的分配罢了,则兵卒23100人概仅是两军之数,进而推测三军标准配置概34000左右,加之军中应该尚有其他辅助兵种,如刍樵、辎重运输人员等,大体与《周礼》所载三军37500人相当。综合考虑下来,一乘配33人左右当比较符合历史实情。

具体到楚国,《左传·襄公三年》(前570年)载有楚伐吴一事,云:

> 楚子重(公子婴齐)伐吴,为简之师。使邓廖帅组甲三百、被练三千,以侵吴。

按,引文当中的组甲、被练,贾逵云:“组甲,以组缀甲,车士服之。被练,帛也,以帛缀甲,步卒服之。”②杨伯峻先生观点同,云:“或组甲是车士,被练是徒兵。”③按照一辆兵车上有三人(御者、车左、车右)的惯例,组甲三百当是一百辆兵车上的甲士。“被练三千”再平均分配给一百辆战车,则平均每车有30个步卒。30步卒加3甲士(御者、车左、车右),计33人。

综上,春秋时期的楚国,一乘概有33人,则“若敖六卒”一百八十乘,当有私卒5940人。

四、“若敖六卒”所属兵卒身份分析

此私卒5940人,是否皆是若敖氏世族成员呢?城濮之战,楚军败绩,楚成王责杀令尹子玉(成得臣)的理由是:

> 大夫若入,其若申、息之老何?

对于此条史料,诸史家有不同的解读。童书业先生:“是从子玉之军似以申、息之众为主力。”概言楚申、息两县的县兵(即申、息之师)亦参加了战争。

---

① 按,终春秋之世,晋国军制变化,可谓诸国之最。公元前678年,曲沃武公始作一军为晋侯;前661年,晋献公作上、下二军,灭霍、魏、耿;前633年,文公蒐于被庐,作中、上、下三军;前629年,文公又蒐于清原,作五军以御狄,添新上、下两军;前621年,襄公蒐于夷,舍新二军,恢复三军之制;前588年,景公作六军(中军、上军、下军、新中军、新上军、新下军);前575年,厉公整顿军队,将新三军合为一军,组建中、上、下、新四军;前559年,悼公舍新军,再复三军之制。在此诸多变制中,中、上、下三军自建制始便长存不废。

② [晋]杜预注,[唐]孔颖达疏:《春秋左传正义》,第1930页。

③ 杨伯峻:《春秋左传注》(修订本),第925页。

田成方先生观点与之不同，言："申、息之师是楚国县师中的精锐，并未直接参与城濮之战。成王以'申、息之老'责难子玉，说明申、息人参战伤亡者当不在少数。若敖六卒……概不尽是斗氏、成氏之贵族子弟，估计也有一定数量的申县和息县籍贯的兵士。"[①]判定"若敖六卒"当中有诸多申、息二县籍贯的士兵，似可商。

为便于说明问题，将《左传》记载的城濮之战全过程详录如下：

> 己巳，晋师陈于莘北，胥臣以下军之佐当陈、蔡。子玉以若敖之六卒将中军，曰："今日必无晋矣。"子西（斗宜申）将左，子上（斗勃）将右。胥臣蒙马以虎皮，先犯陈、蔡。陈、蔡奔，楚右师溃。狐毛设两旆而退之，栾枝使舆曳柴而伪遁，楚师驰之，原轸、郤溱以中军公族横击之，狐毛、狐偃以上军夹攻子西，楚左师溃。楚师败绩。子玉收其卒而止，故不败。

按，上引文所述城濮之战全过程不现申、息之师，故不可言申、息之师参战。楚军部署，子玉（成得臣）以宗族兵"若敖六卒"为中军，斗勃（字子上）以陈、蔡两国军队为右军，斗宜申（字子西）率领的左军究竟由何部组成，《传》文虽未明言，然可断定当是以"东宫""西广"两部为核心。详稽引文，由"若敖六卒"组成的中军，从"子玉收其卒而止，故不败"来看，并未受损，故言"若敖六卒"中有申、息籍士兵且在战争中伤亡惨重，不确。楚之右军、左军被晋军击溃，必损失惨重，而楚之右军系由陈、蔡两国军队组成，属外军，故于楚而言，其自身所损失的武装力量当仅仅是属左军的"东宫"与"西广"二部。

春秋时代，楚国是在地方上最早置县的少数国家之一。《左传·庄公十八年》（前676年）载："楚武王克权，使斗缗尹之。"此当为楚国立县之始，顾颉刚先生认为"权县"为"春秋第一县"[②]。克权设县以后，灭国置县遂成为楚国一项长期的基本国策。楚文王二年（前688年），楚借邓道伐申，灭申而设县[③]；此

① 田成方：《东周时期楚国宗族研究》，第69页。

② 顾颉刚：《顾颉刚古史论文集》卷五《春秋时代的县》，北京：中华书局，2011年，第234页。

③ 按，学界对于楚灭申的具体年代有争议，何光岳先生认为申灭于楚文王二年，即前688年。本文引用；宋公文先生主张，申的灭亡，可断于文王的三年至八年，即前687年至前682年；何浩先生以为申之灭，最早在楚文王的三年，最迟在楚文王的六年，即公元前687年至公元前684年。参见何光岳：《楚灭国考》，上海：上海人民出版社，1990年，第122页；宋公文：《春秋前期楚北上中原灭国考》，《江汉论坛》1982年1期；何浩：《楚灭国研究》，武汉：武汉大学出版社，1989年，第207页。

后又于六年（前684年）、十年（前680年），利用息、蔡两国因息妫所产生的矛盾，灭息设县。推测楚在灭申、息二国而设县后，当有楚之公族成员源源不断地开进此新占有的土地，聚族而居，成为楚国维持北疆稳定的重要力量，这些新迁入的人口，以血缘为纽带，形成了一个个的楚族宗法性公社，族居、族葬。

20世纪70年代，考古工作者在河南淅川毛坪一土岭东西两面斜坡上发掘了两个相邻的小型墓群。西斜坡墓区，计有8座楚幕，除M21外，余者皆呈东西向，三排埋葬，较为整齐。东斜坡墓区，计有19座楚墓。北边有11座，除M6、M9外，余者又皆呈南北向，四排整齐埋葬；南边有8座，除M13外，余者又皆呈三排整齐东西向埋葬。在一条土岭分两处埋葬，而且东斜坡墓区又分为墓向迥然不同的靠北、靠南两组，"反映出各自族系有所不同"[①]。同时，三组墓又彼此相邻，表明他们之间又有一定血缘联系，至于每组墓群内诸墓整齐排列的现象，更表明他们之间关系相当紧密，可能属于同族、同宗。诸组墓皆在同一土岭之上，既有联系，又有区别，显示这土岭东西两墓群可能为同一宗族的两个或者三个相近支族[②]。程涛平先生云："淅川毛坪楚墓群的族葬现象，充分证明了楚族宗族性公社的存在。"[③]我们认为毛坪楚墓的墓主人当即是楚灭人国后迁入新占领地区的楚公族成员后裔，他们在当地定居、生活，是当地县师的主要兵源。且其子弟基于其芈姓公族成员身份，宜被大量征召为楚王亲卫。

因此，在"东宫"与"西广"两部中当有大量来自申、息二县的公族成员子弟，这就是楚成王责问子玉"大夫若入，其若申、息之老何"的原因所在。

合之，"若敖六卒"概5940人中，其主体宜是若敖氏世族子弟；另外，当有一部分是隶属于若敖氏的家臣。

五、"若敖六卒"的强大与楚"私卒"的衰弱

若敖氏以本族子弟为核心组建了有180乘（近6000人）的私卒，即"若敖六卒"，这是楚国最大的私卒武装，其究竟有多强大，有两组数据可做比较。

城濮之战晋三军有兵车700乘，若敖氏私卒180乘，当晋总兵力的四分之

① 程涛平：《楚国农业及社会研究》，第208页。

② 黄运甫：《略谈淅川毛坪楚墓的分期及其特征》，《中原文物》1982年第1期。

③ 程涛平：《楚国农业及社会研究》，第208页。

一强，这个规模是很大的。

又《左传·成公十六年》(前575年)晋、楚鄢陵之战，苗贲皇对晋侯言："楚之良，在其中军王族而已。请分良以击其左右，而三军萃于王卒，必大败之。""王卒"是楚王的亲兵，是楚军精锐所在，其基本构成是左右"两广"。如上所论，楚王的禁卫亲兵"两广"合计有兵车60乘，仅为若敖氏世族亲兵的三分之一。

春秋初中期，以"若敖六卒"为代表的私卒武装虽然在楚国对外战争中发挥了重要作用，然在内其亦可抗衡楚王，是对君权的严重威胁，不容小觑。《左传·宣公四年》(前605年)若敖氏叛乱，当是时若敖氏家族长斗椒(字子越)任令尹，率若敖之族杀害司马蔿贾，进而以兵进攻楚王，其主力自然非"若敖六卒"莫属，结果逼得楚庄王甚至以"三王之子为质"作为停战条件而不获允，最终双方战于皋浒，楚庄王卒灭若敖氏之族，念及若敖氏先人令尹子文于楚有功，乃赦免子文之孙克黄嗣后，然若敖六卒终不复存在。

在经历过若敖氏以族兵叛乱之后，历代楚王一方面更加重视发展楚王室军队，另一方面又压制隶属于各级贵族之私卒的规模。

春秋中后期，私卒受到限制，规模变小而不能与王室抗衡。《左传·昭公十三年》(前529年)载楚国内爆发叛乱，云："楚公子比、公子黑肱、公子弃疾、蔓成然、蔡朝吴帅陈、蔡、不羹、许、叶之师，因四族之徒，以入楚。"详析引文易知此次叛乱的主力是陈、蔡、不羹、许、叶等楚国县兵，公子比、公子黑肱、公子弃疾、蔓成然四族之"徒(私卒)"仅起到一定的辅助作用，而不再如若敖氏般能够以一族之私卒抵挡整个王军，间接表明贵族私卒规模变小了。再者，《左传·哀公十六年》(前479年)记楚太子建之子白公胜作乱，谓其党羽石乞曰："王与二卿士，皆五百人当之，则可矣。"石乞回答说："不可得也。"杨伯峻注："皆，今言共。"[①]白公胜在叛乱关口，竟然调配不到五百私卒。总之，历史发展至春秋中后期，楚贵族私卒武装业已无力与王卒抗衡。

撮上论大要，"若敖六卒"，是楚国若敖氏的家族私兵，计有兵车180乘、兵卒近6000人。如此规模的兵卒，其主体宜由若敖氏本族子弟构成，另加部分隶属于若敖氏的家臣。"若敖六卒"是春秋时代楚国最强大的"私卒"，对楚王权构成严重危险，终致其衰微、消亡。

---

① 杨伯峻:《春秋左传注》(修订本)，第1701页。

三 明清史研究

清代州县政区等级划分及重庆府州县等级考论

陈一容

摘　要：将基层政区统一进行等差区分，以实现人地相宜、因地制宜，乃中国州县区域治理的重要途径，也是一大历史传统。学界既往或以官缺等级取代并否认清朝基层政区等级，或单纯以州县等级之"冲繁疲难"四字立论，忽略清代州县等级的复杂性及其与政区正印官缺的内在联系。雍正以降，清政府正式建立以知州、知县官缺等级为表现形式，由"简缺""中缺""要缺""最要缺"之缺分与"冲""繁""疲""难"四字不同组合之缺项共同构成的州县政区等级划分制度，并切实执行至清朝覆亡。作为四川行省府级政区的重庆，其所辖州县等级之划分基本始于雍正时期；等级情形，总体最初相对较低，后间有调整、变化，并相对提高，惟因基层正印尤重钱谷，民无逋赋，州县不疲，故终清一代以无字简缺至冲繁难要缺为等级区间，没有冲繁疲难最要缺等级。

关键词：州县等级制度；缺项；缺分；冲繁疲难；重庆府属州县

州县划分等级，是政区治理的基本前提，亦是重要之途径。中国州县政区的等级划分历史悠久，源远流长，"从秦汉时代开始有等第之分"①，之后，历代政府"立郡县之等，明铨序之品"，从而形成等级划分传统。有清一代，也不

* 基金项目：本文系重庆市社科规划项目"清代重庆府州县等级文献整理与府县等级研究"（2014YBLS120）成果。

① 周振鹤：《中国地方行政制度史》，上海：上海人民出版社，2005年，第309页。

例外。清朝政府在“详察”前明“旧例”基础之上,“参酌”州县辖境自然区位交通之冲僻、政务之繁简、钱粮清欠等“时宜”,创制了一套独特的州县政区等级划分制度,并“取得了划时代的高度”。雍正年间,四川重庆府属各州、县、厅政区的等级相应划定,并延续到清朝结束。

一、州县政区等级划分制度的客观存在

清朝州县是否有等级划分的存在,学界确存争议。杨鸿年、欧阳鑫认为“清府沿明旧。只是府已成为地方行政系统中极普遍的区域,既无种别. 又不分等”“清代县之等级,《皇朝通典》未记载。盖清县繁要者则升为州,州之闲简者又降为县。既可升州降县以调剂繁简,当不必再有等级之分划。”① 马春笋指出,“清县是否分等,至今未有定论”,陈述“许崇德《中国政制概要》认为清代县以粮赋为标准分为一二三等”的同时,以上述杨、欧之论,以及萧一山《清代通史》四卷内“光绪二十三年编制官拟定官制,疏云:‘……今拟仿汉唐分数级之制,分地方为三级,甲等曰府,乙等曰州,丙等曰县,梅府州县各设六品至九品官分掌财赋、巡警’”为据,对清代的州县政区分等作了大致否定性的推论:“此疏既云‘拟仿’,那么清代分等之说似乎缺乏依据,当以杨氏之论更为合乎史实。”②概括起来,他们否定的依据和理由就是两条:一条,是所谓清代县之等级,《皇朝通典》未记载;一条,是所谓光绪二十三年(1896年)编制官拟定官制疏内拟分地方为三级,甲等曰府,乙等曰州,丙等曰县之说。

对于第一条,即清《通典》没有州县等级划分记载的问题。其一,《通典》系乾隆朝所修,成书相对较早,清朝独自创制的以府厅州县正印官员缺加以表示的各自政区等级、等次的制度,虽然创制于雍正中后期,但却成熟、完善于乾隆朝,《通典》未及时或不将处于探索、实践而且存在形式特殊的等第制度纳入其中实属正常。其二,有关清代州县政区等级记载的史实甚多。如,《清世祖实录》中所载顺治十二年(1655年)正月壬子,钦定直隶保定等30个府作为“最要”府政区及将州县分为三等的上谕③;吏部月选档案——《清代官员履历档案全编》关于雍正六年(1728年)二月到光绪末年的全国各省府厅州县

① 杨鸿年、欧阳鑫:《中国政制史》,合肥:安徽教育出版社,1989年,第376、384页。

② 刘君德:《中国行政区划的理论与实践》,上海:华东师范大学出版社,1996年,第384页。

③《清实录》,第3册,北京:中华书局,1985年影印本,第696-697页。(后简注《清实录》第×册第×页)。

正印官实即各府厅州县等第的标示[①];清雍正帝的朱批和地方大员奏折中所存广西布政使金鉷雍正六年三月十九日将州县按照“冲”“繁”“疲”“难”的标准和内容进行分等的奏折[②];赵尔巽《清史稿》关于金鉷“为广西布政使,奏请州县分冲繁疲难四项,许督抚量才奏补,上嘉纳之,州县分四项自此始”之文字[③];凌扬藻《冲繁疲难》“州县向例有繁简两调。雍正间,金鉷任广西布政使,请分冲繁疲难四条,许督抚量才奏请,从之。今直省所行自兹始”[④];洪亮吉以“今则冲繁疲难”与唐宋政区等级之“昔则赤紧畿望”并论[⑤];等等,均无一例外是清代州县政区制度及事实存在的反映。其三,杨先生所称清代县“不必再有等级之分”的原因——“盖清县繁要者则升为州,州之闲简者又降为县”,“可升州降县以调剂繁简”,也有诸多值得商榷之处。

首先,所列之“州”指何?是行政区划的“州”?还是州政府正印长官即知州的州?应明确。若区划之“州”,究竟是“直隶州”还是散州?如果是散州,即便“县繁要者则升为州”“州之闲简者又降为县”属实,那也多属于清顺治、康熙时期,雍乾时有但为数究少,也不可能全部的“繁要县”均“升为州”,所有的“闲简州”都“降为县”。并且,大抵而言,在雍乾之前,作为区划的散州和县才有隶属关系的存在,由“县”到“州”才可能为“升”,相反“州”到“县”才谓为“降”。之后,也就是雍正年间,由前明以来的布政司—府—州—县,和布政司—直隶州—县之复式的三、四级政区层次,“完全简化成单式”的省—府(直隶州、直隶厅)—县(州、厅)三级制,“州”与“县”系属同一层级之政区,基本上谈不上区划层级的“升”“降”。[⑥]如果其“州”是直隶州,尽管就文本制度上说“县繁要者则升为州,州之闲简者又降为县”有可能成立,但因此而使行政层级发生变化者一则不可能非常普遍,二则层级的变化与等级不是一回事,不能混为一谈。并且,即便有之或存在一定联系,上文之表述也有混淆之虞。当然,

---

① 秦国经:《清代官员履历档案全编》(第10册),上海:华东师范大学出版社,1997年,第446页,崔鸿训。(后简注《档案全编》第×册第×页某人)。

② 《世宗宪皇帝硃批谕旨》卷二百二(上),《朱批郭(金)鉷奏折》,《影印文渊阁四库全书》,史部,第424册,台北:台湾商务印书馆,1986年,第328-329页;《清实录》第8册,第510页。

③ [清]赵尔巽:《清史稿》北京:中华书局,1976年,第10305页。(后简注为《清史稿》周振鹤:第×页)。

④ 凌扬藻:《蠡勺编》,《续修四库全书》子部,第1155册,上海:上海古籍出版社,2003年影印本,第450页。

⑤ [清]洪亮吉:《乾隆府厅州县图志》,《续修四库全书》史部,第625册,上海古籍出版社,2003年影印本,第1页、第5页。(后简注《图志》第×册第×页)。

⑥ 周振鹤:《中国行政区划通史》(总论),上海:复旦大学出版社2009年,第58页;周振鹤:《中国地方行政制度史》,上第:复旦大学出版社,2009年,第79页。

其“州”和“县”若是指具体的作为州、县行政机构长官的人——知州、知县，根据州、县政务的繁简和知州、知县的能力、水平等进行人、地匹配性调适、调整，在普通州有属县之清代前期，“县繁要者则升为州，州之闲简者又降为县”的人员调整是存在的。只是，这毕竟只是正印官即人的升降迁转，不代表正印官官缺性质即政区等级的变动。

其次，“县繁要者则升为州，州之闲简者又降为县”的文字内容本身就说明了清州县政区自身就存在着等级或类别。县政区中既然有“繁要者”，也会有“闲简者”，州政区也如此，有“闲简者”，自然也有“繁要者”，否则，就无所谓繁要或闲简之区别了。也就是说“繁要”“闲简”本身就是一种等次或类别的表示。并且，自明代以来“繁”与“简”就是府州县的一种分等标准和方法，而清在正式创制本朝州县等级制度之前，这种繁简分等办法大抵是得到基本认同的。州县既有“繁要”“闲简”，又何以能否定其有等级呢？若此，既在情理上说不通，也有悖于基层政区内部分等的历史事实。

再次，政区的层级的变化与政区的等级的有无没有必然的联系，更不是同一回事。浙江海宁作为县行政区，雍正二年（1724年）以特别缺分中的“沿海”为等级[①]，至晚到乾隆五年（1740年）十一月开始，升级为缺项、缺分兼具的“繁疲难最要缺”（亦即繁疲难海疆要缺）[②]，乾隆三十八年（1773年），海宁县“以户口殷盛，事务繁剧，奏准升县为州”[③]，州政区的等级——繁疲难海疆要缺并终清一代不改。[④]同省安吉州，乾隆三十八年七月降为县，无论州，还是县，均各有其政区等级——“疲难中缺”。[⑤]又，江西赣州府定南，乾隆三十八年之前为县，等级“系难字简缺”，改厅后，“准其定为繁疲难要缺”[⑥]。云南师宗州乾隆三十五年（1770年）改为县，但作为政区等级，无论是改前的州政区还是改后的县政区，都有各自的等级：作为州，它的等级为“中缺”，改县后，先是“简缺”，嘉庆之后调整为一字缺项的“难简缺”等级。[⑦]上述种种表明，政区

---

① 乾隆《钦定大清会典则例》卷8，见《景印文渊阁四库全书》史部，第620册，台北：台湾商务印书馆影印，1983年，第210页。

②《档案全编》第16册第7页唐叔度。

③ 战鲁村修，《海宁州志》卷之一《沿革》，乾隆四十年修道光二十八年重刊本。

④ 中国第一历史档案馆编：《光绪朝朱批奏折》（24），北京：中华书局，1995年，第522页。[后简注《光绪朝朱批奏折》（×）第×页]。

⑤《图志》第626册第540页；《档案全编》第24册第463页元膺祐；《清史稿》，第2134页。

⑥ 赖勋修、黄锡光纂：《定南厅志》卷7，《艺文上》，道光五年刻本。

⑦ 刘子扬：《清代地方官制考》，北京：紫禁城出版社，1988年，第521页（后注简称《官制考》第×页）；《图志》第627册第580页；《档案全编》第25册第168页胡典龄、第27册第283页黄毓全、第28册第69页曹衍瀚；《清史稿》第2341页。

的升降而“不必再有等级之分”说法，与历史事实不相符合的，自然是站不住脚的。也就是说，雍正六年以降，除行省一级高级政区之外的府、州、县，大致都有各自行政层级内的政区等级，政区等级的存在与政区行政层级即县升州或州降县没有关系，政区等级可能因政区层级、类别调整而变化，但其等级的存在则基本不变。

最后，作为行政区划层级的升降，在清以前的不少朝代都曾有过，并且，也不因为有升降制度而“不必再有等级之分”。仍以海宁为例。据《海宁州志稿》载，“（宋）高宗建炎三年盐官县（上，畿，旧志绍兴五年升上县，寻升畿县。按宋制二千户以上为上）……（元）成宗元贞元年盐官州（中）属隶同前。《元史·地理志》云以户口繁多升为盐官州。是年升江南平阳等县为州，以户为差……盐官其中也，虽升州，仍属杭州路明太祖洪武二年海宁县（烦冲，见邹道元汇苑详注）。”[1]宋时作为县，先为“上县”，后为“畿县”；元朝升州，等第为“中”；明代改县，洪武等第为“烦冲”，嘉靖、万历仍系“烦冲”。可见，等级的存在与政区层级的变化不是相互矛盾、相互排斥的，二者原本互不相扰，后者为不同层级间即垂直关系，前者为同一层级内部政区间的等差的比较结果。即使有联系，不过是等级高低问题，不是等级有无问题。

关于第二条，也就是马先生所举萧一山《清代通史》所谓光绪二十三年（1897年）官制之疏的内容问题。其所引篇名、年份、引文文字错谬甚多，在此暂不置论。仅就与政区等级问题关联的文意而言，萧著所引原文所及“拟仿汉唐分数级之制，分地方为三级，甲等曰府，乙等曰州，丙等曰县”，仿照对象是汉唐的地方行政三级即府、州、县三级行政区划。也就是说，它是就地方纵向或垂直亦即行政区划的层级而言的，是指行政纵向层次之等次：府，甲等；州，乙等；县，丙等。而不是就各层次内部亦即每一政区类别横向视觉的意义进行立论，不是谈府府之间、或州与州之间或县与县之间的等级。对于这一地方行政区划层次改制的官制建议利弊好坏姑且不论，仅就原文本义来说，所谓官制疏中的府、州、县之甲、乙、丙三等与地方行政区划各层次、内部的等级、等次二者之间是不能画等号的。马先生误将不是府州县内部等级问题的所谓光绪二十三年实则光绪三十二年官制疏中的文字，作为否定府州县等级的材料使用，并且以之推断：“此疏既云‘拟仿’，那么清代分等之说似乎缺乏

① 许傅霈等原纂，朱锡恩续纂：《海宁州志稿》卷二《沿革》，民国十一年排印本。

依据”,这显然是站不住脚的。论据既然错误,“分等之说似乎缺乏依据”的结论也就难以成立。再者,所举官制之疏的内容是将来式,是一种尚处于“拟”的假定状态,充其量只是一种制度设计预案,而不是现实,更不是至晚从雍正六年以来加以实施的有清一代的府厅州县等级制度的实际,以晚至有清一代行将终结的所谓光绪二十三年并且尚处于预案状态的奏疏内容,作为已经实施至少160年以上的政区等级制度的存在进行否定性推理佐证,这样的论证的说服力、可信度显然是要打折扣的。

二、清代州县等级的建立及等级类别

中国州县分等大致始于秦汉。明代以钱粮缴纳数额为据,分县三等,洪武十四以后,开始出现以“繁简之例”划分府州县等级。清朝初袭旧明之制,主要“以粮赋多少分等”。①顺治十二年,上谕在列出30个府作为上等府的同时,谕令:

> 历代州县之制,自汉以来,皆以人户分大小,隋有闲、剧、冲要之等,唐有赤、畿、望、紧之差,明时因之酌为繁、简,定有成例,随才器使,各尽其用,今掣籤未尝不公,但精明强干者,或置于简僻,无可展布,而剧要地方,或以付衰弱之人,致公事废弛,钱粮侵欠,虽加罪责,事已莫追。著吏部详察旧例,参酌时宜,将地方分为三等,具疏奏夺,应选官员,考其身、言、书、判,精加拣择,亦分三等具奏,上等者列名引见,候朕面定,方将上等之缺从公掣籤;其考居二等者,授二等地方,三等者,授三等地方,不必引见,俱从公掣籤,务使州县各官人地相称。②

由此,清朝州县政区等级划分制度不仅开始萌芽,而且与政区行政机构正印官缺分合一共存,从而衍生出清代州县政区等级以知州、知县等正印官员缺为表现形式。

康熙年间,作为州县政区标识之一的缺分之特别缺分——“沿河”“沿海”“烟瘴”“苗疆”等开始发轫。史载,“烟瘴”,早在康熙二十六年(1687年),清就

① 刘君德:《中国行政区划的理论与实践》,第384页。

②《清实录》第3册,第696-697页。

规定广西太平府系烟瘴统县政区;“苗疆”,见于康熙三十八年;“沿河”“沿海”州县,雍正元年(1723年)、二年;“棚民”政区,雍正三年有见记载,各特别缺分到雍正年间大致基本确定下来。普通缺分(“简缺”“中缺”“要缺”“最要缺”)大致创设于雍正五六年间。对此,内阁吏科史料翔实,雍正五年九月十七日,吏部奏称:

> 向来注明要缺、中缺之府、州、县,臣部于月官履历折并月折内,照旧填注外,其各省道员、同知、通判、州同等要缺、中缺,臣等未能确知,应行令各该督抚逐一查明,并向(来)要缺、中缺之府、州、县,令该督抚更加酌定,其地方事务最繁剧者定为要缺,稍次者定为中缺,一并开注明白,速行造册报部。①

旋即,雍正帝要求各省督抚将道、府、同知、通判、知州、知县等最要缺、要缺、中缺、简缺逐一查明确实,详细定拟具奏。各省督抚经详细查核,于雍正五年底至六年(1728年)初陆续造册呈报。又,雍正六年二月的月选档案表明,该月吏部在所选官员姓名前,就所选山东济南府商河县、江南凤阳府临淮县两个县有等级标注文字,并且均为“中缺”,这是目前所见最早的以缺分单独标识县政区等级的记载,列在临淮县之前的商河县,因此成为有史料可资证明的清代第一个“中缺”等级的县份。②此后有等级政区之记载陆续出现。到雍正九年十一月,即缺项标志制问世之前的近四年里,吏部36次月选涉及州县政区正印598个(次),等级明确标注者520个(次),占涉及政区总数的86.96%,而有明确等次的州县中,“中缺”最多,有222个(次);“要缺”次之,189个(次);“简缺”67个(次),最要缺,41个(次);单独以“棚民”标注者1个。

稍后,冲繁疲难四字缺项等级表示法提上议事日程。雍正六年三月十九日,广西布政使金铁上《奏为管见事》,提请将州、县以冲繁疲难字样进行等级区分:

> 窃惟州县地方,本有大小之异,而居官才具,实有短长之分,以长才而处小邑,固为未尽其能,以要地而畀短才,必致有亏厥职……伏查州、县要缺之必需贤员者,共有四等:一、地当孔道者为冲;一、政务纷纭者为繁;一、赋多逋欠者为疲;一、民刁俗悍命盗案多者为难。就此四等之中,有专者、有兼者、有四等俱全者。臣愚请除云

① 中国第一历史档案馆编:《雍正朝内阁六科史书·吏科》(46),桂林:广西师范大学出版社,2002年,第34-35页。

② 《档案全编》第10册第446页崔鸿训。

南、广西题定烟瘴调补者仍照旧例外，凡直隶各省，俱请敕令各督抚，先将各属州、县一一查核的确，委系冲繁疲难四等之地，或专，或兼，或四者俱全，分别注明，造册题达，其简僻易治者，一概着[注]为常缺，则凡天下之州、县，固已较若列眉矣，再请饬令吏部，凡初任铨选州、县，悉于常缺籤掣，所有四等要缺，令该督抚于现任州县内酌量人员与四等中何地相宜，题明调补试用，俟试看一二年内，如克胜任，再行题准实授，如试看后人地仍有不相宜处，不妨许该督抚再请改调，则督抚不至有瞻顾畏葸苟且包容之弊，而常缺、要缺均各得人，于吏治民生似有裨益。①

雍正帝认为金铁所奏“中其肯綮”“可嘉之至”，之前的“调繁、调简”，不过是为避免“贻误地方”的“暂时权宜之道”，他“常时因斯系念，究未得有定法，今览所奏，深惬朕怀”于是将该奏果断“交该部议覆”。②

雍正九年（1731年）十二月十九日，吏部覆奏：

吏部遵旨议覆，直省道府州县等缺，地方之要简不同，人才之优绌各异，必人地相宜，方于吏治民生均有裨益。嗣后除道、府员缺系请旨补授，并沿海、沿河、苗疆一切应行题补之缺，仍照旧例遵行外，其同知、通判、知州、知县内，经督抚册报系冲繁疲难四者俱全，或兼有三项之缺，为最紧要，请令各该督抚于见任属员内拣选熟悉吏治，品级相当之员，具题；调补所遗之缺，归部铨选。至冲繁疲难四项内，兼有二项，以及专有一项之缺，据各省册报，十居八九，若概归在外题补，恐外省调缺太多，见任属员不敷拣选调补之用，应照例归于月分升迁。如初选之员到任后，或人缺不称，仍令该督抚酌量具题对调。……嗣后有应设、应设之缺，令该督抚即于改设本内，将四项或全或兼或专等因，分别声明，直隶各省，一体遵行。③

与此同时，吏部于当月开始将“冲”“繁”“疲”“难”四字缺项与“简缺”“中缺”“要缺”“最要缺”四级缺分组合进行府州县等级标注，江西南丰县成为州

①《世宗宪皇帝朱批谕旨》卷二百二上，《朱批郭（金）鈇奏折》，《影印文渊阁四库全书》史部，第424册，台北：台湾商务印书馆，1986年，第328-329页。

②同上，第329页。

③《清实录》，第8册，北京：中华书局，1985年影印本，第510页。

县政区等级史上的首个以缺项、缺分复合构建等级标注的清朝县级政区及第一个“繁疲要缺”等级的县份。[①]山西宁武府五寨县、安徽宁国府南陵县、山西绛州闻喜县,也在这一个月分别成为“冲中缺”“繁要缺”“冲繁要缺”等级的县份。至此,以冲繁疲难四字缺项作为有清一代州县政区等级核心内容与根本标识的制度建立起来。

至于冲繁疲难四字缺项与“简缺”“中缺”“要缺”“最要缺”缺分的对应关系,政区等级建立之初尚属混沌,之后逐渐清晰、稳定:冲繁疲难缺项四字兼全,缺分系最要缺;若缺项兼三,缺分则系要缺;缺项两字的,缺分一般为中缺;只有一字的就是简缺;缺项无字也是简缺。[②]也就是最要缺与冲繁疲难缺项匹配;要缺与四字中的三字组合缺分对应;中缺则相当于四字缺项中的两字组合呼应;简缺则同四字缺项中的一字缺项状况以及缺项四字俱无匹配。

如此,清朝州县的等级,按构成的不同,可以分成单列奇数、叠加复合两个大类。单列奇数中,一是由缺项系列的“冲”“繁”“疲”“难”某一具体字项标识政区等级。二是由缺分普通系列的某一缺级独立构成政区等级类型,其中又具体分为“简缺”(含“简”)、“中缺”(含“中”)、“要缺”(含“要”)、“最要”四种情形。三是由某一特别缺分单独直接构成政区的等级类别,即以“苗疆”、“烟瘴”、“夷疆”、“海疆”(或沿海)、“沿河”、“棚民”等特殊缺分的一种来表现该政区的等级。叠加复合大类政区等级表示则有四种。第一种:缺项序列内部各种顺向性叠加,即冲繁、冲疲、冲难、繁疲、繁难、疲难、冲繁难、冲繁疲、冲疲难、繁疲难、冲繁疲难11种。第二种:缺分序列内部普通缺分与特别缺分的组合,也就是“简缺”“中缺”“要缺”“最要缺”中的某一具体缺分与“苗疆”、“烟瘴”、“夷疆”(近边、极边)、“沿海”(“海疆”)、“沿河”、“棚民”中的某一个或两个具体类别的复合集成。第三种:不同序列间的匹配复合,至少包括如下两种情形:(1)缺项序列与普通缺分的叠加。即“冲”“繁”“疲”“难”中的某一具体字项(或一字,或数字组合)与简缺、中缺、要缺、最要缺四种缺分等次中的某一等次结合;(2)缺项序列与缺分序列普通缺分、特别缺分复合构建的等第类别。“冲”“繁”“疲”“难”缺项,或专或兼或全;缺分既可以是单独的普通缺分中的“简缺”“中缺”“要缺”“最要缺”这四种情形中的任何一种,也可以是单独的特别缺分中“苗疆”“烟瘴”“夷疆”(近边、极边)“沿海”(“海疆”)“沿河”“棚民”的一种或两种,同时还可以是普通缺分、特别缺分两者兼而有之。

---

① 《档案全编》,第12册,第420-421页。

② 参见方菊人:《平平言》卷1,第25页,光绪十三年刊本。

三、重庆府属各州县政区等级

重庆,在清代系四川行省中的一个府级政区,所属州县,初承明代,后,有所调整。铜梁、安居两县康熙元年(1662年)被撤并入合州。同一年,璧山、大足、武隆3县撤销,分别入永川县、荣昌县、涪州。康熙八年,省定远县,入合州;康熙六十年,将原铜梁县、安居县地复置铜梁县。雍正朝州县置废续有调整:四年以黔江县置黔江厅(十二年改黔彭治理厅);六年,复置大足、定远、壁山3县,且将璧山县改作壁山县,均隶之于府;十二年,丰都、垫江两县隶同年由散州,升为直隶州改归省直辖的忠州直隶州。乾隆十九年(1754年),分巴县地置江北厅隶本府。至乾隆二十年,计有2州11县1厅共14个基层政区。各基层政区的等级及其在有清一代的沿革变迁情形,简要考释如下:

巴县:重庆府附郭。雍正朝的等级无考。《缙绅新书》(乾隆十三年春),始见等级记载,系冲繁难要缺。除因其附府外,属于"水陆之冲,事务繁多",且当时有"编户九十二里,地丁额解银一万五百六十二两。"[①]其后虽然钱粮人口有所变化,开埠之后"水陆交冲,五方杂处",但冲繁难要缺等级,持续稳定不变,直至清代结束。[②]

江津县:《四川总督黄廷桂等为议改州县冲繁疲难各缺事奏折》显示,该县是四川行省所属最早确定等级的35个州县政区中的一个,时间大致是雍正六年,政区等级为"专冲中缺"。雍正十二年,鉴于该县"事务不繁;钱粮岁内全完,不疲"而"路当黔楚水陆之冲,命盗颇有难于办理",川省督抚黄廷桂、鄂昌联衔上奏"请改冲难要缺"得准。[③]乾隆朝的早期该县缺分由"要缺"降为"中缺",而成"冲难中缺"政区等级,其后,乾隆一朝除乾隆二十二年(1757年)为"冲繁中缺"外都是"冲难中缺"。对于 乾隆二十二年的"冲繁"记录[④],笔者查阅同一年四月吏部月选档案发现,江津县等级以及知县(李元本)官缺的所注的标识系"冲难中缺",而非"冲繁中缺",而《重庆府志》关于江津县知县李元本"乾隆二十二年任"的记载又与吏部月选形成互证;并且,在乾隆二十五

---

① 清华大学图书馆科技史暨古文献研究所编:《清代缙绅录集成》(一),郑州:大象出版社2008年版,第236页。(后简注《缙绅录集成》(×)第×页)。

② 《档案全编》第24册,第632页葛若炜;《图志》第625册,第117页;《光绪朝朱批奏折》(22)第390页;《缙绅录集成》(九五)第293页;《清史稿》,第2212页。

③ 《四川总督黄廷桂等为议改州县冲繁疲难各缺事奏折》《雍乾时期地方官缺史料》(上)《历史档案》1992年第4期第4页(后简注《地方官缺史料》《历史档案》1992年第4期);《档案全编》17册第707页李元本。

④ 《官制考》,第514页。

年十一月月选,吏部为掣得江津县县知县的贵州贵定县进士王政义之吏部月选档案标识依然为“冲难中缺”。因此,乾隆二十二年江津县“冲繁中缺”等级之“繁”系“难”之误。嘉庆朝,江津县等级,除嘉庆元、二、五、六年4个年份为“冲繁中缺”外,余均为“冲难中缺”,并至少沿用到嘉庆朝结束。[①]道光四年,该县等级两种资料,一系“要缺,冲难”,一系“要缺,冲繁难”,虽存在一字之差,但缺分上升一等无疑,而且其中后一种即冲繁难要缺这一等级,一直到清朝灭亡都没有变化。[②]总之,清雍正以来江津县大致经历了由冲中缺——冲难要缺——冲难中缺——冲繁难要缺的等级变化,冲繁中缺实冲难中缺之误;道光以来等级之升格乃系其“水陆交冲,政务殷繁,兼以接壤黔疆,匪徒出没靡常”所致。[③]

长寿县:同江津县一样,该县也是川省所属最早确定等级的35个州县政区中的一个,时间是雍正六年,当时的缺项为“冲”,缺分为“中缺”,政区等级即“冲中缺”。雍正十二年,四川总督黄廷桂等认为,长寿县“事务亦简,不繁,钱粮岁内全完,不疲;百姓虽杂,尚属淳朴,命盗稀少,不难;惟地当湖广水陆要道。向系专冲中缺,今无庸议改。”[④]大约从乾隆初开始,虽缺项保留,但缺分从中缺降为简缺,从此,“冲简缺”的等级,相沿至溥仪退位止。[⑤]

永川县:管见所及,截至目前,该县最早的等级记载见于乾隆十一年,等级为“冲简缺”,之后,该等级一直沿用到清朝灭亡。[⑥]

荣昌县:该县等级的确立,至迟不晚于乾隆十二年,等级为“冲简缺”,且到清朝结束无变化。[⑦]

綦江县:同荣昌县一样,綦江县至迟从乾隆十三年开始,直到清朝统治终

---

①《档案全编》第17册第707-8页李元本、第18册第384页王政义、第25册第380页黄楷;《图志》第625册,第118页;王梦庚、寇宗纂《重庆府志》卷四,道光二十三年刻本。

②《光绪朝朱批奏折》(17)第814页(22)第399页;《缙绅录集成》(九五)第293页;《清史稿》第2212页。

③《光绪朝朱批奏折》(7)第590页。

④《地方官缺史料》,《历史档案》1992年第4期。

⑤《档案全编》第12册第551页唐绍兑、第27册258页林之爔;《图志》第625册,第118页;《光绪朝朱批奏折》(18)第174页;《缙绅录集成》(九五)第293页;《清史稿》第2212页。

⑥《档案全编》第16册第286页罗士哲、第27册第56页童炳宸;《图志》第625册,第119页;《光绪朝朱批奏折》(18)404;《缙绅录集成》(九五)第293页;《清史稿》第2212页。

⑦《档案全编》第19册第,704页朱锦章,第27册第313页陆保德;《图志》第625册,第120页;《缙绅录集成》(九五)第294页;《清史稿》第2212页;周询:《蜀海丛谈》,载沈云龙主编《近代中国史料丛刊》正编,第7册,台北:文海出版社,第195页(后注简称《蜀海丛谈》第×页)。

结该县都是没有缺项四字字样，只有缺分之等级最低的“简缺”县级政区。[①]尽管《爵秩全本》（乾隆三十年冬、三十三年秋），有“要缺”记载，但系孤证，不予采信。

南川县：乾隆三年九月，吏部的月选档案显示，该县的等级为“难中缺”。[②]旋缺分被下调为简缺，而成“难简缺”等级，且一直相沿几未改变。[③]惟《缙绅全书》（嘉庆二十五年夏）之“冲简缺”相异，因系唯一的孤证而不立。

合州：府北二百里，“人稠事繁”“水陆交冲，五方杂处，民多健讼，政务殷繁”。其等级，管见所及，雍正朝时无考；《缙绅新书》（乾隆十三年春）的“冲繁难要缺”是最早的等级记载，其后终清一代无改。[④]

涪州：最早并有明确史料记载的等级是吏部雍正十一年十二月月选档案之“冲中缺”，次年九月川督黄廷桂等奏中却称该州“向系专繁中缺”，并称“虽当川江水路，原非甚冲，钱粮岁内全完，不疲；惟归并武隆事务颇繁，民刁吏猾，治理亦难。向系专繁中缺，今日拟请改繁难要缺”。[⑤]那么，雍正间早前究竟是“冲中缺”等第，还是“繁中缺”，或者两者都是该州等级，只是时间不同罢了，目前无考。至“繁难要缺”是否得准，没有直接的史料证据，但从乾隆朝的“繁难中缺”[⑥]等第的缺项字样——“繁难”可间接证明所奏的批准。嘉庆以降，因“滨临大江，为黔省入川通衢，幅员辽阔，政务殷繁，治理本属不易”，等级上调，改为“冲繁难要缺”，并自此无替，一直延续到清终。[⑦]《清史稿》“冲繁难”、《清代地方官制考》“冲难两字中缺”及《乾隆府厅州县图志》“繁难”，均有失偏颇，欠完整。

铜梁县：吏部月选档案载，至晚从雍十年五月开始，到乾隆三年，等级均“繁中缺”。[⑧]由乾隆十三年春的《缙绅新书》，缺分已经被下降一级，等级系

---

① 《官制考》第514页；《档案全编》第19册第141页李万源第25册第546页杨铭、第27册第362页方域；《图志》第625册，第121页；《缙绅录集成》（九五）第294页；《清史稿》第2212页。

② 《档案全编》第15册第681页谈绍芳。

③ 《档案全编》第25册第57页庐䕫馨；《图志》第625册，第123页；《爵秩全览》第748页；《缙绅录集成》（九五）第294页；《清史稿》第2213页；《蜀海丛谈》第196页。

④ 《官制考》第514页；《图志》卷35第123页；《光绪朝朱批奏折》（5）第703页、（20）第143页；《缙绅录集成》（九五）第294页；《清史稿》第2213页；《蜀海丛谈》第190页。

⑤ 《档案全编》第13册第57页袁紫玺；《地方官缺史料》，《历史档案》1992年第4期。

⑥ 《档案全编》第19册第155页王汝恂；《官制考》第514页；《图志》第625册，第126页。

⑦ 《档案全编》第24册第627页李炘；《光绪朝朱批奏折》（7）第85页、（15）第703-704页；《爵秩全览》第748页；《缙绅录集成》（九五）第294页；《清史稿》第2213页；《蜀海丛谈》第191页。

⑧ 《档案全编》第12册第524页莫陶、第13册第86页单铎、第15册第716页郑永升。

“繁简缺”，并且，这一等级至宣统而无再更改。[①]就是清末“民多健讼，政务殷繁，近年更多民教交涉事件，审理弹压，颇称难治”，依然为“繁简缺”。[②]

大足县：雍正朝等级不详。乾隆以降，皆系“繁简缺”。[③]《缙绅全书》（嘉庆二十五年夏）之“冲简缺”，缺项“冲”字乃因孤证，不予采信。《乾隆府厅州县图志》《清史稿》“繁”之等级记载，不完整。

璧山县：雍正时期，该县等级是“冲中缺”，对此，吏部雍正十三年月选档案证据确凿。[④]至迟乾隆十三年，该县等级中的缺分自“中缺”下调一档，成“简缺”，缺项“冲”无变化。尔后，除《缙绅全书》道光四年到同治九年间的7个年份该县的缺项为“繁”之外，其余都是“冲简缺”。[⑤]因此，清代璧山县自雍正到宣统的等级，系由“冲中缺”，到“冲简缺”，到“繁简缺”“冲简缺”的变化。

定远县：雍正朝等级不详。管见所及，该县最早的等级记载是乾隆三年十月的吏部月选档案所标识的“冲中缺”。不过，乾隆十三年春的《缙绅新书》中，该县等级的缺分已经是低一级的“简缺”，等级因此为“冲简缺”，并沿用到清朝结束。[⑥]《乾隆府厅州县图志》《清史稿》所载“冲”，因有缺项无缺分，欠完整。

江北厅：乾隆十九年（1754年），由所分巴县嘉陵江以北和朝天门以下长江之地设置，隶属重庆府。等级，初为缺项四字俱无的“简缺”，（《缙绅全书》道光十年、二十年、三十年等均显示，调整至无字“中缺”，晚清复降无字“简缺”等级。[⑦]

---

①《档案全编》第17册第496页陶淑己、第23册第409页李筠；《图志》第625册，第124页；《缙绅录集成》（九五）第294页；《清史稿》第2213页；《蜀海丛谈》第197页。

②《光绪朝朱批奏折》（8）第770页。

③《档案全编》第17册第496页傅克钦、第25册第425页吴榛；《图志》第625册，第121页；《缙绅录集成》（九五）第294页；《清史稿》第2213页；《蜀海丛谈》第198页。

④《档案全编》第13册第399页黄在中。

⑤《档案全编》第25册第107页程齐诰、26册第79页张焕祚；《爵秩全览》第749页；《缙绅录集成》（九五）第294页；《清史稿》第2213页；《蜀海丛谈》197页。

⑥《档案全编》第15册第693页邱仰文、第18册第460页庞琛、第28册第239页罗锡潢；《图志》第625册，第125页；《缙绅录集成》（九五）第294页；《清史稿》第2214页；《蜀海丛谈》第197页。

⑦《缙绅录集成》（二），第165页，（十）第366页，《缙绅录集成》（八九），第410页；《缙绅全书》（乾隆三十年春）宝名堂刻本，（道光十年冬）荣觐堂刻本；《爵秩全览》（宣统元年冬），刻本。

文成遗风：邢玠在平播、援朝战争中军事战略、战术的应用及评价*

赵树国①

摘　要：明朝万历年间的平播、援朝战争是明代中后期影响巨大的历史事件。邢玠在这两大战役中发挥了重要的作用。他主张“以剿促勘”“阳剿阴抚”，兵不血刃地平定了播州叛乱。在援朝战场上，邢玠积极协调，谋略得当，指挥正确，终于取得了援朝战争的胜利，捍卫了朝鲜的主权，增进了中朝两国的友谊，同时也切实保障了本国的安全。

关键词：邢玠；明代；平播；援朝；军事战略

邢玠（1540—1612），字搢伯，号崑田，山东益都（今山东青州）人，明末著名军事家。邢玠于隆庆五年（1571年）考中进士，出任密云县令，后以政绩卓著调任御史，先后出巡甘肃、陕西等地。万历初，历任甘肃布政使、右佥都御史，大同巡抚，主持边防多年，积累了丰富的军事经验，累功进南京兵部右侍郎。西南播州战事起，授云贵总督，坚持“剿勘并用”“以剿促抚”，兵不血刃地解决了播州事变，大大提高了自己的威望。后朝鲜战争再度爆发，他以兵部尚书衔任蓟辽总督，全面负责援朝战争，运筹帷幄，策划调度，历时四年，终于

* 基金项目：本文系山东省社科基金重点项目“明清之际渤黄海海域的海上势力与东亚秩序”（20BLSJ03）的阶段性成果；山东省高等学校青创人才引育计划：山东师范大学“中外关系史创新团队”阶段性成果。

① 作者简介：赵树国：1981年生，男，山东青州人，历史学博士、文学博士后，山东师范大学历史文化学院副教授，主要研究方向为：明清史、中外关系史。

取得胜利。本文拟就邢玠在平播、援朝战争中军事战略的应用做初步探讨，并力图对邢玠做出一定评价。

一

万历二十年（1590年）前后，是明代历史上极为动荡的一个时代。国际、国内形势波云诡谲，风云变幻，震惊中外的“万历三大征”陆续开始。

早在万历十七年（1589年）四川播州土司杨应龙就发动叛乱。播州地处贵州、四川之间，两地地方官互相掣肘，剿抚不定，使事态坐大。后虽有四川抚臣王继光率兵进剿，却以失败告终。万历二十年（1592年）朝鲜战争爆发，明廷面临严重的军事、财政危机，无力支持两线作战，力图迅速平定播州之乱，以便集中兵力解决朝鲜问题，于是平播便被提上了议事日程。万历二十二年（1594年）十月，明廷以时任南京兵部右侍郎邢玠为左侍郎兼右佥都御史总督川贵军务[①]，率军平叛。

在任命邢玠之前，明朝政府对播州战事已有初步规划，“时播酋杨应龙与其所部五司相讦争骎，著跋扈状。廷议，抚则已轻，剿则已重，宜遣威望大臣往勘之，推公往”[②]。邢玠受命后，积极与朝廷各方沟通以了解具体情况。如冯琦在给他的信中曾言：“或以为彼世守其地，得士死力，彼诚得士民心，何至举数千百人联章讼之？此其党已携矣，蕞尔土酋，其与几何。”[③]可以说，邢玠在至蜀前已经对播州战事有了初步了解。

邢玠至蜀后，并没有仓促进剿，而是全面地分析了这起土司之乱的原因。在入川之前，邢玠已做好充分的了解，他针对传闻“土酋杨应龙借口官兵仇害不肯听勘”，积极做好两手准备，“一面宣谕朝廷恩威，一面牌催两省刻期整饬兵粮，如其负固，自当议剿”。[④]针对这起由土司内部矛盾引发的叛乱，邢玠提出了“以剿促勘”“阳剿阴抚”的战略方针，“震以雷霆之威，谕以丹青之信”。首先，陈重兵于阵前，造成大兵压境的强大威慑力，“我有必剿之形，彼有必败

---

①《明神宗实录》卷二百七十八，万历二十二年十月己未，台湾“中央研究院”历史语言研究所1962年校印本。

②［明］叶向高：《苍霞续草》卷十一《光禄大夫柱国少保兼太子太保南京兵部尚书参赞机务崑田邢公墓志铭》，《四库禁毁书丛刊》集部125册，第127页。

③［明］冯琦：《宗伯集》卷七十二《寄邢经略》，《四库禁毁书丛刊》集部16册，第175页。

④《明神宗实录》卷二百八十三，万历二十三年三月戊戌。

之势”，使杨应龙认识到“出勘即祸轻，待剿即祸重”[①]，从而以武力迫使其无条件就勘。然后开以大信，“龙来，当待以不死；不者国家悬万金购而头。若早为计，吾不而欺也”[②]杨应龙面临朝廷大兵压境的情况异常惶恐，先是“诿罪诸苗”，而后向邢玠乞降，“玠令重庆知府王士琦往勘。士琦至松坎，应龙面缚，执罪人黄元、阿羔等以献，按法当斩，诏输四万金赎为民，斩元等重庆市”[③]。邢玠恩威并举，软硬兼施，终于兵不血刃地解决了这场长达3年的叛乱战争，使朝野上下刮目相看。

平播战争的胜利，主要是得益于正确战略的应用。邢玠之所以采用这一战略，也是有其深层的考虑的。

首先，播州叛乱是由少数民族内部矛盾引起的，如果不分青红皂白地一味主剿，势必造成当地少数民族的反感，加剧播州局势的动荡。况且诛杀杨应龙会造成当地少数民族土司群龙无首，加剧派系之争，使形势复杂化。据史书记载，“七姓惟恐龙出得除罪，而四方亡命窜匿其间，又幸龙反，因以为利。院道文移，辄从中阻”[④]，播州土司的矛盾态度，充分显示了播州派系之间的复杂关系。深谙边事的邢玠，自然更明白求“稳”在复杂形势下的重要性。所以平播战事一开始就是以“和”为基调的。

其次，邢玠处理边事多年，富有处理民族关系的经验。他认为处理民族关系要目光长远，在处理播州问题上，他提出了“伐谋为上，浪战为下”的战略，要求把握处理问题的度，主张“受其生降，薄示处分”。[⑤]首先，“受降以顺土官之情”，处理与少数民族上层的关系，要宽严有度，既不可过于严厉，以至于影响到民族之间的感情，要给与犯错的少数民族土司以改过自新的机会。也不能一味纵容，丧失朝廷的威信，故“处之以中国之法”，以儆效尤，体现了政策原则性与战略灵活性的结合。其次，“兄弟阋于墙而外御其侮”，援朝御倭是举国上下第一要务，和平解决播州叛乱共同致力于援朝战争是当时最好的选择。

再次，孙子云：“知己知彼，百战不殆”。邢玠做出“以剿促抚”这一战略决

① [明]孙继皋：《宗伯集》卷七十二《答邢崑田经略》，《四库禁毁书丛刊》集部16册，第176页。
② [清]谷应泰：《明史纪事本末》卷六十四《平杨应龙》，北京：中华书局，1977年，第995页。
③ [明]万斯同：《明史》卷三三二《邢玠传》，《续修四库全书》第330册，上海：上海古籍出版社，2002年，第23页。
④ [清]谷应泰：《明史纪事本末》卷六十四《平杨应龙》，北京：中华书局，1977年，第995页。
⑤ [明]孙继皋：[明]孙继皋：《宗伯集》卷七十二《答邢崑田经略》，《四库禁毁书丛刊》集部16册，第176页。

策是建立在对双方实力的综合比较基础之上的。于彼而言，杨应龙本身就是不可小觑的地方实力派，史载其“兵骁勇，数赴征调有功，翦除未为长策”[①]，进剿没有必胜的把握。况且播州地势险要，“崎岖难以骤攻，久持亦苦难继”，强攻可能会陷入持久战的尴尬境地，得不偿失；于我而言，援朝战争已经爆发，明廷兵力捉襟见肘，财力日见告罄，一旦陷入持久战，将会打乱明军的战略布署，影响整个大局。“以剿促勘”战略无疑是邢玠在“知己知彼”基础上权衡利弊得失做出的选择。

最后，这一战略是邢玠优秀战略思想的体现。邢玠谙熟兵法，灵活运用了兵法中“据外势以待中变”之计。先是陈重兵于阵前，造成“我外势强彼内势急”的形势。然后，利用土司之间的矛盾，实行攻心战术，以分化、瓦解敌军，使杨应龙面临众叛亲离的绝境。最后，“临剿一勘”，杨应龙绝处逢生，大喜过望，不得不俯首听勘。邢玠这一灵活策略，收到了极为理想的效果，迅速平定了播州叛乱。明末首辅叶向高给予较高评价：“少保邢公往，以少司马莅播。播人惕息不敢动，公驰尺檄谕以逆顺利害，其酋遂自系辕门，请以四万金赎，而质其子于狱，公具以闻，报可。其后疆吏失图，致酋抗命，天子不得已兴兵诛之，转输征发之苦几半海内，虽卒抵荡平，然识者咸谓公之策得也”[②]。

当然，邢玠并没有彻底解决播州问题，他班师后不久，杨氏复叛，荼毒播州数年，消耗巨大国力，这也成为后来邢玠遭人攻击的口实。但是从邢玠所处的环境看，“和平解决”仍是最好的选择，从中华民族发展来看，这也顺应了历史发展的必然趋势。

二

平播战后不久，明政府与日本统治者丰臣秀吉之间关于朝鲜问题的和谈失败，战争又起。日本调兵10万，卷土重来。万历二十五年(1597年)二月，明朝任命邢玠为兵部尚书兼都察院右副都御史、总督蓟辽保定军务兼理粮道经略御倭，全面负责援朝战争。邢玠上任之初，内外形势十分严峻。由于和谈期间明政府过于麻痹，将大批部队调回国内休整，朝鲜境内仅有总兵麻贵率

① [清]谷应泰:《明史纪事本末》卷六十四《平杨应龙》，北京:中华书局，1977年，第994页。

② [明]叶向高:《苍霞续草》卷六《少保崑田邢公偕配一品王夫人双寿序》，《四库禁毁书丛刊》集部125册，第6页。

领的17000余人与朝鲜军队配合防守,对日军的突袭猝不及防。朝鲜战场局势骤然紧张,“七月,倭夺梁山、三浪,遂入庆州,侵闲山。夜袭恭山岛,统制元均风靡,遂失闲山要害。闲山岛在朝鲜西海口,右障南原,为全罗外藩。一失守则沿海无备,天津、登莱皆可扬帆而至。”[①]日军步步紧逼,朝鲜一败涂地,中国东部沿海地区也处于战争的威胁之下。在明朝内部,朝中厌战情绪强烈。侍郎周思敬上疏,提出朝鲜之役“劳弊中国”,倡不救朝鲜。而御史周孔教提出“盖朝鲜与辽东接壤,乃我卧榻之侧也”,“若关系国之存亡安危,不得言费”[②],又一次为明朝必战争辩。可以说,邢玠上任之初,朝中对援朝态度依然是游移不定的。

面对复杂的内外形势,作为东征主帅,邢玠体现了镇静自若,举重若轻的大将胸怀,起了中流砥柱的作用。为打击日本侵略者的嚣张气焰,鼓舞士气,邢玠一到朝鲜就目标明确,态度坚决地表明了自己坚决抗日的立场,“公既至军中,标剑登坛乃誓曰:必破倭,有死无二”[③]。只身奔赴王京,以身涉险,指挥明军在稷山展开阻击战,并大获全胜。在邢玠的鼓舞下,明军摆脱了低迷状态,士气高涨,信心倍增,援朝明军人心逐步安定下来。紧接着邢玠用“欲擒故纵”之计,以迅雷不及掩耳之势逮捕了因和谈失败而欲投降日军的明朝和谈代表沈惟敬,沈惟敬的被逮在当时起了重要作用,“我用兵动静,彼无不知,无不报之倭奴,以结其欢心,为他日投托之地”[④]。首先,逮捕沈惟敬断绝了军情走漏的渠道,使明军取得了战略上的独立地位,“惟敬执而向导始绝”[⑤]。其次,沈惟敬的被逮彻底断绝了与日军重新和谈的可能性,斩断了明廷从开战以来在对日问题上和战不定的游移立场,举国上下,一致对外。再次,邢玠当机立断,干净利索地处置沈惟敬,体现了他雷厉风行、果敢英勇的战争态度,借机立威,树立了自己在援朝明军中的威信。最后,逮捕沈惟敬对于朝中的投降派,起到了“敲山震虎”的作用,使得他们不敢像援朝第一阶段那样公然对战争百般掣肘,使前线、中枢能更好地协作。这一系列活动对援朝战争起

① [清]谷应泰:《明史纪事本末》卷六十二《援朝鲜》,北京:中华书局,1977年,第973页。

② [明]陈子龙:《明经世文编》卷四五一,(明)周孔教:《周中丞奏疏》卷一《东封误国亟赐议处疏(议处东封)》,明崇祯平露堂刻本。

③ [明]孙继皋:《宗伯集》卷十二《贺大司马邢公平倭奏凯序》,《四库禁毁书丛刊》集部15册,第181页。

④ [明]邢玠:《经略御倭奏议》卷二《拘执沈惟敬疏》,《中国文献珍本丛书》之《御倭史料汇编》(四),全国图书馆文献缩微复制中心,2004年,第10页。

⑤ [清]张廷玉:《明史》卷三二〇《外国一·朝鲜传》,北京:中华书局,1974年,第8296页。

到了重要作用，在邢玠的努力下，援朝战争形势逐步稳定下来，援朝明军在朝鲜战场上逐步站稳了脚跟，为下一步军事行动奠定了基础。

援朝战争形势稳定后，邢玠高据战略指挥中枢，合理调度，多方配合，建立了多兵种配合，进攻灵活，防御完备的战略机制，逐步掌握了战争主动权。为此，邢玠主要解决了以下几个问题。

（一）筹备兵力

邢玠初到朝鲜面临的是“兵已尽撤，募者不至”的兵员危机，为此，邢玠屡次上疏，要求朝廷抽调各省兵力以赴朝鲜。在邢玠的强烈要求下，明朝各路援军陆续开到朝鲜战场，兵员得到不断的补充。

针对朝鲜多山地，地势崎岖的特点，邢玠放弃了过去的步兵单兵种作战，倾向建立多兵种配合，攻守平衡的灵活应战机制。为此，邢玠在《调兵疏》中曾指出，“如先争议撤川兵、南兵，致今日仓皇无措也。至所调边兵皆骑兵，而朝鲜之地利于步，不利于骑，步兵惟南人可用，宜南北兼募，行浙江抚按委道将各一员，召南兵四千，行顺天抚按委蓟、密、永三道召北兵之有武艺者各两千，共足万人，用南将总领分练”[①]。既按照战场需要，调拨，部署军队，使战场上兵力部署趋于合理，又兼顾了本国国防，南北兼募，使本国的兵力部署保持平衡。在邢玠的调度下，大量能征善战的军队，如刘綎的川军等，陆续开到朝鲜战场，为下一步战略部署做了必要的准备。

明中后期，政局动荡，战事频仍，各地兵力布置捉襟见肘，朝廷顾此失彼。为解决兵员问题，明廷曾经公开招募士兵，但兵员质量不高，鱼龙混杂，善后事宜也不易处理。为此，邢玠在处理援朝兵员问题时，提出了起用土兵的设想。他根据自己多年来与少数民族打交道的经验，针对土司、土兵的特点及起用土兵的利弊做了详尽的分析，“土兵则土司所以自卫。其人以兵为业，以战为事，以立功报朝廷为荣……征虏征倭，亦皆调之。及其战胜凯旋各归其业。非若四方无籍之徒原无归着者。”[②]在此，他看到的起用土兵有两利：一、土兵骁勇善战，起用土兵能增强军队战斗力；二、土兵本有归宿，善后较易。同时，他也看到了土兵的缺点，即“悍而难制”，驾驭不易，为此邢玠还提

①《明神宗实录》卷三百一十，万历二十五年五月甲寅。

②《明神宗实录》卷三百十一，万历二十五年六月甲戌。

出了相应的对策,“然土兵必须土司随行,如无土官,必不可入选。行分作三截,将官专管约束,文官稽查虚冒。”[①]用土官制土兵,各司其职,因人而治。这样就可以保证令行禁止,万无一失。体现了邢玠处事的独到与周密之处。同时,起用土兵这一设想也体现了邢玠重视民族团结和统一战线思想的理论。

(二)增备水军

朝鲜三面环海,日本水兵猖獗,朝鲜穷于应付。针对这一状况,邢玠认为,如果没有水军加以配合,陆战难以取得成果,且由于缺乏水兵,援朝战场上战略部署受到影响,军队行动也由于缺乏必要的战略配合、行动策应而受到限制。邢玠曾在用兵方略中直陈缺乏水兵的不利,“水兵极单弱,故虽有奇着,而势未可乘。臣以为倭所依者水,而水战不利,正兵须东西各水兵一枝,牵其回顾,陆路方可冲突”[②]。因此邢玠多次上书明廷要求调拨水兵,在其奏疏中多次有“今日急需水兵,水兵惟苍舡可以犁荡倭舡”“我之水兵须再得两千稍可分布”[③]的话语。在邢玠的强烈要求和明廷的大力配合下,朝鲜战场的水兵部署得到很大的改观,福建、吴淞、浙江等地水兵大量开赴朝鲜战场,陈璘、邓子龙等水师名将也相继来到朝鲜。与此同时,朝鲜本国的水军实力也大为提高,涌现出了李舜臣等水师名将,朝鲜人还在对日作战中发明了新式战舰——龟船。邢玠重水军,抓住了朝鲜战场的关键,水军实力的提高,使得朝鲜战场各兵种相互之间有机地配合起来,从而盘活了整个战场,使明军在战略上处于更有利的地位,保障了战争的最后胜利。

(三)加强防御

邢玠作为明军主帅,在战略部署中始终保持着大局观念,既在朝鲜战场上形成多兵种相互配合,积极防御,徐图进取的作战有机体,又要兼顾本国国防,在中国东部沿海形成一道反应灵活的防御屏障。邢玠在给万历皇帝的上疏中提出了自己的方略:“倭性极狡,用兵最工,倘见吾大势逼临,力不能支,而以舟师抄入内地,以攻吾所必救,则未雨之防,不可不备。……今周于德既至旅顺,合将前后调集水兵,即令本官就近统领。如倭贼目下果以舟师抄入

---

①《明神宗实录》卷三百一十,万历二十五年五月癸巳。

②《明神宗实录》卷三百十二,万历二十五年七月丙辰。

③《明神宗实录》卷三百十一,万历二十五年六月甲戌。

内地，则本官即以旅顺口为信地，统领天津水兵，相机防剿。如仍屯据朝鲜，与我兵相持，则本官听臣调至闲山等岛，统领各处舟师，为水陆夹攻之举。但旅顺口亦不可无兵防守，且为朝鲜后应，即将调到省直水兵，量拨一枝，留守旅顺，与登莱水兵合营会哨。周于德既调赴朝鲜，则山东总兵李承勋亦宜统帅舟师出汛于长山岛以北，一以守登莱之门户，一以备旅顺之应援，而并壮朝鲜之声势，有急仍听臣调遣。乃若天津为神京门户，亦不可无主将防守。则保定总兵边计尚缓，暂令带领所部官兵移驻天津，以固内地，且为旅顺、登莱声援，于计尤便。……分布防守，庶保万全。”①邢玠在对日军作战意图烂熟于心的基础上，对我国东部沿海“准战争区”辽东、天津、山东等地的防御做了周密而灵活的部署，建立起纵深防御体系。这个防御体系以朝鲜战场为核心，各边防重镇互成掎角之势，应激灵活，“牵一发而动全身”，既可攻，又可守，在中国东部构筑了一道北起辽东，南至山东的安全防线，既拱卫了京畿，又确保了援朝战争物资顺利供应给前沿阵地，使援朝战争有了一个巩固的大后方，这条防线对于保证战争的顺利进展起到了不可低估的作用。

（四）完善后勤

邢玠作为援朝战争的总指挥，不仅要统筹策划，还要全盘协调，心思缜密。后勤问题是朝鲜战场上十分重要的问题，粮草是决定战争胜负的关键。但是朝鲜战场崇山峻岭的地形和紧张的战争形势，却使朝鲜战场的后勤供应面临重重困难。初战的经略宋应昌即曾感慨：“朝鲜之难不难于进兵，而难于运饷，今日军中之事，调兵固难，而运饷尤难”。②邢玠吸取了第一阶段因粮草匮乏影响军事行动的教训，十分重视后勤保障。上任伊始就上奏明廷，“辽东见贮粮饷该抚设法运至鲜界，听鲜抚字自行挽运。其召买事务，抚臣或委该道，或设专官，酌议接济。”③明政府采纳了他的建议，迅速将辽东贮积粮草运抵朝鲜以备军用，并委派户部设立专官专理粮饷以供明军使用。在明与朝鲜就屯田问题多次交涉未果的情况下，邢玠做出了粮草供应主要依靠本国的决策。鉴于朝鲜多山地，道路泥泞，陆路运输效率低下，邢玠认为可以通过海运

① 《经略御倭奏议》卷四《申饬五镇沿海春汛疏》，《中国文献珍本丛书》之《御倭史料汇编》(四)，第185~189页。

② [明]宋应昌：《经略复国要编》卷九《议经略、提督不必屯驻一处疏(二十一日)》，《四库禁毁书丛刊》史部第38册，北京：北京出版社，2001年，第197-198页。

③ 《明神宗实录》卷三百九，万历二十五年四月丁卯。

解决援朝的粮草供应问题。他首先选中的是地理位置优越的天津港，"借发临、德仓米及召买粮石并于天津堆放，募沿海商渔吴淞淮浙等舡，兼理搭运。"[①]后随着战争规模逐步扩大，天津、淮安、山东都是转运粮草的重要港口。邢玠曾上书明廷"海运宜于天津、山东、淮安各处搜集官民渔船二三百只，总共一二次以救目前之急。"[②]其建议得到明政府的批准。仅自万历二十四年下半年至万历二十五年二月，户部就从山东、天津、辽东岁运各二十四万石，基本上保证了朝鲜战场上的粮食供应。[③]邢玠对于粮草的重视，还体现在他能未雨绸缪，"兵马未动，粮草先行"，抢在战争打响之前，解决粮草问题，确保万无一失。如万历二十五年十月壬寅，邢玠曾在上疏中对来年用兵用粮作了预算："计来岁用粮八十万石。以十万石取办于朝鲜。七十万石酌派山东、辽东、天津三处。"[④]准备工作中规中矩，有条不紊。在明政府大力支持和海运官员的积极协助下，这个数字得以全面完成，保证了战略计划的顺利完成。在着重依靠本国供应的前提下，邢玠多次与朝鲜谈判，要求解决一部分粮草问题，以备急需。邢玠曾经告诫朝鲜国王，"然则此后须十分用意催运余粮可也。"[⑤]在邢玠的重视和统筹安排下，朝鲜战场上的粮草供应得到满足，基本上没有因粮草问题对战争计划产生掣肘，稳定了人心，确保了战争的顺利进行。

此外，援朝战争胜利后，邢玠善始善终，提出了一套周密而完备的善后措施。他吸取了战争第一阶段后，明朝一意主款，疏于防范，丧失战争警惕，终于"功亏一篑"的教训，结合朝鲜实际提出了符合当时形势的十条建议："一、留戍兵；一、定月饷；一、定本色；一、留中路海防道；一、裁饷司；一、重将领；一、添巡捕；一、分汛地；一、设操练；一、责成本国。"[⑥]其基本宗旨是在中国人力、物力的协助下，使朝鲜"亟图绸缪，一二年后，殚力自完"，最终增强自身的防御力量，从而防患于未然。事实证明，留兵戍守的策略是正确的，自日军退兵至明军退兵的两年内，驻守明军历经三汛，毫无动静，援朝御倭之战收获全功，诚如邢玠所谓"不特字小之仁度越千古，而东南半壁赖以晏然"[⑦]。

---

① 《明神宗实录》卷三百十四，万历二十五年九月庚戌。

② 《明神宗实录》卷三百十五，万历二十五年十月辛酉。

③ 朱亚非：《邢玠在明代援朝战争中的贡献》，《山东师范大学学报》2002年第6期。

④ 《明神宗实录》卷三百十六，万历二十五年十一月壬寅。

⑤ 吴晗辑：《朝鲜李朝实录中的中国史料》上编卷四十二，中华书局，1980年，第2560页。

⑥ 《明史》卷三二〇《外国一·朝鲜传》，第8299页。

⑦ 《经略御倭奏议》卷十《会议东师撤留疏》，《御倭史料汇编》（五），第435页。

三

邢玠在援朝战争期间，通过灵活的调度，积极的穿针引线与皇帝、政府、将领、朝鲜之间建立了相互信任、相互协作的关系，使各方势力之间得到了相互调整，结成了共同反抗日本侵略的统一战线，消弭了援朝战争中各方的掣肘关系，达到了高度的事权统一，提高了决策效率，增强了战争体制的灵敏度和有效性。

（一）与本国上层机构

明中后期政局混乱不堪，各部门之间相互扯皮，相互掣肘，行政效率极其低下。初战的经略宋应昌即曾感慨："夫国家亦时常用兵矣，曳襟掣肘未有若今日。"①邢玠初到朝鲜战场，也面临这一状况，他曾在上疏中指出："堂堂天朝于岛夷何有，但倭之人情一，我之人情二。一则始终不挠，可以持久；二则自相攻击，能不摇撼？恐久不得战，哄然群议，不曰师老则曰财匮，不曰进迟则曰退速；或忌妒之口又从而飞语流谤，其间人情忧讥畏罪之不暇，又何镇镇观成立之可望，此我所以持久不如倭也。"②在此邢玠直斥了来自朝廷的牵制。邢玠与宋应昌不同的是，他自担任援朝明军主帅后，就着力改变这一不利状况。他抓住了解决问题的关键之处，他从万历皇帝着手，然后用万历皇帝来约束群僚，收到了较好的效果。首先，受命于危难之际的邢玠，利用自己的威望、才干与报效祖国的赤胆忠心，感动了万历皇帝，君臣建立了相互信任的关系。史载，"上知公，益委任之，大发金钱，赐赤剑，先斩后闻。"③借助于明神宗的皇权，邢玠很快树立了东征之威。然后上疏，详细论述援朝战争所面临的问题："皇上一疑，则各部必然掣肘，部堂一疑，则督抚必然掣肘。"使万历皇帝认识到自己立场的坚定与否，对于援朝战争的进展有至关重要的作用，从而坚定了万历皇帝的立场。接着邢玠不失时机地提出了自己的请求："请今后倭情容臣小者类报，大者日报，不动则不报。""请敕令同心共济、勿容参差，其有兵将造谤及山人墨客星相罢闲诸人求书引用靡费钱粮者，乞严行禁缉。仍望庙堂以兵事责督抚，以耳目寄巡按而私揭悉摒不用，使东征文武将吏精气神力不分于毁誉是非之伤，又臣等任事者之幸。"句句忠心，言辞恳切，徐图进

① 《经略复国要编》卷十二《直陈东征艰苦并请罢官疏（十一月初一日）》，史部第38册，第246页。

② 《经略御倭奏议》卷二《申明进止机宜疏》，《中国文献珍本丛书》之《御倭史料汇编》（四），第37页。

③ ［清］陶锦修，王桎纂：康熙《青州府志》卷十六《事功》，清康熙六十年版。

取，目标直指战争独立指挥权。万历皇帝看到上疏，大为感动。明确表示了自己用人不疑，专心主战的坚定立场：“朕以东事专付与卿，决不中制，亦不为浮言所惑，中外各衙门都要协心共济，以图成功。探报但求精确，不必拘定日期，一应兵粮事宜，上紧题覆，无得轻听。”[①]在万历皇帝的干预下，中枢部门掣肘明显减少，决策效率有所提高，整个国家呈现出一致对外的态势。同时，万历皇帝的下诏也稳定了军心，激发了将帅的斗志。邢玠的协调，使明军在一定程度上实现了事权统一，决策迅速，各部协作较顺畅，有力保证了援朝战争的顺利开展。

（二）军队内部关系

援朝战争，调兵遍天下，这些明军过去彼此互不统属，关系难以处理。在战争第一阶段，即曾出现过李如松“公然与经略宋应昌不相下”的局面，逼得宋应昌四次上疏乞归，且致仕后“决口不谭东事”[②]。邢玠上任后也有此担心，“至如大将刘綎，一时并用，臣亦虑其两不相下。然不用川兵则已，用川兵非綎不可，请敕令同心共济，毋容参差”[③]。早在万历十二年六月，云南巡抚刘世曾即“劾参将邓子龙、游击刘綎驭军不肃，致两军互有杀伤”[④]。至万历十七年三月，云南腾、姚二营兵大哗，原因在于邓子龙“修郄于刘綎而仇视其部卒”[⑤]。二人之不和由来已久。邢玠能恩威并施，利用自己的威信，辅之以灵活的策略，使众将俯首听命于自己帐下，邓、刘二将均为东征立下大功。

邢玠坚持有功必赏，有过必罚的原则。少数民族骁将游击摆赛病死朝鲜战场，邢玠“以文祭之”，接着又上疏请求以战死例对其“厚加赠荫”，得到朝廷的同意，“赠副总兵职衔，儿男升本所正千户，世袭”。[⑥]对一些害群之马，他也果断处置，以儆效尤。南原之战中，南原守将杨元麻痹大意、疏于防范，在十六日夜城南门陷落后惊慌失措，“元自帐中闻惊溃之声，不及披衣，仓皇跣足而出走，至今所着衣靴犹系借之传报官”。全州守将陈愚衷“本为接应南原者”，其与南原“相距止百余里”，但其在南原面临危局之时，却以难以轻离信

①《明神宗实录》卷三百一十，万历二十五年五月甲寅。

②［明］黄汝亨：《寓林集》卷十五《明兵部左侍郎经略桐冈宋公配顾淑人墓志铭》，明天启四年刻本。

③《明神宗实录》卷三百十一，万历二十五年五月甲寅。

④《明神宗实录》卷一百五十，万历十二年六月丁未。

⑤［明］薛三才：《薛恭敏公奏疏》之《参邓子龙疏》，台北：伟文出版社，1977年，第39页。

⑥《经略御倭奏议》卷四《题摆游击恤典疏》，《中国文献珍本丛书》之《御倭史料汇编》（四），第302、310页。

地为借口，“坐视倒悬之危，竟不以一矢相加遗”。邢玠认为此二人“略无丈夫之气”，一律重处，毫不姑息。[①]对于阻挠误事，拒不完成任务且散布谣言的天津兵备副使徐守恩，邢玠毫不留情地加以弹劾。严格的赏功罚过，保证了军队内部的和谐。

邢玠上任后，恩威并施，既利用自己的威信，辅之以灵活的策略，使众将俯首听命于自己帐下，对一些害群之马，也果断处置，以儆效尤。在邢玠的统领之下，虽然众将领由于战略配合不当造成过失利，但是对于邢玠却是令行禁止，保障了邢玠作为主帅的权威，形成了坚强有力的领导核心，各部将领也都能以大局为重，相互之间配合也日趋合理，这也是援朝战争能够取胜的重要原因。

（三）与朝鲜关系

援朝战争，明军越国救邻，身赴异域，必须要得到朝鲜的配合。邢玠非常注重与朝鲜的合作。首先，入朝伊始，邢玠即严明军纪，确保军队秋毫无犯。为此，他曾上疏万历皇帝：“先年官兵东征朝鲜，苦之甚于苦倭。今已行经理镇道各官严禁部军，不许秋毫扰害。乞再颁严旨，著为军令，庶几节制之师称矣”，并得到了万历皇帝首肯，“总督经理约束将士。不许丝毫骚扰，犯者即行斩首。”[②]严明的军纪，使军队得到朝鲜人民的拥护。其次，注重搞好明军与朝鲜军队的战略配合，使两国将士能同心协力共同御敌。尤其是战争后期的露梁海战中，明军将领陈璘、邓子龙与朝将李舜臣紧密配合，大获全胜，邓、李二将战死沙场。此战备受朝鲜人民的赞誉：“鲜之南海士民不下万余，与陈总兵为诗词歌章四五十道，沿途焚香接待”[③]。

再次，与朝鲜君臣合作。邢玠尽管对于朝鲜君臣消极避战的态度不满，在上疏中也曾指斥他们“各处城垣，任其倾颓，不易修举”[④]。但为了御倭大局，他仍着意于团结朝鲜君臣。当兵科右给事中侯庆远论及“朝鲜君无坚志，臣有避心，……若自轻其社稷，不羞窜伏，中国即当还师，不与倭争”时，邢玠为东征大局考虑，奏言“朝鲜君臣先以贼势重大故上下逃奔，屈于力之不逮，

①《经略御倭奏议》卷二《会参杨元、陈愚衷疏》，《中国文献珍本丛书》之《御倭史料汇编》（四），162-165页。

②《明神宗实录》卷三百十一，万历二十五年六月甲戌。

③《经略御倭奏议》卷六《奏辩东征始末疏》，《中国文献珍本丛书》之《御倭史料汇编》（五），第75页。

④《经略御倭奏议》卷二《直陈朝鲜情形疏》，《中国文献珍本丛书》之《御倭史料汇编》（四），146页。

亦非甘心于倭者”[①]。战争后期，朝鲜国王因陷入丁应泰弹劾案中消极避世时，邢玠积极劝解，晓以大义，使他感恩戴德。妥善处理两国关系，使中朝两国在大敌当前之际精诚合作，这是援朝战争胜利的根本。

以上三种关系的处理体现了邢玠高超的战略协调能力。与皇帝及中枢大员们的关系处置得当，可以减少来自中枢的掣肘，确保后方稳定。与军队将士的关系处置得当，可以得武将之效命，这是战争能够取胜的关键。而与朝鲜的关系处置得当，方可以确保双方能精诚合作、共同致力于抗倭战争。其战略协调能力主要体现就是“稳”，所谓稳，指把握大局、稳扎稳打，邢玠能妥善做好战略协调，免除后方掣肘，实现军队内部协调，与邻国做好战略配合，便于集中力量共同对敌。

四

邢玠在统筹安排，策应调度的同时，积极开展军事进攻，体现了高度的指挥水准和灵活的作战技巧。邢玠的战术指挥主要体现在以下几处：

（一）重敌情

孙子云：“知己知彼，百战不殆”，在对本国形势烂熟于心，统筹规划应付自如的情况下，强调掌握敌情的重要性。入朝伊始，他就对日军仍愿和谈的诡计保持清醒的认识，“倭奴以就封愚我，以撤兵愚我，以责朝鲜失礼愚我，以听候天朝处分愚我。……今日据一州修城筑寨，明日据一县布种屯田，盖欲不动声色，坐收朝鲜于股掌，而兼以缓著老我师”[②]。他不为假象所愚，有条不紊地安排调度军队，稳定了形势。在战争中，他告诫朝廷及其下属，了解敌情要沉着冷静，不可急于求成，不为假象所惑，方能拨云见日。透过战争的迷雾，把握敌军的真正意图。他曾指出：“今之传报者，见倭不动，辄曰安静。不知其动以吓朝鲜，不动以愚中国，正狡夷变幻之术。世岂有贼兵云集而稍一按兵即谓之安静乎。”[③]对于敌情的充分了解，使邢玠在对日战争中保持了清醒的头脑，不贪功冒进，根据敌情的变化适时调整战略，稳扎稳打，在战略周

①《明神宗实录》卷三百十七，万历二十五年十二月辛酉。

②《经略御倭奏议》卷二《拘执沈惟敬疏》，《中国文献珍本丛书》之《御倭史料汇编》（四），第15-16页。

③《明神宗实录》卷三百一十，万历二十五年五月甲寅。

旋中寻找战机，体现了战略灵活性与计划性的高度统一，在邢玠的指挥下，援朝明军逐步掌握了战略主动权。

（二）布疑兵

在援朝战争第二阶段刚刚开始，日军大兵压境，明军兵力尚未集结的危急形势下，邢玠大布疑兵，虚张声势，使兵力占优的日军摸不清明军的虚实，反倒受制于明军。入朝伊始，邢玠即声言："调南北水陆兵七十万，旦暮至。福广浙直水兵，直捣日本，倭遂闻风不敢进。"[①]与此同时，邢玠主动在蔚山一带发动了一系列攻势，虽没有取得大的战果，却让日军穷于应付，丝毫没有察觉明军主力尚未集结。邢玠以较少兵力牵制了日军主力，为援军顺利到达争取了必要时间，使明军化险为夷。

（三）行反间

援朝战争打响后，邢玠针对敌军内部钩心斗角，是和是战意图不一的状况，提出了兵不厌诈，分化瓦解敌军的办法："盖兵不厌诈，期于成功，可以战胜则力用战，可以间图则利用间。故古之用兵，亦有以贿赂间，有以亲密间，有以文告间，从故不以间为讳，若忌和之别名而废间之实效，文法一执，动必掣肘"。[②]他决定利用日军统帅加藤清正和小西行长等人之间的矛盾，施以离间之计。他将计就计让沈惟敬写信以日军，提出仍愿和谈，劝说小西行长等主和派停止进攻，离间他与主战派加藤清正之间的关系，在接到沈惟敬的信后，"行长、正成亦尤清正轻举，乃退守井邑，离王京六百里。清正亦屯退庆尚，离王京四百里。"[③]这次用间成功地瓦解了敌军的攻势，延缓了日军的进军步伐，为明军的主力集结争取了时间，是一次以计谋取胜的成功战例。

（四）因地利

邢玠的战术指挥具有高度的灵活性，不囿于传统的作战模式，从具体的实际出发，因地制宜，因势利导。他指出："朝鲜地理隔越，山水险阻，兵聚一处难以成功，不若因人分任，人各自为战守。"[④]在此，邢玠看到了朝鲜战场地

① 《明神宗实录》卷三百十五，万历二十五年十月辛酉。

② 《明神宗实录》卷三百二十四，万历二十五年七月己亥。

③ 《明史纪事本末》卷六十二《援朝鲜》，第974页。

④ ［明］茅瑞徵：《万历三大征考》倭下，《续修四库全书》第436册，上海：上海古籍出版社，1996年，第24页。

形崎岖，不利于开展大规模决战的缺陷，因而有目的地采取分进合击的战略，“分三协为水陆四路，路置大将。中路李如梅，东路麻贵，西路刘綎，水路陈璘各守信地，相机进剿。”[①]在邢玠的布置下，分进合击战略取得了巨大的成效，战略方针的正确是第二阶段取胜的关键。

（五）把握战机

作为军事统帅，邢玠具有敏锐的战争嗅觉，善于寻找和把握战机。入朝伊始，朝野上下冒进情绪高涨，“中外积愤，恨不欲即断鲸鲵之首，净东海之波”，邢玠认为时机不成熟，“不可乘而行险冒危，是自取败。败则倭奴乘胜长驱，在我军气不可即振，大事从此去矣”[②]，坚持稳扎稳打，站稳了脚跟。当福建总督金学曾奏报丰臣秀吉已死，国内将乱，侵朝日军“俱有归意”时，邢玠敏锐地感觉到这是“毕其功于一役”的决战时刻，他鼓励众人“天心助顺，将吏协谋，值穷寇思归，率胜兵而攻逼，致今贼势窘促，扫穴而逃，祸本既拔于穴中，游魂复殛之海上”[③]，援朝明军不失时机地展开全线反击，在中朝军队的战略配合和将士的奋勇拼搏下，终于在万历二十六年底将日军全部赶出朝鲜，使得这场“七易岁，再易本兵，四易制府，三易大将”转饷遍天下的援朝战争以中朝人民的胜利而告终。

邢玠战术主要体现就是“巧”，所谓巧，指在具体战术指挥中，既能出奇制胜，按照战场形势布置战术，又能布置疑兵，巧行反间，不受制于人。

五

邢玠领导的这场长达四年的援朝战争取得了胜利。这场胜利使得已经日薄西山的明王朝得以保留自己的尊严。它彻底粉碎了日本侵略者“以朝鲜先躯借路”进而吞并中国的狂妄计划。既捍卫了朝鲜的主权和领土完整，又切实保障了本国的国防安全。对于这场战争，古今中外众说纷纭，褒贬不一。对于主帅邢玠的评价，也众说纷纭，莫衷一是。以下详细叙述之：

明廷对于邢玠的功绩给予了充分的肯定，授予其“太子太保衔”“荫一子

①《万历三大征考》倭下，《续修四库全书》第436册，第24页。

②《经略御倭奏议》卷二《申明进止机宜疏》，《中国文献珍本丛书》之《御倭史料汇编》（四），第25-26页。

③《明神宗实录》卷三百二十九，万历二十六年十二月丙寅。

世锦衣卫指挥佥事，赍银八十两，大红纻丝蟒衣一袭，给诰命”[①]。体现了朝廷对这位御倭名将功勋的赞赏。在其去世后，明官方史书《明实录》也给予邢玠较高的评价，“玠，为人易直，能肩艰巨，卒以功名终，树声海外，殆鲜其俦也”[②]，“历任四十年，强半在边方，盖所谓积劳之臣也。播事则议抚，东事则议战，虽功效不同，而其谋略为世所重云。”[③]

冯琦作《赠大司马邢崑田平倭奏凯序》，对援朝战争胜利的重大意义和邢玠的贡献做了详细的描述。可概括成三个方面：

一、援朝战争的胜利，保证了朝鲜的安全，阻滞了“倭”与“虏”的联合，缓解了东北的险恶形势，“古人通西域以制虏，今日救属国以制倭”[④]。在冯琦看来，援朝战争意义不下于张骞通西域。

二、援朝战争的胜利，结束了长期战争给人民造成的苦难和对国力的巨大消耗，赢得了和平，“自公破倭，将归镇，士归伍，农归亩，久得劳息，久役得返，父子兄弟夫妇熙熙相保，此生不复见兵革，海内外无他虞”[⑤]。

三、援朝战争的胜利，打击了日本的侵略气焰，拯救朝鲜于危亡之际，极大地提高了明王朝的威信，维护了以明王朝为核心的东亚朝贡体系，“主上之于朝鲜，起死而肉白骨也，存一亡国、摧一强国以风示四夷之君长，莫不稽首内向，罔敢越志”[⑥]。

以上，三方面基本上概括了朝廷对于援朝战争的主流态度。

援朝战争的胜利，对朝鲜不啻是“起死而肉白骨”，举国上下感激涕零。他们赞美援朝之功，“为生立祠像，标铜柱釜山”[⑦]。万历二十七年春，邢玠率军班师回国，朝鲜军民挥泪言别，父老乡亲拥途相送，朝鲜廷臣卢禛挥笔题诗赠别，感激、留恋之情溢于言表，兹录于下：

---

①《明神宗实录》卷三百三十九，万历二十七年九月乙卯。

②《明神宗实录》卷四百九十三，万历四十年三月壬寅。

③《明神宗实录》卷五百五，万历四十一年二月戊戌。

④《宗伯集》卷十二《贺大司马邢公平倭奏凯序》，《四库禁毁书丛刊》集部15册，第182页。

⑤《宗伯集》卷十二《贺大司马邢公平倭奏凯序》，《四库禁毁书丛刊》集部15册，第182页。

⑥《宗伯集》卷十二《贺大司马邢公平倭奏凯序》，《四库禁毁书丛刊》集部15册，第182页。

⑦《明神宗实录》卷四百九十三，万历四十年三月壬寅。

其一

秉钺青丘春凯旋，龙旌西拂鸭江烟。

提封依旧三千里，社稷重新二百年。

遗泽在人缄骨髓，典刑留画俨神仙。

拥途无计攀星驾，父老怀恩濯迸泉。

其二

鱼符龙节总东师，秉羽威风慑海夷。

星陨赤芒沉绝塞，关浮紫气压归旗。

功高上国山河裂，名动藩邦草木知。

听取讴谣声载路，金戈包虎凯还时。①

邢玠援朝的功绩在民间也广泛的流传倍受称颂，邢玠家乡曾建有柱史坊昭示其功绩。在邢玠家乡（今山东省青州市），笔者曾收集到这样一个传说：邢氏祠堂外，有一处空场，名叫“打谷场”，阔数丈，可容百许人。邢玠挂帅东征时，其父遣人将打谷场掘空，深数尺，置瓷瓮数十于其内，覆之以土。每战时，遣人拽碌碡于其上，隆隆声不绝于耳。邢玠在阵前，如闻千军万马纷至沓来，所以每战必胜。除此之外，青州民间还流传着有关邢玠的《抗倭寇》《蛤蟆湾的蛤蟆不叫唤》《正月三十年除夕》等民间传说，将邢玠塑造为辅佐刘备转世之万历皇帝的四弟“赵云”等等。②这些故事内容无疑是荒诞的，但是传说的形成却是人民大众价值观念和社会心理的凝结与积淀。这些传说在青州人民中世代流传，充分显示了青州人民对于这位民族英雄的景仰和对于援朝正义事业的支持，这与援朝战争中山东父老积极支持前线的行为是一脉相承的。

但是邢玠援朝战争并不是一帆风顺、高歌猛进的。明中后期政局动荡，门户派系之争已经形成，邢玠领导的援朝战争自始至终伴随着弹劾与抗争，况且援朝战争虽然取胜，却也问题重重，不尽如人意。受到时人及后世史家的责难，但笔者以为瑕不掩瑜，邢玠及援朝之战在总体上是应该肯定的，以下分辩之：

万历二十七年正月丙午，兵部赞画主事丁应泰疏论“总督邢玠等赂倭卖

① 邢其典、张景孔：《青州市志》，天津：南开大学出版社，1989年，第1018页。

② 李建华：《青州民间文学集成》，济南：山东文艺出版社，1989年，第84-87页。

国，尚书萧大亨与科道张辅之、姚文蔚等朋谋欺罔。又言朝鲜阴结日本援海东记与争洲事为证，语多不根。上寝其奏不下”。[①]

勘科徐观澜抗疏论沈一贯、萧大亨、邢玠、万世德党和卖国。

万历三十年三月甲申，吏科给事中曹于汴言：“南京兵部尚书邢玠，前在播州苟且卒事，纵酋启祸。后在朝鲜掩败支吾，虚报斩俘”。[②]

致仕大学士王家屏也发表了对援朝战争的看法：“远迩绎骚，公私靡弊如是，曾未闻其出一奇，当一队，收一战之功，而山人游客尽拜官矣，厮养隶卒尽富贵矣。车骑戈甲，连数镇之师，半委山谷矣；金钱刍粟，倾数百万之积，尽填沟壑矣”[③]。

谷应泰对于援朝战争也颇有微词：“向非关白贯恶病亡，诸倭扬帆解散，则七年之间，丧师十余万，靡金数千镒，善后之策，茫无津涯，律之国宪，其何以辞！而乃贪天之功，幸邀爵赏，衣绯横玉，任子赠官，不亦恧乎！”[④]

综合以上对于援朝战争的指责主要有以下三点：

一、援朝战争中多有败绩，丧师失地，掩败支吾。

二、援朝战争持续时间多长，耗资巨大，给国家造成了损失。

三、援朝战争的胜利，不是将帅指挥得当，士兵冲锋陷阵的结果，而是赂倭卖国的结果。即便不是赂倭，也是日本丰臣秀吉猝死，日本撤兵的结果。

笔者认为，前两条指责意见确是言有所指的。纵观整个援朝战争，明军败绩迭现，丧师事件时有发生，在军纪败坏的明末“掩败支吾”也绝对有可能发生，况且丁应泰、徐观澜等人随军出征，所记录之事应该是可信的。这样作为援朝明军主帅邢玠难辞其咎，但是也不能委过于邢玠一人。行军作战讲究的是事权统一，将帅各司其职，作为军中主帅，邢玠需要把握整个大局，不可能专注于每一场战争，所以这一指责也有苛刻之处。

至于援朝战争时间过长，耗资巨大，这是客观事实，谈迁即曾指出，“越国救邻，自昔所难，况海外乎？东征之役，苍黄七载，民力殚竭”[⑤]。但是援朝之

---

①《明神宗实录》卷三百三十，万历二十七年正月丙午。

②《明神宗实录》卷三百七十，万历三十年三月甲申。

③［明］陈子龙：《明经世文编》卷三百九十三，(明)王家屏：《王文端公文集》揭一《答顾冲庵论东事(东征)》，明崇祯平露堂刻本。

④《明史纪事本末》卷六十二《援朝鲜》，第980页。

⑤［清］谈迁：《国榷》卷七十八，北京：中华书局，1958年，第4829页。

战的持久是各方面原因促成的，不可以苛责将士，诿过于人。

至于第三点，非惟当事人义愤填膺，一些史家也不同意。谈迁曾对“赂倭”之说提出过怀疑，“丁应泰谓五千金赂倭去之。夫果能去倭，区区五千金，犹郑玄高之犒秦也，可言亦可讳。”[①]谈迁之论颇中肯綮，“赂倭”说之谬自不待言。

至于将援朝战争的胜利归因于丰臣秀吉之死，也是以偏概全之论。冯琦曾指出“成大功直论功耳，攻坚与攻瑕，摧强与侮亡，不问也”，并进而指出“关白之死”是众望所归，天命所致，“非公之乘时，而时为公之所用也。”[②]认为这是邢玠应天顺时的结果，援朝之功是该肯定的。

针对政敌的攻击，邢玠上《奏辩东征始末疏》，疏中详细介绍了援朝战争最后阶段援朝将士的丰功伟绩，驳斥了政敌的责难。[③]对于把援朝战争的胜利归功于“关白之死”的观点，邢玠则以大量的史实介绍了丰臣秀吉死后，援朝将士在决战阶段的浴血奋战，并且指出：“乘其亡而袭之，诱其来而俘，亦兵家正法”[④]，为援朝将士请功，肯定了援朝战争的丰功伟绩，驳斥了政敌的攻击。

笔者认为，援朝战争的胜利，是历史偶然性与必然性作用的结果。“关白之死”纯属历史的偶然，但这一偶然直接加速了战争的进程，其重要性无疑是应该肯定的。但是就整个历史发展的趋势来看，援朝战争的胜利是历史的必然。这从援朝战场发展的态势可以看出：首先，在援朝战争的第二阶段，明军在邢玠的协调调度下，士气高涨，布防合理，物资供应充足，且能与朝鲜军队同仇敌忾；而日军却是内部不统一，归心渐重，士气低落。其次，援朝战争对于中朝来说是保家卫国的正义战争，必然得到人民的支持，而对于日本来说，是侵略的非正义战争，得不到日本人民的拥护，“得道多助，失道寡助”。再次，战争第二阶段，虽然战争结果双方互有胜负，但中朝军队一直处于主动进攻且占有较大优势，而日军却处于穷于应付的状况，总的战争形势是有利于中朝双方的。最后，中朝联合力量远胜于日本，援朝战争有巩固的大后方，而日本国内则刚经历过军阀混战，经济残破，无力支持长期战争。故从长远看，

① [清]谈迁：《国榷》卷七十八，北京：中华书局，1958年，第4829页。

②《宗伯集》卷十二《贺大司马邢公平倭奏凯序》，《四库禁毁书丛刊》集部15册，第182-183页。

③《经略御倭奏议》卷六《奏辩东征始末疏》，《中国文献珍本丛书》之《御倭史料汇编》（五），第71-131页。

④《明神宗实录》卷三百七十一，万历三十年四月癸卯。

援朝战争必将以中朝的胜利而结束。把“关白之死”作为援朝战争取胜决定因素的观点,是站不住脚的。

邢玠在平播、援朝战争中,利用自己灵活的战争智慧,衷于谋国,为维护祖国的安定做出了卓越的贡献,使其得到了较高的评价,正如叶向高所言:“余尝窃观公所以处播州、朝鲜之事,张弛异施,操纵合度,盖真具文武才,庶几有两文成遗风。而两文成功名虽盛,于始终去就之际皆不无遗憾,而公自纳斋钺于朝,幸方内辑宁,封疆无警,遂得托于功成身退之义,卷其所为安攘戡定之弘略以夷,犹于北堂南亩而世莫之夺,可谓千载之奇遭矣”[①],将其与刘基、王守仁相比,评价不可谓不高。邢玠为人,不矜功,援朝战后急流勇退,体现了宽广的胸怀,邢玠不愧为我国历史上杰出的民族英雄。

①《苍霞续草》卷六《少保崑田邢公偕配一品王夫人双寿序》,《四库禁毁书丛刊》集部125册,第6页。

《船山学案》书末所引《湞峡谣五首》非“赞重庆诗”*

陈安民①

摘　要：抗日战争时期，侯外庐先生出版《船山学案》。他在书末特意引《湞峡谣五首》，以借船山高洁不屈鼓舞抗战士气。之所以引录，乃源于他视之为“赞重庆诗”。然而从船山一生行迹来看，这一组诗系其在顺治五年（南明永历二年，公元1648年）南下岭南时所作，描绘的是湞水一线景物，并非“赞重庆诗”。又所谓“盖他避清人注意”而用“谣”，亦与船山民族气节、行事风格不大相符。

关键词：侯外庐；《船山学案》；《湞峡谣五首》；非“赞重庆诗”

1944年，侯外庐先生（1903—1987）所撰《船山学案》在重庆出版。书末写道：

> 最后，我们要崇赞船山的民族思想。关于这点，前人论者很多，兹恭录他的赞重庆诗五首，以见爱国情绪之高洁。原题为《湞峡谣五首》。所谓“谣”者，盖他避清人注意，亦其所谓“惧而夺其所好”，“观物避炎威”吧。船山亡国之恨，观其诗亦知其志。

---

* 基金项目：中央高校基本科研业务费创新团队项目“抗战时期的史学与历史教育研究”（批准号SWU1909103）

① 作者简介：陈安民，男，西南大学历史文化学院副教授，主要研究领域为史学史。

而所录五诗，则改题为《新中国的重庆赞》。[①]20世纪80年代初的岳麓书社版[②]、新近的长春出版社版《船山学案》[③]已将总名改回原题《浈峡谣五首》。不过，就史实而言，这段论述还有两点值得商榷之处。

其一，《浈峡谣五首》是否系"赞重庆诗"？此组"五言绝句"，分别是《弹子矶》《望夫江》《观音岩》《飞来寺》《归猿洞》，收录于《姜斋五十自定稿》。撰写时间，船山先生（1619—1692）题签"戊子"[④]，即清顺治五年、南明永历二年、公元1648年。关于船山是年行迹，《船山公年谱》有脉络清晰的梳理：年初避兵莲花峰等处讲《易》，酝酿武装抗清，"冬十月，与管公嗣裘举兵衡山，战败军溃，遂携敉公（按：侄子王敉）走耒阳。至于兴宁，宿石角山僧阁。遇欧阳公霖，遂由桂阳度岭，下浈江，过清远，径赴肇庆。"[⑤]之所以奔赴肇庆，乃因是年八月，南明永历帝驻跸于此。此次南下岭外，船山撰有诗文《耒阳曹氏江楼迟旧游不至》七律一首、《永兴廖邓二君邀宿石角山僧阁是侍先君及仲兄磴斋游处》五律一首、《分界岭》五古一首、《浈峡谣》五绝五首、《清远城下忆湖湘旧泊》五律一首[⑥]等，较为完整地呈现了途程与心境，在《永历实录》[⑦]《章灵赋》自注[⑧]等处也有追忆。显然，船山"戊子"之年的行迹与重庆无关。事实上，终其一生，他也未曾涉足重庆。那么，是否存在人在他处而遥写重庆的可能呢？笔者无直接证据否定这种可能性，但却可以证明在浈江水路一线确有《浈峡谣五首》所涉景物。顾祖禹（1631—1692）《读史方舆纪要》卷101《广东二·广州府·清远县》之"峡山"条、卷102《广东三·韶州府·英德县》之"皋石山"条[⑨]所记，部分涉及船山所述。屈大均（1630—1692）《广东新语》卷三《山语》之"三峡"条、"二禺"条下则有同名之弹子矶、归猿洞、飞来寺的详细论述，另有关联叙述的"望夫台""金芝岩"。[⑩]从其对后两地的描述而言，与船山所述望夫江、

---

① 侯外庐：《船山学案》，重庆：三友书店，1944年，第155-156页。本文利用版本为西南大学图书馆藏书。

② 侯外庐：《船山学案》，长沙：岳麓书社，1982年，第130页。

③ 侯外庐：《船山学案》，长春：长春出版社，2016年，第158-159页。

④ 王夫之：《姜斋诗集·五十自定稿》，《船山全书》第15册，长沙：岳麓书社，2011年，第271页。

⑤ 王之春：《船山公年谱》，《船山全书》第16册，长沙：岳麓书社，2011年，第312-313页。

⑥ 王夫之：《姜斋诗集·五十自定稿》，《船山全书》第15册，长沙：岳麓书社，2011年，第257、277、296页。

⑦ 王夫之：《永历实录》卷一七《管嗣裘传》，《船山全书》第11册，长沙：岳麓书社，2011年，第494页。

⑧ 王夫之：《姜斋文集》卷八，《船山全书》第15册，长沙：岳麓书社，2011年，第186页。

⑨ 顾祖禹：《读史方舆纪要》，北京：中华书局，2005年，第4619、4679-4680页。

⑩ 屈大均：《广东新语》，北京：中华书局，1985年，第69-74页。

观音岩亦多所契合。后世如光绪六年(1880年)所刊《清远县志》[①]收录的大量自唐宋以来的历代碑刻与名人题咏等,也展示了船山游览这些盛景的文脉。据笔者所知,重庆市南岸区有弹子石、合川区钓鱼城遗址有飞来寺,或许侯外庐先生以为船山所述乃此。但根据矛盾律,两者不可能同时为真,即《浈峡谣五首》的描述对象不可能既是重庆又是清远。尤当注意的是,《飞来寺》首句“辛苦浈江水,晨潮接暮潮”所述涨潮的情形,合乎屈大均“中宿峡往时尝有潮至”[②]的记载,也合乎今日实情,而非内陆人士描述江水上涨的用语。因此,结合船山行迹综合分析,笔者倾向认为《浈峡谣五首》并非“赞重庆诗”,所赞乃船山举兵抗清失败后南下肇庆途中所经今广东清远地界之浈阳峡等处所见盛景。

其二,所谓“谣”者到底何意?从1648年的局势来看,清廷与南明双方正展开激烈攻防。船山站在南明的立场,对敌对一方的言辞根本毋须客气。事实上,终其一生,基于浓厚的“华夷”意识,他也从未因考虑刊刻而修改“夷狄”“蛮夷”之类的激烈措辞。所谓“盖他避清人注意”而用“谣”,实不大可能。笔者以为,此处的“谣”当从文体来理解,就是“诗”的别称而已,并无太多深意。在船山之前,如李白之《庐山谣》,温庭筠之《夜宴谣》,即用此意。与船山同时,南明重要军政人物堵胤锡(1601—1649)所撰《军谣》十首亦用此意。1649年秋,船山再赴肇庆时到德庆州拜谒堵胤锡,得赠《军谣》十首。他于《永历实录》赞道:“胤锡文笔清超,在军中感愤,作《军谣》十首,流离悲激。其《月家乡》《马儿女》《笔先锋》《血筵席》《营十殿》诸篇,读者无不悲之。”[③]可见,对于以“谣”题“诗”,船山并不陌生。

侯外庐先生撰写和发表《船山学案》之际,正值抗日战争的非常时刻,其书末所论自有借船山不屈品格鼓舞抗战士气的意图。改原题为“新中国的重庆赞”更是透露出他对战时首都之历史作用的高度肯定和对一个崭新的中国历史前途的坚定信心。不过,将《浈峡谣五首》认定为“赞重庆诗”确实是一个美丽的误会。当时他长居重庆北碚歇马,其艰苦生活亦与船山多有类似,购书不易借阅亦难,失误或与此有关。1982年,侯外庐先生所撰《船山学案新版

① 李文烜修、朱润芸等:《清远县志》卷十三《艺文》、卷十四《金石》,台北:成文出版社影印,1967年。

② 屈大均:《广东新语》,北京:中华书局,1985年,第70页。

③ 王夫之:《永历实录》卷七《堵胤锡传》,《船山全书》第11册,长沙:岳麓书社,2011年,第414页。

序》未提及这一问题。是他未曾意识到还是尊重历史原貌,我们已不得而知。新近《侯外庐著作思想研究》之《第二十二卷说明》指出“在个别重要的地方适当加了‘编者注’”[1],但也未及此处。故笔者不揣浅陋提出这一疑惑,以仅供读者进一步判断。

① 张岂之:《侯外庐著作与思想研究》第22卷,长春:长春出版社,2016年,第2页。

四 社会史研究

构建内外融通的生命史学

——中国医疗史研究的回顾与前瞻

余新忠[①]

近二十年来，笔者在开展中国医疗史的实证性研究之余，也一直在思考这一研究的发展理路、问题和可能。时至今日，医疗史，或者说医疗社会史，在史学界已不再是令人感到陌生的研究领域，无论是中国史还是世界史，这方面的研究都呈现出日渐兴盛之势。就笔者的体会，该研究的合法性和正当性问题，似乎正渐趋淡化。但作为一种新兴前沿研究，其在发展过程中，存在着种种困难和问题，也是必然而显而易见的：内外史之间的壁垒依然森严，对欧美成熟的医学史研究的理念、方法的了解和借鉴还十分不足，很多成果"新瓶装旧酒"现象严重，宏大叙事的影响依然强烈，相对独立的"医史"学科建设还遥遥无期，如此等等，不一而足[②]。特别是随着时间的推移，世人特别是年轻人趋新心理所带来的"新"的红利必将日渐消失，如果我们不能及时地针对其存在的问题，探明可行的发展方向，不断提出适切而有方向性意义的新议题，并相应地拿出有分量的新成果，那么这一研究的发展态势必然难以维系，不仅无法持续吸引更多的年轻学人加入其中，也更难以推动这一尚为边缘的研究不断壮大。

---

① 作者简介：余新忠，南开大学历史学院暨中国社会史研究中心教授，主要研究方向为：明清以来江南区域社会史和疾病医疗社会史。

② 参阅拙稿：《当今中国医疗史研究的问题与前景》，《历史研究》2015年第2期；《序言：在对生命的关注中彰显历史的意义》，载余新忠主编：《新史学》第九卷《医疗史的新探索》，北京：中华书局，2018年，第1–15页。

有鉴于此，笔者通过自己的多年的研究心得，认为拟从以下两个方面发力，来推动新兴的医疗史研究的持续发展。一是更新理念，在尽可能地避免将对物质进步和整体社会经济的发展的追求和重视凌驾于对人自身的发展和个体生命的幸福的关注之上，将人自身的发展和个体生命的幸福化约为物质进步和整体社会经济的发展的前提下，以人为本，积极构建和践行立足生命，聚焦健康，将个人角色、具象生命以及历史多元性和复杂性放入历史学大厦的"生命史学"；二是要在跨学科的语境下，通过内引外联，尽可能地消解内外史之间的壁垒，通过发现恰当的议题，来推动内外史之间融通，并进而推动具有相对独立性的医史研究的深入开展。

一、新世纪中国医疗史的兴起①

若放眼国际学界，主要由历史学者承担，以呈现历史与社会文化变迁为出发点的中国医疗史研究，早在20世纪七八十年代即已出现，至1990年代，在个别地区，比如台湾，还展现了颇为兴盛的景象，但整体而言，特别是考虑到中国史研究的大本营中国大陆的情形，这一研究日渐受到关注和兴起，仍可谓是21世纪以来之事。这一研究的兴起，无疑应置于世界医疗史不断发展的脉络中来观察和思考，同时，亦应将其放在国际中国史研究演进的背景中来认识与理解。也就是说，它的出现和兴起，必然是国际以及中国学术发展史的一环。关于这一研究学术史，笔者以及其他学者已有不少的论述②，毋庸赘言。于此值得思考的是，中国医疗史这样一个传统上属于科技史范畴的研究的日渐兴盛是如何成为可能的？究竟是什么力量在不断地推动这一个研究的兴起呢？

在当今中国的史学界，医疗史自21世纪以来取得了长足的发展，应是不

① 这里所谓的医疗史不同于一般意义的医学史，主要是指立足于历史演变而非医学发展而展开的有关疾病、医药、卫生和身体等主题的历史研究。

② 余新忠：《关注生命——海峡两岸兴起疾病医疗社会史研究》，《中国社会经济史研究》2001年第3期；《从社会到生命——中国疾病、医疗史探索的过去、现实与可能》，杨念群、黄兴涛、毛丹：《新史学——多学科对话的图景》，北京：中国人民大学出版社，2003年，第706-733页；《新世纪中国医疗社会文化史刍议》，余新忠、杜丽红：《医疗、社会与文化历史读本》，北京：北京大学出版社，2013年，第Ⅰ-Ⅻ页；陈秀芬：《医疗史研究在台湾（1990—2010）——兼论其与"新史学"的关系》，《汉学研究通讯》2010年第3期，第19-28页；蒋竹山：《新文化史视野下的中国医疗史研究》，载氏著：《当代史学研究的趋势、方法与实践：从新文化史到全球史》，台北：五南图书出版股份有限公司，2012年，第109-136页。

争的事实,这个只要随便翻翻这十年中的各种专业期刊以及具有一定学术性的报刊,就很容易感受到。但这一形势,看在不同人的眼里,可能会有相当不同的感受。对很多自己并不从事该研究的学者来说,往往都会有种直观的感觉,这一研究当下颇为热门,不过内心的感受却未必一致,在一部分人认为这是一项具有发展前景的新兴研究,甚或是未来社会史发展的新增长点的同时,另一部分人则可能会将其视为未必有多少意义的时髦。而对从事该研究的人来说,虽然大多会认同这一研究意义和潜力,但却往往在现实中遭遇合法性和正当性的困惑[①]。这些差异,除了一些个人的因素以外,主要应是研究者对医疗史的了解度、认同度以及对其未来发展的期待度的不同所致。对该研究缺乏认同甚或不屑一顾的现象,放在任何地方,都必定多有存在,不过相较于欧美以及中国台湾等学界,中国大陆史学界整体上对医疗史的了解和认同程度较低,似乎也是显而易见的。

造成这种现象的原因,最为重要也最直接的当是大陆医疗史研究的兴起时间较晚,整体研究还相当薄弱,而若进一步追问更深层的原因,则应与中国历史学受传统的实证史学和马克思主义史学影响较深,尚未比较深入地经受欧美学界自20世纪六七十年代以来出现的“语言转向”和“文化转向”的洗礼,以及包括医学人类学、医学史在内的医学人学研究的整体学术积淀还颇为薄弱有关。不过,不管怎样,这一研究能在新世纪的史学研究中,呈现异军突起之势,必然自有其缘由,而且就笔者的感受,该研究未来的发展前景应该是乐观可期的。

医疗史能在新世纪的中国兴起,大概不外乎内外两个方面因素,是内动外促内外合力共同作用的结果。就内外而言,可以分三个层面来谈。首先就地域而言,是中国社会与学术自身发展需要与国际学术思潮汇合而共同推动所致。自20世纪80年代以来,中国社会开启改革开放的进程以来,包括史学界在内的中国学界就一直在反省和引进中追求创新与发展。1980年代中期,伴随着史学界在内在反省中提出的“还历史以血肉”诉求的出现,社会史研究开始在大陆全面兴起,并日渐成为史学界的显学,而医疗史或医疗社会史的出现,可谓是这一潮流的自然延伸,因为在这一过程中,随着历史研究对象的扩展,研究者一旦涉足社会救济、民众生活、历史人口、地理环境等课题,疾病

① 参阅余新忠:《当今中国医疗史研究的问题与前景》,《历史研究》2015年第2期,第22-27页。

和医疗问题便不期而至了，同时，在针对以上论题开展的文献搜集中，亦不可避免地会不时遭遇疾疫之类的资料，这些必然会促发其中的一部分人开始关注这一课题[①]。故而这一研究的出现，首先是史学界内省的结果，但与此同时，也离不开国际学术界的刺激和促动，而且有时甚至是至关重要的。比如《再造病人：中西医冲突下的空间政治(1832—1985)》这本在国内医疗史界造成重要影响的著作的作者杨念群早期有关医学传教士和西医东传研究，明显与他20世纪90年代中期在美国游学的经历有关，而其关于疾病隐喻的论述也直接源于苏珊·桑塔格的影响[②]。较早从事疾病史研究的曹树基也特别提到其研究与麦克尼尔的《瘟疫与人》等书的关系[③]。而笔者的最初兴趣，虽然源于在从事灾荒救济史研究时，发现了不少有关嘉道之际瘟疫的资料，但最后颇具理论自觉地展开这一研究，则无疑是因为受到了西方和台湾的学界相关研究的启发和指引。或许可以这么说，在1980年代以来中国史学界对前30年教条主义史学研究广泛进行反省的基础上，越来越多地期望通过更新理念和拓展史学研究范围来推动中国史学的向前发展，在这一背景下，一些研究者敏锐地意识到疾病医疗的探究意义，而此时海外相对成熟的学术理论和颇为丰富的研究成果，则不仅为那些早期的介入者提供了学术的启发和指引，还更进一步提振了他们继续探究的信心，并让他们比较容易地找到了为自己研究辩护的理由。不仅如此，海外一些从事医疗史的重量级学者，比如台湾"中研院"院士梁其姿，与大陆史学界保持着较为密切的交流互动，利用其崇高的学术地位，通过呼吁倡导和奖掖后进学人等方式，对国内的医疗史研究的兴起起到了极大的促动作用。

其次，就学术的层面来说，则为学术界的内在冲动与社会的外在需求的结合。前面探讨海内外史学思潮的共同作用，激发了中国史学界对于探究疾病医疗史的意愿。虽然中国史学界的医疗史研究出现较晚，基本始于1990年代中后期，但史学界整体上从一开始就表现出了相当的认可甚至鼓励，曹树

① 参阅余新忠：《从社会到生命——中国疾病、医疗社会史探索的过去、现实与可能》，杨念群、黄兴涛、毛丹：《新史学——多学科对话的图景》，北京：中国人民大学出版社，2003年，第706-733页。

② 杨念群：《再造病人：中西医冲突下的空间政治(1832—1985)》，《导言》，北京：中国人民大学出版社，2006年，第6、11页。

③ 曹树基、李玉尚：《鼠疫：战争与和平——中国的环境与社会变迁(1230—1960年)》，济南：山东画报出版社，2006年，第3-6页。

基1997年发表于《历史研究》上的论文《鼠疫流行与华北社会的变迁(1580—1644年)》,在翌年即荣获中国史学会颁发的“中国古代史优秀论文奖”。笔者于2000年完成博士论文《清代江南的瘟疫与社会》后,也获得了未能预料的广泛好评,并于两年后获得“全国百篇优秀博士论文奖”。4年后,李玉偿(尚)的《环境与人:江南传染病史研究(1820—1953)》再次获得这一奖项。与此同时,继曹树基的论文后,疾病医疗史的论文不时出现在《中国社会科学》《历史研究》和《近代史研究》等史学界的顶级刊物中。这些表明,医疗史研究虽然可能尚未成为大陆主流史学的一部分,但主流史学界对这一研究总体上是欢迎和认同的。如果没有学界一些重要人物的认可和接受,这些成绩的取得显然都不可思议的。而在学界之外,这样一种研究在2003年SARS爆发以前,似乎可以说几无影响,近数十年来,随着现代医学的发展,传染病在现实生活中影响越来越小,而对其历史进行探究的兴趣自然更付阙如。而医学界内部的医学史研究虽然一直在持续,但不温不火,从业者较少,影响也比较少溢出学界。不过SARS的暴发,可以说极大地促进了社会对疾病医疗史的关注,当时笔者的博士论文刚刚出版,一本纯学术性的著作,顿时引起各大主流媒体的广泛关注,还在当年年底被《中华读书报》推选为“2003年社科十大年度推荐图书”(2003年12月24日)。此后,随着禽流感、埃博拉病毒等疫病的不时骚扰,社会上对疫病史基本能保持比较持续的关注。不仅如此,正如本文开头所言,SARS事件也引发了医学界对医学人文的关注,医学史是医学人文的重要组成部分,医学的社会影响力毋庸置疑,而医学人文则是相对容易引发社会关注的内容。不仅如此,随着社会经济的发展,人们对健康问题的关注度也在不断提高,而当今中国社会这方面存在的问题又相当严重,甚至有愈演愈烈之势,特别是医疗保障问题、医患关系问题,十分突出。加之本来就比较受社会关注的中西医论争问题依然热度不减,这些都使得社会很容易对从历史角度探究疾病医疗问题产生兴趣,从而形成这方面的知识需求。对此,笔者颇多切身体会,近年来,不时会有媒体或社会组织来采访、约稿以及邀请讲演,有些编辑还会采摘笔者文章中的一些内容写成新闻稿来宣传疾病医疗史。这两方面的动力和需求的相结合,无疑会更进一步促进学人特别是青年学者投身于这一研究之中。

最后,就条件和根源而言,则是医疗史本身的价值适切地得到一些拥有较高学养的研究者的发掘利用。毫无疑问，医疗史之所以能够兴起，最根本的肯定还是这一研究本身具有其价值和意义，疾病医疗不仅与人们的日常息息相关，而且也承载了丰富的社会文化变迁的信息。通过对历史上疾病医疗的研究，去呈现历史上人类的生存境况、身体经验和社会文化变迁的轨迹以及对生命的感知和认识的历程，不仅可以让我们更系统地了解历史上人们的日常生活，更全面地认识和理解历史，更深入地把握和思考社会文化变迁的脉络，同时还可以让我们更深刻地理解社会文化境遇中的疾病和医疗本身。不过，有意义和价值的研究，若没有在合适的时间得到合适的研究者的关注和投入，可能也不利于这一研究兴起和发展。相反，其意义若能得到一些重要学者的认同和倡导，则往往会直接推动其迅猛发展。台湾的中国医疗史研究，之所以能够在全球范围内最为亮眼，与梁其姿、熊秉真等一大批重要学者的投入密不可分。而大陆的情况，虽然没有台湾那么明显，但显然也与20世纪末以来，有一批颇具实力的研究者投入这一研究中直接相关。对此，常建华在前些年对国内该研究的总结，非常好地说明了这一点。他指出："融合疾病、环境等多种因素的医疗社会史属于新的学术领域，虽然起步较晚研究者少，但是研究起点很高，学术成果引人注目。"[①]

二、在对生命的关注中彰显历史的意义

关注生命，秉持生命关怀意识，无论对于历史研究还是现实活动来说，原本都应是十分自然的题中之意。然而，当我们将对物质进步和整体社会经济的发展的追求和重视凌驾于对人自身的发展和个体生命的幸福的关注之上时，当我们将人自身的发展和个体生命的幸福化约为物质进步和整体社会经济的发展时，在高大上的着眼整体的宏大叙事面前，个体生命的状况、体验和情感往往就没有了安放之地，对生命的关怀也就成了追求小资或个性的奢侈品。

20世纪出现的这一研究取向，虽然一定意义上也可以视为人类理性的进步，但无疑也导致了人文精神缺失和"人"不见了的后果，就像美国著名史学史家伊格尔斯评论20世纪最具影响力的史学流派年鉴学派所说的那样："布

① 常建华：《跨世纪的中国社会史研究》，《中国社会历史评论》第八卷，天津：天津古籍出版社，2007年，第390页。

罗代尔的历史学大厦,正如列维指出的,仍保留有很大的空间可以容纳大量各种各样的观点和研究路数——可是竟然没有人入住。"[①]历史学家精心构筑的精致的历史学大厦竟然没有人居住,正因如此,20世纪六七十年代以降,西方史学界在"文化转向"和"语言转向"等学术思潮的带引下,出现了微观史、日常生活史、新文化史和物质文化史等一系列新兴的史学流派或分支。这些研究虽然有各自不尽一致的特点和诉求,但整体上都可以视为是对以往过度社会科学化的历史学研究的一种反动,都希望将具象而非均质化的人重新拉回到历史中来,都倾向从日常生活的逻辑去理解历史上的人与事。如果我们回到日常生活的语境与逻辑,那么对生命的关注就变得自然而不可避免,个体的生命离不开生老病死,缺乏疾病与医疗的历史,不仅会让历史的内容变得残缺不全,而且也必然会妨碍我们更全面系统地认识和理解历史中的生命状态和行为,乃至历史的进程。李建民借用William E. Connolly的说法,指出:"医学要比已经知道的更多,尤其是更多地揭露了历史中关于'人'的故事。"[②]显然,如果让我们的史学立足日常生活,更多地注目于"人",关心他们的日常经验和常识,以及由此透视出的时代意识和"地方感",那么我们便没有选择地会更多地关注到疾病、医疗和卫生等议题。实际上,当我们在阅读西方的一些重要的日常生活史研究著作时,也很容易发现它们对这类主题的叙述。而在众多西方医学社会文化史的论著中,则不乏日常经验和感觉的内容[③]。

有鉴于此,笔者一直主张,医疗史作为一项新兴的研究和"新史学"的一分子,应该尽可能地以新理念、新方法来探讨新问题,应参照和借鉴西方相对成熟的研究方法和理念,将自己的研究置于国际学术发展的脉络中来展开,更多关注并汇通日常生活史、微观史、社会文化史和物质文化史等新兴前沿研究,以便让中国的医疗史,在引入和践行国际新兴学术理念和方法上,在史学界更好地扮演起先行者的角色,更多更好地彰显"新史学"的气象,并藉由将具象的生命引入历史,构筑以人为本,立足生命,聚焦健康,将个人角色、具

① [美]格奥尔格·伊格尔斯:《二十世纪的历史学:从科学的客观性到后现代的挑战》,何兆武,译,济南:山东大学出版社,2006年,第110页

② 李建民:《旅行者的史学:中国医学史的旅行》,台北:允晨文化实业股份有限公司,2009年,第535页。

③ 参阅余新忠:《回到人间 聚焦健康——新世纪中国医疗史研究刍议》,《历史教学》2012年第11期下,第3-11页。

象生命以及历史多元性和复杂性放入历史学大厦的“生命史学”体系[①]。要达到这样的目标，路径和方法固然是多种多样的，但显然都需要我们跳脱以往过于关注直接关乎社会经济发展的宏大主题、热衷宏大叙述的思维，将对历史的认识与理解拉回到日常生活的情境中来展开。一旦如此，便不难看到，尽管任何个人的生活与命运不可能逃脱于时代和社会的大势之外，不可避免会受到时代思潮文化、国家的政经大事等因素的影响，但个体生命，其存在的意义和价值绝不应只是可以体现时代文化及其变迁或佐证社会发展趋向或规律的道具，生命本身作为一种自在的存在，其价值与意义也自有其相对的自主性和独立性，人性的光辉、生命的尊严、苦难的应对与拯救等等日常生活中的主题，对于社会的宏观大势来说，或许无关宏旨，但却是生命本身的价值与意义之所在。故而，立足日常生活的逻辑，置身日常生活的语境，不仅让我们可以看到不一样的历史面相，可以更深入细致地观察到生命历程与体验，还可以更具人性地去理解和书写历史。这样，我们就可以在日常生活的语境中关注生命，在对生命的关注中探究人类的疾病、医疗和健康，并进而在对疾病、医疗和健康的探究中呈现生命的历史与意义。

对于上述的认知和理念，很多人也许并不反对，但也往往会生出“说说容易落实难”的疑问，这样的问题固然是存在的，要想很好地实现这一目标，不仅需要研究者比较系统全面地更新学术理念和方法，而且也要有较为深厚的学术功力和较强学术洞察力，要做到做好，诚然不易，但作为一种学术追求和目标，只要真正体认到它的价值和意义，努力进取，也完全是可能实现的。实际上，无论是国际还是国内，都已出现一些比较成功的范例。比如，Joan Jacobs Brumberg通过对发生在女孩身上近代厌食症的探析，呈现了近代英法中产阶级家庭中女孩的生命状态，并进而探析了诸多社会文化权力在女孩身体上交织和博弈，认为文化和青春期女孩身上的压力在疾病的发生上起主导作用，而生理的和生物学的力量则掌控了疾病的经历过程[②]。Laurel Thatcher Ul-

① 参阅余新忠：《当今中国医疗史研究的问题与前景》，《历史研究》2015年第2期；余新忠：《回到人间 聚焦健康——新世纪中国医疗史研究刍议》，《历史教学》2012年第11期下；Yu Xinzhong, Wang Yumeng: "Microhistory and Chinese Medical History: A Review"（第一作者）, Korean Journal of Medical History, Vol. 24, No.2, Aug. 2015, pp.355-387；《生命史学：医疗史研究的趋向》，《人民日报》2015年6月3日，第16版。

② Joan Jacobs Brumberg, Fasting Girls: The Emergence of Anorexia Nervosa as a Modern Disease, Cambridge, Mass: Harvard University Press, 1988.

rich以美国缅因州哈洛韦尔的产婆玛莎·巴拉德(不是医生)的日记为主要分析文本,通过充分地引用日记的篇章让读者感觉到了日记“详尽而反复的日常性”,并努力在日常生活中彰显了18、19世纪美国社区中的普通人的内心世界、医疗行为、医患关系以及性别角色与特征等等直接关乎生命的信息[①]。Barbara Duden利用现在留存下来的1721年至1740年一位德国医生约翰尼斯·斯托奇记载的1816份女性病人的陈述,细腻地探究了当时德国普通妇女对自身身体的经验、体验与认知[②]。吉多·鲁格埃罗,从微观史入手,以意大利威尼斯的一个老妇人Margarita Marcellini离奇的死亡为分析案例,细腻情景化地呈现了17世纪初意大利疾病、宗教、大众文化和日常生活之间的复杂关系以及文化对疾病与身体的解读[③]。在中国医疗史界,虽然还缺乏此类比较成熟的专著,但也不乏颇为成功论文问世,比如,张哲嘉利用晚清名医力钧的医案《崇陵病案》,细致梳理了光绪三十三年(1907年)力钧为光绪皇帝治病的经历,并着力探讨其中所展现的医患关系。该文很好地实践了从例外中发现正常的理念,尽管力钧为龙体把脉是个特殊的个案,但是透过这样的“例外”,我们仍得以省思宫廷中医患关系的实态[④]。韩依薇的《病态的身体——林华的医学绘画》即利用广东商业画家林华于1836—1855年为医学传教士伯驾的肿瘤患者所作的医学绘画,通过细致分析这些绘画制作的背景、技术和内容,来探讨19世纪早期有关病态和中国人身份的信息是如何在文字和视觉文化上被传播和变化的[⑤]。笔者在有关清中叶扬州医生李炳的研究中,也通过对有限资料的细致解读,努力在具体的历史情境和人情网络中来理解李炳的医疗行为和心态,呈现了一位普通医生的生命状态和历程[⑥]。如此等等,不一

① Laurel Thatcher Ulrich, A Midwife's Tale: The Life of Martha Ballard, Based on Her Diary, 1785-1812, New York: Vintage Books, 1990.

② Barbara Duden, The Woman Beneath the Skin: A Doctor's Patients in Eighteenth Century Germany, Translated by Thomas Dunlap, Cambridge, Mass.: Harvard University Press, 1991.

③ 吉多·鲁格埃罗:《离奇之死——前现代医学中的病痛、症状与日常世界》,载王笛:《时间·空间·书写》,杭州:浙江人民出版社,2006年,第124-150页。

④ 张哲嘉:《为龙体把脉——名医力钧与光绪帝》收入黄东兰编《身体·心性·权力:新社会史(第2集)》,杭州:浙江人民出版社,2005年,第211-235页。

⑤ 韩依薇:《病态的身体——林华的医学绘画》,载杨念群主编:《新史学:感觉·图像·叙事》,北京:中华书局,2007年,第185-216页。

⑥ 余新忠:《扬州“名医”李炳的医疗生涯及其历史记忆——兼论清代医生医名的获取与流传》,《社会科学》2011年第3期,第142-152页。

而足。

由此可见,只要我们能够更新理念和方法,努力挖掘资料,在生命史学理念的指引下,以疾病与医疗等主题为切入点,比较深入细腻地呈现历史上生命的存在状态、体验和表达及其与社会文化的互动,是完全有可能的。尽管与国际史学界相比,中国的医疗史研究在这方面的成绩还甚为薄弱,但国际同仁的成功范例以及目前业已出现的良好开端,让我们有理由对中国医疗史研究在这一方向上取得重要进展充满期待。而要实现这一目标,就笔者的考量,以下两方面的努力应是可行的路径:一是通过广泛搜集、细致解读日记、年谱、笔记、医话和医案等私人性的记录,尽可能系统而细腻地呈现历史上日常生活中之人的医疗行为和模式、疾病体验、身体感、性别观和健康观等情况;二是将从各种文献中搜集出来的相关史料,置于具体的历史语境中,从日常生活的逻辑出发,来发掘破解史料的背后关乎生命的文化意涵,观察和思考时代社会文化情境中人们的生命状态、体验及其时代特色。

我们借《新史学》一角,编纂医疗史的专辑,并名之曰"医疗史的新探索",一方面固然是希望藉此向学界展示海内外中国医疗史研究的新进展、新成绩,更好地吸引更多的研究者,特别是青年人才加入这一研究队伍中来。同时,也是希望能够通过展现这一新兴研究的新追求、新取向,并阐发其意义和价值,来推动该研究的不断向前发展。这里所收入6篇专题论文和2篇学术述评,虽然在内容和方法上未必完全如我们上面所述,可归于比较典型"生命史学"的范畴。但相较于大多比较传统的研究,称其为中国医疗史的新探索,应是实至名归。这些研究基本都具有社会文化史的视角,且颇多日常生活史、物质文化史、身体史和性别史的色彩。不仅如此,它们还大多与我们倡导在日常生活的语境中关注历史上的生命的诉求相关。

2015年,笔者曾在回顾和展望当今中国医疗史研究的文章中谈道:"近年来,史学界的医疗史研究作为新兴的研究,受到不少年轻人的欢迎。而今随着时间的推移,这种'新'所带来的红利正日渐消失,如果我们不能及时地针对其存在的问题,探明可行的发展方向,那么这一研究的未来之路必然会更加困难重重。而要让这一研究不断发展,最重要的不外乎研究者能够持续拿出有分量的学术成果,以真正有新意的研究成果来推动学术的发展,并不断彰显这一研究的价值和意义。只有这样,才能依靠实力坦然地面对来自外部的各种质疑。”①一项研究要想取得持续的发展，无疑有赖不断有高质量的研究论著奉献于学林，而高质量的成果需要的不仅是研究者足够的时间和精力上的投入、扎实而深入的钻研，而且也往往离不开新鲜而有意义的理论和方法的刺激和指引。对于当下中国医疗史研究来说，在作为新兴研究在名词和研究对象等方面的新鲜感日渐消退之时，适时地提出恰当的新的理念、方法和发展方向，凝练出新的概念，无疑是十分必要的。而如前所述，“生命史学”作为新的理念、方法和学术概念，对于当下的医疗史研究来说，不仅具有适切性、可行性，而且对于在总体上推进史学理念的更新、历史研究特别是社会史研究的深入开展，也终将大有助益。

不仅如此，笔者认为，若能较好地在日常生活的语境中关注历史上的生命，践行“生命史学”的理念和方法，贡献出有品质的学术成果，还将有助于更好地彰显历史研究的价值与意义。

首先，更有人性的历史书写有助于提振历史论著在学界和社会上的影响力。如果我们从日常生活的逻辑和语境出发，将有血有肉、有情有理的具象的人拉回到历史中，去关注和呈现时人的疾痛体验、苦难经历、健康观念和生命状态等，必将会让我们的历史书写更具情趣和人性，也必将有更多的可能触发学界乃至社会之人内心世界的情感和认知阀门，引发他们更多的兴趣、关注和思考。

其次，有助于从历史的维度促进对疾病和医疗与当今医学发展趋向的理解。现代科技，特别是生命科学与技术的不断发展，大大提升了现代医疗技艺的水平，然而在征服了人类众多疾病的同时，也遭遇了科技发展瓶颈以及诸多难以以科技解决的相关医疗社会问题，这些都推动现代医学人文的兴起。众多的医学人文学者，尤其是医疗社会学和医学人类学者纷纷开始重新思考疾病与医疗的本质，现代医疗模式与医患关系的困境，疾病对人的生活世界和人生意义的影响等等问题。他们的研究让人们看到，疾病并不只是科学可以测量的生理病变，同时也是病人的体验、科学话语、社会制度和文化观念等共同参与的文化建构，医学更不只是一门科学的技艺，同时也是拯救灵魂与身体的保健服务，以及市场体系中的公共产品。若只是仅仅关注疾病(disease)，而对病痛(illness)视之漠然，那就并不能真正消弭人类的苦痛。无

① 余新忠：《当今中国医疗史研究的问题与前景》，《历史研究》2015年第2期，第25-26页。

论是疾病还是医疗，都深深地具有文化的意义[①]。这些研究显然大大推动了人们对当今医疗技术、模式和发展方向等问题的反省，对于人类的健康和全面发展意义重大。但这些研究，若缺乏历史的维度，缺乏历史学的介入，显然就不利于我们更全面系统而深入地认识疾病与医疗，也不利于目前相关研究的进一步推进。而对历史学者来说，对诸多深具文化意涵的疾病和医疗技艺的深入探究，比如上火、肾亏、麻风、肺痨以及温补、辨证论述等等，不仅可以藉此从全新的角度来展示社会文化的变迁，而且也可能和社会人类学一道来更好地理解和思考疾病和医疗的社会文化属性。实际上，社会人类学家对此应该是相当关注和欢迎的，梁其姿有关中国麻风病史的英文论著问世后，很快就引发了凯博文(Arthur Kleinman)、许小丽(Elisabeth Hsu)等著名医学人类学家的关注，并发表书评，就是很好的证明[②]。

最后，有助于从历史学的角度加强整个社会生命与人文关怀。近代以来，科学和理性似乎一直在蚕食人文的领地，科学的日渐强势，业已成为现代世界一种常态。针对这一状况，现代国家特别是西方发达国家，往往会通过有意识地保护和支持人文学科来加以平衡。不过在目前中国这样的发展中国家，虽然国家也有一定相应的举措，但整个社会对于科学推崇和对人文的轻忽，则明显比发达国家严重。在这样的大的情势下，不仅整个社会的人文与生命关怀相对薄弱，而且即使是历史学这样传统的人文学科，也在不断追求科学化同时，日渐淡化了其原本的人文属性，我们的研究和教科书中，甚少有关乎生命和人类精神家园的内容。故而，如果我们能够引入“生命史学”的理念和方法，在日常生活的语境中去关注不同时空中人们的健康与生命，入情入理地去梳理和思考健康文化和生命状态的变迁，一旦这样的成果获得足够的累积，必然会反映到历史教科书中去，而藉由教科书这部分内容传播和渗透，势必会引导和熏陶人们更多地拥有生命关怀意识，从而推动整个社会的生命与人文关怀的培育。

① 对此，可参阅[美]拜伦·古德：《医学、理性与经验：一个人类学者的视角》，吴文江、余晓燕、余成普，译，北京：北京大学出版社，2010年；[美]凯博文：《苦痛和疾病的社会根源：现代中国的抑郁、神经衰落和病痛》，郭金华，译，上海：上海三联书店，2008年；[美]凯博文：《疾痛的故事》，方筱丽，译，上海：上海译文出版社，2010年。

② 杨璐玮、余新忠：《评梁其姿〈从疠风到麻风：一种疾病的社会文化史〉》，《历史研究》2012年第4期。

三、在医学与社会文化之间:新世纪中国医疗史研究前瞻

历史学者介入疾病医疗史研究基本肇始于1980年代中期,发展至今已有30余年,出现了一些高质量的研究成果,但医疗史研究的妥当性在中国史研究中仍会受到质疑。[①]这种质疑并不仅限于史学界的同侪,同样来自医学出身的医史研究者,更有学者把这种医史研究称为"没有医学的医学史"。[②]时至今日,由于医学和史学的学科壁垒而造成相互之间缺乏认同的情况依然严重,人们似乎仍更习惯于使用内史与外史这样的名称来区分医学界与史学界的医史探索。对于绝大多数医学界的研究者来说,外史的研究,根本上无关医学;对于医学来说,其意义顶多不过是有利于真正的医学史研究者更好地了解医学的社会文化背景而已。而众多对疾病医疗感兴趣的历史研究者,也往往会将专业的医学知识视为自己不敢碰触的"圣地",而自觉地以"外史"自居,仅希望从与疾病医疗相关的议题切入,更好地理解历史的演变,而无意于将自己的研究与医学真正关联起来。

在分科分类日渐细密、学术研究专业化程度不断加深的今天,出现这种疏离应该不难理解,但若我们安于这一现状,那不可避免地就会出现下面这样的问题,按当下一般的理解,医疗史研究无疑属于跨学科研究,而跨学科研究正是当前学术研究中特别受到肯定的追求,以跨学科相标榜和诉求的医疗史研究,若基本还是各自为政,那跨学科的意义又在哪里,跨学科又如何可能实现呢?毫无疑问,跨学科并不是要完全打破学科主体和立场,而是需要研究者以开放包容的心态,相互吸收和渗透。不同学科的研究者共同介入医史的研究,肯定是必要的,但要真正展现跨学科的意义,就需要:一方面促动不同学科的研究者去努力破解自身学科以外的相关学科训练不足的难题,以及对自己学科的自以为是;另一方面,则应该尽可能地创建包容有不同学科背景研究者的医史研究中心,通过实际而频繁的接触交流,来渐进式实现相互吸收和渗透,并进而通过彰显这一研究的价值和意义推动其成为一个广被接受的、具有相对独立性的学科。而要做到这些,最最根本还在于需要研究者

① 梁其姿:《为中国医疗史研究请命(代序)》,载梁其姿:《面对疾病:传统中国社会的医疗观念和组织》,北京:中国人民大学出版社,2012年,第3页。

② 参见廖育群:《医史研究"三人行"——读梁其姿〈面对疾病〉与〈麻风〉》,《中国科技史杂志》2015年第3期,第366-375页;廖育群:《医者意也:认识中国传统医学》,台北:东大图书公司,2003年,第224页。

充分意识到，无论是对疾病的界定（framing）还是医学本身，即便是当代，也都不只是科学和专业知识，也是现代整体知识认识下形成的社会文化建构和利益博弈与协商结果，而历史上的医学，在很多方面就更是如此。既然其并非只是所谓的专业知识，那么关于其形成和演变的历史，其参与整体历史演进的地位和角色等，自然就需要不同专业知识背景的研究者共同参与才能梳理清楚，即便是疾病与医学的知识和技术史，恐怕也就不再是所谓的“内史”研究者的专利。

从历史学的角度而言，中国医疗史研究兴起乃是20世纪八九十年代以来出现的新动向，作为新史学的一分子，虽然目前有相当多的研究仍存在着“旧瓶装新酒”的问题，不过总体来看，不难发现，其作为史学界的新兴前沿性研究，在引入和践行国际新兴学术理念和方法上，明显扮演了先行者的角色。仔细梳理近二三十年来中国医疗史的研究，便不难看到，在中文学界，相当一部分对国际前沿的史学思潮，比如新文化史、日常生活史、物质文化史、微观史和全球史等的引介和实践，往往都与医疗史研究者不无相关。[①]学术的生命力在于创新，医疗史未来的发展，不仅应该为医学人文的发展做出自己的贡献，同时也应在现代中国史学发展的脉络中，在引入新理念、实践新方法、探究新问题和展现新气象等方面发挥更大的作用。

固然，立足不同的学科，自然就会形成其特定的诉求，我们可能很难要求文史出身的研究在医史的探究中，将包括中医在内的医学发展作为自己最根本的出发点。同样，可能无法要求医学出身的研究者藉此研究去真正关心史学的发展。但是只要我们真正明了医学知识和实践本身就是生命科学与社会文化的交汇，而人类对疾病的应对和健康的追求从来未曾缺席历史的演进和社会文化的变迁，就会发现无论是所谓“内史”还是“外史”，医史所探究的本来就都在医学和社会文化之间。在这样的中间地带，具体的学术光谱或因个人和学科的因素，而对医学或社会文化有所偏向，但必定都需兼顾双方，才可能贡献出真正具有价值的医史研究。有鉴于此，笔者认为，对于医疗史的发展来说，若能在国际学术发展的新理念的关照和指引下，打通学科壁垒，以

① 这比较典型地体现在台湾学者蒋竹山的相关研究成果上：《当代史学研究的趋势、方法与实践：从新文化史到全球史》，台北：五南图书出版股份有限公司，2012年；《人参帝国：清代人参的生产、消费与医疗》，杭州：浙江大学出版社，2015年。

跨学科的视野和理念，在医学与社会文化之间发现、思考和解决问题，创建相对独立的医史学科，无论是对医学还是历史学深入发展来说，都将具有重要的意义。

四、跨学科研究：当务之急和可能路径

2015年，廖育群先生在《中国科技史杂志》上发表专文对梁其姿先生的两部近著《面对疾病——传统中国社会的医疗观念和组织》和《麻风——一种疾病的医疗社会史》做了评论[①]。廖先生和梁先生无疑都是当今各自学术领域（中国医学史和中国医疗社会史）顶尖的权威学者，这样的评论也无疑可谓是医史研究的高端对话。在文中，廖先生以其一贯的直言风格对这两部著作的部分学术论述以及其代表的医疗社会文化史研究的方法和意义做出整体上比较负面性的评论。不能说廖先生的评论没有道理，但对梁先生研究的判断显然有违国际学术界的基本认识。廖先生是医学出身的医史学家，对近二十多年兴起的医疗史研究颇为了解，而且在我看来，他还是医学史乃至科技史领域较少真正具有历史感的学者。之所以会做出的这样的评论，就我的理解，乃是因为他从这些论著中并没有得到他所希望的真正启发，而且又有足够的自信来坦诚地表达他真实的感受。因为笔者也曾撰写过梁先生大作的书评[②]，所以这里我有必要申明，我们完全是以学术的真诚之心在写作，对梁先生大作的启发性和价值是有真切的感受的，绝非出于情面甚或利益的“虚言”。我在敬佩廖先生的真诚的同时，也总在思考为何在史学界一片叫好的名著而无法给医史大家以真正的启发。个中的缘由，或许在于廖先生内心固守的医学立场，在于他内心念兹在兹的中医，在于他几乎没有历史学本身的问题。而从另一方面说，若只是站在如何从史学的角度思考中医的发展的立场来看，廖先生的失望也完全合理甚至必然，现在大概可以说，要历史学出身的医史研究者，对中医学术自身和中医发展有真正的心得，恐怕还为时过早。

由此可见，虽然在医史的大旗下，当下医学界的医学史和史学界的医疗（社会）史研究者，已经有不少的交流甚至合作，但细究起来，相互之间内在的

---

① 廖育群：《医史研究“三人行”——读梁其姿〈面对疾病〉与〈麻风〉》，《中国科技史杂志》2015年第3期。

② 杨璐玮、余新忠：《评梁其姿〈从疠风到麻风：一种疾病的社会文化史〉》，《历史研究》2012年第4期.

隔膜依然很深,学科间的壁垒也仍然牢固。故而,打破学科壁垒,强调跨学科的视野和方法,对于当前的中国医史研究来说,仍可谓是当务之急。

"学科"译自英文的discipline。从词源学的角度来看,该词源自意指"学生"的拉丁文discipulus,其最基本的含义是"训练"。所谓进入一个"学科",按照disciplina的本义,指进入一个训练体系。罗马人崇尚纪律和训练,这种军事习性反映到教育学,就是以纪律和训练为中心的学习观念。在西方,从学科的本源来说,它一方面指知识的分类和学习的科目,另一方面,又指对人进行的培育,尤其侧重于指带有强力性质的规范和塑造,即学科规训。近代以来,西方的学科体系传入中国,在中文语境中,学科主要是指学问和知识的门类,和教学的科目[①]。大体来说,现代流行的学科体系,乃是近代以来西方社会主要出于更好地开展科学与学术研究以及教育的目的而逐步建构起来的。学科,特别是作为学问和知识门类的学科,虽然具有一定稳定性,但显然一直处在不断发展中,随着时代的发展,各种新兴学科层出不穷,而且不同的学科,也不同程度地存在者互涉性[②]。因此,这种人为建构的学科在促进学术发展的同时,也不可避免地会产生一定遮蔽视野的影响。为此,跨学科的诉求便应运而生,自20世纪20年代以来,跨学科便逐渐成为科学研究中十分重要的概念。关于跨学科的内涵,至今并无公认而确定的界定,但大体上应是指"两门或两门以上不同学科之间紧密的和明显的相互作用,包括从简单的交换学术思想,直至全面交流整个学术观点、方法、程序、认识和术语以及各种资料。"其核心元素主要有二:一是不同学科间的问题研究,即针对实践中出现的问题,以"问题解决"(problem-solving)为中心的研究模式;二是整合,即在系统的元素或组成部分越来越专门化、差异化时,为了保持系统效能而加深其各部分联系的一种方式[③]。也就是说,真正的跨学科研究,是为了解决实践中出现的现实问题,研究者打破人为的学科分界,深度整合相关学科的立场、理论和方法而开展的学术探索行为。

医史学科无疑从一开始就具有医学和史学的跨学科或者说交叉学科的

---

① 庞青山:《大学学科论》,广州:广东教育出版社,2006年,第20-21页。

② 参阅[美]朱丽·汤普森·克莱恩:《跨越边界:知识 学科 学科互涉》,姜智芹译,南京:南京大学出版社,2005年,第1-22页。

③ 参阅金吾伦:《跨学科研究引论》,北京:中央编译出版社,1997年,第13-14、46页;邹晓东,陈艾华:《面向协同创新的跨学科研究体系》,杭州:浙江大学出版社,2014年,第21页。

性质,然而长期以来,其隶属于医学学科这一现实,无可避免地使得该学科的跨学科特色难以得到良好的彰显,而近年来历史学越来越多的介入,以及跨学科研究的呼声日益高涨,虽然使得跨学科探索和学科交叉融合成为很多研究者表面上的共识,但实际上,受制于该学科积累较浅、研究者自身学术素养不够等诸多因素的影响,当前以跨学科相标榜和诉求的医史研究,其实基本还是处于各自为政、缺乏系统整合的状态。在这种情况下,又该如何补强医史研究本身具有跨学科特色,推动不同学科出身的研究者开展真正意义上跨学科探索呢?

首先,我们需要充分意识到,学科的发展是一个长期而逐步积累的过程,和西方发达国家相比,我国的医史研究整体上还处于边缘或新兴状态,学科积累浅薄,研究力量薄弱,所以一方面短期内不宜对在跨学科研究基础上结出的果实抱有太高的期待,而应以积极鼓励的心态来看到类似的成果;另一方面,也不能急功近利,搞一些轰轰烈烈的表面文章,而应该真正从跨学科理念出发,做一些踏踏实实具有长远性的工作。

其次,应尽可能加强研究者跨学科意识、理念和素养的培育。通过不同的途径倡导不同学科的研究者去努力破解自身学科以外的相关学科训练不足的难题,以及对自己学科的自以为是。跨学科并不是要完全打破学科主体和立场,而是需要研究者以开放包容的心态,尽可能理解不同学科的各自的立场和诉求,相互了解和吸收不同学科理论和方法,并将其渗透到自己的研究中去。

最后,从实际操作的层面,应努力培养有多种学科背景的学术人才,在研究生教育和博士后培养中,积极支持鼓励历史学和医学及相关学科的学生投身不同学科进行学习深造。另一方面,在现有条件下,则应该尽可能地通过组建包含不同学科背景的研究者的研究团队,展开深度合作的研究,定期开展工作坊、读书会等学术活动,并努力在此基础上创建多学科的医史研究中心。通过实际而频繁的接触交流,来渐进式实现相互吸收和渗透,并进而通过彰显这一研究的价值和意义推动其成为一个广被接受的、具有相对独立性的学科。

五、融通内外的可能路径：中医知识研究刍议

1.何为知识史

以上所述表明，加强研究者跨学科意识、理念和素养，积极倡导推动跨学科研究，对于当前中国的医史研究来说，不仅是当务之急，而且也有可实践的路径。不过上述的路径，还相对停留在认识和理念上，缺乏具体的学术上的切入点。虽然，从何种议题切入比较合理，并无一定标准，而需要根据个人的兴趣和学术诉求来确定。但在倡导某种理念方法时，举出具体的切入点，显然有助于读者更好地理解这种倡导，并有所归依。笔者曾依据自己多年的学术积累和思考，在一篇论文结尾提出：

> 文史等学科出身的研究者介入到被医学界的医史研究者视为"核心地带"的中医知识史研究，特别是包括清代医学知识史在内的明清以降中医知识的演变和建构，不仅是可能的，而且完全有可能从自身的角度对于当今中医知识的认识和省思提供有益的思想资源，不仅如此，还可以借此打破内外史的学科壁垒，展现跨学科的意趣和价值，并为推动未来创立相对独立的医史学找到一个可能的发展路径①。

这可谓是一种很有针对性但过于笼统的说法。何为知识史？这一研究的意义何在？怎样打破内外史的学科壁垒，融通内外？具体探究什么？又如何探究？如此等等，都是问题。要想让人真正理解我们可以藉此强化跨学科研究，推动融通内外的医史研究深入开展，就有必要对此做出进一步的论述。而在论述其为何展开、如何展开之前，首先需要回答的可能还是何为知识史。

知识(knowledge)是一个大家都非常耳熟能详的词汇，一般意义上，知识是指"人们在改造世界的实践中所获得的认识和经验的总和"②。这实际上是个非常笼统而缺乏确定性的说明。细究起来，知识其实是一个极其纷繁复杂而至今也难有公认定义的词汇，它不仅是一个多语境现象，有多种形态和多种过程，渗透了人类的一切活动，涵盖了人类行为的几乎所有范畴，而且也拥

---

① 余新忠、陈思言：《医学与社会文化之间——百年来清代医疗史研究述评》，《华中师范大学学报(人文社会科学版)》2017年第3期。

② 汉辞网，http://www.hydcd.com/cd/htm_a/42012.htm，[2018-08-10]。

有不同视角的现象学诠释[①]。不过从哲学的角度，传统一般认为，“知识构成的三个条件分别是信念、真和证实”[②]，或者说“知识就是得到辩护的真信念”[③]。从中可以看出，根本上，知识往往具有较强的真理性和科学性的意蕴。长期以来，探究知识本质的知识论一直是西方哲学关注的重点问题，近代之前对于知识的探讨，往往被称为认识论，而在当代知识理论中，它的研究内容从有关认识的发生学的研究，转变为有关知识本身之所以为真的条件的研究，特别是有关知识的确证问题的研究[④]。虽然当代的一些哲学家也对知识的真和可证实的本质，提出了激烈的质疑[⑤]，但这些纯哲学性的探究，对于其他学科影响并不大，反而是21世纪兴起的知识社会学及其当代转向，对当代学术潮流产生了重要影响。

20世纪以来，随着知识的爆炸性增长和学术研究的不断深入，学术界对知识的关注开始从其本质性的论述以及社会中的知识因素，转向知识中的社会因素，开始将知识作为反思和批评的对象，知识社会学应运而生。自1924年马克斯·舍勒创建“知识社会学”(Wissenssoziologie)开始，经过卡尔·曼海姆的发展和彼得·伯格和托马斯·卢克曼的完善，知识社会学的研究日趋成熟。1970年代以后，随着范式转移，知识社会学问题再次成为西方社会科学研究中的焦点。大体说来，知识社会学在20世纪经历了决定论、互动论到建构论的演变历程。在建构主义的观点中，“社会现实被理解为个人和集体行动者的历史的和日常的建构，它更强调社会结构及其表征以及个体间关系的相互作用，其中心概念不是‘决定’而是‘互动’。……他们把出发点定在日常生活中的知识及其在面对面的环境中的激活，在面对面的相遇中，知识构成了人们据以进行理解和对待他人的典型化图式，由此建构出社会的客观实在和主观实在。”[⑥]以建构论为核心元素的知识社会学的复兴，其主要刺激来自克洛德·列维-斯特劳斯、托马斯·库恩和福柯等人的研究。根据英国著名历史学

---

① 张新华、张飞：《“知识”概念及其涵义研究》，《图书情报工作》2013年第6期。

② 胡军：《关于知识定义的分析》，《华中科技大学学报(社会科学版)》2008年第4期。

③ 潘磊：《知识概念与认知实践——从盖梯尔问题谈起》，《自然辩证法研究》2011年第8期。

④ 陈嘉明：《当代知识论：概念、背景与现状》，《哲学研究》2003年第5期。

⑤ 参阅潘磊：《知识概念与认知实践——从盖梯尔问题谈起》，《自然辩证法研究》2011年第8期。

⑥ 刘文旋：《知识的社会性：知识社会学概要》，《哲学动态》2002年第1期。并参阅郭强：《知识社会学范式的发展历程》，《江海学刊》1999年第5期；黄晓慧，黄甫全：《从决定论到建构论——知识社会学理论发展轨迹考略》，《学术研究》2008年第1期。

家彼得·伯克的概括,新的建构论知识社会学特点主要有四:一是关注的重心已经从知识获取和传播转移到知识的"建构""生产"乃至"制造"上;二是知识的范围更扩大和多元化,实用的、地方性的或"日常"的知识,也同样被研究者严肃对待;三是更加关注小群体、小圈子、关系网或"认识论共同体"的日常知识生活,把这些小群体看作是建构知识和通过特定渠道引导知识传播的最基本单位;四是主张知识是具有社会情境的。现阶段,人们更关注的是性别和地理研究[①]。

这些特色显然都与现代西方学术潮流相匹配。其中,福柯的研究,更明确地将知识和权力关联起来,推动人们从建构论的角度思考知识背后的权力关系。他以"话语实践"作为核心的分析工具,对知识进行了探索,他说:

> 我们所谓的知识是由某种话语实践按其规则构成的并为某门科学的建立所不可缺少的成分整体。知识是在详述的话语实践中可以谈论的东西:这是不同的对象构成的范围,它们将获得或者不能获得科学的地位;知识,也是一个空间,在这个空间里主体可以占一席之地,以便谈论它在自己的话语中所涉及的对象;知识,还是一个陈述的并列和从属的范围,概念在这个范围中产生、消失、被使用和转换;最后,知识是由话语所提供的使用和适应的可能性确定的。有一些知识是独立于科学的,但是,不具有确定的话语实践的知识是不存在的,而每一个话语实践都可以由它所形成的知识来确定。[②]

由此可见,知识的形成经历了话语实践按其规则构成的这一过程,并非凭空产生,亦非生来就具备权威性和科学性。显而易见,知识的产生是一个历史的过程,福柯的知识社会学的研究,其实围绕着知识史而展开的,其目的,"是要揭示西方文化如何借助于话语论述模式的不断变化、而形构历史发展和一切社会行动的主体"[③],也就是要揭示知识的权力。不过福柯虽然关注历史,但不同于一般的历史研究,他有意摒弃传统的科学的历史学,而独树一

① [英]彼得·伯克:《知识社会史》上卷《从古登堡到狄德罗》,陈志宏、王婉旎,译,杭州:浙江大学出版社,2016年,第6-10页。

② [法]米歇尔·福柯:《知识考古学》,谢强、马月,译,北京:生活·读书·新知三联书店,2007年,第203页

③ 高宣扬:《当代法国哲学导论》(上),上海:同济大学出版社,2004年,第429页。

帜地采用谱系学和考古学的方法，旨在以历史感性对抗历史理性，以着重对历史上的“断裂性”和“差异性”的关注来反叛传统思想史的“连续性”和“一致性”的论述[①]。他说：

> 人们看到这样的分析并不属于观念史或科学史：还不如说它是一种探究，旨在重新发现诸认识(connaissances)和理论在何种基础上才是可能的；知识(le savoir)依据哪个秩序空间被构建起来；在何种历史先天性(a priori historique)基础上，在何种实证性要素中，观念得以呈现，科学得以确立，经验得以在哲学中被反思，合理性得以塑成并且以便也许以后不久就消失。因此，我将并不涉及今日的科学最终在其中得以确认的向客观性迈进的那些被描述的认识；我设法阐明的是认识论领域，是知识型(l’épistémè)，那些撇开了任何参照其理性价值或客观形式的标准而被思考的认识都在该知识型中奠定了自己的实证性，并由此宣明了一种历史，这并不是这些知识日益完善的历史，而是其可能性状况的历史；在此叙事中，应该显现的是在知识空间(l’espace du savoir)内那些产生了经验认识之各种形式的构型(les configurations)。这个叙事与其说是一种传统意义上的历史，还不如说是一种“考古学”(une archéologie)[②]。

不管怎样，福柯的研究昭示了知识史研究的可能性，知识史逐渐成为史学界日渐关注的议题。在21世纪之前，西方史学界对知识史的关注并不多，但随着彼得·伯克《知识社会史》(上下卷)的出版，知识史的研究日趋增多。从目前西方中国医史的研究中，知识史已经成为其中最重要的问题意识之一(详见下文)，便不难看出这一趋向。而国内，目前具有知识史理论自觉的研究还十分有限，潘晟在其历史地理知识史研究的基础上，对知识史有一个简短的回顾和展望。他对当前较少的先行性研究，比如葛兆光、杨念群、程美宝、孙英刚及其本人的研究做了介绍，认为这些研究都从不同的视角关注到了知识史的问题，但基本都还不够专门和系统。并进一步主张从将知识史作为探讨社会变迁的一种手段或分析工具[③]。这是目前国内极少的对知识史进

① 参阅徐浩、侯建新：《当代西方史学流派》(第二版)，北京：中国人民大学出版社，2009年，第430-436页。

② [法]米歇尔·福柯：《词与物——人文科学的考古学》(修订本)，莫伟民，译，上海：上海三联书店，2016年，第8页。

③ 潘晟：《知识史：一个简短的回顾与展望》，《史志学刊》2015年第2期。

行专门介绍和总结的论文，具有重要的创新意义。不过该文对知识史研究路径和意义的研究似乎并不全面，关注点似乎主要集中在知识与社会变迁一隅，而且遗漏了桑兵等人深具开创性的研究《近代中国知识和制度的转型》① 这一重要著作。该著希望通过近代中国知识系统及相关制度的根本性变化，来更好地理解中国社会近代转型的轨迹和内在机理，获得理解传统、认识变异、了解现在和把握未来的“钥匙”。该著虽然并未在明确揭橥知识史的研究理念，但从其具体的研究来看，无疑可谓是当今中国学术界有关知识史研究的先行性的重量级研究。此外，新近出版的傅荣贤的《中国近代知识观念和知识结构的演进》一书，梳理了在历史研究中，知识与文化、学术、思想等概念的关系，认为，总体上，文化、知识和学术（思想）概念的外延递减而内涵递增。“作为语境背景的社会文化和作为认识焦点的学术思想之间的博弈，存在着一个作为中间层面的‘知识’”②。该著旨在通过对近代中国知识观念和结构的演进来探究古代知识在当代的重建问题，可谓是当今中国史领域具有自觉知识史理论意识的开创性著作。不过在具体的论述中，作者似乎并没有展现出对知识的建构性的自觉以及较强对知识的反思和批判性意识。而最新出版的张寿安主编的《晚清民初的知识转型与知识传播》③则是其主持台湾“中研院”支持的大型主题研究计划“近代中国知识转型与知识传统，1600—1949”的先导性研究成果，该研究的基本问题与桑兵的著作颇为一致，不过相对更具有知识史的意蕴。其希望通过各种不同知识在近代的重构和传播来更好地认识和理解中国的近代转型，诠释中国的近代性。该计划集合了中国大陆、中国台湾、中国香港和美国、日本的9位著名前卫学者展开协同研究，展现了知识史研究在当前中国史特别是中国近现代史研究中强烈的蓄势待发意味。

综上可见，知识史是当今在后现代思潮影响下兴起的新兴史学研究，虽然目前的成果还不算丰硕，不过得益于知识社会学研究深厚的学术底蕴，知识史正趋成为西方史学界重点关注的热点议题，国内史学界也开始逐渐兴起。虽然我们一时还难以对知识史做出比较确定的界说，不过从知识论、知

① 桑兵等：《近代中国的知识与制度转型》，北京：经济科学出版社，2013年。

② 傅荣贤：《中国近代知识观念和知识结构的演进》，北京：知识产权出版社，2016年，第3-11页。

③ 张寿安：《晚清民初的只是转型与知识传播》，北京：北京师范大学出版社，2018年。

识社会学到知识史学术脉络的梳理,大体上可以概括出知识史基本内涵和特点,知识史不仅关注介于社会文化和学术思想的知识的渊源、演进脉络,同时也注重探究知识的生产过程和建构、流传机制,考察知识的社会情境性,以及省思知识对社会文化的形塑作用,并通过将当今习以为常或视为经典的知识过程化,来重新认识和思考这些知识及其未来发展的可能性。除此之外,应避免将知识仅仅理解为真理和科学,或者将其局限为精英的、系统化的观念和认识,而应尽可能在大众的、日常生活的语境中来理解多元化的知识。同时也需注意,我们对知识的认知不能局限于形而上的概念层面,而必须更多地置于社会实践的层面来展开。

2.中医知识史研究发凡

随着医学与社会文化的诸多关联以及医学本身的社会文化属性被更多地意识到,医学或者医疗社会文化史在20世纪后半叶以来,取得了长足的发展,然而,到21世纪初,著名的医学社会史家罗杰·库特却写下了《"界定"医学社会史的终结》一文,在该文中,作者鉴于在后现代思潮的冲击下,"医学""社会"甚至"历史"等概念的内涵已变得大有问题,以往过于简单肤浅的医学社会史在学理上业已终结,不过"医学社会史终结时的前景并不是回归到'社会'在重新理论化和'界定'时所错失的,而是回到对于下面这种现象各种不同的后结构主义的、'政治性的'理解,即在历史学的框架内,医学更加批判性地意识到自己的价值、前景和目标。"[①]这一论述提示我们,当今医史的研究,应该更多地回到医学本身的议题,尽管我们需要从更多元的视角来加以认识和理解。显然仅仅局限于技术史的方法和议题肯定是远远不够的,但若忘记了医学本身,而只是关注医学外围的社会文化因素,也不当是未来医学史研究的根本所在。

要将这两者很好地结合起来,知识史可谓是非常恰当的研究路径,因为前面的论述已经表明,知识史研究并不仅仅将医学视为纯粹的科学技术,不但会充分关注医学知识建构机制中社会文化因素,也会思考知识建构所反映的社会文化变迁和建构的知识对社会文化的形塑作用,也就是说,这一研究

---

① Roger Cooter, "'Framing' the End of the Social History of Medicine", in Frank Huisman and John Harley Warner eds., Locating Medicine History: the Stories and Their Meanings, Baltimore and London: The Johns Hopkins University Press, 2004. pp.309-337.

中，社会文化史完全不会缺席。而另一方面，对医学知识的探讨，必然会指向对现实中医学问题及其发展的思考和理解。事实上，张大庆先生已经颇具开创性对此做出了论述，他在《理解当下医学的悖论：思想史的路径》一文中，提出当今社会，医学在取得巨大的进步的同时，也引来人们更多的不满和抱怨，针对这一悖论，就有待于我们从思想史的角度，联系过去和现在，来认识医学的复杂性，审视我们的健康观、疾病观和生死观，思考医学职业的价值和责任①。该文虽然使用的是传统思想史的概念，但从其医学思想史概念的内涵的解说来看，谓之为医学知识史，可能是更为确切的表述。显然，对此的探讨，需要我们以现实问题为导向，通过跨学科的整合方法来解决问题。可见，从知识史的路径入手探究医学，不仅可以很好地践行跨学科的理念和方法，而且也非常切合于当代国际医史研究的前沿态势。

相较于现代医学或者说西医，中医所面临的问题无疑更为复杂而严重，故而从知识史的角度来探究中医，更显必要。近代以来，有关中医的讨论相当热门，而且异见纷呈，稍做考察便不难发现，人们对中医的认识其实颇为混乱乃至矛盾，比如一方面今人往往会自然而然地将中医视为传统，并名之为“中国传统医学”(TCM)；另一方面，国家的定位和学科体系则又将其归入现代科技。这一混论不仅让世人有关中医的认知异常分歧，而且使得国家对中医的定位及其发展策略也往往曲折反复。之所以如此，一方面固然缘于世人对科学与文化的认知和情感多有差异，另一方面也直接与人们对中医究竟是传统还是“现代”认识混乱密不可分。实际上，以西医为参照对象而被视为传统的当下中医，若从中国医学自身的演进脉络来说，实乃“现代”，乃是近代以来，随着中国传统文化的日渐被质疑乃至否定以及西方医学的强势进入和日益迅猛的发展，一代代中医学人为了自身的生存和发展，努力用现代的科学和学科思维，通过医学史钩沉和传统医学知识筛选，逐渐建构起来的一套现代知识体系。也就是说，中医并不是一种作为传统象征的本质性存在，而是随着中国历史文化的变迁而不断演进的知识体系。而要厘清这一点，让人们对此有清醒的认识，无疑就需要引入新学术理念，通过中医知识演进历史的梳理，来探究宋元以来的“中医”演变，特别是对近代以降面对作为他者的西医，中医如何通过自我重构来拯救和发展自身的历史。

---

① 张大庆：《理解当下医学的悖论：思想史的路径》，《历史研究》2015年第2期。

虽然国内中医学界以及主要由中医学研究者组成的医史学界对中医的现代化问题十分关注，讨论也甚为热烈，但对于现代中医知识本身的历史性和现代性，却甚少给予注意，甚或还较少有人意识到这一问题。反倒是海外接受了系统人类学和历史学等现代学术训练且关注中医的研究者，比较早注意到这一点。文树德(Paul U. Unschuld)曾指出，作为一个整体的、界限明晰的、古今相传的医学体系的“中国医学”是在1920—1930年代中医存废之争中被创造出来的。[①] 1990年代相继出版的两位医学人类学的作品也指出了，“中医”(Traditional Chinese Medicine)这个概念实际上是在1950年代特殊的政治和社会环境中被创造出来的。现代的“中医”一方面宣扬其传统的根基和两千余年的历史，另一方面又强调其规范化、现代化以及科学化特征。实际上，不仅仅“中医”这个名词的出现是很晚近的事情，当代中医的理论和实践有很多方面实际上是在近代以来被创造或重新发现的。[②]稍后英国学者蒋熙德(Volker Scheid)出版了《中医在当代中国：多元和综合》一书，关注机构、政治、历史，以及“非人的媒介”(nonhuman agents)在塑造和重塑中医过程中的角色，为纠正把中医当作铁板一块及简化论的观点，他强调中医实践的被建构性，是多元的、不断变化的实践行为[③]。而最近出版的两部历史学者的著作则以这一认识为出发点，从历史的视角探究了现代中医的形成过程。吴章的著作综合性研究考察了从19世纪中期至20世纪中期，中国医学由多元的私人性活动转变为标准化的、由国家支持的双轨系统，解释了西医和中医如何相遇及现代化的问题，认为现代中医领域形成了一种在很大程度上屈从于民族主义政治策略的新医疗方式(TCM)。[④]雷祥麟则试图在回答中医是如何从现代性的对立面转变成中国探索自身现代性的标志，其立足于对中医现代性的把握，探究了近代以来，在复杂历史背景中以及国人对待现代化和传统矛盾纠结的心态作用下，现代中医样貌的复杂性和多元性，并用“非驴非马”来加以

① Paul Unschuld, Medicine in China: A History of Ideas, Berkeley: University of California Press, 1985.

② Judith Farquhar, Knowing Practice: The Clinical Encounter of Chinese Medicine, Boulder, Colorado: Westview Press, 1994; Elisabeth Hsu, The Transmission of Chinese Medicine, Cambridge: Cambridge University Press, 1999.

③ Volker Scheid, Chinese Medicine in Contemporary China: Plurality and Synthesis, Durham: Duke University Press, 2002.

④ Bridie J. Andrews, The Making of Modern Chinese Medicine, 1850-1960, Vancouver: University of British Columbia Press, 2014.

概括。[①]类似的研究还有不少，这些只是其中的荦荦著者，似乎可以说，现代中医知识的形成，已渐趋成为西方中国医史和中医人类学界的热点议题。姜学豪(Howard Chiang)最近编纂出版的论文集可谓是这一趋向的体现[②]。这些研究对我们理解现代中医，无疑提供了诸多非常有启发性的视角和议题，但它们的异域背景和立场，势必使其真正的关注点往往在对中国文化和历史现代性和非西方性的把握和思考，难以从中国自身的立场出发去关心中医乃至中国社会文化的发展，也不太可能深入中医学术内部。而且受学科背景等因素的影响，对于包括古代特别是宋元以来的传统时期医学知识演进对现代中医的形成的影响，还甚少论及。而国内的研究者，受学术训练和研究视角等诸多因素的影响，虽然已有少数研究者已注意到当代中医的现代特质[③]，但整体上对该问题的研究还基本是点到为止，学术性和系统性严重不足。

值得指出的是，“中医”本身也是一个具有历史性的概念，不同的时代有不尽一致内涵，大体上，外延是比较确定的，就是指在主体上在中国产生、发展并实践的医学知识体系，也就是现代意义上与西方医学相对的所谓的中国“传统”医学(TCM)。中医知识史的研究也主要是立足现代中医的基本认识，通过对其历史过程的追踪梳理，来探究现代中医的历史性和现代性以及历史变迁的复杂性。这无疑是一个十分宏大的课题，内容极其丰富，不同的研究者将很容易从自己的兴趣出发，找到探究的议题。不过就笔者的考量，以下几个方面的议题，对于这一研究来说，应该非常值得展开的。1.中医知识的生产、流通和传承及其历史演进。这部分主要采用历史学的方法，从文本和实践两个层面来梳理中医知识的演进过程，藉此让我们对知识演进的脉络有一个整体性的认识。而在具体探讨中，关注点将集中于生产、流通和传承等三个方面，从中医核心问题出发，通过精选文本，引入书籍史和阅读史的理念和方法，将文本置于具体的历史情境中来加以考察。既关注知识的演进脉络和生产机制，也注重知识在日常生活的流传和实践及其变迁；不仅观察文本和

① Sean Hsiang-lin Lei, Neither Donkey nor Horse: Medicine in the Struggle over China's Modernity, Chicago: University of Chicago Press, 2014.

② Howard Chiang, Historical Epistemology and the Making of Modern Chinese Medicine, Manchester: Manchester University Press, 2015.

③ 其中比较重要的成果有：廖育群：《医者意也：认识中国传统医学》，台北：东大图书股份有限公司，2003年，第209-225页；张效霞：《回归中医：对中医基础理论的重新认识》，青岛：青岛出版社，2006年；等。

实践之间的紧张与互动，也注意探讨精英和民众之间知识的异同和交流。2.医史书写及其意义。医学史虽然可以视为对医学知识演进脉络的呈现，但更应看到，医史书写本身也是一种知识建构，这部分虽然也会通过对医史论著的梳理，来进一步呈现知识脉络的演变，但重要的是通过对历史上医史书写中的知识建构机制及过程的探讨，来考察知识谱系是如何形成的、范式转移又是怎样发生的，并进而探究医史书写对中医知识的形塑作用。3.技艺、器具变革与中医知识的演进和再生。技艺是一种相对独立的知识体系，是一种实践性、身体化的知识，而医疗器具则是知识的物化体现，藉此的探讨，不仅可以进一步考察实践领域的医学知识的演进，亦可探索技能和器具这样具有物质性的知识对于中医知识建构的重要影响。4.全球史视野下的“他者”与中医知识的建构。中医虽然是在中国文化脉络中相对独立发展起来医学体系，但也从来不是封闭而孤立生成的，在演进过程中，众多跨文化、跨地域、跨民族的外来因素，对于中医知识的建构起到极为重要的作用，特别亟待西方文化和医学知识，对现代中医的建构是极其重要的。对此的探讨，将非常有助于我们更开放而多元地理解和认识中医。5.知识史脉络中的现代中医理论体系的形成。现代中医知识的主要内涵主要体现在现代中医理论体系中，立足上述有关中医知识演变的研究，在历史的脉络中，考察梳理现代中医理论体系的形成过程、知识来源和建构机制，对于我们厘清和思考现代中医的形成，将是至为关键的一步，也可以是说，是我们在大量历史研究基础上的最终目标。

六、结语

综上所述，开展中医知识史研究，不失为融通内外史之间壁垒、真正开展跨学科研究的有效路径，不仅如此，我们将知识史的研究放在社会文化史的路径下展开，一方面要充分关注和透视知识的社会文化意涵，另外一方面，也将努力做“活”的知识史，即将知识文本与“人”密切的联系起来，在具体的实践中和历史情境下来认识和理解知识，故而也将具有生命史学的意蕴。藉此，将为构建融通内外的“生命史学”体系提供可能。

明代的寺庙先贤祠及其功能转化
——以南京清凉寺一拂祠为个案

陈宝良　李　建[①]

摘　要:祠祀先贤于寺庙是唐宋以降的一个普遍现象,是儒佛道合流的典型表征。明代是其成熟时期。南京清凉寺一拂祠为纪念北宋士人郑侠而建,至明中后期已破败荒废,并被挪作别用。在叶向高、焦竑等人的倡导下,对一拂祠重加兴复,一时繁盛远超于宋,隐然已是清凉寺的重要文化标志,且成为明代寺庙祀贤的范例。一拂祠的重建过程,大抵反映了明代寺庙祀贤的普遍情形,其后续效应体现出士人心态及社会文化的新趋向,而其社会功用则更在教化之外有所拓展。

关键词:明代;士人;先贤祠;寺庙

引论

中国自先秦时期就有立祠庙祭祀的传统,且随着社会的演进不断发展、普及和下移。牛建强将先贤祠归入与自然神灵相对的"人神"崇拜,[②]而成荫

① 作者简介:陈宝良,男,哲学博士,西南大学历史文化学院教授、博士生导师;李建,女,历史学硕士,现任职于成都市温江区涌泉街道办事处。

② 牛建强同时也指出,明代地方祠祀先贤已相当普遍,甚至出现了"冒滥"的情况。参见牛建强:《地方先贤祭祀的展开与明清国家权力的基层渗透》,《史学月刊》2013年第4期,第39–64页。

则认为先贤祠当属中国祠庙祭祀体系中的“纪念性祠庙”。[①]相关讨论普遍认同先贤祠是以士人为主体，且具有垂范性的祭祀前贤场所。由于重文的传统与理学的发展，宋、元两代堪称先贤建祠立祀普遍化的时期。[②]明人承续了这种风气，且更加兴盛、成熟，向官方化、专门化、制度化发展，体现了国家、地方政府和士绅的沟通协作。[③]明代先贤祠祀的研究多集中在乡贤、名宦二祠，关注其建制、祭祀流程及其地方的教化功能，以及通过地方贤祠探究国家意识与地方认知、国家权力的基层渗透等。[④]这两种祠庙一般设于地方学校或书院，采用“群祀”的形式，属于“庙学先贤祠”的体系。[⑤]但尤堪注意者，尚有相当一部分独立于此体系之外的先贤祠，其选址多为寺庙、道观等，一般为专人专祀，散立杂处，非“正祀”之属。[⑥]这类祠庙并没有因庙学先贤祠的勃盛而衰退，尤其受到士人的推崇，且因环境等方面的差异，有其独特的社会功用。

建于宋，毁于元，兴于明的南京“一拂祠”，是明代寺院先贤祠的典型，且从某种程度上顺应了儒佛道合流的趋势。祠虽建于宋，却在明代得到新生并经历了最为繁荣的阶段。爬梳其“再兴”历程及其后续效应，可以管窥明代寺庙祀贤的普遍情形，进而藉此探究士人心态及社会文化趋向，以及祠祀社会功能的演变。

---

① 成荫：《文化偶像型先贤祠的特质——以杭州苏轼祠为例》，《宜宾学院学报》2011年第11期。

② 孙娇娇：《宋代温州官学先贤祠及其后世演化》，杭州：浙江大学硕士学位论文，2015年。

③ 由于国家意志、政策的介入和地域观念的加强，明代逐渐将宋的“先贤祠”发展成为“乡贤”和“名宦”两种分行并列，职能明确的祠庙。前者祀在当地有影响力的“乡先生”，后者祀曾为当地做过杰出贡献的官吏，二祠都被纳入国家祭祀体系，有严格的入祠程序、准入标准和祭祀流程。相关研究参见：张会会：《明代的乡贤祭祀与乡贤书写——以江浙地区为中心》，长春：东北师范大学博士论文，2015年；林丽月：《俎豆宫墙：乡贤祠与明清的基层社会》，载黄宽重主编：《中国史新论：基层社会分册》，台北：台北联经出版公司，2009年，第327-372页。

④ 此类研究主要有：张玉娟：《明清乡贤文化浅析》，《商丘师范学院学报》2008年第11期；魏峰：《从先贤祠到乡贤祠——从先贤祭祀看宋明地方认同》，《浙江社会科学》2008年第9期；屈精柱：《地方认知与国家意识的互动：明代以降乡贤推举和祭祀研究》，《重庆师范大学学报（哲学社会科学版）》2016年第4期；屈军卫：《明清时期名宦与名宦祠研究——以河南名宦祠为中心》，河南大学硕士学位论文，2009年；徐莹莹：《试析福建文庙祭祀的教化功能》，《福建论坛（人文社会科学版）》2016年第7期等。

⑤ 赵克生：《明代地方庙学中的乡贤祠与名宦祠》，《中国社会科学院研究生学报》2005年第1期。

⑥ 南宋以后，群体性的先贤祠逐渐向庙学转移。具体参见郑丞良：《南宋明州先贤祠研究》，上海：上海古籍出版社，2013年，第19页。

一、一拂祠及其在明代的重建

（一）一拂祠及其祀主

“一拂祠”位于南京西北角清凉寺清凉法堂西偏一室，原名“瑞像阁”，北宋士人郑侠曾在此寓居读书，因此被称为“郑介公读书堂”，[①]或称“郑公读书处”。该祠建于南宋嘉定十四年（1221年），时应天府总领商硕在郑侠读书旧址建“一拂先生祠”，塑郑侠像于其中，岁常祭奠。[②]该阁原来的名字和作用便逐渐被其事迹和声名所替代，成为一段历史记忆的见证和载体。

一拂祠的受祀者郑一拂，原名郑侠，字介夫，号一拂先生，原籍福州福清县，祖上为光州固始人，唐末迁入福清。北宋嘉祐四年（1059年），郑侠的父亲郑翚赴任南京酒税监。母亲去世后，郑侠便随父就官金陵，并长期寓居清凉寺，以一小室读书习业，终于在治平二年（1065年）登甲科进士，官至南京安上门监门。郑侠一介“监门小吏”，之所以被后人建祠供奉，主要因“流民图”一事使其获忠义之名，其清廉耿介的品性也随之得以彰显。据载，郑侠任职期间，正值王安石升任宰相，大肆实行革新法，屡次请郑侠加入新法阵营，但郑以新法“多不便于民”，不加支持。熙宁六年（1073年）七月，南京大旱不雨，一直持续到次年三月，当时正在施行的青苗法导致百姓不堪重负，饥民遍地。郑侠便将自己执监安上门所看到的悲惨景象绘制成“流民图”附于奏疏之中，谎称紧急密报，得以上呈宋神宗。新法因此被废，王安石亦辞官。而后吕惠卿任参知政事，又重新推行新法，郑侠却获罪贬官至英州编管。此次事件后，郑侠连续遭贬，止于泉州教授。后来又遭权臣蔡京的排挤列名党籍，被停职五年后朝廷欲叙用，郑侠却坚决去官归乡，归时仅存一拂尘，便自号“一拂居士”。郑侠卒于宣和元年（1119年），七十九岁。在他死后百年，终于被平反、追封，南宋嘉定六年（1213年），以“平生行事，合于知死必往执一不迁之法”，破格获谥“介”。[③]

除却此事，郑侠身上尚有值得追踵之处：其一，作为一个儒士，他勤奋自勉，才情甚高。郑侠来南京以后，长期借寓清凉寺一小室读书，文采渐有声

① [宋]周应合：《景定建康志》卷31，《宋元珍稀地方志丛刊》，成都：四川大学出版社，2007年，第1458页。

② [宋]周应合：《景定建康志》卷31，《宋元珍稀地方志丛刊》，第1462页。

③ [宋]周应合：《景定建康志》卷31，《宋元珍稀地方志丛刊》，第1459页。

名。此外,在寺中雪夜狂饮,登楼赋诗,留下大受王安石赞赏的美谈;[①]其二,品性高洁,有君子之态。郑侠曾以"不知官资美恶高卑也,丞相当轴,持论无非以官爵为先,所以待士者不亦浅乎"为由,[②]拒绝王安石阵营的邀请,对"士"的身份、责任有高度的认知和自持。致仕归乡后,又以"居士"自处,清贫余生。苏轼评价其"终始出处之大节,合于君子杀身成仁,进难退易之谊"。[③]此二条似乎不足以成为宋人祠祀一拂先生的因素,但在好风雅、重性情的明代士人眼中,这也是其值得追祀的特质所在。兹不具论,拟在后文阐释。

(二)明人复建一拂祠

时至元代,文人儒士不受重视,经历朝政更迭,时代鼎革,郑侠旧事逐渐淡忘于人。直至明中期,虽在金陵胜地,一拂祠却也免不了香火衰绝,楼荒宇圮。值得注意的是,一拂祠虽"顷年深而迹已废",但"事往而风尚存"[④]。至万历二十年(1592年),焦竑将一拂祠的衰败景象陈于饶姓督学使者,督学使者命人重新收拾出五间房屋,让寺僧洒扫,重立旧祠。寺僧却私自挪用为精舍,又在其中供奉佛像,不见一拂先生的痕迹。于是,焦竑致书叶向高,告知情况并希望叶公出面主持重建之事。万历三十一年(1603年),叶向高与李廷机亲自移像伐树,将一拂祠整葺一新,并聘请清凉寺僧守卫看护。焦竑又率应天府诸儒学生员向应天府官陈情,获准春秋于祠祭祀,重修旧典。叶向高联合在南京宦游的福清同乡数人,每年春秋拜谒郑公祠,且集资购买若干亩田产作为祠地,用以赡养守祠寺僧。[⑤]

在重建过程中,一批士大夫齐力担负起了该祠的祭祀、祠田、寺僧薪资等物质支持,乃至人力维护和名誉宣传。地方学官也提供了支持,尤其是银钱物料上,如史称:

> □学院饶□□行上元县,动支本院赎银六十两,卜地建置,务令爽垲坚固,以副邦人崇仰之意。巡江某、屯田某二院亦续发四十两

① [宋]陈郁:《藏一话腴》甲集卷上,《文渊阁四库全书》第865册,台北:台湾商务印书馆,1983年,第579页。

② [清]陆心源:《元祐党人传》卷5,《续修四库全书》第517册,上海:上海古籍出版社,2002年,第381页。

③ [宋]周应合:《景定建康志》卷31,《宋元珍稀地方志丛刊》,第1462页。

④ [明]《万历二十年应天府学生员焦尊生等建一拂祠》,郑侠:《西塘集》卷10,明万历刻本。

⑤ [明]叶向高:《苍霞草》卷10《重修一拂郑先生祠记》,《四库禁毁丛刊》集部第124册,北京:北京出版社,2000年,第240页。

置买砖瓦木料云。[①]

明代重建一拂祠,其实并不属于官方祭祀体系下的活动,而是由士大夫自主发起,得到官府和学校的支持,是国家意志与知识精英意识在一定程度上达到一致的表现。

二、一拂祠复建的后续效应

一拂祠复建后,持续得到关注、扩展,终致一拂先生形象揉捏再造。就实际维持、追慕前贤的纪念性和精神、文化传播等方面来说,都有所进益,代表了明代寺庙祠祀先贤的发展,反映出一定的社会文化趋向。

(一)既庭既宇,祀事繁荣

一系列的复建、振兴行动,使得一拂祠重新获得世人关注,一拂先生贤名得以远播。其结果,则是“留京之荐绅大夫咸知有一拂先生祠,时来肃拜,至于太学郡邑生徒以及齐民过祠下,无不咨嗟感叹,徘徊不忍去”。[②]因此,今天可以见到许多与南京清凉山有关的明清文人随笔、游记、诗词中,都可见一拂先生及一拂祠的影子。其中多是对其代表的儒士义行的回溯和歌颂,还有对于一拂先生读书该地遗迹的流连。前往览胜寻幽的人中,以士人为多,到了清代仍有“扫除尚有残僧在,强似归装一拂时”之句。[③]徐㶿闲游清凉寺,拜一拂祠后,也顿生“先朝祠宇枕嶙峋,此日重瞻庙貌新”,“只为青苗三日雨,却羞苹藻几千春”之感慨。[④]拜谒一拂祠之风,在明代一直颇盛,延宕至清乾隆以后,才又出现“一拂祠荒草色青”的渐衰景象。

南京一拂祠虽然建于南宋,却在明代实现了其真正的繁盛:一则规模扩大,由原来的堂屋一楹扩为五楹,还美化修缮了殿宇和周围环境,集资附有祠田,岁常洒扫,维护得到保障;二则与一拂祠相关的前代遗作、一拂先生的才学遗识、时人杂作也因祠而兴,使得世人不仅知其忠义高洁之名,更知其学问和经世之道。正如董应举所说,此时的一拂祠“既宇既庭,祀事有燇,过者徘

① [明]《万历二十年应天府学生员焦尊生等建一拂祠》,郑侠:《西塘集》卷10,明万历刻本。
② [明]叶向高:《苍霞草》卷10《重修一拂郑先生祠记》,《四库禁毁丛刊》集部第124册,第241页。
③ [明](清)蔡新:《缉斋诗稿》卷6,清乾隆刻本。
④ [明]徐㶿:《鼇峰集》卷16,《续修四库全书》第1381册,第286页。

徊，入者咏叹。于是乎，有倡有和，有记有略，有官府之典，又有前代遗文、圹志、谥议，太史手录，灿然足征”，且“祠之规制器物靡所不备”[①]，可谓人事尽全。加上李廷机、焦竑、叶向高等名人的极力宣扬，一拂祠的名声和实际游览、参拜都达到高峰。时一拂祠和黄侍中祠、靖难功臣方正学祠、东湖樵夫祠一同被称为“金陵四祠”，曹学佺曾分别作诗以记之。[②]此外，一拂祠位于明朝留都南京城烟火繁荣之处，清凉寺更是南京“八景”之一，位置、环境得天独厚，其影响也就可以想见。

（二）《西塘集》随祠重刊及先贤形象完整化

《西塘集》是郑侠一生的奏疏、笔记、序文、诗文集成，原本20卷，由其孙郑嘉正编订，是郑侠文才、志向、政见的集中体现，但在当时并未引起很大的反响和重视，到万历间已流散佚失，世人只能通过史书了解其人。时南京赵参鲁认为：“其传视史加详，而上梁文与谥，宋史未载。今之浮慕先生而称述之者，漫以《流民图》概其生平，而不详其故实，何以知祠之所由建，亦何以知先生人物足师百世，此录之所以不可无刻也”。[③]叶向高亦云：“世知有上《流民图》郑公，而不知其称一拂先生。知先生监安上门，而不知其中甲科进士……知先生之孤忠清节，人所难及，而不知其学问宏深造诣渊邃，至于文章辞赋亦无不工。”[④]可见明人再兴一拂祠，并不仅仅是简单的“褒忠”，更是要重塑先贤多层次、多方面的形象特质，并传告世人。

祠宇建成以后，叶向高等人从焦竑家藏秘阁中索得《西塘集》残本，附有当年总领商硕书写的一拂祠“上梁文”，以及一些祭文杂作。叶向高等人将之一并整理，删其繁复，编订成新的《西塘集》，计部付梓，共10卷。[⑤]可见，《西塘集》因祠的再世而重见天日，虽未能得其全貌，但仍含有一拂先生的诗作、奏疏、杂文等8卷，还梳理增录了一拂祠建立以来的所有谥议、祠记，共2卷，“使过祠下者有所考焉”。[⑥]现在所能见到的文渊阁四库全书中收录的《西塘集》便是此万历刻本，后世两次的刊刻也都是以万历本为底本。清人评论叶向高

① [明]董应举：《崇相集》卷5《郑一拂先生祠录序》，《四库禁毁书丛刊》集部第112册，第224页。

② [明]曹学佺：《石仓诗稿》卷2，清乾隆十九年曹岱华刻本。

③ [明]赵参鲁：《一拂先生祠录》，(宋)郑侠：《西塘集》卷10，1995年重刊本，第163页。

④ [明]叶向高：《一拂先生祠录》，(宋)郑侠：《西塘集》卷10，明万历刻本。

⑤ [明]叶向高：《苍霞续草》卷5《西塘先生集序》，《四库禁毁丛刊》集部第124册，第679页。

⑥ [明]叶向高：《苍霞草》卷10《重修一拂先生祠记》，《四库禁毁丛刊》集部第124册，第242页。

删其政要诸篇，“去取未为至当”，是明“隆、万以来删改古书之弊”，但郑侠“古诗在白居易、孟郊之间，今观其集，良如所说”，其才学确因此有据可考[①]。至此，一拂先生在明清两代得以呈现一个完整的，德行与文才兼备的士人形象。

以郑侠一介“监门小吏”，其人其事虽有史乘记载，祠祀记略，但全都围绕《流民图》一事，以至对人物生平往事，及其才情、学问和儒士品性并未有全面的了解。宋代有学者评价郑侠是以“狂言”得罪，发废鼠窜于海隅瘴疠之地，朝不保夕，只一愚直敢言的小臣而已，“非陛下矜怜其志而使得生还，谁复为侠言者”[②]。虽然并非人人持此论断，但足见郑侠也难免被视以小臣形象，不足以广受追慕。其家乡福清也建有一拂祠，但因“公官卑位下，典赠弗逮”，仅当地士绅合力以“教授”有义于乡里为由祠祀。[③]而南京一拂祠重建以及随之重编的《西塘集》，使得一拂先生的政治志向、与王安石的过从，及其诗文、经世学问等，都得以重申，提供了一个让世人对他重新审视的机会。因此才有后人“读先生传及谥议而不能不叹世之人浅窥乎先生也”的评价[④]。

从汉唐到宋元，被祠祀于寺庙的多为范仲淹这样的政治名人，或者苏轼这样名满天下的文坛巨匠，多以声名大小、功勋高低等为先贤祭祀的选入标准，基层的“小人物”受崇程度颇浅。已有的研究亦显示，宋元人在评价先贤、选立贤祠时，“地方讲学之人，教授之类的乡先生还没有受到后世那么高的崇拜，更多只是一个教育者的形象”[⑤]。还有学者认为，宋元时期地方官等基层人物虽也有得到祠祀，但他们“与地方‘祀神’信仰并无太大区别，均是以祈禳庇护为主要目的”。[⑥]换言之，只是“土俗”一类，并非以士的身份为主导，以“贤”的品质而作纪念和旌扬对象。而到了明代，士人群体中的中下层得到关注。他们对于“先贤”的去取判断不仅仅以声名、影响力或政治成绩为主要标准，而且还转向精神、文化、道德层面的表现，追祀或纪念选人标准灵活多样，范围更广。尤其是正德以后，士风大变，社会上充斥着仕途不畅或追名逐利之士。这样，具有德行逸行的士人就成为儒士精神的“卫道者”们的追捧对

① [清]永瑢等撰：《四库全书总目》卷154《西塘集十卷》，北京：中华书局，1983年，第1334页。

② [宋]陈襄：《古灵集》卷2，四川大学古籍研究所：《宋集珍本丛刊》第8册，北京：线装书局，2004年，第782页。

③ [宋]《建炎二年奉安郑先生文》，(宋)郑侠：《西塘集》卷10，明万历刻本。

④ [清]赵宏恩：《乾隆江南通志》卷37，《文渊阁四库全书》第509册，第627页。

⑤ 孙娇娇：《宋代温州官学先贤祠及其后世演化》，第28页。

⑥ 张会会：《明代的乡贤祭祀与乡贤书写——以江浙地区为中心》，第17页。

象。高风亮节的隐逸者、清贫好学的学者或地方教授、能力突出可堪表率的小官小吏等,都有可能受到崇敬甚至是追祀。南京一拂祠的繁荣,以及建造者们对其文化成果输出、儒士品性的旌扬便是有力的佐证。这种先贤评价与形象认同中的精神文化转向,是明人寺祀先贤特点之一。

(三)祠祀者的乡人认同

明代士人在外尤为注重对自己乡里形象的维护,同时也推动羁旅之人对自乡先贤的推崇和表彰。在南京一拂祠的重建过程中,除却首要倡导者焦竑之外,其中主持和执行者叶向高,以及他联合的一众士大夫,乃至应和倡导者董应举、曹学佺等人都是闽中同乡,其行为折射出一乡“后学”与“前贤”相互成就的士人心态和趋势。

先哲前贤与自己有同根之缘,也常被视作值得旌耀和标榜之事。李贽曾闲步清凉寺中,特往参拜一拂祠,见其废而复立十分感怀,便于寺中书信一封给焦竑,称自己与一拂先生祖上都是光州固始人,亦属“同乡”,因此同乡先贤就不是焦竑“独有”,而不必心生歆羡了。此话虽有打趣焦竑之意,但也可从中咂出与先贤出自一乡的自豪欣慰之感。李贽对一拂的学问和道义十分景仰,还叹息“今天下之平久矣,中下之士肥甘是急,全不知一拂为何物,无可言者,其中上士砥砺名行,一毫不敢自离于绳墨,而遂忘却盐梅相济之大义,则其视先生为何如哉?”。[①]对先贤的追祀虽大多是同乡士人联合主导,但其目的,不仅仅是同乡之间的夸耀攀谈之资而已。在他们看来,天下士人或趋名逐利,或绳墨自守,对先贤及其遗风漠不关心,如若祠不复兴,一拂先生这样的人物就只能沦为一小部分人自敬之资,“不过乡党自好者之所歆羡”而已。他们借由同乡先贤,维护乡人形象的同时,意图藉此为天下士人树立榜样。

此外,一拂祠复建并取得较好效果以后,又在其基础上建堂祀靖难闽中死事诸臣叶福、陈彦回、陈继之、林英及诸生曾廷瑞等人。[②]该祠实际上从“独祀”变为了闽人及儒生的“群祀”。正如焦竑对叶向高所说:“余子之乡幸而有先生,先生之祠又幸而及子之乡人,得无淹没,能无辞以诏来者”。这也确实起到了实际效果,例如,清人杨宪在拜谒一拂祠的祭文中就强调一拂祠的建

① [明]李贽:《焚书》卷2《与焦弱候书》,北京:中华书局,1975年,第70页。

② [清]陈栻等纂:《上元县志》卷11,台湾:成文出版社,1976年,第880页。

造者乃“诸闽先辈”；[①]蔡新参观一拂祠也有“闽南志节并昭垂，白下忠魂妥侑宜”之叹。[②]一拂祠的复建不仅使得一拂精神得以永驻，“闽人”的杰出形象也随之丰富和深刻起来。

相对于唐宋以来的先贤追祀活动，明代的先贤祭祀特点之一就是具有强烈的地域认同，尤其是嘉靖以后，“乡贤祠”这样的名称大量出现在地方史志当中，而不再使用“先贤祠”这样广泛的概念。[③]而由士人主导的追慕先贤的风气和活动，也会向同乡之人倾斜，远在异乡的士人无法在该地庙学正统祠庙祠祀同乡贤人，寺庙这类空间便成了他们的首选。如果说乡贤祠、名宦祠是当地人建当地祠、祀当地贤，那么，一拂祠这样在异乡建祠，则更能突出流寓他乡士人的“乡人认同感”，是地域化的另一种体现形式。

三、寺庙先贤祠的社会功用及其转变

(一)明教化，敦士风

与乡贤、名宦二祠一样，寺庙祀贤的最初目的是表世励俗，树立学术或道德楷模，以自觉归整自身思想和行为、纯正风气。但是由于环境、建造者等方面的差异，寺庙中祀先贤的教化作用却有自身的特点，诸如：在对象上，虽然初衷是面向各个阶层各个群体，但实际上发挥作用还是在士人之间；在范围上，由于明代士人都有好游各处山寺，喜寺中读书的风气，寺庙祀贤的价值传播是面向全国范围的，对于士人群体的思想教化和文化交流影响更广更大。

赵克生的研究指出，乡贤、名宦二祠所祀皆是乡里熟悉的人物，更直接亲切，易感动乡人，易对民风民俗产生影响，而他处所祀的圣贤对于普通人来说不易企及，收效甚微。[④]寺院中的先贤祠不一定是该地方的人，它标准灵活，更体现立祀者的自主意识，对精神、文化贡献要求更高，教化作用的主要接受者多为士人。董应举在一拂祠记中对其作用也有所表述：

> 非其庙貌之尊严，曷称人心之瞻仰。伏乞准于旧址鼎建一祠，

---

① [清]魏宪：《枕江堂集》卷7，清康熙十二年有恒书屋刻本。

② [清]蔡新：《缉斋诗稿》卷6，清乾隆刻本。

③ 张会会：《明代的乡贤祭祀与乡贤书写——以江浙地区为中心》，第21页。

④ 赵克生：《明代地方庙学中的乡贤祠与名宦祠》，第122页。

> 微独令士流低徊下马之陵，亦将使过客获致只鸡之酹，于以作忠臣义士之气，于以兴廉顽立懦之风。其于名教不无小补矣。①

由此可见，其自我认同中的传播对象就是“士”，以忠臣义士的气节兴廉顽立懦之风，补益名教。况且，名山僧寺中往往胜迹群集，大多亦为名士之纪念。在一拂祠重建后的一年，又请立黄侍中祠于清凉寺中，与一拂先生同以儒士忠义之名，受儒生共同举荐公祀。其目的和作用亦是敦士风、振纲常，一如史料所称：

> 今清凉山东，于郑公畴昔读书处，既营旧址；赛工桥畔，于黄公妻女埋玉处，亦建新祠。庙貌甫完，虽稍慰忠魂于未泯，祀典尚缺，何以绵永慕于方来。况景仰英贤，在士民同有斗山之望；而表章忠节，唯明台独操风化之权，必苹藻无缺于春秋，令榱桷争光于日月，庶世教于焉有赖，而士风自此一敦矣。②

寺庙祠祀类型多为“旌忠祠”或学者之祠，作为对于忠君爱国和学问精益之人的表彰，启迪后人，以至于后来一拂祠又陆续加入了一些先贤。清人参拜一拂祠时，尚有“东堂祀周忠愍、黄石斋诸公皆东林，故云‘敬恭桑梓同堂飨，廉立懦顽后世师。瞻望徘徊悲往事，策名最幸是清时’”的记述。③

（二）由祀而学：祭祀场所转为读书习业空间

郑丞良认为，寺庙先贤祠的风气盛行，究其原因有二：一是受祀者与寺庙本身的相关性；二是寺庙这类场所方便祠的管理和日常维护。④此说大抵道出了从宋到明寺庙祀贤的首要动因。但前一点指出的“相关性”具体是什么，郑氏并没有总结阐述，它不应是短暂“到此一游”或简单参拜活动，而是该受祀者重要的人生经历，其中读书习业于寺院是最为普遍的一项。⑤到了明代，前代遗留下来如此多的“纪念”，其本身就是一种公共空间，既是寺院的“招

① [明]《万历二十年应天府学生员焦尊生等建一拂祠》，[宋]郑侠：《西塘集》卷10，明万历刻本。

② [明]《万历三十一年应天府学生员请举郑介公黄侍中祀典呈文》，(宋)郑侠：《西塘集》卷10，明万历刻本。

③ [清]蔡新：《缉斋诗稿》卷6，清乾隆刻本。

④ 郑丞良：《南宋明州先贤祠研究》，第4页。

⑤ 据严耕望等人考证，唐以后士人读书寺院的风气兴盛，士人占居禅房、精舍，辟幽处谈经论道，钻研科举，直接导致到宋元时期书院在山林寺庙大量建设的滥觞。明代也有不少士人读书寺院，其中很大一部分原因是受寺院中这些前人读书遗迹的吸引。参见严耕望：《唐代士人习业山林寺院之风》，载严耕望编著：《唐史研究丛稿》，香港：新亚研究所，1969年，第367-424页。

牌”，吸引众人前往拜谒、观赏、闲居，同时也成为士人读书寺院必往之所。这些具有前人余韵的场所，更能引发士子观物怀古，借景抒情或言志、论学，久而久之，祭祀、纪念性为主的祠宇转变为读书习业、社会交往之用。

李贽在给焦竑的书信中，曾提到昔日郑侠“自少至老读书于此”，而今焦竑亦读书于此寺中，祠废而复立，令人欣喜。直至清初，魏宪曾读书一拂祠中，并在其中约会远来的好友，雨中小饮，观山色，谈旧事，[①]这样的情况并不鲜见。在贤祠中读书习业似已成一种普遍现象，还受到时人的推崇。弘治年间，孟凤巡抚凤阳等府时，就建徐节孝、陆丞相祠，令延学者读书其中，“以作人才，以厚风化”[②]。文徵明之孙文肇祉也曾读书“吕公祠”，并赋诗叹祠中蔓延江南之景与书香气交融：“苔花侵画壁，旭日射檐牙。”[③]祠庙中读书的儒生多了，甚至可能发展成书院。

乡贤、名宦二祠在国家统一制度之下，群集于府、县等地方学宫，是“祠在学中”，以德行教化辅助知识传授；寺庙祠祀先贤则往往在祠产的基础上逐渐拓展出读书习业的空间。前者“因学而祀”，后者“由祀而学”，二者的形式是相反的，却殊途同归。

（三）古迹胜遗：形成寺院文化景观

明人酷爱旅游，并且其欣赏层次已不仅仅停留在自然的层面，而是更多转向对物质文化追求，进而上升到文化景观的欣赏，及其背后典故、蕴意的探寻。寺院中的文人遗迹当中，祠庙除了前人碑文、壁画、诗词之外，还有很多都是其人读书习业之所，具有丰富的历史人文底蕴，吸引天下名士前往，并被不断美化，逐渐发展成为某地的标志性景观。明人陈师对园林景观、人物遗迹等颇有心得，他在《禅寄笔谈》中具述，认为“建国立郡不可无山川，有山川不可无寺宇，有寺宇不可无古迹胜遗”，指出这些古迹胜览才是观、刹香火能易代而得以守护的关键所在[④]。冯梦龙谈寺院轶事，也曾言“寺中留一古迹，便起后人游览之端”[⑤]，这里的古迹既指寺中高僧遗留之迹，也是指承载着名

① [清]魏宪：《枕江堂集》卷7，清康熙十二年有恒书屋刻本。

② [明]过庭训：《本朝分省人物考》卷95，明天启刻本。

③ [明]文洪，文徵明等撰：《文氏五家集》卷12，《文渊阁四库全书》第1382册，第567页。

④ [明]陈师：《禅寄笔谈》卷7，《北京图书馆藏古籍珍本丛刊》第66册，北京：书目文献出版社，1991年，第135-136页。

⑤ [明]冯梦龙：《古今谭概·不韵部第八》，福州：海峡文艺出版社，1985年，第251页。

士活动轨迹的实物载体。

一拂祠位于南京清凉山清凉寺，祠在山之东，寺之西，沟壑深径之中，该处“地甚幽深，树木参错，深秋时枫红竹，终日无一人至者，所谓城市山林也”[①]。清凉山位于今南京城西汉中门内，原名石城山，因山中有清凉寺而又被世人称作清凉山[②]。清凉寺始建于杨吴顺义元年(921年)，原名兴教寺。明建文四年(1402年)重建，才改名清凉寺。该寺除了一拂祠，还有南唐后主李煜拜佛处，寺后有其暑宫德庆堂；山巅耸立着“翠微亭”，可鸟瞰群山和金陵城；寺旁建有崇正书院，明嘉靖年间，都御史耿定向曾在其中讲学，焦竑便是其弟子之一，后来焦竑又带头将其改建为祠，祠后有马光祖建立的“不受暑亭”。这些历代积累下来的人文古迹，和一拂祠一起构成清凉山的文化景观体系。

董应举观一拂祠之景，感到“公之斋寂历，雪夜流觞，皆赫若目前，精诚气霴，与其读书之景，临风抚咏，犹足起懦兴顽，使人追想而不能已”。[③]在文士眼中，留有前人气息的周遭环境，均会激起他们充满浪漫色彩的联想。一拂祠在发挥其祭祀作用，教化功能的同时，还被作为一拂先生读书遗迹加以保留和纪念，到了清代，时人仍有“还是读书留片地，风流胜似半山亭”之叹。[④]

以祠为代表的建筑和景观常设在寺院环境清幽处，往往与自然景色相互映衬。它还具有现代意义上的景点“群集效应”，一般有前贤读书或者活动遗迹的地方，往往相关的台、亭、阁、楼、池布列四周。后人常在先哲前贤“留片地”的基础上添设台榭、石碑等，雕刻精美，或留有辞章，致使遗迹被层叠地积累、丰富起来。明人范凤翼在游一拂祠后，有“山借香名亦增价”之感，[⑤]便道出了集聚文化底蕴的名人胜迹的旅游价值。

余论

明代的寺庙先贤祠多属“所谓礼无明文而以义起者”之列，虽获得地方政

---

① 陈诒绂:《石城山志》,《南京稀见文献丛刊》,南京:南京出版社,2008年,第317页。

② 陈美林:《南京清凉山序言》,载王廷信,孔庆茂编:《清凉问学》,南京:东南大学出版社,2013年,第160页。

③ [明]董应举:《崇相集》卷5《郑一拂先生祠录序》,《四库禁毁书丛刊》集部第102册,第220页。

④ [清]黄达:《一楼集》卷1《郑一拂祠》,《四库未收书辑刊》第10辑第15册,北京:北京出版社,2000年,第575页。

⑤ [明]范凤翼:《范勋卿诗文集》诗集卷6《一拂吟清凉山谒郑一拂先生祠》,《四库禁毁书丛刊》第112册,第102页。

府一定的认可、支持,却不属于官方正祀,仅属地方官员或士民自主带头创建的祠庙。这类祠庙数量很多,一般依靠官、民捐助而得以存续。[①]儒家祭祀规范中,圣贤祠庙立于寺、观之中,乃是位置弗称,于礼不合,却是明代儒佛道合流的典型表征。明朝如弘治、嘉靖年间都有几次自上而下“正祀典”之举,于是寺庙祀贤不免受到冲击。传统卫道者更是将道观、寺庙祀贤视为“道之厄”“政之弊”。[②]随之而来者,则是以乡贤、名宦二祠为代表的庙学先贤祠大兴,一些寺庙祠祀先贤甚至被迁出。在这样的境遇下,明代寺庙祠祀先贤依然不衰反盛。除了有环境与场域优势,尚与明代士人群体喜游山寺、崇德慕贤的风气密切相关。明代士人,尤其在职的官员,颇以推举贤人、表彰君子为傲,以彰显同类。李廷机就曾记述他与叶向高不仅修了一拂祠,还兴建了靖难诸臣之忠祠、许侍中祠等“道祠”,叶向高自道“吾二人在南京亦可谓广神不举者矣”。[③]假若说明代乡贤、名宦二祠是被国家、地方(府县)、民间(家族)三者共同构建,[④]那么寺庙先贤祠及其所代表的此类位置特别的先贤祠庙,则是由地方(主要是府县学宫)、士人、寺庙共同构建并得以承续。

一拂祠在明代重修并兴盛的历程,体现了明代寺庙祀贤的一般发展境遇,是地方实践与国家制度调和的表现。没有制度保障的寺庙祀贤,一般越往后,其祭祀功能越发淡化,而读书或文化、旅游功能却随之上升。一拂祠复建后,定期祭祀难以得到长久维护,加上士人读书寺庙风尚大兴,其岁常祭拜很快流为随意,而在其中读书、会友、观景、论道反而成为日常。入清以后,该祠逐渐衰落,其祭祀或教化功能更是减弱,慢慢沦为简单纪念或文化景观而得以存在。但值得指出的是,寺庙因为有了“先贤”的遗迹,且不断有新的人和事参与、渗透其中,进而形成文化与宗教因素兼具的社会生活场域,甚至堆积出独特的“寺院文化”。

① 王俊:《明代地方公祠田初探——以地方志材料为中心》,《明史研究》,2012年第10辑,第233页。

② [明]《嘉靖太沧州志》卷4《学校》,《天一阁藏明代地方志选刊续编》第20册,上海:上海书店,1990年,第306,308页。

③ [明]李廷机:《李文节集》卷1《仕迹》,《四库禁毁书丛刊》史部第44册,第694页。

④ 赵克生:《明代地方庙学中的乡贤祠与名宦祠》,第118页。

宋代荒政腐败及其国家应对机制

夏方胜①

摘　要:宋代的灾荒政务出现了层见叠出的腐败现象,具体表现为:水利失修、备荒仓储存粮不足,官吏侵用备荒存粮、不接受灾民诉灾、不及时或准确地申报、抄劄不实、无睹民瘼和不恤灾伤等。宋朝主要采用法律和监察机制来应对荒政的腐败问题,制定并出台了若干防治律文和诏令,委任各级监察官员监督与检查荒政事务。法律和监察两大机制确实起到了积极的反腐作用,但无法杜绝,荒政腐败屡禁不止的根本原因为政治腐败。

关键词:宋代;荒政;腐败;法令;监察

古今频繁发生的灾荒给人类社会生活造成了深远影响。探索过往灾荒的生成规律及其应对问题不仅可拓展历史研习内容,还可为当今社会制定相关的防灾减灾方略和灾害防范教育提供良好的历史参考和借鉴。两宋王朝是我国灾荒的多发期,邓拓曾统计指出"两宋前后487年,遭受各种灾害,总计478次。""两宋灾害频度之密,相当于唐代,而其强度和广度,则更有甚于唐代。"②虽从民国至当今,关于宋代灾害史的研究,学界已取得丰硕成果,相关学者就宋代仓储、赈灾措施、灾害史料、治灾思想和单个灾种等均做了详略论

① 作者简介:夏方胜,男,1989年生,汉族,江西丰城人,历史学博士,江西科技师范大学杂志社编辑暨历史文化学院讲师。研究方向为唐宋史、中国社会史和环境史。

② 邓拓:《中国救荒史》,武汉:武汉大学出版社,2012年,第20页。

述，[①]但对宋代荒政的腐败问题研究略显薄弱，探索余地颇大。因此笔者不揣浅陋，拟从防灾政务腐败、治灾政务腐败及其国家应对机制等方面就宋代荒政的腐败问题做一综合性的宏观考察，以期对宋代灾荒史研究有所裨益。

荒政是指国家防治灾荒的政务。古今防治灾荒之政务主要有两条路径：灾前防止和灾后赈恤。其中灾前防止灾荒的政务主要是防洪堤坝和农田水利以及备荒仓储建设；灾后赈济方略多样，但必须按照相关程序依次进行。这两条路径实为我国古代基本的治灾策略，两者双管齐下可有效地防治灾荒，但宋代官吏在执行这两个防治灾害的荒政事务过程中，出现了不少玩忽职守、不作为和挪用救灾物资等腐败现象，国家为此制定了若干应对腐败策略。

一、防灾政务腐败

修建防洪堤坝、农田水利和备荒仓储是防止灾荒的积极性方略。兴水利和建仓储是官吏防止灾荒的政治事务，可在实际执行和管理中，却出现水利失修而引发水旱、备荒仓储粮食不足和被挪用等荒政的腐败弊端。先谈水利失修。水利是农业命脉，更为防止水旱的治本性方略。宋代曾大力出台政策鼓励官民积极修治水利以防水抗旱。同时，兴筑水利是朝廷考核地方官吏政绩的一项标准，这也就是说治水是地方官吏的基本政治任务。范仲淹曾说：“畎浍之事，职在郡县；不时开导，刺史县令之职也。”[②]从防灾角度而言，治水即为地方官吏必须兴举的荒政事务。

水旱并非皆由气象所致，也有因水利失修而诱发者。宋孝宗曾强调：“意水利不修，失所以为旱备？”[③]宋代官吏仍是地方水利的主要策划、修建和管理者，但水利在未得到政府合理有效维护时，长久失修就不利抗旱防洪，给予水旱可乘之机。我们现以宋代黄河水利和长江中下游水利失修导致水旱的实例作为论据。众所皆知，随着汉唐以降黄河流域的农业开发和森林被逐步破坏，黄土高原等地的水土流失日益严重，造成黄河中下游河道不断地淤塞和

① 有关宋代灾害史研究的成果，可参见拙作《20世纪以来宋元时期灾害研究综述》，载姜锡东主编：《宋史研究论丛》（第24辑），北京：科学出版社，2019年。

② [宋]范仲淹：《范文正公文集》卷4《上吕相公并呈中丞咨目》，北京：中华书局，1985年，第40页。

③ [元]脱脱等：《宋史》卷173《食货上一》，北京：中华书局，1977年，第4187页。

改道。黄河泛滥，千家受难。特别是自两宋黄河淤塞改道而夺淮入海以来，河决水灾就成为悬在华北人民头上的“达摩克利斯之剑”。研究指出：“北宋在短短的一百六十七年中，黄河决口泛滥（包括迁徙）竟达一百六十五次之多，平均每年一次，给人民造成了严重的灾难。”[①]

为防治河患，宋代官方曾投入了巨大人力、物力和财力修堤堵口。但即便如是，也不时出现因黄河水利废弛而引发河患的惨剧。我们在宋代正史中找到了若干官吏懈怠黄河水利政务的腐败事例，以此可作为说明宋代官吏不修水利的荒政腐败之典型。咸平二年（999年），朝廷征发30万民工修浚黄河，但主管官玩忽职守、敷衍了事，导致水利工程质量低劣。《宋史》言：“主者因循，堤防不固，但挑沙拥岸址，或河流泛滥，即中流复填淤矣。”后谢德权“遣三班使者分地以主其役”，以大锥“试筑堤之虚实”，才发现工程建设的腐败劣迹。查实后，参建的提辖官吏“多被谴免”。[②]熙宁十年（1077年）七月，文彦博曾指出水利管理部门对黄河水利规划不当、疏忽大意、主管官吏徇私舞弊、不及时修治堤岸等是造成黄河发生水患的重要原因。文氏言：“德州河低淤淀，泄水稽滞，上流至壅遏。又河势变移，四散漫流，两岸具被水患，若不预为经制，必溢魏、博、恩、澶等州之境。而都水略无施设，止固护东流北岸而已。”文氏还说：“适累年河流低下，官吏希省费之时，未尝增修堤岸，大名诸埽，皆可忧虞。谓如曹村一埽，自熙宁八年至今三年，虽每计春料当培低怯，而有司未尝如约，其埽兵乂皆给他役，实载者十有八九。今者果大决邑，此非天灾，实人力不至也。”[③]元丰元年（1078年），武继宁等巡河官吏因失于预备修治河防而被宋神宗下诏惩罚。诏曰：“韩村埽巡河、左班殿直武继宁追一官勒停，余官冲替、罚铜有差。坐大河以风雨溢岸，失于备预也。”[④]

晚唐以来，随着经济重心南移趋势的加快，长江中下游农业获得了前所未有的发展，大量的湖区圩田（垸田、围田）、葑田和山地梯田等各类农田也得以规模性地开发，随之而兴起了诸多防洪堤坝和农田水利建设。但也因之出现了不少因水利失修而造成水旱的荒政腐败问题。如湖北襄州宜城县长渠是由战国名将白起创建的灌溉水利工程，诸多农田因之“皆为沃野”。但时至

① 水利电力部黄河水利委员会编：《人民黄河》，北京：水利电力出版社，1959年，第88页。

② 《宋史》卷309《谢德权传》，第10166页。

③ 《宋史》卷92《河渠二》，第2284页

④ 刘琳等点校：《宋会要辑稿》方域15之4，上海：上海古籍出版社，2014年，第9669页。

北宋至和二年(1055年),长渠因没有得到官府维护而“久隳不治”,导致“田数苦旱,川饮食者无所取。”[①]临江军“清江县旧有破坑、桐塘二堰,以捍江护田及民居,地几二千顷。”但由于“堰坏”,当地“岁罹水患且四十年”。为此江西转运副使程大昌“力复其旧”。[②]乾道九年(1173年)八月,有大臣上奏言:“江西连年荒旱,不能预兴水利为之备。”宋孝宗诏曰:“朕惟旱乾,水溢之灾,尧、汤盛时,有不能免。民未告病者,备先具也。”并斥责臣僚说:“豫章诸郡县,但阡陌近水者,苗秀而实;高昂之地,雨不时至,苗辄就槁。意水利不修,失所以为旱备乎?”并要求各级官吏切实兴水利以防旱灾。[③]南宋黄幹深知水利兴废利弊,他在《代抚州陈守奏·陂塘》中指出:“江西之田瘠而多涸,非藉陂塘井堰之利,则往往皆为旷土。比年以来,饥旱荐臻,大抵皆陂塘不修之故。”[④]黄榦所言则直接说明宋代江西因为官吏不举水利导致了诸多旱灾。

在长江下游,尤其是江南地势低洼的水网平原地带,官民侵占湖泊大量造田的生产运动,导致当地原有河系和塘浦等水环境系统日趋紊乱与恶化。宋代江南这样的水环境形势造成当地官方的水利建设政务日趋艰难,水利废弛逐步严重。谢湜认为:“13世纪末期高低乡水利之失序情形,已经甚于北宋时期。较之北宋末期对水利的整治,南宋末年的官方水利事业可谓每况愈下。”[⑤]江南官方的水利失修和废弛,为水旱灾害的生成带来了契机。崇宁五年(1106年)八月,两浙路转运副使刘何、转运判官胡奕修、提点邢狱公事祖理因“两浙水灾,委官调夫开导吴松、青龙江”,以“用过钱米一十六万九千三百四十以贯硕,役夫死亡总计一千一百六十二人”的代价整修两江水利以导水流;可建设不当,两江“积水依旧为害”,三人皆因之被朝廷降两官。[⑥]

筑仓积粮备荒是也是官吏必须兴举的重要荒政事务。从常平仓、义仓和社仓等仓储中调取钱粮赈恤灾民,是古代官方筹集赈灾物资的首选途径。总的来讲,宋代仓储积粮在官方的赈恤政务中确实发挥着积极作用,但也因不

---

① [宋]曾巩:《元丰类稿》卷19《襄州宜城县长渠记》,《景印文渊阁四库全书》(1098),台北:台湾商务印书馆,1986年,第535页。

②《宋史》卷433《程大昌传》,第12859页。

③《宋史》卷173《食货上一》,第4187页。

④ [宋]黄榦:《勉斋集》卷23《代抚州陈守奏·陂塘》,《景印文渊阁四库全书》(1168),台北:台湾商务印书馆,1986年,第272-273页。

⑤ 谢湜:《高乡与低乡:11-16世纪江南区域历史地理研究》,北京:生活·读书·新知三联书店,2015年,第119页。

⑥《宋会要辑稿》职官68之12,第4879页。

良官吏的失效管理，备荒仓储政务出现不少腐败弊端，比如备荒仓储存粮不足，有名无实。淳熙四年（1177年）七月，宋廷尚书省言："信州常平义仓米元申帐状管九万三千余石，今次提举司申有六万八千余石，及至般量，止得一万二千九百余石，其余皆是虚数。"是年，国家规定信州的常平义仓账面储粮与实际备存的虚缺额度差80100余石，仓粮储备严重不足。尚书省还进一步指出：信州提举官李庚在任两年不检察仓储，"是致阙米，有误赈济"，而知州赵师严、通判李桐"申账状隐庇虚妄。"[①]绍兴二十九年（1159年）六月，提举浙西茶盐公事吕广问言："常平、义仓之法，广储蓄以待不时之需，事久废弛，名存实亡。纵有见存，类多陈腐。主藏之吏不过指廪固扃，执虚券以相授受。"[②]这说明官吏懈怠管理和隐瞒虚报是造成地方备荒仓储出现腐败弊端的重要因素。

再如备荒仓粮被侵用。地方备荒仓储存留的粮食本为赈灾而用，丰年不能擅自挪作他用，特别是义仓和社仓粮食更是专门为应对灾荒而藏，但地方官擅自侵用备荒仓粮已是宋代屡见不鲜的仓储政务腐败现象。嘉祐七年（1062年）十月，宋仁宗在诏书中就着重指出了"天下常平仓多所移动用，而不足以支凶年"[③]的仓政腐败弊端。北宋自元祐以来，党争不断，常平仓制兴废不定，州县地方官吏擅自挪用常平钱谷的弊端已是司空见惯。绍圣二年十二月，户部报告称："自元祐以来，诸处官司借长坡等钱，习以为常。"并奏请朝廷下令规定："今后他司并不许奏借用。"[④]政和元年（1111年）三月，户部再次奏报了常平钱谷被州县地方官擅自侵用的事实："诸路常平斛斗，本以待敛散赈济之用，法禁擅支甚严，比来州县往往擅将支用。"[⑤]乾道四年（1168年），有大臣向宋孝宗奏报地方官吏侵用常义仓粮食的弊端已成积久难除的腐败痼疾："常平、义仓行之二百余年，民受其赐。后缘州郡岁计窘急，移用寖多，既不能还，徒存帐籍。又以专法不许移用，及有陈损，皆不一去官赦降原免。所以前后官司惧有谴责，互相隐蔽，例不敢以实闻。故虚桩之数，陈腐之弊，积习因循，久莫能革。"为此，宋孝宗于是年五月四日专门下诏，要求各路提举常平官

---

① 汪圣铎点校：《宋史全文（七）》卷26上《宋孝宗五》，北京：中华书局，2016年，第2193页。

②《宋会要辑稿》食货53之27，第7223页。

③［宋］李焘：《续资治通鉴长编》卷197"宋仁宗嘉祐七年十月"条，北京：中华书局，2004年，第4783页。

④《宋会要辑稿》食货53之14，第7208页。

⑤《宋会要辑稿》食货53之16，第7209页。

“每岁春季巡历逐州，点检常平、义仓，以实数申尚书省。不得仍前虚桩，有误指挥。”[①]次年（1169年）八月，担任湖北提举的谢师稷也揭露了州县官吏私自侵用常平仓钱谷的弊端。谢氏指出：“常平之法，盖为水旱之备，历时寖久，州县率多侵用，名存实亡。”[②]

两宋王朝与辽、西夏、金、元对峙，战事频繁，兵员冗赘，军费投入甚大。宋代官方在军费拮据局面之下，便挪移作为赈济灾荒之用的常平仓钱米和义仓粮谷以充军需。大中祥符六年（1013年）十一月，宋真宗批准三司关于“在京及诸路常平仓斛斗，若经二年，即支作军粮，以新者给还”[③]的奏请，这是北宋最早发布的可调用常平粮食充军需的政令。景祐时期（1034—1038年），经宋仁宗等人的精细筹办，常平仓储备丰盛、积累有余，但到康定时期（1040—1041年）国家军粮不足，便调用之。康定元年（1040）十二月，宋仁宗诏曰：“诏司农司以常平钱百万缗助给军费。自景祐末不许移用常平，数年间有余积矣，而兵食不足，故降是诏。”[④]《宋史》亦载：“景祐中……不数年间，常平积有余而兵食不足，乃命司农寺出常平钱谷百万缗助三司给军费。”但是挪用日久，调用的钱谷便日益增加，最终导致常平仓储谷所剩无几。[⑤]义仓米本是专门应对灾荒的储粮，不得移作他用。可南宋初年，宋朝廷为筹集应对宋金战争的军粮，便于建炎元年（1127年）“令逐州县各将管内逐乡村民合纳义仓粮斛，桩充前件支用。”[⑥]以上两宋朝廷之举开启了侵用常平仓和义仓粮米以充军用的肇端。朝廷调用常平钱谷以之作应急军粮，情有可原，但官方却征用无度，造成常平仓、义仓储粮迅速减少，非常不利两者发挥救荒功能。中央朝廷这样的举措给地方官吏今后私自移用常平仓和义仓存粮找到了合法的政治口实。绍兴九年（1139年）七月，有大臣向宋高宗奏言仓米被挪用之事：“国朝盛时，府界诸路所积常平、义仓米几千五百万斛，天灾代有，民无流离饿殍，由是备也。艰难以来，用度不足，或取以给军须，至于州县他费，因以侵用，比往往销费殆尽，甚乖祖宗悯人恤灾之意。”[⑦]董煟也指出：“常平之法，专为凶荒

①《宋会要辑稿》食货53之31，第7227页。

②《宋会要辑稿》食货62之45，第7574页。

③《宋会要辑稿》食货53之6，第7198页。

④《续资治通鉴长编》卷129“宋仁宗康定元年十二月”条，第3059页。

⑤《宋史》卷176《食货上四》，第4276页。

⑥《宋会要辑稿》兵2之53，第8651-8652页。

⑦《宋会要辑稿》食货53之23，第7218页。

赈粜……比年州县窘匮,往往率所移用。差官核实,亦不过文具而已”,乾道以来,“州县遂多侵用义仓。”[①]董煟还鲜明强调:南宋州县官吏将义仓并入州仓,或者两者混用,这给他们私自侵用义仓钱粮提供了便利。“然义仓米不留诸乡而入县仓,悉为官吏移用。县仓于民尤近,厥后上三等户皆令输郡,则义米带入郡仓,转充军食,或资烦费,岂复还民?故遇到凶年,无以救民之死。”[②]官方不仅挪用备荒钱谷充军用,还以之作为日常的行政运营经费,这明显说明南宋备荒存粮被官府移作军用或他用,已是普遍存在的腐败事实。

备荒仓储粮食频繁地被侵用,显然是不利于荒政运作。绍兴十一年(1148年)八月,宋高宗指出:“祖宗置义仓以待水旱,最为良法,而州县奉行不虔,妄有支用,寖失本意。或遇水旱,何以赈之?”并诏令“监司视其实数,或有侵失,严责补还。”[③]乾道四年(1168年)七月,有大臣指出州县常平钱谷多不属实,造成不能及时调物资赈灾,进一步引发饥民啸聚事件。《宋会要辑稿》载:“州县常平钱谷多有名无实,如近日江西、福建与饶、信荒歉,饥民夺米,几于啸聚,盖常平发弊,遂至于此。”[④]乾道八年(1172年)四月,户侍杨倓奏称:“义仓……惟充赈给,不许他用。今诸路州县常平、义仓米斛不少,年来虽间有灾伤去处,支给不多,访闻皆是擅行侵用。”并建议朝廷派遣官员着实稽考仓储虚实及其存粮利用情况。[⑤]尽管南宋朝廷认识到了常平和义仓储粮被地方官吏非法侵用存在的政治腐败事实,也曾三令五申地要求诸路官员严格管理仓粮和恪尽职守地依法利用备荒仓粮,但仍有地方官奉行不虔,将朝廷禁令视为空文,隐瞒朝廷私自侵用备荒储粮的腐败行为依然屡禁不止。真德秀于嘉定八年(1215年)八月撰写的《奏乞蠲阁夏税秋苗》说:“常平义仓之储总一路凡四十三万,而侵移陈腐皆在其中。故以建康一城言之,居民日食凡二千斛,而常平初无颗粒,义仓之米以石计者仅一万九百有奇,以之粜济城郭之民,不数日尽矣!况能更及田野乎?以此推之,常平义仓已不足恃。”[⑥]很明显,真德

① [宋]董煟:《救荒活民书》卷下《常平》,载李文海,夏明方,朱浒:《中国荒政书集成》(第1册),天津:天津古籍出版社,2010年,第52页。

②《救荒活民书》卷下《义仓》,载《中国荒政书集成》(第1册),第54页。

③ [宋]李心传编撰,胡坤点校:《建炎以来系年要录》卷141,北京:中华书局,2013年,第2685页

④《宋会要辑稿》食货62之44,第7573页。

⑤《宋史全文(七)》卷25上《宋孝宗三》,第2125-2126页。

⑥ [宋]真德秀:《西山文集》卷6《奏乞蠲阁夏税秋苗》,《景印文渊阁四库全书》(1174),台北:台湾商务印书馆,1986年,第90页。

秀所言折射出南宋末年备荒储粮被地方官私自侵用已是不足为奇的腐败现象了，这直接造成仓储存粮不足以致其不能良好地发挥赈恤灾荒功能。

有些舞文弄法的贪官恶吏借助常平义仓之名趁机敲诈勒索、重敛百姓。设置常平义仓之目的本为积谷防治灾荒，仓本主要源自百姓缴纳的夏秋两税附加份额，征收数量朝廷有严格规定。但随着荒政腐败问题的不断加剧，管仓官吏在征收仓本之时，增加额度，勒索百姓。北宋曾巩就指出，在义仓政务的运作中，存在恶官贪吏借之损公肥私、违规苛敛百姓的腐败现象。曾氏《议仓》称："有聚敛之臣，贪残之吏剥下以奉上，刻私而徇公，往往窃前世恤民之法而为当今敛民之调者，累累皆是，则义仓者亦其一端也。"[①]南宋林駉曾强调："今日常平、义仓之储虽有美名，本无实惠，不惟州县有侵借之患，而支拨至有淹延之忧……出于民者，民实出之，官实敛之，其弊不但民无给，而官且病之。文移星火，指为常赋，萝头斛面，重敛取赢。"[②]林氏不仅陈述了仓储被州县官私自侵用、造成不能救助贫困和灾伤的事实，还指出了官吏以筹办仓储政务为名重敛百姓的弊端。绍兴二十九年(1159年)八月，中书门下省言："州县义仓米系合随送纳，往往抑令别钞，又行收耗。"[③]黄震《按新城县令蹇雄申省状》(咸淳八年八月十一日)载，据县吏饶恭、陈兴供："知县每遇人户纳义仓米，除正数外，每石再收一斗，作知县食利米，纳宅库支用。是既有官收之义仓，又有私收之义仓！"[④]官吏法外私自收耗、增加仓储税额、剥削百姓，俨然使输纳仓本成为百姓的额外沉重负担。至南宋末期的理宗朝，义仓的救荒职能几乎被摧残殆尽，成为官吏科敛百姓的暴政工具。方大琮(1183—1247年)指出，义仓的仓本来源为"人户随苗一石，例纳一斗之官仓"，目的是"以备凶荒，济邻里者也"，但现如今"人户但知输纳，不知其为自己桩寄之物，官司但知受纳，亦不知其为人户桩寄之物。"[⑤]社仓建立之目的本是弥补常平义仓等官仓在救荒功能方面的不足。经朱熹大力推行，义仓在南宋得到较为普遍的

① [宋]曾巩:《议仓》，曾枣庄，刘琳主编；四川大学古籍整理研究所编:《全宋文(29)》卷1260，成都:巴蜀书社，1992年，第476页。

② [宋]林駉:《古今源流至论·后集》卷10《常平义仓》，《景印文渊阁四库全书》(942)，台北:商务印书馆，1986年，第323-324页。

③《宋会要辑稿》食货62之37，第7570页。

④ [宋]黄震著，张伟、何忠礼主编:《黄震全集》第7册《黄氏日抄》卷76《按新城县令蹇雄申省状》，杭州:浙江大学出版社，2013年，第2181页。

⑤ [宋]方大琮:《铁庵集》卷20《何判官》，《景印文渊阁四库全书》(1178)，台北:台湾商务印书馆，1986年，第243页。

建设。社仓或为官民合办,或为官督民办、或为民间自我办理,管辖权力一般是由民间豪强掌握,但受官府监督。起初,南宋社仓的建设和经营确实起到很大救荒作用,运作效果也较为良好,但随着运营时间日久,仓政腐败渐生,义仓被地方豪强控制,他们将储粮当作谋财工具,只把粮食借贷给亲戚、形势和豪民之家,贫民下户却借贷不到。嘉定七年(1214年)三月,有臣僚言:“比年以来,社仓之米不贷与贫民下户,而土人仓官乃得专之,以为谋利丰殖之具,所贷者非其亲戚,即其家佃火与附近形势、豪民之家。冬则不尽输,其可得而敛者又为仓官私有。”[①]咸淳时期(1265—1274年),知抚州黄震指出抚州社仓存在管理者利用它谋利和苛敛百姓的腐败弊端。其《抚州金溪县李氏社仓记》云:“抚州社仓,幸皆乡曲之自置,有如文公(朱熹)初立之本法。然亦闻有名虽文公,而人不文公;其初虽文公,而其后不文公。倚美名而牟厚利者,亦已不少……大抵小民假贷,皆起于贫,贷时则易,还时则难。贷时虽已为恩,索时或以为怨。”[②]

二、治灾政务腐败

灾荒发生后,官方赈恤灾民需按严格的治灾程序来执行,有诉灾、申报、勘灾、抄劄和赈济等步骤。可是在这些政务的运作过程中,也产生了诸多的腐败现象。接受灾民诉灾,即初步了解灾伤情况,是官吏治灾首先执行的政务,可有些地方官以种种借口不受灾民诉灾。大中祥符九年(1016年),“博州旱蝗,民有诉而州县抑输常赋,运司不为之理。”[③]元祐元年(1086年),谏议大夫孙觉指出北宋存有州县吏不受诉灾的不良政务:“今民间纵有被诉灾伤,县道往往多不受理。”[④]元祐五年(1090年)十一月,“秀州嘉兴县民数千诣县诉水灾,知县王岐、主簿王旗不为受接。”百姓为之聚众喧闹,导致发生踩死47人的惨剧。[⑤]绍圣元年(1094年)十二月,“知深州吴安行坐不受民诉灾伤。”[⑥]绍圣四年(1097年)十一月,御史蔡蹈奏告宋哲宗说:是年夏季开封府东明县旱灾,

①《宋会要辑稿》食货62之50,第7577页。
②《黄震全集》第7册《黄氏日抄》卷87《抚州金溪县李氏社仓记》,第2352页。
③《续资治通鉴长编》卷88“宋真宗大中祥符九年九月”条,第2019页。
④《救荒活民书》卷下《检旱》,《中国荒政书集成》(第1册),第57页。
⑤《续资治通鉴长编》卷450“宋哲宗元祐五年十一月”条,第10816页。
⑥《宋会要辑稿》食货59之5,第7380页。

当地灾民“依条披诉灾伤”，但“本县不为收受。”[①]宣和元年（1119年）三月，权京西路转运判官李祐奏报，去年房州旱灾，知州李悝不仅不受灾民诉灾，还“将状首刘均等科断”，并差公人监勒刘均等，且高声自言：“今后不敢诉灾伤。”[②]李悝不受刘均等人诉灾，本已是渎职，没有尽赈灾职责，还将其打伤，并公然叫嚣警告灾民不许诉灾，这种恶劣行径实乃荒政腐败之典型案例。还有县级官吏受州军官员指令不接受灾民诉灾。如建中靖国元年（1101年）八月，有大臣说：江、淮、两浙及福建等路旱伤，各路监司、郡守也是不以为闻，或者“虽闻而不敢尽以实告。”而各路州县官吏则“承望转运司意旨，不肯依法收接人户诉状。”[③]

官吏不受灾民诉灾，原因是担心国家下达蠲减税赋政令，这样他们就无法征收赋税及其附加税，有碍积累政绩。《救荒活民书·检旱》总结称：“灾伤水旱而告之官，岂民间之得已？今之守令，专办财赋，贪丰熟之美名，讳闻荒歉之事，不受灾伤之状，责令里正状熟。”[④]官吏追求政绩以为升迁，是其职业目标，这本无可厚非。虽灾伤有可能不利于官吏积累政绩，但作为公务人员，治灾是本分职责，不接受诉灾、将灾民置之不顾忌的行政所为，显然是不履行公务职责的渎职腐败行径。另外，国家制定的官方接受灾民诉灾的时间限定，给官吏不受诉灾提供了合法借口。宋制规定灾民申灾时间以四月、七月和八月为最后期限。开宝三年（970年）七月，赵匡胤诏令：“民诉水旱者，夏不得过四月，秋不得过七月。”[⑤]淳化二年（991年）正月，宋太宗则诏令：“荆湖、淮南、江南、两浙、西川、岭南管内诸州民诉水旱害田稼，自今夏以四月三十日，秋以八月三十日，违限者更不得受。”[⑥]宋孝宗“淳熙令”则有比之更为详细的论述规定：“诸官私田灾伤，夏田以四月、秋田以七月、水田以八月，听经县陈诉，至月终止。若应诉月，并次两月过闰者，各展半月。诉在限外，不得受理。”[⑦]

宋代官方制定的接受诉灾时间条例并非完全合理。因为这条政令只规定稻麦等粮食作物受到水旱和蝗虫袭击之后，官吏方可接受诉灾，但如水果、

① 《续资治通鉴长编》卷493“宋哲宗绍圣四年十一月”条，第11718页。
② 《宋会要辑稿》食货1之5，第5939-5940页。
③ 《宋会要辑稿》食货59之7，第7381页。
④ 《救荒活民书》卷下《检旱》，《中国荒政书集成》（第1册），第57页。
⑤ 《续资治通鉴长编》卷11“宋太祖开宝三年七月”条，第247页。
⑥ 《宋会要辑稿》刑法3之43，第8415页。
⑦ 《救荒活民书》卷上《淳熙令》，《中国荒政书集成》（第1册），第29页。

蚕桑和丝麻等经济作物受灾，官方是否也会接受百姓诉灾？而在九月之后、三月之前发生的冰冻寒霜低温和大风等自然灾害也并不在这些条文规定下的诉灾时间和灾种之列。庆元四年（1198年）九月十四日，饶州“严霜连降，稻未实者，皆为所薄，不能复生，诸县多然。有常产者，诉于郡县，郡守孜孜爱民，有意蠲租，然僚吏多云：‘在法无此两项。’”同年“八月之末，秀州数千人诉风灾，吏以为法有诉水旱而无诉风灾，闭拒不纳，老幼相腾践，死者十一人。”[①]官吏之所不接受饶州和秀州灾民诉灾，理由就是诉灾之时已超出朝廷规定时间限制、风灾不在规定的诉灾灾种之列。因此宋代官方制定的诉灾时间和灾种限定条文的制度漏洞给怠政官吏找到了不受诉灾的合法借口。

申报，即州县官吏将灾情报告上级官府和朝廷；勘灾，又称检放、检田、检旱等，即州县官受朝廷或上级指令，躬亲灾伤田地检查实际受灾程度和等级。因利害关系，有地方官往往会隐瞒自己管辖区发生的灾荒，不向上级和朝廷申报，或虚报灾伤程度，或不如实勘灾，这也是地方官懈怠荒政的常态。早在天禧三年（1019年）七月，屯田员外郎钟离瑾已指出：州县长吏多报丰稔，而“霖潦霜旱，蝗螟灾沴”，则“皆隐而又不言，上罔朝廷，下抑民俗。”[②]元丰四年（1081年），前河北转运判官吕大忠指出：国家存在官吏不认真执行检放灾伤的政务腐败。吕氏言：“天下二税，有司检放灾伤，执守谬例……诸县不点检。所差官不依编敕月日程限，托故辞避。”[③]政和七年（1117年）十二月，宋徽宗诏令贬谪河北西路提举常平官两级官衔，理由是“不奏本路灾伤”。[④]乾道七年（1171年）八月，江州旱伤，灾民流亡，但“守臣坐视，不据实申奏。”[⑤]绍熙元年（1190年），臣僚指出：州县官吏不知大体，往往讳言水旱，不如实向路府报灾，以致“州不以实申诸司，诸司不以实闻朝廷”，最终造成“朝廷于四方水旱无繇偏知，使国家救荒之政不得进行实惠。”[⑥]还有不少检放官员与富豪勾结，只检放富豪农田而不勘察贫弱民户耕地，造成倚阁蠲免赋税的政策只惠及富豪，而不及贫民。《名公书判清明集》引《后村先生大全集》载：“官司有检放之名，

①［宋］洪迈著，孔繁礼点校：《容斋随笔·五笔》卷7《风灾霜旱》，北京：中华书局，2005年，第915页。

②《宋会要辑稿》刑法2之14，第8289页。

③《续资治通鉴长编》卷314“宋神宗元丰四年七月”条，第7603页。

④《宋会要辑稿》食货59之10，第7383页。

⑤《宋会要辑稿》食货59之48，第7409页。

⑥《宋会要辑稿》食货58之19，第7367页。

豪强受检放之实,贫弱凡不在检放之列。”[①]

抄劄也是宋代荒政中的基本事务,即官府对灾民进行排查、核实和登记,抄劄数据为官府制定最终赈济方略的基本依据。抄劄本是能明确灾民数量以便实施赈恤的良好荒政制度,但在实际运作过程中,腐败劣迹也是层出不穷。董煟道出了抄劄弊端:“点检抄劄,须逐县得人以行之。然其法繁琐,奸弊最多。”负责抄劄的保甲、里正和保长等基层胥吏敷衍塞责、欺上罔下,不能够精准确切地抄劄真正的灾户。董煟又说:“尝见州县救荒,不先措置,临时仓卒,鞭挞里正抄劄,大段卤莽。”[②]嘉定八年(1215年)八月,有大臣奏告宋宁宗赈灾有三个弊端,抄劄腐败便是其一。“厢耆、保正习为胥吏巧取之弊,每遇抄劄,肆为欺罔。赂遗所至,则资身之有策者可以为无业,丁口之稀少者可以为众多。如其不然,则啼饥号寒者反置而不录,老弱猥众者仅指其二三。不均不平,莫甚于此。”[③]同年九月,又有臣僚奏言抄劄弊端,指出抄劄官员不躬亲灾区,委派胥吏搪塞、草率从事。其云:“臣来自吴门,沿路见日来所差检踏灾伤官与抄劄赈恤之官不能遍走阡陌,就近城寺院呼集保甲,取索文状,令人粉壁书衔,以为恭请下乡巡行检责抄劄了当。其间号为详熟者,亦不过画图本,具名姓,注排行,写小名。”[④]绍兴二十九年(1159年)闰六月,提举两浙路市舶曾愭也指出了抄劄弊端。曾愭认为:“赈济官司止凭耆保、公吏抄搭第四等以下逐家人口给历,排日支散。”但灾民需贿赂公吏,才会被抄劄。而抄劄公吏也是肆意行政,“或虚增人户,或镌减实数”,最终导致“奸伪者得以冒请,饥寒者不霑实惠。”[⑤]抄劄官吏这样懒政、怠政的腐败行为,不仅会遗漏诸多灾户,造成抄劄数据不实,朱熹于淳熙八年(1181年)治理南康旱灾时就指出:“近据人户前来投陈,系漏落抄劄不尽”[⑥];还会导致国家出台的赈恤政策根本不符合实际灾伤情况,最终造成真正的灾民得到不救济,而不是灾民的富民豪绅获得不应取的赈灾钱粮。这种背道而驰做法之恶果,即如董煟总结:“赈

① 中国社会科学院历史研究所宋辽金元史研究室校:《名公书判清明集》附录3《户案呈委官检踏旱伤事》,北京:中华书局,1987年,第617页。

②《救荒活民书》卷下《杂记条画》,《中国荒政书集成》(第1册),第64页。

③《宋会要辑稿》食货68之107,第8011页。

④《宋会要辑稿》食货58之30至31,第7373-7374页。

⑤《宋会要辑稿》食货57之21,第7348页。

⑥[宋]朱熹撰;朱杰人、严佐之、刘永翔主编:《朱子全书》第25册《晦庵先生朱文公文集(6)》卷10《施行场所未尽抄劄户》,上海:上海古籍出版社;合肥:安徽教育出版社,2002年,第5042页。

济之弊如麻。抄扎之时,里正乞觅,强梁者得之,善弱者不得也;附近者得之,远避[僻]者不得也;胥吏里正之所厚者得之,鳏寡孤独疾病无告者未必得也。"①

走完了诉灾、申报、勘灾和抄劄等程序,官方则施行最后一项赈恤政务:赈济,即筹集赈灾物资以赈粜、赈贷或赈给灾民。宋代已有明文规定,赈济灾民是州县官员的义务和职责。《宋史》载:"府州军监……遇水旱,以法振济,安集流亡,无使失所。"又载:"县令……有水旱则有灾伤之诉,以分数蠲免;民以水旱流亡,则抚存安集之,无使失业。"②然而,宋代这步荒政事务也是腐败多现,不少治灾官吏在执行赈济政务时,玩忽职守、鲁莽灭裂,不兢兢业业和恪尽职守地赈济灾民。《渑水燕谈录》载:"熙宁八年,淮浙大饥,人相食。朝廷遣近臣安抚,通监司赈济。"但赈灾官吏"措置乖,不能副朝廷爱养元元之意。"③嘉祐五年(1060年)三月,御史中丞韩绛言:"诸路灾伤,朝廷虽行赈恤,而监司、亲民官未尽究心,致民之流徙者众。"④绍兴六年(1136年)四月,江西路提举常平司奏报:筠州高安、上高两县当职官"赈济乖方",致"盗贼窃发,殍亡暴露,田亩荒莱,饥民失所"⑤绍定元年(1228年)正月,赵至道奏告:"淫雨倾注,科发赈恤,而监司、守令奉诏不虔。"并希望宋理宗下令派官调查整顿。⑥

甚至还有些负责赈灾政务的懒官恶吏无视灾伤、不恤灾民、无睹民瘼,《宋会要辑稿》等文献有不胜枚举的史实事例。现试列几则以作说明和论据。如淳化四年(993年)九月,宋太宗颁布的《赐澶州北城军人百姓诏》就指出,当年澶州"积雨霖霪,长河湍悍。……坏居人之室庐,陷州城之雉堞。"但知州郭贽"苟务贪荣,不图御患",造成"万井之邑,坐成污潴,一方之民,化为鱼鳖。"⑦宣和元年(1119年),京畿大水暴涨,提举常平吉观国却"端坐,恬不介意,并无措置。"⑧绍熙三年(1192年)四月,制置使京镗奏报,说:资、荣两州旱饥之时,知资州范仲虎"缪懦无措";知荣州张安之则"贪狼不恤,视饥民流离死亡,略

①《救荒活民书》卷下《义仓》,《中国荒政书集成》(第1册),第54页。
②《宋史》卷167《职官七》,第3973、3977页。
③[宋]王辟之:《渑水燕谈录》卷第9《杂录三十六事》,北京:中华书局,1985年,第92页。
④《续资治通鉴长编》卷191"宋仁宗嘉祐五年三月"条,第4616页。
⑤《宋会要辑稿》食货57之18,第7354页。
⑥《宋史全文(八)》卷31《宋理宗一》,第2642页。
⑦司义祖整理:《宋大诏令集》卷185《政事三十八·赈恤》,北京:中华书局,1962年,第672页。
⑧《宋会要辑稿》职官69之3,第4898页。

不介意。"[①]更为严重者,有的腐败官吏在荒年时,不组织赈恤,还继续苛敛和搜刮灾民。淳熙十二年(1185年),荆湖南路监司劾奏:郴州发生火灾后,知州赵不俄不但"不行赈救",还继续"刻剥百姓。"[②]咸淳八年(1272年)八月,黄震《按新城县令蹇雄申省状》言:建昌军新城县令蹇雄贪暴,去年饥荒之时,不仅不赈恤灾民,反而"敷抑乡落,大兴花园,青册从催科,每取十贯,巡卒四扰乡落,"最终造成"民不堪命,至有横存等处哨聚抗拒"。[③]

宋代治灾程序制度总体合理,倘若赈灾官吏切实依规有序执行,本可有效赈恤灾荒,但制度漏洞给予官吏不受诉灾的口实。同时,赈务中出现官吏懒政、怠政、不尽职守、无视灾伤等腐败弊端。

三、国家应对机制

荒政的腐败显然是不利于国家防灾和赈灾。针对这一弊端,宋代统治者主要运用法律和监察两大机制来预防和惩处。

法律最具强制性,是反腐之最强有力对策,可为反腐提供合理和正当的制度依据,保障反腐工作规范运行。有研究指出:"将反腐败法治化,为权力制定法律红线,把权力关进制度的笼子,铲除腐败产生的制度土壤,是预防腐败的最有效的办法。"[④]宋代统治者也非常重视法律反腐,制定并推行了不少防惩法令,其中包含有若干关于防治各项荒政事务腐败条文。

善治国者,必重水利。水利是防灾的工程方略,历代统治者都十分重视,并以之作为考察地方官政绩的一项标准。宋代法典和诸多诏令有规定兴水利以防水旱是官吏的基本义务和职责,农隙时需检查维修,被洪冲毁后,要及时复建,违者依法惩治。宋代第一部律法,即赵匡胤于建隆四年(963年)颁布的《宋刑统》就有惩罚官吏失修水利的法律条文了,其言:"诸不修堤防及修而失时者,主司杖七十;毁害人家,漂失财物者,坐赃论五等。"[⑤]不修或不及时修治水利,会被杖打七十,且还会依据水害造成的人员伤亡和经济损失程度,定

①《宋会要辑稿》职官73之10,第5006页。

②《宋会要辑稿》职官72之41,第4990页。

③《黄震全集》第7册《黄氏日抄》卷76《按新城县令蹇雄申省状》,第2182页。

④ 赵允福:《反腐败与中国共产党执政合法性关联性研究》,《求实》2015年第6期,第27页。

⑤[宋]窦仪等详定,岳纯之校证:《宋刑统》卷第27《杂律》,北京:北京大学出版社,2015年,第364页。

刑量罪。又《天圣令》规定检查维修水利是地方官吏的重要职责。“诸近河及陂塘大水,有堤堰之处,州县长吏以时检行。若须修理,每秋收讫,劝募众力,官为总。”又言:“若暴水泛溢,毁坏堤防,交为人患者,先即修营,不拘时限……若不时经始,致为人害者,所辖官司访察,申奏,推科。”①官吏若不及时维修水利以致洪水造成危害者,官司察访并申报朝廷之后,会被按律令处罚。古代君王的诏令为辅助性法律,同样具有约束力和强制性。宋代皇帝的诸多诏令也督促各级官吏需切实兴筑水利以防水旱而保农桑。如乾道四年(1168年)九月,宋孝宗诏令各路提举常官兴修水利,并允许他们不依常平免役条令先行选官按视,“许令兴修,只凭州县官保明”,但“虚撰农田水利酬赏,辄为申报不实者,从户部按劾取旨”。②淳熙七年(1180年)十二月,宋孝宗发布《令诸路兴修水利诏》,再次劝勉并督促各路常平司踏实治水。该诏曰:“诸路提举常平司常切约束所部县丞,每季检视措置农田,兴修水利,务要广行灌溉田亩。”倘若“奉行违戾”,则“按核以闻”。③

针对备荒仓库储备不足以及被侵用的腐败政务,宋代也制定和发布了若干防惩法令。常平仓、义仓和社仓的存储实为备荒粮食,非灾荒时节不得肆意借支和私自侵用,官吏更不能贪为己有,否则以罪论处。两宋帝王屡次公布诏令禁止各级官司侵用常平义仓钱谷。景祐四年(1037年)八月,宋仁宗发布诏令,云:“天下常平仓钱谷自今三司及转运司无得借出。”④庆历四年(1044年)七月,宋仁宗再次颁布诏书,曰:“天下常平仓,本备救济贫民,不得别有支借,违者,以违制论。”⑤政和七年(1117年)十二月,宋徽宗亲自撰写诏书《今后常平钱物敢有陈乞借用者以大不恭论御笔》,诏曰:“比览元丰常平令,裕民理财,驰役赈乏,条约严备,莫敢损益,爰及绍圣,深戒庀司侵蠹之弊,虽奉特旨支借移用,终不奉行。……今后仰遵守元丰绍圣敕令,敢有陈乞借用者,以大不恭论。”⑥南宋高宗皇帝也曾多次颁布诏令禁止官员侵用备荒仓储粮食。董煟《救荒活民书》载,绍兴庚午,宋高宗谓执政曰:“国家常平,以待水旱。宜令

① 天一阁博物馆,中国社会科学院历史研究所天圣令整理课题组校证:《天圣令·营缮令》卷第28,北京:中华书局,2006年,第193页、第196页。

②《宋会要辑稿》食货8之11,第6152页。

③《宋会要辑稿》食货53之7,第7199页。

④《续资治通鉴长编》卷120“宋仁宗景祐四年(1037)八月”条,第2836页。

⑤《宋会要辑稿》食货53之7,第7199页。

⑥《宋大诏令集》卷181《政事三十四·常平》,第656页。

有司以陈易新，不得侵用。”[①]绍兴九年(1139年)，宋高宗公布诏令，说：“常平法不许他用，惟待赈荒恤饥取于民者还以予民也。”[②]绍兴二十八年(1139年)九月，户部鉴于州县官仓官吏暗自侵用储粮、常平司又不躬亲核查点检的仓储弊政，便奏请立法：“常平米依法赈粜，义仓唯充赈给。若擅支借移用，以违制论。”[③]宋高宗批准了该奏请。

官吏若不接受或阻止灾民诉灾、不如实申报灾伤，亦将按律令规定惩处。宋孝宗“淳熙敕”规定：“诸县灾伤应诉而过时不受状或抑遏者，徒二年。”[④]北宋初年颁定的《宋刑统》载，赈灾官吏如若不申报灾害、申报不实、检放不实，皆杖70。律文曰：“诸部内有旱涝、霜雹、虫蝗为害之处，主司应言而不言及妄言者，杖七十。覆检不以实者，与同罪。”[⑤]时至南宋，官吏检放不实的罪责有所增加，犯者杖100；不躬亲田者，则以违制处罚。宋孝宗“淳熙敕”言：“诸州县及被差检覆灾伤，于令有违者，杖一百。检放官不躬亲遍田者，以违制论。”[⑥]

宋朝的正式法律并没有确切条文规定如何惩处在赈济事务中不恤灾伤、敷衍塞责、玩忽职守的腐败官吏，但有诸多帝王诏令规定有相关惩罚力度，其中贬官和流放是最常见处置形式，《宋会要辑稿》中的实例不胜枚举，现举若干以示说明和论证。如宣和三年(1121年)六月，江淮荆浙等路发运副使林篪因为先前在担任江淮漕臣之时，赈济失职，而被降一级官职。[⑦]绍兴六年(1136年)四月，筠州高安、上高两县当职官都以“赈济乖方，至有盗贼窃发，殍亡暴露，田亩荒莱，饥民失所”之罪，而被宋高宗下诏贬一官放罢。[⑧]乾道元年(1165年)正月，绍兴知府徐嘉、会稽知县钱宥、山阴知县时康祖皆因“坐视饥民死亡，全无措置”之故，被宋孝宗下诏贬官。[⑨]又如前文提及的知资州范仲虎、知荣州张安之和知郴州赵不俄等都因赈济灾伤不力而被贬官或放罢。诏

① 《救荒活民书》卷下《常平》，《中国荒政书集成》(第1册)，第53页。

② [宋]佚名撰：《皇宋中兴两朝圣政》卷25，北京：北京图书馆出版社，2007年，第325页。

③ 《宋会要辑稿》食货53之27，第7222页。

④ 《救荒活民书》卷上《淳熙敕》，《中国荒政书集成》(第1册)，第30页。

⑤ 《宋刑统》卷13《户婚律·旱涝霜雹虫蝗》，第176页。

⑥ 《救荒活民书》卷上《淳熙敕》，《中国荒政书集成》(第1册)，第30页。

⑦ 《宋会要辑稿》职官69之1，第4901页。

⑧ 《宋会要辑稿》食货57之18，第7354页。

⑨ 《宋会要辑稿》职官71之10，第4952页。

令做出的处罚力度可有效弥补律文之不足。

监察也是防治腐败的有效机制，宋廷亦将之运用到了应对荒政腐败的政务中来。宋代中央有御史台和谏院，地方有转运司、提点刑狱司与提举常平司等监察机构。监察机关及其官员具有负责监督、检查、检举与弹劾中央和地方各项政务运作、官吏执政情况的职能及权力，荒政事务也包含在其中。雍熙二年(985年)四月，“江南数州去秋微旱，民颇艰食”，朝廷派“遣监察御史安国祥、太常丞冯拯、荣见素、左赞善大夫马得一、王茂之、张茂才、樊素、著作郎宋镐、张维嵩、张涛”等人，分别前往虔州、吉州、抚州、饶州和信州等地，与各州长吏联合赈贷缺食灾户，并开仓减价出粜粮米。同时朝廷也委任各派遣官员“访察州县官吏为政善恶，民间利病以闻。”[①]监察御史等出差官的察访任务，显然是包括监督和检查州县官员是否在恪尽职守地执行赈恤政务，并将之如实上报中央。嘉祐五年(1060年)三月，宋仁宗诏“令灾伤路转运使、提点刑狱督州县营济之，察不称职者。”[②]宋仁宗的诏令是直接赋予转运使和提点刑狱监察荒政职权。宋孝宗“淳熙令”言：“及检放毕，申所属监司检察。即检放有不当，监司选差邻州官复检。失检察者，提点刑狱司觉察究治。”又云：“虫蝗水旱，州申监司，各具施行，次第以闻。如本州隐蔽，或所申不尽不实，监司体察访闻奏。”[③]两条诏令反映：宋代治灾官吏的检放灾伤之后，必须再申请监司复核；但若检放不当，监司则另遣官吏复检；监察官吏对治灾官吏的申报火伤和是否如实检放有监察和惩处的权力。

南宋帝王有诸多关于安排荒政事务的诏令，强调监察官吏等可监督和弹劾治灾官吏。如绍兴三年(1134年)九月，宋高宗以福建路水灾，诏令福建路“漕司躬亲前去点检被水州县，奉行宽恤赈济等事件以闻。”并特别强调：倘若治灾州县官吏“奉行不虔”，则“仰提刑司按劾闻奏，当议重寘典宪。”[④]绍兴十五年(1145年)八月，宋高宗诏令各路提举常平茶盐公事“检察所部州，有擅用常平钱物者，按劾以闻。”[⑤]乾道元年(1165年)二月，宋孝宗窃虑临安府县赈灾官吏奉行不虔，便诏令监察御史程叔达躬亲前去检察，并嘱咐程氏：“如有违

①《宋会要辑稿》食货57之1，第7325-7326页。

②《续资治通鉴长编》卷191“宋仁宗嘉祐五年(1060)三月”条，第4616页。

③《救荒活民书》卷上《淳熙令》，《中国荒政书集成》(第1册)，第29、30页。

④《宋会要辑稿》食货59之24，第7390页。

⑤《宋史全文(六)》卷21中《宋高宗十四》，第1700页。

戾去处，具当职官姓名申尚书省。其措置有方，亦仰保明闻奏。”[①]淳熙七年(1180年)十二月，宋孝宗公布《令诸路兴修水利诏》，规定各路常平司要监督属县官吏检视农田、兴修水利，否者可查实奏闻。诏曰：“诸路提举常平司常切约束所部县丞，每季检视措置农田，兴修水利，务要广行灌溉田亩。如奉行违戾，仰按核以闻。”[②]次年(1181年)二月，宋孝宗“令州、县、镇、乡村抄籍姓名，将义仓米赈济，务要实惠及民。”若州县官吏“奉行不虔”，则“仰本路来乞漕臣及提举常平官觉察以闻，重置典宪。”[③]庆元元年(1195年)正月，宋宁宗诏令两浙路、两淮路和江东路提举常平司调研辖地灾区，派遣州县得力官吏切实做好收养遗弃小儿工作，并着重警醒诸位治灾官吏：“如有违戾，仰监觉察按劾以闻。”[④]

宋代监察机制确实发挥了制约或揭露荒政事务执行官吏的腐败劣行作用，若干腐败官吏因怠政、懒政、玩忽职守、敷衍塞责、不恤灾民，被监察官揭露弹劾出来而受处罚。如绍圣元年(1094年)十二月十一日，监察御史常安民奏报了河朔荒政的腐败问题，其言：“河朔流民，多因郡县承望转运司张景先风旨，遇诉灾伤，曲有沮抑，使民无告。”[⑤]淳熙八年(1181年)十二月，知饶州赵公广和知徽州曹耜，均因为监察御史王蔺弹劾“不恤荒政，催科苛急”，被朝廷“追两官勒停”。[⑥]庆元六年(1200年)十月，朝请大夫、主管建宁府武夷山冲佑观刘坦之，朝散大夫、干办行在诸司粮料院赵彦卫并放罢。原因是监察御史林采弹劾两人在台州为官时不恤灾民：“昔台州之民，洪水蹂践，死于非命，坦之为守，彦卫为卒，坐视不恤。”[⑦]嘉泰四年(1204年)四月，监察御史商飞奏告前临江知军王润孙在旱涝灾期“自以逼替，全不用心”，朝廷以渎职之罪，降其两级官职。[⑧]该类事例在《宋会要辑稿》中比比皆是，我们在“食货”与“职官”部中，统计到的事例不下百件，这种历史书写现象正面反映的是监察机制在应对荒政的腐败问题上确实起到了检查、监督和弹劾的积极作用，但侧面折

---

①《宋会要辑稿》食货59之42，第7402页。

②《宋会要辑稿》食货61之126，第7535页。

③《宋史全文(七)》卷26上《宋孝宗七》，第2260页。

④《宋会要辑稿》食货58之21，第7368页。

⑤《宋会要辑稿》食货59之5，第7380页。

⑥《宋会要辑稿》职官72之32，第4985页。

⑦《宋会要辑稿》职官75之37，第5092页。

⑧《宋会要辑稿》职官74之15，第5050页。

射出宋代荒政事务确实存着诸多腐败劣迹。

法律和监察是国家防惩腐败的有效机制，在规范各级官吏踏实执政，制约、劝导、警醒和惩治官吏腐败方面确实可起到重要作用。宋代统治者为了应对荒政腐败，着实制定并公布了若干法律条文和诏令，设立并赋予监察机构及其官吏监察、复核和弹劾职责和权力。法律和监察两大机制在防治荒政腐败上，也确实起到了积极作用。

四、结语

荒政的腐败不但有碍官方有效防治灾害，还会造成灾害的升级和扩大。据上论说，我们可知宋代荒政事务确实存在着诸多腐败弊端。运用法律和监察机制是宋廷应对荒政腐败的主要策略，事实证明两个机制着实在发挥积极反腐作用。

宋代虽有防惩机制，但腐败却屡禁不止。各项荒政事务要贤官良吏恪尽职守地去执行；国家制定的各项防治荒政腐败的法律和诏令以及监察制度规定，也需各级官吏认真地遵守。我们不否认宋代有若干能官贤吏切实地筹办好了荒政事务，赵宋也是竭力制定法律和不断出台诏令要求、劝告和警醒各级官吏恪尽职守地做好各项荒政工作，三令五申地规定和指示他们要踏实奉行，可腐败还是不断涌现。绍定元年（1228年）十二月，度正奏报说：“江西、福建、湖南灾伤，老弱转于沟壑，壮者遂为盗贼。”宋理宗回应曰：“此是州县不得人，以至于此。”[①]律法和诏令规定，治灾是州县官吏的基本职责，是他们的本分工作。倘若州县负责治灾的官吏恪尽职守、认真赈灾，灾民何必去流亡和偷盗？建立监察机制和派遣监察官员去监督和检查，是防治腐败之有效策略，但若监察官不切实执行监督和检查的职责，就会使监察机制失去防惩腐败之作用。绍兴十八年（1148年）八月，宋高宗说：“比年州县奉法不虔，或侵支盗用（常平仓），而监司失于检察。”[②]宋代虽制定了若干法律诏令和设立监察机构来防惩腐败，但恶吏贪官并不遵守，有些监察官也不认真履行监督和检查职责，将法令和监察机制视为一纸空文，使之失去制约效能。

---

①《宋史全文（八）》卷31《宋理宗一》，第2653页。

②《建炎以来系年要录》卷158，第2999页。

政治腐败是荒政腐败出现的根本原因。腐败是权力产物，在政治权力社会不可能消亡，尤其在私有制的封建王朝，更是有肆意滋生的土壤。北宋后期党政不断、吏治逐步败坏，南宋更是有秦桧、韩侂胄、贾似道等奸臣当政。在黑暗的政治生态里，荒政事务难免不出腐败。《林泉野记》云："严、衢、信、处、婺州等州大水，士民溺死数百万，秦桧隐而不奏，有开言者，必罪之。"[①]乾道三年(1167年)六月，蒋芾奏告宋孝宗曰："州县所以不敢申，恐朝廷或不乐闻。"[②]中央佞臣隐报灾伤、罪罚奏报者，朝廷也不乐于听闻荒政事务，这样昏暗的政治生态，岂能不造成荒政事务的废弛或腐败？腐败政治必然滋生腐败政务。所以宋代荒政事务的运作缺乏廉明清正的政治生态，不可能不产生腐败！

①《建炎以来系年要录》卷151，第2862页。

②《宋会要辑稿》食货59之44，第7404页。

五 经济史研究

论宋儒围绕《周礼·泉府》展开的理财之争*

肖永奎①

摘　要：王安石变法推出了一整套的经济改革方案，致力于解决当时经济社会的危机。为了论证新政的合理性，他援引《周礼·泉府》进行辩护。这不仅包括一些具体制度的颁布，如青苗、市易等，更为主要的是，依托于《泉府》之法，王安石建立了理财的基本路线，即将国家的富强与经济的均平发展结合起来。这激起了宋明儒学家的大论争，围绕着国家垄断、抑兼并，以及商税征收等问题，各派表达了自己的观点与态度，推进了儒家经济理念的发展。

关键词：泉府；王安石；司马光；叶适

在《周礼》所载的庞大官职系统中，“泉府”只是司市的属官，以下大夫为官长，并无特别显著之地位。汉代王莽改制，刘歆尝援引它来建立针对商人的国家贷款政策，计其赢利收息，不过什一。②然到宋代，王安石进一步将自己的新政，如青苗、市易等法度与《泉府》联系起来，这使它成为宋明经学争论的一个焦点。围绕一些重要的理财问题，如均平理想的实现、政府垄断的产生以及商税的征收等，后来的儒学对王安石进行了批评与反思。这些争论不仅给我们观察古代儒家经济理论的演变，而且为我们进一步理解宋代新儒学各派的经济立场提供了一个独特的视角。

* 项目基金：本成果为国家社科基金重大项目“多卷本《宋明理学史》”（17ZDA013）阶段成果。

① 作者简介：肖永奎，1985年生，男，河南商丘人，哲学博士，主要研究方向：宋代经学与哲学。

② [汉]郑玄注，[唐]贾公彦疏：《周礼注疏》卷十六，彭林整理，上海古籍出版社2010年版，第540-543页。

一、合富强与均平：王安石的《泉府》之法

面对宋代的积贫积弱，王安石的经济政策固然要实现国家的富强，但作为儒家的学者，他所关注的还有当时社会经济结构所面临的一些深层次的问题，特别是分配的不平等。早在《风俗》一篇中，王安石就追问了这个根本问题：国家经过近百余年的承平，政治基本稳定，经济人口前所未有的繁荣昌盛，赋敛徭役的状况好过历史上任何时期。本来应该“家给人足，无一夫不获其所矣”，但现实的状况却是社会的两极分化，“富者财产满布州域，贫者困穷不免于沟壑”，甚至“士无廉声”，贫民不得救恤，富者奢侈相尚；攀比风俗之下，穷人被世俗裹挟，倾尽家产以附奢风。[①]

不难看出，王安石的问题意识背后所隐含的正是儒家思想中的“均平”理念。《论语》中，孔子以“均无贫”表达这一目标。需要强调的是，这里不能将“均平”理解为现代意义上的“平均主义”，后者是一种主张“份额相等”的财产分配理念。[②]但历来古代经学的注释，也没有将“均无贫”解释为平均主义的。比较有代表性的，如朱熹训“均”为“各得其分”。[③]这里的“分”有“性分”“职分”的涵义。“性分”表达的是目标，即人人各得其所，使自己的生命健康基本得到保障。而要达到这一目标，则是通过社会中不同阶层的分工，即士、农、工、商的各分其职，各尽其责来完成。又，何晏注曰“政教均平”，而其中的分配理想，刘宝楠的《正义》表述得最为清晰：

> 大富则骄，大贫则忧，忧则为盗，骄则为暴，此众人之情也。圣者则于众人之情，见乱之所从生。故其制人道而差上下也，使富者足以示贵，而不至于骄；贫者足以养生，而不至于忧，以此为度而调均之，是以财不匮而上下相安，故易治也。[④]

---

① [宋]王安石：《风俗》，《临川先生文集》卷六十九，王水照主编：《王安石全集》（第六册），上海：复旦大学出版社2017年版，第1250–1251页。

② 很多学者将儒家的均平经济理想解读为“粗陋的共产主义”，或者是“乌托邦主义”。如房德邻：《儒家色彩的乌托邦与孔教的启示录》，《孔子研究》1992年第4期；张连顺：《孔子“不患寡而患不均”的形上意义及现实意义》，《贵州大学学报》2006年第5期。显然这是不合古代典籍的本意的，是一种现代语境下的误解。很多学者已经认识到这一问题，相关讨论可参见施家珍：《“不患寡而患不均”辨》，《孔子研究》1993年第4期；韩涛：《孔子均平分配思想中的中道理念》，《孔子研究》2016年第4期。

③ 朱熹采取此解，见《论语集注》卷八，《四书章句集注》，北京：中华书局，2012年，第171页。

④ [三国魏]何晏集解，[清]刘宝楠正义：《论语正义》卷十九，《诸子集成》，北京：中华书局1954年，第一册，第352页。需要强调的是，刘宝楠所援引的这段话实际上出自董仲舒《春秋繁露·度制》篇。

“均平”是避免两极分化，即避免财富掌握在少数人的手中，富者大富，贫者大贫。因为一般的人情是“大富则骄，大贫则忧”，而成为社会动荡的根源。那么相对均衡的分配状况是：富者足以展示自身的优越生活，不至于凌虐他人；贫者足以养生，不至于时刻面临死亡的威胁。如果将人口的基数与财富的多少，用一个图示来表示，那么儒家理想中的分配模式类似于枣核形，中间的部分越大越好，因为这意味着掌握社会财富的人口数量逐渐增多，而贫困的人口却在不断下降。

秦汉以后，土地兼并愈演愈烈。儒家学者如董仲舒基于“均平”的理想，提出“限民占田”的主张，其后虽有短暂的实行，但都未能持久。王莽改制，亦尝推行“王田”制，可以说是儒家“均平”理念的激进主义的表现。北宋中期，一些重要的新儒学思想家，如李觏、苏洵、张载、程颢等兴起了对井田制的研究热潮，最具有代表性的就是张载的“经界法”。[①]王安石与同时代的儒学思想家一样，面对社会经济的不均衡状况，也进行了自己的探索。首先，他的一个特别之处在于，他以为富强与均平实际上是一体的，其依据就是《泉府》一官：

> 欲钱重，当修天下开阖敛散之法。《泉府》一官，先王所以摧制兼并，均济贫弱，变通天下之财，而使利出于一孔者，以此也。[②]

王安石对《泉府》的援引不止一处，在他看来，《泉府》之法就是先王变通天下之财富的政策基础。“使利出于一孔”，关键是以国家资本和权力抑制兼并，调控经济，将均平与富强的目标联系在一起。具体而言，就是熙宁年间相继颁布的均输、青苗、市易等法度，通过国家贷款、政府采购等形式，直接打击大地主、大商人的高利贷与市场垄断行为。按照王安石的设想，这正可以达到《泉府》中所讲的“国之财用取具焉”的目标。他所谓的“兼并之家”，并非泛指一般的富户，主要是指一些豪强势力，他们或以高利贷牟利，如“一岁坐收

① 对于张载的井田思想的论述，可参见范立舟：《宋代思想环境在张载对井田制的理解与提倡》，载《湖北大学学报（哲学社会科学版）》2018年第9期。

② ［清］黄以周等辑注；顾吉辰点校，《续资治通鉴长编拾补》卷四，北京：中华书局，2004年，第156页。

息至数万贯”者；[①]或是垄断商行，以操纵价格取利，如“茶行十余户”是也。[②]在王安石看来，他们的奢侈豪华是建立在“侵牟编户齐民”的基础之上的，是造成中下阶层普遍贫困的原因，也破坏了经济的正常发展秩序。[③]

将新政策的目的直接解读为以国家垄断代替豪强垄断，是不公正的。通过一整套的财政制度的相互配合，王安石的意图展现得更加明显。国家力量的介入，直接实现增加财政收入的目标，更为根本的是，在中小阶层与大地主大商人、农业与商业之间寻求一种均衡的分配方式。打击市场垄断，还是要以有利于商业的发展为目标的；更大幅度的转移支付，特别是补助农业的政策，如开垦农田、兴修水利等，也是为了促进农业生产的发展。当然，这些转移支付还为教育、吏治以及国防等领域的改革提供经费支持。在神宗的支持下，王安石等人借助于青苗法的推进，迅速地在全国各个地方建立起了提举官的制度，并使其成为地方权力的新中心，直接与中央财政权力机构对接，引领全面的经济改革。[④]

二、国家权力与均平的实行途径

因为王安石对均平问题的关注，近代以来很多评论者将其称之为国家资本主义，或社会主义者。[⑤]他们都看到正是依托着均平之名，王安石鼓励国家资本与权力的扩张。对此，需要强调的是，虽然这样的类比，可以帮助我们理解新政策的一些方面，但也产生了一定的误解。在下面的两个问题上，要具体分析。首先是在政府与市场关系的问题上，王安石持有着什么样的态度，与当时反对者的争论是什么。其次是在“抑兼并”，即均平目标的实现方式

① [宋]李焘：《续资治通鉴长编》卷二百四十，北京：中华书局，2004年，第5829页。

② 《续资治通鉴长编》卷二百三十六，第5738页。

③《续资治通鉴长编》卷二百三十六，第5738页。据一些学者的研究来看，宋代的土地兼并、高利贷资本，以及大商户对商行的垄断发展到了前所未有的严重状况，参见漆侠著：《宋代经济史》，北京：中华书局，2009年，第1117-1146页。

④ 对新法推行的范围、权力结构等的分析，可参见陈晓珊：《历史地理视角下的王安石变法》，北京：北京大学博士学位论文，2011年。

⑤ 近代以来，王安石的经济改革一直备受学界关注。李华瑞的《王安石变法研究史》对其进行了系统的总结，从中可以看出学界对王安石的评价，是如何深受时代之政治经济背景（即社会气候）的影响，如20世纪六七十年代的计划经济时代，学者对王安石“均济贫弱”的赞扬；而到80年代，因市场经济的改革，很多学者转而批评王安石的新政。西方国家对王安石的关注，主要与凯恩斯主义，或罗斯福新政的兴起密切相关，故西方很多学者倾向于将其理解为“社会主义”，或“国家资本主义”的代表。见李华瑞：《王安石变法研究史》，北京：人民出版社，2004年。

上，各派之间有着什么样的冲突。

首先来看第一个问题。一般地而言，儒家的学者并没有在政府管控与自由放任之间必然地要坚持哪一方；是否有利，以及能否达成儒家民本的主张是最为重要的考量因素。故而有学者认为儒家是一种中庸的态度，“适当的时间或条件为最好”。[①]王安石在论述这一问题时，使用的“官私两利”，或“均天下之利”，关键是建立合适的制度或法度框架，使得国家、官吏以及中小阶层的利益都能得到维护，正是这种思路使得他特别重视制度经济，即好的制度对于经济发展的促进作用。

这也是王安石所谓“立法度”的精神在经济改革中的体现，无论青苗、市易、还是免行等制度，他始终强调君主不受某一些利益集团的左右，以公义、公理为建立制度的标准，再以公心推动法度的运行。如市易务在听取了各个商行的诉求之后，以免行钱代替原来的强制劳役制，一方面政府采购可以获得好的物品，另一方面商人虽交一定的免役钱，但可以无劳役之苦，正所谓“官私两利”。[②]又如宋初下级吏员多无俸禄，朝廷不得不默认他们的取贿生事。这不仅有损政府的效率，而且也不利于正常商业秩序的建立，增吏禄并行仓法，使得政府管理体制走向正轨，亦利于其服务民众的利益。[③]

在面对政府管控与自由放任的关系问题时，王安石也是坚持这一基本原则。首先他也重视市场的效率，在其对市易务的辩说中，去除垄断之害，使广大的商旅获利是一个重要的理由。他对国家征榷的态度，很能说明这一问题。总体而言，他是不赞成国家征榷的，原因就是没有效率，不利于民众财富的增长。保留在其《文集》中的《议茶法》一篇，为其参与仁宗嘉祐年间的通商法改革的议论。在议论中，他从两个方面论证了通商法优越于国家专利制度：一是效率高，产品质量好；二是有利于国家长治久安。其中专门讲到“以今之势，虽未能尽罢榷货，而能缓其一，亦所以示上之人恤民之深而兴治之渐也”。[④]众所周知，宋代是古代专卖制度最发达的历史时期，[⑤]虽然王安石坚持

① [清]陈焕章著，韩华译：《孔门理财学》，北京：商务印书馆，2015年，第144页。

②《续资治通鉴长编》卷二百二十三，第5433页。

③《续资治通鉴长编》卷二百十四，第5223页。

④ 王安石：《议茶法》，《临川先生文集》卷七十，《王安石全集》，第六册，第1258页。

⑤ 对古代征榷制度的系统论述，参见李剑农：《中国古代经济史稿》（下册），武汉：武汉大学出版社，2006年，第950-1021页；齐涛：《中国古代经济史》，济南：山东大学出版社，1999年，第405-419页。

这样的观念，即希望“尽罢榷务”，但显然这是不现实的。而在变法期间，他也是劝导神宗“榷法不宜太多”，并对榷茶持反对态度，以为获利无多。但是在其当政期间，确实扩大了对酒、川茶等的征榷，部分原因是应对边防的需要有关，更与他的改革倾向“恤农”的观念相关。①

无论王安石怎样想在政府与市场之间保持一种有益的平衡，新政的迅速推行显然是鼓励了国家资本的介入，它所遭到的首先就是保守者的攻击。依照这些攻击者的观察与推论，新政必然会导致“国家垄断”的问题。特别是提举官遍布全国，不良官吏缘以为奸，或为了政绩强制民众贷款，或对欠息者追呼侵迫，结果就是“与民争利”或“扰民”。司马光从逻辑上对其进行了论证，“天下所生货财百物”，不在民间，则在政府。②通过国家资本的投入，不过是变相地对民众财富的掠夺而已。实际上，这使得他走向了反对任何增加财政收入的政策，而只有通过削减支出来维持财政的平衡。应该讲，在反对政府对市场的过度干预上，古代中国的保守主义政策类似于近代的自由经济观念，但也应该看到它所根植的中国古代的历史与思想渊源。他们也坚持儒家民本主义的观念，深谙国家与民众之间的关系是古代王朝兴亡的根本，而税收是其中最为重要的一种关系，特别是在古代农业社会财富创造的速度不高，财富的总额在相当长的时期内基本保持稳定的历史条件下，用一种道德主义的观念来约束政府，是有它的合理性的。因此轻徭役、薄赋敛不仅是一条处理财政问题的金律，更是一条根本的政治经验。

保守主义者围绕着王安石对《泉府》的援引，展开了经学上的论争。如他们抓住《泉府》“国服为之息”一句，因为它正是新法贷款政策的文本依据。他们以为《泉府》固然贷款于民，但不应取利。在官僚中富有声望的韩琦论证说，上自两汉，下及有唐，王莽之后，“更不闻有贷款取利之法”，即使是王莽，也不过是取赢息之利罢了。韩琦攻击青苗法，真正的用意是主张回到宋初的常平法政策。至于“国服”之训，汉儒已有争论，郑众以“国之所产”为训，但郑

---

① 对此的论述，参见漆侠：《宋代经济史》，北京：中华书局，2009年，第794页。熙宁五年四月神宗与王安石一段对话，谈到“盐酒法不须弛”的问题：“上曰：‘盐酒之法既未可弛，即须严禁。’王安石曰：‘陛下虽致治如唐、虞时，盐酒法亦不须弛。若欲推利于民，政须厚农而已。末作不禁，更能害农，非尧、舜之政也。’”（《续资治通鉴长编》卷二百三十二，第5682页），从中可以看出他的重农的思想。

② ［宋］司马光著，李之亮笺注：《司马温公集编年笺注》卷三十九《八月一日迩英奏对问河北灾变》，成都：巴蜀书社，2009年，第547页。

玄不取，认为既然贷之以钱，取之亦应以钱。宋儒相信王安石正是偏信了郑玄的解释，才颁布了取息以钱的政策。宋儒极为不满，如永嘉学派的陈傅良又做出了新的解释，以"服"为"服公事之服"，则民众要以国家徭役的形式偿还利息，[①]明代王应电的《周礼传》亦从其说。[②]以"所产"，或"徭役"偿还利息的方式，是否就一定会减少民众的负担？这是需要实际考察的。而就商品经济本身的发展规律来看，以货币偿还利息的方式显然是一种更高的发展阶段。

其次，如何实现均平分配，各派之间的态度是有着明显的冲突的。对此，南宋永嘉学派的观点颇具有代表性，其表示理解《泉府》"抑制兼并"的政策，如陈傅良《周礼说》云：

> 君不理则权在商贾，操市井之权，断民物之命，缓急民之所时有也，虽贱不得不卖，裁其价太半可矣。虽贵不得不买，倍其本十百可矣。民何以能育？是故不售之货，则敛之，不时而买则与之，物楬书之，使知其价而况赊物以备礼贷本以代生，皆所以缓贫窭而抑兼并，管仲平轻重，李悝平籴，寿昌常平，皆古意也。[③]

商贾垄断市场，不利于经济的发展。他虽然称赞管仲、李悝等的法度合乎"古意"，但并不意味着他赞同王安石的新政。从永嘉学派的另一位代表人物叶适的论述中，可以帮助我们理解他们对此问题的一般态度。叶适认同《泉府》之法，但却从"古今异势"的角度否定了"抑兼并"的措施。他以为"今天下之民，不齐久矣"，富商大贾已经掌握了市场利权，他们利用自己的财富，庇护一方民众，维护社会稳定，也是国家赋税的重要来源，所以他说"富人"为州县之本，"上下所赖"。在这样的情况之下，怎样能够动用国家权力"遽夺之"，甚至"嫉其自利而欲为国利"呢？[④]

显然，叶适注意到了后世大量存在的佃农制，它使得大量的农民在失去土地后，不得不依靠富人来获得从事生产的资助，以及逃避赋税。面对大地

---

① 陈傅良的《周礼说》全本已佚，此转引自[宋]王与之：《周礼订义》卷二四，文渊阁《四库全书》本，台北：台湾商务印书馆1986年(影印)版，第93册，第404页。

② [明]王应电：《周礼传》卷二下，文渊阁《四库全书》本，台北：台湾商务印书馆1986年(影印)版，第96册，第109页。

③ 转引自王与之：《周礼订义》卷二十四，文渊阁《四库全书》本，第402-403页。

④ [宋]叶适：《财计上》，《水心别集》卷之二《叶适集》，北京：中华书局，2010年，第659页。

主的“豪暴过甚”，或“兼取无已”，他并非无动于衷，但是他明确地反对任何根本的制度变革，对于王安石的抑兼并政策，以及北宋新儒学要求恢复井田制的观念都不予认同，所谓“儒者复井田之学可罢，而俗吏抑兼并富人之意可损”。他主张通过渐进的制度建设，十年以后，最终达到“无甚富甚贫之民，兼并不抑而自已”的均平理想。①

但事实上，王安石也看到了现实中贫民对富人的依赖，由此他也不认同恢复井田制的主张。这从他对程颢等人的批评中可以看出来，《续资治通鉴长编》载：

> （范育）又言“须先治田制”，其学与张戬同。安石曰：“臣见程颢云：须限民田，令如古井田。”上曰：“如此即致乱之道。”安石因言王莽名田为王田事，上曰：“但设法以利害敺民，使知所趋避，则可。若夺人已有之田为制限，则不可。”安石曰：“今朝廷治农事未有法，又非古备建农官大防圩埕之类，播种收获，补助不足，待兼并有力之人而后全具者甚众，如何可遽夺其田以赋贫民？此其势固不可行，纵可行，亦未为利。”②

农民因为不能从国家那里获得相应的补助，不得不转而依靠“兼并有力之人”。要彻底改变这样的现实，即使动用国家权力，变私有为国有，平均分配土地，也不太可能做到。对于这一点，王安石与叶适有着相同的认识。但不同的是，王安石虽不认可改变土地所有制的做法，但通过国家的资本与权力的介入，以改变中小农民对大地主的依赖关系，以兴修水利、补助不足来促进农业发展的政策，却是他极力推崇的。而这必然会带来国家力量的扩张，甚至在一定程度上出现国家垄断的问题，这正是叶适所要反对的。

三、征商与恤农

另一个激烈争论的问题就是，王安石在熙宁年间推行的扩大征商的政策。他也援引《周礼》为己辩护，如言“《周官》固已征商，然不云几钱以上乃征之”。《周礼·廛人》载：“掌敛布：絘布、总布、质布、罚布、廛布，而入于泉府。”陈

① 叶适：《民事下》，《水心别集》卷之二，《叶适集》，第657页。

② 神宗与王安石谈论范育“须先治田制”事，见《续资治通鉴长编》卷二百十三，第5181页。

傅良以为王安石正是据此来增加商税的，其论曰：

> 且以廛人一官论之，所谓“絘布”者，郑氏谓“列肆之税”，即今之房廊钱。所谓“廛布”者，郑氏谓“诸物邸舍之税”，即今之白地钱。又有“罚布”者，卖买不平之罚；“质布”者，质人巡考犯禁之罚，即今之搭地钱。又有“总布”者，子春谓“无肆立持之税”，若熙宁间不系行钱……所以王莽用《周礼》，遂有五均六斡，列肆里区无不征之。荆公用《周礼》，遂有坊场河渡、白地房廊、搭罚六色、免行市例之类，无所不有，至使《周礼》之书后人不得尝试。夫周家之法果如是耶？抑用之者失其实耶？①

《廛人》所载商税，皆归于泉府，陈氏以为其内容繁杂，有不合理之处。考陈氏所举诸例，大多汉代以来就已经存在，宋代立国承袭前制，基本保留了前代的征商制度。熙宁改制，王安石进一步扩大了征商，其中免行、市例皆为新增加的税目，由市易务承担。市例钱为市易务推出的一种商业附加税，而免行钱是为变革城镇诸行具有应役性质的“纠行”制度，改应役上供物，而出免行役钱，类似于农业领域的免役钱。其中免行钱是受当时反对者攻击最多的，他们以为存在征税范围过大的问题，一般之小商小贩皆被征收。但据王安石等人的解释，免行钱是应各大商行的要求而征收的，毕竟对于这些商人而言，出一定的钱就可以免除对国家的强制劳役，是他们更愿意的。

应该看到，在当时党争的背景之下，反对者确实故意夸大了新法负面效果的宣传。对此，我们不会停留在对历史细节的考证上，重要的是理解王安石的商业政策。它有助于整个财政结构的调整与转型，并与其恤农的观念紧密结合在一起。面对熙宁年间的财政危机，王安石与当时主流意见一样，都不主张增加农民的赋税。②无论是基于儒家的民本观念，还是现实的考量，增加农民的赋税都是不可行的。当时对理财颇有心得的苏辙明确地讲：“臣所谓丰财者，非求财而益之也，去事之所以害财者而已。”理财并不是“求财而益之者”，所以对增加财政收入的任何政策都不会抱有好感，更不用说增加农民

① 转引自王与之：《周礼订义》卷二四，文渊阁《四库全书》本，第397页。

② 宋初制赋，农民要交的赋税主要有以下几种，一是田赋，二是丁口之税，即人头税，三是城郭之赋，如宅税、地税等，四是杂变之赋，如牛革、蚕盐之类。见[元]脱脱等：《食货上二》，《宋史》卷一百七十四，北京：中华书局，1985年，第4202页。

的赋税了。[①]但对于王安石而言，问题就在于不增加农民的赋税，又怎样能够获得变法所需要的足够财政支持呢？增加国家资本的投入，以获得收入之外，增加商税显然是不可缺少的一个途径。

支持王安石采取扩大征商的办法的，来自他所谓的“重租税以困辱之”的观念。[②]在一封书信里，他也讲到“制商贾者恶其盛”，盛则民众去农者众，这会影响农业的发展。但又不能让商业衰败，衰败则货物不能流通。因此，他提倡因时制宜的原则，“稍盛则廛而不征”，即赋廛而不征货；“已衰则法而不廛”，即管理以市官之法而不赋廛。但就熙宁新法来看，其征商的幅度显然要超过这里所设想的状况的。[③]不难看出，这是古代“重农抑商”观念的一个翻版，但并不能简单地将“抑商”等同于对商业的打击，准确地讲应该是要求商业补助农业。新法明确地提出“恤农”的观念，某种程度上可以讲，正是重农主义的表现，它包含着明显的发展农业的政策意图，即通过转移支付扩大对农业生产的国家投资。

显然，增加商税并不意味着减少农业税赋，但是这些政策在客观上具有着这样的倾向，即在国家的财政结构中，减少古代国家对农民赋税的依赖。如此，新政不得不增加商业税赋，这遭到当时主流士大夫的抵制。北宋杨时攻击王安石的征商政策是贱大夫所为，“古无有也”。[④]同样生活在北宋的陈汲尝作《周礼辨疑》，提出这样的一个理由：

> 熙宁间，京师市井凡贩卖小民，虽拾发、鬻薪、提茶等类，悉出免行钱；不出者毋得贩鬻市道，其意亦曰抑末作游手之民。然不知先王之世，民无不受田者，虽商贾家亦受田，特减于农民，抑其末作，使反其本，则退有可耕之田，不至失业饥寒。自井田既坏，小民亡立锥之地，势不免贩卖以自资。今而曰抑之归农，则退岂有可耕之地哉？故重税适所以启其怨咨之心，饥寒之患，而曰使之务本，恶在其为政也？[⑤]

① [清]黄以周等辑注，顾吉辰点校：《续资治通鉴长编拾补》卷三上，北京：中华书局2004年版，第105页。

② 王安石：《风俗》，《临川先生文集》卷六十九，《王安石全集》第六册，第1251页。

③ 王安石：《答韩求仁书》，《临川先生文集》卷七十二，《王安石全集》第六册，第1292页。

④ [宋]杨时著、林海权校理：《杨时集》卷六《神宗日录辨》，北京：中华书局，2018年，第132页。

⑤ 陈汲：《周礼辨疑》，转引自王与之：《周礼订义》卷二八，文渊阁《四库全书》本，第474页。

且不论陈汲对熙宁征收免行钱的评论是否合乎史实，但他对王安石的“抑商”政策的一个担忧，依然值得我们重视。他揭示了这样的一个事实：在后世农民不断失去土地，不得不转为佃户，或者从事商贩以自资的情况下，扩大征商的范围，显然是不利于这部分民众的利益的。所谓“抑之归农”，不仅是无法达到，反而可能适得其反。应该讲，这是商业发展到一定的状况，必然会出现的一种矛盾。但它还没有发达到这样的状况，吸纳更多的人口，创造更多的价值，使得王安石可以从中取得充足的财政支持，从而实现国家财政结构的根本转变。这是王安石的征商政策失败的根本原因，陈汲所言“适所以启其怨咨之心”而已。

南宋叶适惩于古代国家以多取为政，抨击新政徒然导致国家税赋增加，他论证说：自宋建国至南宋中期，国家财政屡经变革，财政总额呈现出了数倍的增加，而熙丰改制实肇其端。北宋灭亡，财赋不减反增，源于战时体制所采取的临时性政策，如经总制钱、折帛、和买等随后反成常态，所以他感慨说：“是自有天地，而财用之多未有今日之比也。”[①]由此，他以减税为当务之急，主张与民休息，并在此基础之上开展国家治理的全面改革，这也使得他与王安石的财政扩张政策有了根本的冲突。

显然，叶适的评论揭示了一个更为根本的问题：在国家与民众之间，古代的赋税制度一直处于一种“无政府”的状态，它使得任何一种建立合理、有效的财政管理体制的努力总是归于失败。王安石的新政，无论后世如何评价其具体效果，但在使国家财政摆脱无政府的状态上显然也是失败的。新政策导致宋代财政不断扩张，增税产生的恶果不断显现。北宋晚期蔡京、王黼等人打着新政的旗号，实际上将大量的国家财赋用于皇帝本人的享受，恰是这种“无政府”状态的极端发展，尽管王安石很不愿意看到这种状况。但如果一味地否定王安石的做法，转而鼓吹减税，显然也无益于国家财政制度最终走向合理化的。关键是农民依然承受着国家最为繁重的财政负担，贫富分化的严峻现实导致大量农民破产，最终又不得不威胁到国家财政。在这样的背景下，如叶适等人所期望的通过官吏的教诫从而使得兼并不敢过于豪暴，不过是一种幻想，没有对兼并者的有效限制，又想要国家主动地减税，更是不可持久。

① 叶适:《财总论二》,《水心别集》卷十一,第772页。

双层委托代理关系下的宗族治理与地方社会秩序

苏映雪[①]

摘　要：我们试图说明宗法财产权观念[②]对清代财政制度、官僚治理过程产生的影响[③]。传统中国社会财产在名义上属于"祖先"的[④]，实际上是受在宗法结构中处于"家长"位置的人控制。我们从宗法财产观念下不同行动者的选择的视角出发，探讨围绕宗法财产关系建立起来的地方治理体系，运用委托代理理论说明绅士群体在地方跟官僚政府之间发挥中介作用的逻辑以及治理绩效。

关键字：宗法财产；公共品；宗族治理

---

① 作者简介：苏映雪，复旦大学经济学院博士研究生。

② 方钦认为中国传统财产权利制度是一种宗法财产权利。本篇关心约束人们财产交易行为的规则，因此这一概念更适合。参考方钦：《传统中国社会财产权利的性质——以清代闵北土地买卖文书为例》，《南方经济》2016年第12期。

③ 休谟强调了财产权利在社会秩序运行中的重要性，参考［英］休谟：《人性论》，上海：商务印书馆，2005年。诺斯、哈耶克以及韦森都强调观念在形塑社会秩序中的重要作用。参考诺斯：《经济史中的结构与变迁》，上海：上海三联书店、上海人民出版社，1994年；哈耶克：《通往奴役之路》，王明毅，等译，北京：中国社会科学出版社，1997年；韦森：《文化与制序》，上海：上海人民出版社，2003年；韦森：《哈耶克矛盾与诺思悖论》，《清华大学学报（哲学社会科学版）》2019年第12期。而米塞斯在"人的行动学"范畴下言及"观念造就历史"似乎是自然而然无需解释的，参考（奥地利）路德维希·冯·米塞斯著：《人的行动：关于经济学的论文》（上卷），余晖，译，上海：上海世纪出版集团，2005年，第83页。本篇假设财产观念通过影响人们决策的预期而对社会治理结构产生重要影响，并另外辟文进行量化检验。

④ 也就是陈峰、桂华和林辉煌等所说的土地"祖业观"，参考陈锋：《'祖业权'：嵌入乡土社会的地权表达与实践——基于对赣西北宗族性村落的田野考察》，《南京农业大学学报》2012年第2期；桂华，林辉煌：《土地祖业观与乡土社会的产权基础》，《二十一世纪》2012年第2期。科大卫年提出的祖先作为控产的法人是一个宗教观念。参考科大卫，刘志伟：《宗族与地方社会的国家认同——明清华南地区宗族发展的意识形态基础》，《历史研究》2000年第3期。

一、引言

萨缪尔森(1954)关于公共品的命题被广泛接受,这一理论表明:理想的情形下,公共品提供的帕累托均衡应该处于联合消费的边际效用与边际成本相等的点[①]。而清代公共品提供受土地财产关系的制约,公共服务合约履行的范围受宗法关系的限制,交易合约受到宗法关系的约束才能相对有效实施,交易的范围无法突破约束使交易双方获得帕累托改进。本文试图从官僚、地方绅士以及纳税地主这几个主体的行为出发来理解清代地方公共品提供制度以及社会治理体系。

第二部分是制度背景,关于清代地方治理中的一些基本的制度事实:官员低工资、陋规制度与宗族组织中提供基本的社会救济、教育等公共事务;第三部分是在一个委托代理理论框架内对上述现象进行解释;最后一部分进行总结。

二、制度背景与一些事实

(一)低薪酬、陋规与官僚体制

绅士阶层是清代官僚机构以及地方治理结构中的关键群体。绅士的身份连接着国家和地方,一方面作为地方上的代言人,绅士为地方上的利益奔走,另一方面也是构成帝国官僚机构的基础部分。绅士开办地方上的公共事务,并且主持地方上的法律实施,同时作为国家税收的代理人,其身份的获得首先是要有科举功名。清代的官僚机构具有如下特征:

首先,州县官对地方上的一切公共事务负责。他有权雇佣代理人分工完成地方上的事务,州县官通常会雇佣大量的僚属[②]官员,负责收税、法律咨询以及其他事务,其中最主要的任务之一就是税收。

州县官雇佣大量的僚属来帮助自己实现地方的治理以及税收征收事宜。根据瞿同祖的研究,清代一个县的僚属官员的数量达千人以上,僚属的职位

① 参考Paul A. Samuelson, "The Pure Theory of Public Expenditure," The Review of Economics and Statistics vol.36, no.4 (1954), pp.387-89.

② 参见瞿同祖:《清代地方政府》,范忠信、何鹏、宴锋,译,北京:法律出版社,2011年。

不属于体面的工作。大量的税收僚属官员获得激励约束不匹配的低薪酬[①]，长期内维持在较低的水平。僚属职位是竞争性的，那些与州县官私人关系更亲近的人可能获得的非工资性收入就越多，此外，僚属官员的薪酬也与职位性质无关，职位越繁难，越没有相应的匹配职位工资。

地方上形成了一种非正式的陋规制度，僚属官员收取的陋规费被限制在一个特定的水平上[②]。州县官只拿到较低的薪金，地方上的很多公共开支需要州县官私人负责，清代进行过养廉银的改革，但是并不意味着能形成有效激励。这种非正式的官僚制度最大的弊病在于服务事项的不确定以及由此而来加派的不确定，这增大了地方消费公共服务的外部成本[③]，地方上一直设法解决赋役加派与地方上纳税能力不匹配导致的里甲累陪、人户逃亡和税收减少的问题。这种情形表明，在清代财产税财政结构下，地方官僚体系无法有效监督地方财产交易中发生的税负转移[④]。

地方上低税负的说法并不是全部事实。均摊的税负并不是实际税负的全部内容，地方上的公共开支是采取一事一费的方式临时加派的，实际税率存在着不对称的情形。具有科举功名的生员具有免除劳役的特权，田地等则不同税率也相应不同。其次折色方式与地方上运粮过程也会影响实际的税率，有实力的纳税人可以通过与税吏共谋来将税负转嫁给其他纳税者。纳税以及公共开支的加派过程中，如果没有宗法关系庇护，承担更重的税负的可能性将会增加。

如上所述，仅靠正式官僚机构无法有效地维护地方社会秩序，这也是里

---

① 根据瞿同祖的统计显示书吏以及衙役等僚属官员的平均年薪从3两到12两不等，以一名年薪7两的僚属官员为例计算，每天仅有2到3文左右，仅够自己跟妻子吃一顿饭而已。参见瞿同祖：《清代地方政府》，范忠信、何鹏、宴锋，译，北京：法律出版社，2011年。

② 州县官为了将陋规费限制在合理的限度内做出过一些努力，比如不允许书吏们超过习惯数额索取，还有州县官调查陋规情况，将许可收费项目列出来。征税各环节涉及的陋规环节多样，田赋、漕粮以及商税征收过程形成不同的陋规。比如田赋陋规收费3~10文不等，而渔税、酒税则要缴纳税负总额30%~40%。总体上来说，陋规是一种非正式的制度，人们对其增加与变动的水平似乎可以形成一定的预期。参见瞿同祖：《清代地方政府》，范忠信、何鹏、宴锋，译，北京：法律出版社，2011年，第16页。

③ 具体指里甲人户逃亡给剩余人户以及官僚赋役征收增加负担。参考梁方仲：《释一条鞭法》，《中国社会经济史集刊》，1944年第1期；刘志伟：《明清珠江三角洲地区里甲制中'户'的衍变》，《中山大学学报(社会科学版)》1988年第3期。

④ 清代征税还是以户为单位，如果财产可以自由交易，说明户名土地财产的户名会随着交易的发生而变更，但是根据舒满君的研究，徽州几个户名从顺治到同治近200年间都保持同一个户名。官府并不关心实际的土地交易，只要保证原额税粮足够即可，对于地方上的官员来说，考绩的指标也只是纳够一定水平的税。参考舒满君：《清初徽州排年总户的买卖、改名与维系——以〈排年誊清〉为中心》，《中国经济史研究》2018年第2期。

甲组织不能有效运行的原因。清代人口增长、市场交易的增加、民间土地买卖频繁,相应的税粮过割、土地交易过程监督、财产保护等公共服务需求增加,而正式官僚机构却无法有效率地提供公共服务,地方上的公共开支项目在里甲裁撤后大幅减小,政府服务的范围随之缩小。

其次,清代地方官僚提供的公共服务的缩减。里甲制度下官吏侵渔、田产诡寄与人户逃亡导致财政困难,迫于考绩压力的绅士推动一条鞭法与摊丁入亩变革,将劳役归并到田赋中,这大大降低了这种陋规杂费,这意味着官僚政府能提供的服务也大幅萎缩,地方志中就可以看到一条鞭法与摊丁入亩改革之后,原本属于里甲项下的很多公共开支除了衙门日常开支之外全部裁剪,相应地裁剪作为薪酬的公食银。官僚系统缩减还表现在税收征收环节的缩减,让税户自行纳粮①。

(二)清代的公共税收——赋税与地方上的实施

清代地方实行的是定额赋税制②:每个州县根据县总的田地山塘的数量按照一定税率确定赋役的总额得到每亩均摊的税率,按照田土等则规定九则,不同等则的田土缴纳相应等则的赋税。清代登记田产依然是沿袭明代的鱼鳞册,册内载明田土位置,以及相对应的户名与税粮等则。这种定额税制减少了税收过程的繁复带来的不公,同时能更好地施行官员考绩。

清代正式官僚体系在征税过程中的大幅萎缩与宗族组织在纳税以及公共服务的过程中发挥影响力是同步的。这种宗族组织最明显的公共服务特征就是修族谱、建祠堂、提供族内救济等,并以"族产""祠产"等财产作为经济基础。

经过一个时期的调整,清代纳税管理的方式逐渐变迁。作为纳税单位以及公共品提供单位,清代的宗族组织最终取代了明代里甲组织③。明代地方里甲是以110户为一个甲为单位轮流履行纳税职责并且提供公共服务的④,这

① 转引舒曼君的研究:"清代摊丁入亩以后的田赋征收……按照《赋役全书》记载的定额征收;"催科四法",即"以分限之法纾民力,以轮催之法免追呼,以印票之法征民信,以亲输之法防中饱",分别指分限法、滚单法、串票法和自封投柜……尽管如此,各州县官为了节约征收成本,仍依靠税书、歇家、图差等群体参与赋税征收。"参考舒满君:《清初徽州排年总户的买卖、改名与维系——以〈排年誊清〉为中心》,《中国经济史研究》2018年第2期。

② 参考何平:《论清代赋役制度的定额化特点》,《北京社会科学》1997年第2期。

③ 参考汪庆元:《清代徽州鱼鳞图册研究——以〈休宁县新编弓口鱼鳞现业的名库册〉为中心》,《历史研究》2006年第4期。

④ 参考梁方仲:《明代赋役制度》,北京:中华书局,2008年。

一组织是跨越宗法关系的，因此无法有效的监督纳税户的逃税行为。明代鱼鳞图册登记的信息完全不能反映地权变动的情形，以至吏书从中造假渔利，人户负担不均以至破产。经过一条鞭法以及摊丁入亩的改革，根据刘志伟等人的研究，宗族内的户是清代赋税缴纳的重要单位[①]。我们看到的文书交易契约表明财产所有权牢固地附着于宗法关系[②]，这意味着在宗法关系约束下，与官僚组织相比，宗族代理人监督地权变动与税则转移过程有相对优势，能够有效地降低逃避税负的道德风险问题，此外宗族代理人——士绅——通过科举功名与王朝建立联系[③]，一方面享受相对较高的福利待遇，包括社会声望以及优惠税率或者免税；另一方面承担起维护社会秩序，履行纳税完粮的职责。

地方上的纳税单位不仅仅是单个宗族组织，因公共服务以及合作层次的需要，不同的宗族团体构成的大的宗族联盟[④]也作为独立的纳税单位登记财产[⑤]。地方上广泛存在的慈善团体、公共基础设施建设的团体常也是在宗法

---

① 汪庆元也指出清代的鱼鳞图册虽然形制上与明代相同，但是增加了税亩变动的信息以及土地买卖的记录，在契约文书中的记载即是“现业的名”。不仅仅是宗族组织内的户，其他围绕土地财产建立起来的宗族联盟也作为纳税单位取代明代单纯以地域为基础联合的组织。当然宗法组织在地方上也以地域性为特征，但是与里甲组织不同的是，摊丁入亩改革之后，人们围绕土地财产关系建立起来的组织是受到宗法关系的约束的。转引自汪庆元：《清代徽州鱼鳞图册研究——以〈休宁县新编弓口鱼鳞现业的名库册〉为中心》，《历史研究》2006年第4期。

② 参考徽州文书中大量的鱼鳞图册以及宗族文书中都有完粮纳税表明宗族组织内的户是财产契约履行以及田赋完纳的单位。据《徽州千年契约文书·歙县十二都祁村祁氏文书》（清·民国编），石家庄：花山文艺出版社2015年。

③ 宗族中获得科举功名的族人称作乡绅通常有进行主持家族事务的影响力，包括确保家族完纳赋税，惩罚家族成员中不符合伦理与法律的行为。另一方面我们可以从科举名额来看中央与地方家族之间的联系：张仲礼（2008，p67）对清代帝国的控制研究中指出财政紧急需要时比如战争时期中国绅士阶层的规模变动“自清初以来一直相对稳定的生源学额，到太平天国时期发生了很大的变动。政府制定了变通章程，规定凡捐输军饷的地方将增加生员学额，以作为赏赐。”……“在争取光耀和参加政府的竞争中，富裕的县份压倒了他们的对手。学额人数大大增加，‘正途’绅士的人数从19世纪上半叶的74万增加至下半叶的91万，增加了23%，一般来说官员选拔三年一次，名额固定，如此大的波动幅度足以说明问题。对于财源地渴求，导致政府削价以求增加捐纳，结果‘异途’绅士大幅增加，19世纪下半叶比上半叶多50%。”参考张仲礼：《中国绅士：关于其在十九世纪中国社会中作用的研究》，上海：上海人民出版社，2008年，第67页。

④ 宗法关系的实质并不单纯是一种血缘关系，参见钱杭：《宗族建构过程中的血缘与世系》，《历史研究》2009年第4期。它是一种约束人们交往行为的规则，即使没有血缘关系，时人也可以通过模拟血缘关系来建立宗法关系，比如朋友、父母官、结拜等都是一种复制血缘关系的行为，参见 C. K. Yang，Religion in Chinese Society：A Study of Contemporary Social Functions of Religion and Some of Their Historical Factors，Berkeley，Calif.：University of California Pres，1961. 地方上宗法关系在赋役制度中、商业交易、官僚制度等等社会关系中都是作为实际发挥作用的惯例在约束人们的行为。

⑤ 参考龙登高、王正华，等：《传统民间组织治理结构与法人产权制度——基于清代公共建设与管理的研究》，《经济研究》2018年第10期。

关系约束下占有土地，缴纳税收①。龙登高(2018)以广泛存在于地方的侨会等组织为例介绍了这种宗族联盟的在建桥、渡、茶馆等公共设施中的合作模式②。

财产宗族所有，过割买卖都附有亲房同意条款，这些财产交易的信息是财产持有的产权制度的联合供给(joint supply)的结果，如果宗法财产权是一种完全清晰的权利的话，宗族组织具有发现激励相容的公平税负的优势，可以有效地减少由于信息不对称所面对的“诡寄”③逃税等道德风险的问题。但是宗法财产是一种共有财产，被族内房支或者宗族团体合股所有，财产交易的决策过程需要协调各房支/宗族团体的意愿，这就使得交易过程涉及高昂的谈判、履约等成本，财产控制人的收益成本难以平滑。因征税过程所建立的一系列制度，包括赋役登记制度以及税收过割制度产生的纳税记录，清代官僚体系同时也是一种证明财产所有关系的凭据。宗族组织依赖官方的这套制度解决族内房支④/宗族团体间的纠纷。

(三)宗族的组织结构、赋税承担方式与绅士的“利他主义”行为

宗法财产关系下，以单个宗族组织为例，财产关系⑤包括土地财产持有、

① 比如宗族联盟共同经营桥渡等基础设施建设，相应的以田产为基础建立桥会，并作为纳税单位按照“一柱”纳税。参考龙登高、王正华，等:《传统民间组织治理结构与法人产权制度——基于清代公共建设与管理的研究》，《经济研究》2018年第10期。

② 转引龙登高的一则材料，该材料介绍了一个宗族联合合作的例子。“屏南县柏松桥有山林，咸丰二年《桥山碑》载:‘恐久后柏松桥被狂风吹坏，或世远年湮朽坏，无大杉木制造。……是以纠 集数姓之人相商，公捐钱文，买得张曰子土名柏松桥头茅山一所，栽种杉木，晋植长大以备柏松桥使用。附近邻村及公议数姓之子 孙人等，俱不敢偷砍盗买盗卖等情。’据张世带(2015)提供的原碑识读。”参考龙登高，王正华等:《传统民间组织治理结构与法人产权制度——基于清代公共建设与管理的研究》，《经济研究》2018年第10期。

③ “诡寄”是地方官谴责地主交易土地过程中私下占有土地但逃避纳税责任的说法，这种行为是当时赋役制度与官僚组织制度无法规避的。

④ 房支是在“祖先”名义下按股拥有土地的男性继承人，在族谱中是宗族谱树的一个分支。参考[英]莫里斯·弗里德曼:《中国东南的宗族组织》，刘晓春，译，上海:上海人民出版社，2000年。

⑤ 根据曹树基的研究:乡村地权交易反映的土地财产关系——宗法财产关系并不是一种物权，而是一种宗法社会秩序规制的财产关系。“学者不再固守建立在土地这一实体上的财产概念……(认为)‘契约文书中体现的当事人权利与义务关系结构’……虽不存在于国家颁布的法律中，却作用于民间的社会秩序”。曹树基将学者谈到的明清土地交易中的制度特征罗列如下:第一，土地交易的收益中找价回赎的权利是正当的;第二，分割的土地所有权，“一田两主”的制度，这主要是根据土地交易税粮过割的情形而规定相应的收益方式。这种产权制度的特征与现代产权制度相比交易效率是不同的。参考曹树基:《传统中国乡村地权变动的一般理论》，《学术月刊》2012年第12期。

公共事务开展都受宗法关系规制[①],体现出与现代社会不一样的特征。同属于一个宗族的成员有权受益于土地财产,享受地方上的公共事务带来的福利,并相应地承担一定的纳税义务。实力雄厚的宗族通常以义田,族田[②]的形式持有土地,在意识形态上主要可以供奉祖先、赡养族人等"敬宗收族"的行为;宗族的财产是"承祖遗下"[③],人人有份,清代宗族文书中大量阄分土地的文书反映了这一事实。

宗族土地财产如何管理呢? 刘道胜(2010)以徽州文书资料为例的研究指出徽州宗族事务的管理方式主要是轮房管理[④],相应的进行纳税。当宗族房支间发生纠纷,通常是找族内有声誉的老人或者绅士以家族长的身份来进行裁决,而他们并不是财产的实际拥有者。家族长作为代理人,宗族成员根据身份的尊卑享有不同的宗族权力与纳税义务,宗族内有功名的士人按照儒家的"劳心者治人,劳力者治于人"观念免除劳役,整个家族享受获得科举功名的士人带来的减税福利。而没有科举功名同时土地财产较少的族人则租种土地,缴纳租金。

宗族联盟中,以桥渡等公共设施为例,宗族之间会建立董事会这样的组织机构负责协调具体经营事宜[⑤]。

1.宗族田产经营中的委托代理关系:族田的经营与公共服务的供给

族田是反映儒家人伦价值的实践,到清代大量族人在获得科举功名后即

---

① 陈其南指出"汉人家族土地所有的关系建立在分房的原则上……当我们说某人是其家族土地所有人时,代表家族……有处置财产之权力。当一家族之财产转移到各房时,家族之父亲即不再对所属各房财产有任何处置权力。"在宗法关系约束下,例如在宗族组织内,族田财产是共有的,每个房支轮流经营,轮流获得财产的收益,尽管也产生族内纷争。但在地方土地所有者的认知中,土地在宗法关系下持有是天经地义的。参考陈其南:《台湾的传统中国社会》,台北:允晨文化实业股份有限公司,1987年。

② 关于族田义庄的发展规模,范金民介绍了族田义庄变化趋势,显示清代明显增加。参考范金民:《清代苏州宗族义田的发展》,《中国史研究》1995年第3期。

③ 王任欣、周绍泉:《徽州千年契约文书.歙县十二都祁村祁氏文书》第十三卷,石家庄:花山文艺出版社,1991年。关于中国财产权利是"祖先的财产"学界已成共识;此外据范金民当财产经过战乱依然可以以"祖先"的旧产的名义获得承认。范金民:《清代苏州宗族义田的发展》,《中国史研究》1995年第3期。

④ 弗里德曼将宗族组织看作"控股公司",转引自科大卫:《皇帝与祖宗》,南京:凤凰出版传媒集团,江苏人民出版社,2003年。

⑤"通过民主推选产生首事,组成桥会,相当于今天的理事会。一致推选8人为董事。董事者,董其事也,又叫首事,或首士,亦有称'经管'者,一般指出头主管 其事的人,这种用法在宋代早已存在……除首事外,具体财务等事务则由'司会'来处理。创建于南宋的屏南龙井桥,清嘉庆年间有9名董事,9名副缘,17名协缘的姓名,显示出三个层次。理事会实行集体负责制,重大决策,会同公议。"转引自龙登高,王正华等:《传统民间组织治理结构与法人产权制度——基于清代公共建设与管理的研究》,《经济研究》2018年第10期。

回乡投资土地，这也就是乡绅群体。族田可以享受降低的税率，并且族田向族人提供基本的生存保障。族田的经营是宗族房支合股经营的，收益均分，族长作为经理人实际控制股东的财产股份。各股房支有权撤走属于自己的一份，但这样的行为必须是所有股东共同同意的，否则就是擅自盗卖宗族财产。

清代地方公共品服务提供的一个特征就是，不管是科举家族还是商人家族，在获得一定的资本之后都会去进行置办田产，修建祠堂，壮大宗族公共事业[①]。宗族以"公产"的形式，以"祭祖""续谱""族规""族长""祠堂"等形式拥有攫夺的精神力量[②]，相应的也拥有经济权利、政治权力，宗族通过修族谱的行为来界定宗族内部的差序格局以及相应的权力，同时也界定了宗族成员可以享受公共服务的权力，比如祭祀、教育、社会救济、安全[③]以及丧葬等服务，也就是公共服务的提供都是以土地为基础的。如提供社会救济的义庄制度是以义田为基础的[④]；祠堂等家族祭祀行为也是以祭田为基础的，供养寺庙相应的有寺田，教育有学田作为经费来源，械斗作为一种维持社会秩序的方式也是以义田作为经费来源的[⑤]，关于械斗的文献表明宗族在地方社会秩序维护中的作用，也就是宗族制度下，治安这项公共品的提供不是帝国行政系统来提供的，而是通过宗族间利益斗争实现的[⑥]。王日根(2003)对宗族的经济基础——族产——的分析指出族田获取收益的方式就是出租、放贷等多种途径实现增值；族产的来源除了土地之外，还有开办公共事业比如修建水利工

① 见张研对徽商修建祠堂、庙宇、书院以及义塾的情形的梳理。参考张研:《清代族田与基层社会结构》，北京:中国人民大学出版社，1991年，第335页。

② 张研:《清代族田与基层社会结构》，北京:中国人民大学出版社，1991年，第2页。

③《善和程氏宗谱》卷一，记载了扰乱敌方安定的鹏匪、大兵劫掠带来的严重破坏。靠山而居的鹏匪无节制开采徽州农业区周围的山林资源，导当地居民农业生产条件恶化，同时对于当地治安形成极大的破坏。因此，族谱中记载"为今圣天子立保甲，编户籍，屡奉各宪严查……"。可以看出宗族在共同抵御外来侵害，防卫社会安定方面所起的作用。转引自王日根:《明清民间社会的秩序》，长沙:岳麓书社，2003年。另据刘志伟，在明代，广东很多新设县都与弭盗的目的相关，而且往往都是在本地势力的推动下发生的(这里的本地势力就是有名望的宗族)。参考刘志伟:《宗法、户籍与宗族——以大埔茶阳〈饶氏族谱〉为中心的讨论》，《中山大学学报(社会科学版)》2004年第6期。

④ 义田用于兴办社会慈善事业，主要在于修桥铺路、修义冢、建宗祠、建育婴堂、养济院与惠民药局，尽管这些公共事业的名称带着浓厚的儒家人文色彩，但是若将其视作一种公共品看待的话，也是尤其受益边界的，也就是边际成本不为零，宗族成员的身份则决定了这些公共服务的享受权限，并且其经营模式多具有收取租金或者利息作为利润来源，并不是完全意义上的慈善。参考王日根:《明清民间社会的秩序》，长沙:岳麓书社，2003年，第89页。

⑤ 王日根:《明清民间社会的秩序》，长沙:岳麓书社，2003年，第50页。

⑥ 吴增在《泉俗激刺篇·流差》中引谢进銮《治南狱事论》说:"凡泉民械斗，先期必有乡之桀恶能把持其众者，按户派银派丁以资食用，丁以助攻斗……"转引自王日根:《明清民间社会的秩序》，长沙:岳麓书社，2003年。

程、水碓碾坊、族墟[①]来获取收入[②];张仲礼对于绅士的研究也认为开办公共事业是绅士获取收入的重要来源[③]。

宗族联盟的公产也会置办公共设施。如龙登高在桥会运作的研究中就指出桥会会在建立公屋,财产盈利后会拿出一部分来提供公共服务,如建立议事厅、免费茶水供应以及救生船服务。

2.绅士为地方上的利益代言与实际绩效。族田作为士人伦理价值上的目标与社会实际要求的治理绩效之间是否一致呢?以救济为例,灾害年代宗族组织并不是社会救济的主要机构,地方上的社仓经营惨淡经营[④]。另据萧公权(2014)对19世纪晚清帝国对地方控制的研究,涉及地方的社仓[⑤]救济问题,指出粮仓征收同时存在着余量购买导致粮价上涨的扭曲与余量不足的困境。官款买粮以及自愿捐献也成了滋生腐败的温床,存粮分发也因人口数量普遍缺乏效率和地方行政的腐败而运行不畅,确定贫困家庭需要的程度以及将粮食分发到最急需的灾民手中也面临着重重困难。

总结:正统的经济理论认为存在搭便车的情形下,人们宁愿搭便车将资源分配到私人消费上,而不是进行公共品投资。清代地方政府在正式法律制度约束下提供的公共开支不断缩减,地方里甲组织的败坏,原属于里甲组织内开办的公共事务不断裁剪。官僚服务的工资处于一个较低的水平,清代统治者为什么无法真正有效地处理官僚代理人实际服务过程中成本收益不匹配带来的腐败行为?大量公共服务在宗族组织中进行办理,宗族内的绅士主

---

① 一种市集的名称。郑振满对明清时期闽北的地方公产的研究也指出主要来自乡绅阶层的捐献。地方公产一般都归"绅董"之类组织经管,而这些"绅董"又是由捐置者组成的,比如"同善堂",曾"倡捐巨款,办赈饥、埋骼、义学、育婴等善举十条"。参考郑振满:《明清时期闽北乡族地主经济》,《清史研究》2003年第2期。

② 王日根:《明清民间社会的秩序》,长沙:岳麓书社,2003年,第50页。

③ 参考张仲礼:《中国绅士:关于其在十九世纪中国社会中作用的研究》,上海:上海人民出版社,2008年,第213-273页。

④ 根据魏丕信关于荒政的统计,根据18世纪中期直隶省16个受灾州县粮食赈济来源的统计指出"受灾最严重的地区,人口最贫困的部分是由政府安排的省外粮食输入救济的,地方力量可能参与高的情形下有17%,低的情形下没有地方储备,部分输入粮食被用于其他目的,而不是用于无偿救济。"另外据魏氏对于地方常平仓以及社仓18世纪中期统计发现,"直隶、甘肃与浙江与'理想的仓储'相比发生实质性的亏空。"参考魏丕信:《十八世纪中国的官僚制度与荒政》,南京:江苏人民出版社,2002年,第189页。

⑤ 义仓也是地方救济系统的重要部分。《大清会典则例》中常有劝谕官绅士民捐输米谷,设立义仓,由地方上负责管理。而《户部则例》的规定则反映出这些义仓实际实行过程中的问题:"明令禁止仓库的存量拿去赈济邻近城镇,或者把存量借给士子、士兵、衙门差役以及其他不从事农业劳动的人。"转引自萧公权:《中国乡村》,台北:联经出版事业股份有限公司,2014年,第177页。

动承担提供公共服务,维持社会秩序的成本。为什么绅士有动机进行公共服务投资?宗族治理的逻辑是什么?下面我们在理性人选择的框架内对上述现象进行进一步说明,并用一个双层委托代理模型形式化表述。

三、宗法观念影响下的委托代理关系——理论与模型

宗法财产关系是一种未定权益契约,实际的宗法财产是在层级结构下控制的,家族长具有实际控制权,各房子孙按照身份等级享有收益权并且同时也履行纳税的职责。祖先名义下财产共有,土地财产不可分割,土地的权益并不会随着土地的买卖被清晰过割,子孙有权以“祖先的名义”获得财产增值的收益①。对买方而言这增加了交易过程的不确定性,对卖方而言,财产交易会严格地在宗法关系保证下才能获得完整的权益。因此人们观念中在宗族组织中共同持有财产并且选择家族长管理财产会降低财产交易可能面对的履约纠纷带来的外部成本,同时保证较低的决策成本。不可分割的祖先财产实际权益以被各房或者族支共同控制,共同经营事业及应承担的税则通常是轮流进行或者抽签决定。宗族组织结构下,责任的承担与利益的追溯不仅仅是水平化的,威廉姆森(1975)所说:“就有限理性来讲,复杂的未定债权的市场契约是不可行的。顺序即期签订契约是危险的,供给者获得显著的干中学优势,并且无法有把握的假设不存在机会主义。结果就是,当任何一种物质资产或者信息的不可分割性很大,并且干中学可预期获得,集体组织反而可能会成长起来。……给定所有权安排……私人利益会产生机会主义”②,因此,当轮流做出决策效率很低时,处于宗法等级顶端的家族长就会作为最终决策者,成为公共权益的实际控制人。

假设地方“家长”作为宗族财产的实际控制人目的是收税并提供公共品维持社会秩序。当纳税人的实际纳税能力不可观察时会产生道德风险。假设地方“家长”可以跟各房纳税人有效沟通,在每个决策节点观察到纳税人行为产生的结果,也就是实现的税收,选择公共品提供合同或者特权激励来使得履约能力低的纳税人和履约能力高的纳税人消费不同类型的公共品,当且

① 找价与“一田二主”现象。

② 威廉姆森(1975,p50)。

仅当激励相容时这个非合作博弈问题有纳什均衡解。宗法关系对于土地财产的控制最基层的是家，随着宗法结构的扩展，财产在共同祖先的名义下所有人共有，并选择代理人在自上而下的组织结构下进行控制的。学界认为这种股权结构会加剧企业的委托——代理问题，主要体现在高管谋取私人控制权收益、卸责、企业信息透明度下降等方面[①]。Sean T. McGuire (2014)研究表明公司的避税行为与双层股权结构内在的代理人利益冲突相关。

清代地方，州县官负责地方上的赋役征收并保护宗法财产。家长或者乡绅群体是宗族土地的实际控制人获取土地收益，并缴纳税收。公共品服务提供一事一费的方式，按照Grossman and Hart (1986)年的定义也就是资源控制权的水平化，如果在地方公共事务上进行垂直化管理降低不断加派带来的风险与不确定？地方上治理单位之间能够有效地达成合作获得公共品服务提供的规模效应，则每个人都是帕累托改进的。

设想如下委托代理情形：清代一个县由不同层级的宗法财产团体构成，每个宗族财产代理人代理征收应摊的赋役。由于信息不对称，在宗族联盟层面存在"搭便车"的问题，每个独立的宗族团体代理人有隐匿自己的真实财产水平来逃避赋役负担的动机。州县官预期地方"家长"类型以及行为不可观察会产生道德风险的行为，假设州县官可以跟地方"家长"有效沟通，在每个决策节点观察到地方"家长"行为产生的结果，也就是实现的税收，选择工资合同或者特权激励来使得履约能力低的地方"家长"获得工资，履约能力高的地方"家长"以优惠税率，并维护其特权。 当且仅当激励相容时这个非合作博弈问题有解。在宗族组织内部，每个纳税个体委托宗族代理人提供公共服务并缴纳税收。家长既是委托人，同时又是代理人。宗法财产共有实际控制人的缺位导致道德风险难题。家族长代理人不是财产的实际所有人，其目标可能与宗族组织的共同目标相异，在博弈最后阶段宣告实现的最终状态时，存在道德风险的情形下，最终结果受到机会主义解释可能的影响。激励相容的均衡解不一定是帕累托效率的[②]。张维迎证明这种治理结构存在控制权无法补偿时的产权交易障碍。宗法财产关系下，处于领导权地位的"家长"受到的约束在于"家长"职责所在需要允诺各房纳税子孙利益，一旦这种允诺无法实

---

① 参考王鹜然(2018)；Samrt&Zutter (2003)； Masulis et al (2009)； Amoako-Adu et al (2011) 。

② Townsend(1982)。

现就会产生事实上的机会主义。“家长”履行这些职责是义务所在，并无法得到实质性的管理收益，但可以获得声望等其他道德效用，此外“家长”赢得的权威与声望也有助于行使其权力，当其将权力转为自家或者个人的私人收益时，实际上就是委托人缺位产生道德风险的难题①。

我们将说明当家长关心私人非现金收益而不关心公共税收收入时，风险厌恶情形下，激励相容的机制会产生生产资源的错配，并阻碍有效率的公共服务的提供。 地方“家长”作为族内其他财产所有者的代理人，当付出的成本无法进行补偿或者在非有意的情形下可能鼓励机会、职位与关系等非现金财富的投资。此外，家族长如果以族产投资，其行为并不一定决定于族产的边际投资收益与边际成本，而可能取决于私人的边际收益与族产的边际成本，并且存在信息不对成的情形下，私人边际收益>族产的边际投资成本>族产的边际投资收益的情形就可能发生。

下面我们将上述问题形式化：

假设州县官的效用来自税收T。令i为自然数表示i个纳税人，i=1，……n付出投资土地生产努力缴纳税收$T=\sum t_i,\ t\in R^+$并获得私人消费$C_i=1-t_i, C_i\in R^+$。假设地方社会秩序作为最终公共品G是私人消费C的引致消费，给所有人带来效用U，但是每个人的消费具有异质性，公共品消费的边际效用MRC_i, $i=1,2,\cdots\cdots j,\cdots n$, $\mathrm{MRC}_i=\mathrm{MRC}_j$, $i\neq j$。为了获得最终公共品消费的效用，需要各自做出在其他人获得保留效用的前提下最优的应对策略$s_i\in S$②，S代表策略空间。

假定每个纳税人i的类型是私人信息，记作Ω，每个类型$\varepsilon_i\in\Omega$代表纳税代理人的所有关于纳税能力、生产能力以及消费偏好的私人信息，每一个$s_i\in S$代表纳税人投入生产的努力水平与缴纳税收的水平，委托人地主无法观察到这些信息。

S_g代表地主的策略空间，$s_g\in S_g$代表地主作为委托人在未来每个决策节点对纳税人的激励水平：公共品提供水平。用$S_g\times S_1\times S_2\times S_3\cdots\cdots\times S_n=S$; $\Omega=\varepsilon_1\times\varepsilon_2\times\cdots\cdots\times\varepsilon_n$。每一个公共品提供水平所对应一个实际的税率$t_p$，激

---

① Holmstrom (1979)。

② 最优应对策略的含义，参考Rubinstein(1981)“no-claims discounts(保险市场中如果投保人越投机得到的保价越低，不可观察时存在的道德风险)”与Radner(1968)。

励相容时意味着帕累托均衡。

用M:$S\times\Omega\rightarrow R$代表地主的效用函数,$U_i=S\times\Omega\rightarrow$ R代表代理纳税人的效用函数。也就是对在$S\times\Omega$中任意的$(s,\varepsilon)=(s_g,s_1,\cdots s_n,\varepsilon_1,\varepsilon_2,\cdots,\varepsilon_n)$,冯诺依曼效用函数$U_i(s,t)$代表代理人的效用函数,也就是说代理纳税人按照自己所属的类型选择相应的策略。任何无法被代理纳税人观察到的随机信息都会被忽略,并按照给定类型ε_i的条件分布来计算期望收益$U_i(s,t)$。

用$f(\cdot)$代表代理纳税人的ε_i在Ω上的分布,$f\in(0,1)$。地主作为委托人在每一个决策节点后评估纳税人的类型。为简便起见,假定s_g、S与Ω都是有限空间。

给定博弈结构$(s_g,$ M$,(S_i,\Omega_i,U_i),i=1,\cdots,n,f)$。委托人地主的问题就是协调自己与其他代理人的决策来最大化自己的效用。假定地主可以与所有代理人可以有效沟通①,收集代理人的信息并且建议他们应该选择的策略。但是地主无法直接观察到代理人纳税能力的高低或者直接决定策略空间S_i,地主可以通过不同的合同来间接影响S_i。

考虑多阶段扩展协调博弈,按照Myerson(1982)给出的协调机制(coordination mechanism),掌握沟通优势的地主可以指示代理人选择非合作博弈均衡策略最大化自身效用。最终帕累托均衡$(s_g(t_p)\ s)$。

为方便分析,考虑两种类型的代理人的情形,一种是宗法权力较高的类型 另一种是宗法权力较低的类型。下面的委托代理模型将说明:宗法财产制度下,委托人控制权的收益成本不匹配,家族长更愿意通过维持特权获得私人收益来获得收益,代理人得到的激励不足,家族内的代理人将分配更多的努力进行特权获取与逃避赋税而更少地付出土地生产、缴纳税负的努力;作为地方上的"家长",乡绅群体作为地方上的"家长"在宗族宗法关系外更多的机会主义行为又使得州县官缺乏约束收税行为的激励,州县官作为委托人并不是成本收益相匹配的,更愿意创造特权获取薪酬外的收益。在县级官僚体制层面,结合地方上的地方纳税过程,我们看到州县官的动机是选择维持户名不变降低官僚代理人的机会主义行为,保持一县应纳税数额不变,并通过机会主义行为来平滑收益-成本。上述问题形式化如下:

假定经济体由1个州县官;n个纳税人;m个绅士、地方"家长"构成;土地

① 假定一方信息优势。

是唯一的产生效用的资源，土地的收益分为三部分州县官的税收T、绅士的收入W以及纳税人的消费，另外土地权益上产生不可计量的非现金收入，宗法等级关系决定土地资源的获取与享用，社会禀赋价值满足如下条件：$\omega = nt + mt^* + nr$。

现假定州县官一人之力无法满足与地方纳税人有效沟通的条件，州县官的权力只能对处其下属的绅士群体有效，无法越过绅士群体对地方纳税人进行有效的沟通与约束。假定州县官的效用一方面来源于增加税收收入T，另一方面间接来源于获取税收收入的负外部性的降低。通过按照纳税人的偏好提供公共服务可以从获得税收收入中增进效用，二者都是帕累托最优的，但是当纳税人的实际纳税能力不可观察时，每个人独自行动的结果与帕累托最优相比是较差的，因此假定存在着一个有效率的合约可以使州县官通过实施差异化的公共品—税收合同，在均衡[1]时，参与方可以实现共同的利益增进。

S_g代表州县官的纯策略空间，如果州县官观察到实现的总税收$T=(\lambda t+(1-\lambda)t^*)$，$0<\lambda<1$，是不同纳税能力的纳税人所占的比例。制定税率政策$t, t^* \in S_g$，根据实现的税收$T$为绅士代理人付一个实际工资数值$w(t)$，$w(t)\in S_g$；或者选择一个奖励$x(t^*)$，$x(t^*)\in S_g$。我们只考虑两种税率，普通税率$t$，与代理人特别税率$t^*$。一旦博弈进入到下一节点，实现的税收收入表明上一期的预判有误，将实施一个惩罚策略$(w(t), x(t^*))$，假定州县官维持代理人特别税率需要付出成本g_q，$g_q>0$。

S_s代表绅士的纯策略空间，绅士的效用来自代理收税获得的工资或者提供公共福利维护社会秩序获得代理收入。纳税人的实际履约能力不可观察，实现的纳税水平受到纳税人的履约能力与外部随机干扰的影响。税收代理人与家族土地所有人，具有两种类型$(\theta_l, \theta_h)\in\Omega$，$\Omega$是随机空间，代表所属的宗法权力类型。家族绅士代理人在每一期观察到实现的税收收入，预期纳税人的纳税能力，具有两种努力选择，一种是跨越宗法关系监督纳税的努力$b^t\in S_s$，获取工资$w(b^t)$，服从分布$f(w(b^t(t))|\theta_l)$，$f\in(0,1)$提供公共品$G(b^t)=G_0\in S_s$，G_0服从分布$f(t|\varepsilon_l)$；另一种是投资族内的公共福利的努力$b^f\in S_s$，提供公共品$G(b^f_{t^*})=G_1\in S_s$，G_1服从分布$f(t^*|\varepsilon_h)$，获取不可验证的社会声望、机会等私人非现金代理收入$x(b^f(t^*))$，服从分布$f(x(t^*)|\theta_h)$，$f\in(0,1)$，付出成本g

(b^f)。一旦博弈进入到下一节点,实现的税收收入表明上一期的预判有误,将实施相应的惩罚策略(G_0,G_l)

绅士群体中的僚属官员的努力b^t增加州县官的税收$R \in R^+$,另一方面越多的僚属官员可能产生巨大的监督费用,每一个僚属人员提供若干项行政服务,相应的产生若干项陋规,也增加纳税人的成本负担。也就是高的官僚体制成本,因此如果通过激励相容的合同限制僚属官员陋规收取带来的外部成本$C \in R^+$的话,可以为高纳税能力的绅士提供$x[b^f(t^*)]$的激励使其选择提供族内福利公共服务$G_l(b^f)$,通过降低人户逃亡带来的外部成本C增加州县官的效用;同时为低纳税能力的僚属官员提供激励合同$w(b^t)$,服务纳税过程G_0。

假设纳税人是风险厌恶的,纳税人在每个决策节点观察到自身的类型$(\varepsilon_l, \varepsilon_h) \in \Omega$,$\Omega$是随机空间,代表生产能力高低。$S_\ell$代表纳税人的纯策略空间,纳税人有两种可选择的策略,选择投入土地生产劳动$e_l \in S_\ell$,努力所产生的效用损失$g(e)$缴纳税收$t(e_l)$,$t \in R^+$,获取剩余土地生产利润r,消费公共品G_0 , $G_0 \in$ 【G ,G】 , $G \in R^+$;或者投资科举功名努力$e_h \in S_\ell$按代理人特别税率缴纳税收$t^*(e_h)$,消费公共品G_l ,$G_l \in$ 【G ,G】 $\in R^+$,比如科举教育资格[①],财产保护、社会尊重等。G_l可以通过降低州县官的收税成本而增加州县官的效用。

现考虑纳税人的效用函数

$$U = \begin{cases} \int u_r[G_0(t)]f(t|\varepsilon_l)dt - g(\varepsilon_l), \varepsilon \in \varepsilon_l \\ \int u_x[G_1(t^*)]f(t^*|\varepsilon_h)dt^* - g(\varepsilon_h), \varepsilon \in \varepsilon_h \end{cases}$$

假定$U \in R^+$是连续的凸函数,$U' > 0$,$U'' < 0$,u_r代表土地生产者的效用,u_x代表功名投资者的效用。

$G'(nt^*)$具有规模效应,纳税人若选择单独行动,独自提供公共品是无效率的。但是$G(t^*) = -\infty$,$t^* < t$,如果所有人都享受代理人特别税率,意味着无人投资土地生产,当$G(mt^*) + G(nt) > \omega$时,社会秩序崩溃,每个人情形都变差[②]。

绅士的效用函数

① 参见科大卫:《皇帝与祖宗》,南京:凤凰出版传媒集团,江苏人民出版社,2003年。

② 关于不存在道德风险时存在的效用可能性边界,Townsend(1982)与Rubinstein(1981)都做了探讨,均衡的效用水平会低于道德风险不存在时的水平。税收合约的均衡与道德风险不存在时的比较问题,我们这里不再给出说明。

$$V=\begin{cases}\int v(w)f\{w[b^{t}(t)|\varepsilon_{l}]dt-g(b_{t})\} & 当\varepsilon\in\varepsilon_{l}\\ \int v(x[b^{f}(t^{*})]f\{x[b^{f}(t^{*})]|\varepsilon_{h}\}dt^{*}-g(b^{f}), & 当\varepsilon^{h}\in\varepsilon\end{cases}$$

t^*为代理人特别税率，数值上小于平均税率t，$mt^*<nt$。假定对于所有的$\varepsilon\in\Omega$，$V\in R^+$是连续的凸函数，$V'>0$，$V''<0$

在县一级土地是州县官实际控制，绅士提供公共品G_1的行为可以间接地降低州县官征税的成本，因为越多的雇佣僚属官员，越高的官僚体制成本，州县官观察不到绅士收税的努力，但是可以间接影响地方绅士的选择激励相容的合同：雇佣代理人绅士阶层收税，付出固定工资薪酬$w(b^t)$，实现税收收入$\pi(w)$，服从分布$f_\pi(t,b^t|\varepsilon,\theta)$。工资薪酬与纳税人的生产劳动努力跟自身监督相关，或者维持代理权$x(\alpha t^*)$，$0<\alpha<1$，获得非现金收入$Q[x(\alpha t^*)]$，$Q\in R^+$服从分布$f_g(t^*|\theta)$，$f\in(0,1)$获得效用：

$$M=\begin{cases}\int\pi(w)f_{\pi}[(t,b^{t}|\varepsilon,\theta)] & \theta\in\theta_{l};\varepsilon\in\varepsilon_{l}\\ \int Qf_{g}(t^{*},at^{*}|\varepsilon,\theta)dt^{*}-g_{q}, & \theta\in\theta_{h},\varepsilon_{h}\in\varepsilon\end{cases}$$

g_q是维持特权付出的成本。假定对于所有的$(\varepsilon,\theta)\in\Omega$，$M\in R^+$是连续的凸函数，$M'>0$，$M''<0$.

考虑如下扩展博弈，博弈重复进行。

为了集中于博弈过程描述，并减少字母过度使用带来的不方便，重复博弈的时间节点不再进行体现，并且均衡解存在的必要条件完美信息博弈过程的信念更新与策略修正是自然的。再次指出，参与者的类型是连续的，但是为分析简便，考虑两种类型。

假设参与人都知道未来每期他们都会面对相同的决策情境，每个决策节点都存在签订一个一个差异性的合约。每个纳税人决定一个努力行为$e\in(e_l,e_h)$，绅士以提供公共服务的水平G作为应对策略。每个决策节点绅士和纳税人做出决策后，自然决定一个随机的税收量T。

每个决策节点关于参与者类型的信息是私人的。

第一阶段 州县官是风险厌恶的，在每个决策节点，观察到实现的税收水平T，选择可实施的(enforceable)税率水平t与代理权维持税率水平t^*。

第二阶段 宗族长在每个决策节点观察到自己的类型，观察到纳税人实际缴纳的税(t,t^*)，选择可实施的(enforceable)公共品提供水平$G(t)$以及公共福利水平$G(t^*)$。

第三阶段 纳税族人是风险厌恶的，观察到自身的类型，选择投入劳动 e_l 或者投资功名 e_h

两层委托代理问题以及逆向归纳解：

假设1：宗法关系约束力越强，人们预期纳税人的交易合约履约能力越强，合约带来的外部成本越小①。因此，宗法关系内的合约关系优于非宗法关系下的合约关系

$v\{t^* f(t^*|\theta_h)\} > v\{tf(t|\theta_l)\}$

$v\{wf(w|\theta_h)\} > v\{wf(w|\theta_l)\}$

$M\{t^* b'(t^*|\theta_h)\} > M\{tb'(t|\theta_l)\}$

委托人风险偏好的情形：宗法财产关系下，人们持有财产进行土地交易不确定性很高，未定权益产生的成本很高，绅士付出努力获得的风险收益较小，而通过代理宗族财产，获得的风险收益较高，奖励功名投资的努力带来的宗族福利增加宗族的声望以及影响，也增加绅士代理人的效用，监督土地履约的收益对宗族是公共品，而对绅士个人是劣质品，因为绅士的努力无法得到补偿。从理论上来讲，威廉姆森关于未定土地权益经理人的行为研究以及张维迎对于补偿缺位情形下的国有企业兼并问题的研究支持这一说法；经验上，我们看到土地交易中存在的田面田底权分离的现象，田地流动需要将产权牢固地附着于宗法财产关系下，表明宗法观念将交易严格约束在宗法关系中，当绅士试图超越宗法财产关系履行代理职责就会遇到巨大的履约风险与成本。

族内的公共福利的开办通常是家族长倡议，合股开办，并且各房合股投入的土地财产作为生息财产最终的收益是属于按股分享的。但宗族的财产不仅仅来源于土地的金钱收益，还有附着于土地的其他财产权利，祭祀，纳税，享受土地为基础支撑的公共服务，这些非现金的福利与权益是按照身份等级来享有的。科举作为晋升机会的渠道也是附着于土地财产上的权益，这些权益宗族长实际控制。而土地财产的交易意味着宗族长实际控制权的丧失。当土地交易发生之时，纳税的义务也随即过割，在这个过程中，宗族长失去控制权，未来还面临履行所有权产生的义务，比如处理财产纠纷等，因此我们可以说，绅士的主观认知中对投资宗族福利 b' 的收益与监督土地财产交易

① 这一假说主要是由地方上纳税人、绅士的选择推断得出，我们另辟文量化检验。

b^t 的收益相比是风险占优(risk dominated)的 $v\{t^*f(t^*|\theta_h)\}>v\{tf(t|\theta_l)\}$；$v\{wf(w|\theta_h)\}>v\{wf(w|\theta_l)\}$。州县官面对类似的情形，宗法关系约束下的税收—工资合约是风险占优的 $M\{t^*b'(t^*|\theta_h)\}>M\{tb'(t|\theta_l)\}$。

假设2纳税人的努力不可观察，纳税人风险厌恶的，委托人风险中性。

纳税人类型不可观察，绅士可以通过提供差异化的合约使得高能力者获取功名，低能力者投资土地来实现代理收益最大化。因为高能力者 ε_h 增加代理收入更有利，所以要给他低的税率 t^*，并提供族内公共福利 G_1，并获得社会声望、机会等非现金代理收益 $x(t^*)$；低能力者 ε_l 更适合通过生产努力 e_l 增加税收收入，为其制定高的税率 t，并付出监督纳税过程，降低纳税人的搭便车行为，减少税收累陪的努力 b^t 产生公共品 G_0，同时保证其可以获得工资 w。并且保证低能力者 θ_l 无法通过隐匿自己的能力类型 获取代理激励 $x(t^*)$ 激励相容

委托代理问题如下：

$$Max\prod_{t,t^*}=\lambda\int v(t)f(t|\varepsilon_l)dt-g(b^t)+(1-\lambda)\int vx(t^*)|\varepsilon_h)dt^*-g(b^f)$$

$s.t.\ (i)\int u_r(G_{b_t}t(\varepsilon_l)f(t|\varepsilon_l)dt-g(e_l)>u_t$

$(ii)\int u_x[G(b^f_{t^*})]f(t^*|\varepsilon_h)dt^*-g(e_h)>u_{t^*}$

λ为不同类型纳税人的占整体纳税人的比例，$u_t>0$，$u_{t^*}>0$，为纳税人的保留效用。

$(iii)\int u_r[G(b^f_{t^*})]f(t^*|\varepsilon_h)dt^*-g(e_h)>\int u_r[G_{b_t}t(\varepsilon_l)]f(t^*|\varepsilon_h)dt^*-g(e_l)$

高能力的人投资土地生产的效用小于投资代理努力的效用

$(iv)\int u_x[G(b^f_{t^*})f(t|\varepsilon_l)dt-g(e_h)<\int u_x(G_{b_t}t(\varepsilon_l)]f(t|\varepsilon_l)dt-g(e_l)$

如果没有高的宗法权力不会投资代理权，即使可以获取低税率也不偏好于消费公共品 G_1 令 $G_{b_t}[t(\varepsilon_l)]=G_{b_t}(t)$，$G[b^f_{t^*}(e_h)]=G(t^*)$

公理1：理性[①]绅士最优的公共品提供激励[②] 要使得代理人消费公共品的

① 这里采用 Von-Neumann(1921)的看法，"it may safely be stated that there exists, at present, no satisfactory treatment of the question of rational behavior. There may ,for example, exist several ways by which to reach the optimum position, they may depend upon the knowledge and understanding which the individual has and upon the paths of action open to him"。"The theory of games and Economic behavior"。

② Nash(1950)年证明当可选择策略是有限的情形下，非合作博弈的均衡解是存在的。关于策略有限性的条件，Myerson(1982)提出博弈参与人的策略服从随机分布的话是可以保证策略有限性的。

边际效用与代理人的类型一致，纳税人的类型主要是代表其税收合同的履约能力的类型。代理人的类型表明代理人主观感受中不同公共品消费范围中将会遭受到的外部成本，当外部成本过高时，纳税人倾向搭便车而不是合作。

证明：

上述最大化问题可以转化成下述规划：

$$\min_{t,t^*} \lambda\int G_{b_t}(t)f(t|\varepsilon_l)dt+(1-\lambda)\int x(G(t^*)f(t^*|\varepsilon_h)dt^*-g(e_h)$$

$$s.t.\ \int u_r[G_{b_t}(t)]f(t|\varepsilon_l)dt-g(e_l)>u_t$$

$$\int u_x[G(t^*)]f(t^*|\varepsilon_h)dt^*-g(e_h)>u_{t^*}$$ （委托人获得保留效用）

$$\int u_r[G(t^*)]f(t^*|\varepsilon_h)dt^*-g(e_h)>\int u_r[G_{b_t}(t)]f(t^*|\varepsilon_h)dt^*-g(e_l)$$

$$\int u_x[G_{b_t}(t)]f(t|\varepsilon_l)dt-g(e_h)>\int u_x[G(t)]f(t|\varepsilon_l)dt-g(e_h)$$（激励约束相容的条件）

建立拉格朗日函数：

$$\Pi=\lambda\int G_{b_t}(t)f(t|\varepsilon_l)dt+(1-\lambda)\int x(G(t^*)f(t^*|\varepsilon_h)dt^*-g(e_h)$$

$$-\gamma\{\int u_r[G_{b_t}(t)]f(t|\varepsilon_l)dt-g(e_l)-u_t-\int u_x[G(t^*)]f(t^*|\varepsilon_h)dt^*-g(e_h)-u_{t^*}\}$$

$$-\delta(\int u_r[G(t^*)]f(t^*|\varepsilon_h)dt^*-g(e_h)-\int u_r[G_{b_t}(t)]f(t^*|\varepsilon_h)dt^*-g(e_l))$$

$$-\beta(\int u_x[G_{b_t}(t)]f(t|\varepsilon_l)dt-g(e_l)-\int u_x[G(t^*)]f(t|\varepsilon_l)dt-g(e_h))$$

γ，δ，β 为 i 与 ii 的 Kuhn-Tucker 乘子，假定这一阶段的决策中工资 w 是外生参数。

选择实施不同水平纳税能力的合约：

$$\frac{\partial\Pi}{\partial G(t^*)}=(1-\gamma)f(t^*|\varepsilon_h)-\gamma(u_x'\{[G(t^*)]f(t^*|\varepsilon_h)\}-\delta\{u_r'\{[G(t^*)]f(t^*|\varepsilon_h)\}-\beta u_x'\{[G(t^*)]f(t^*|\varepsilon_l)\}$$

$$\frac{\partial\Pi}{\partial G(t)}=-\gamma\{u_r'[G_{b_t}(t)]f(t|\varepsilon_l)+\delta u_r'[G_{b_t}(t)]f(t^*|\varepsilon_h)-\beta u_x'[(G_{b_t}(t)]f(t|\varepsilon_l)\}$$

上述条件表明最优的税制应该与纳税人的类型相一致。

假设 3 纳税人的努力不可观察，纳税人风险厌恶并且绅士委托人风险厌恶

公理 2：当绅士风险厌恶时，激励相容机制不再平衡，β=0。

这解释了为什么土地交易与买卖的受限，土地交易监督努力 $G(b_t)$ 不足，

地方上代理人更愿意进行宗族内公共品提供($G(b^{t})$)。宗法约束下,代理人的预期外部成本可以由内部收益得到补偿,相比较于跨越宗法关系履行监督财产交易来说,为族内人提供公共福利是风险占优的选择。由于支族股东的土地买卖面对很大的不确定性,如果不是宗法财产,交易的履约问题严重,选择在宗法关系下持有土地是最优的选择。缺乏激励机制使得家族长最优的选择是宣扬家族伦理,共同持有土地获取非现金收入。最终均衡的合约:绅士的最优选择不是按照不同纳税人的生产能力($\varepsilon_l,\varepsilon_h$)提供相应的公共品(($\varepsilon_l$, G_0),(ε_h, G_1)),而是选择实施(ε_h, G_1)的合约,最终总税收T小于帕累托水平,税收水平低于最优水平。

证明:

假设绅士作为代理人是风险厌恶的,宗法关系越弱 $e\in e_1$,则进行投资公共品的意愿 G_0 越低。委托人风险厌恶的情形①下,前述委托代理的问题无法转化成最小化代理人目标函数的规划:

$$\Pi=\int v\{x(t^*)f(x(t^*)|\varepsilon_h)\}dt^*-\lambda(\int u_r(G(b^t(t))f(t|\varepsilon_l)dt-g(e_l)-u_t-\int u_x(G(t^*))f(t^*|\varepsilon_h)dt^*-g(e_h)-u_{t^*})-\delta(\int u_r(G(t^*))f(t^*|\varepsilon_h)dt^*-g(e_h)-\int u_r(G(b^t(t))f(t^*|\varepsilon_h)dt^*-g(e_l))-\beta(\int u_x(G(b^t(t))f(t|\varepsilon_l)dt-g(e_l)-\int u_x(G(t^*))f(t|\varepsilon_l)dt-g(e_h))$$

一阶条件

$$\frac{\partial\Pi}{\partial G(t*)}=$$

$$v'[x(t^*)]f[x(t^*)|\varepsilon_h]-\lambda\{u_x'[G(t^*)]f(t^*|\varepsilon_h)\}-\delta\{u_r'[G(t^*)]f(t^*|\varepsilon_h)\}-\beta u'_x G[b^t(t)]f(t|\varepsilon_l)=0$$

可以推出:

$$v'[x(t^*)]/u_r'[G(t^*)]=\delta+(\lambda+\beta)f(t|\varepsilon_l)/f(t^*|\varepsilon_h)u_x'[G(t^*)]/u_r'[G(t^*)]$$

$\beta=0$,也就是条件 *ii* 不再满足。纳税人的行为也更加偏好风险,使得激励相容条件不满足。

下面的部分回到扩展博弈的初始结点:"州县官"的决策

假设4 纳税人与绅士的努力不可观察,纳税人、绅士代理人/委托人②与州

① 关于委托人风险厌恶情形下委托代理问题的处理参考 Mas-collel "Microeconomics Theory manul"。

② 绅士代理人/委托人表示考虑绅士的双重身份:既作为州县官的代理人收税,又作为地方纳税人的代理人提供公共服务。

县官都是风险厌恶

“州县官”为不同收税能力的绅士制定不同的补偿合约，对州县官来说，最优的合约是以尽可能小的激励获得最大的保留效用。假定宗法权力不可观察，州县官选择工资合约与特权合约(w, x)，使得高收税水平(t^*)的绅士选择特权合约$x(t^*)$，而缴税能力差的(t)的绅士选择工资合约$(w(t))$，最终结果将优于独自行动时搭便车导致的结果：有实力的土地所有者隐匿土地，税收累陪，人户逃亡。

绅士的两种努力保护财产交易并征税的努力b^t增加州县官的直接税收收益$R(w(b^t))$，服从分布$f_r w(b^t|\theta_l)))$，另一方面通过提供福利$G(b^f)$，降低高纳税能力的纳税人隐匿财产的努力ε_h以及人口逃亡带来的外部成本与官僚体制的成本，$C\{b^{f_g}(t^*|\theta)\}$有利于间接地增加税收。假设绅士的两种努力(b^t, b^f)具有如下性质：b^t更有利于增加收益，而b^f更有利于降低成本。特别的，对于所有$R\in(R, R)f_R(R|\theta)dR > f(R|\theta)dC$；$C\in(C, C)$；$f_R(C|\theta)dC > f(C|\theta)dR$，州县官的认知中，当属于强的宗法关系内，人们更倾向于履约，绅士收税的能力就更高；当跨越宗法关系履约时，绅士的能力就会受到限制。对州县官来说$mt^* < nt$，但是$M\{(b'(t^*|\theta)\}$ risk dominated $M\{(b'(t|\theta)\}$。每个决策节点，当州县官、绅士、纳税人都做了选择之后，最终的结果由各自的选择与自然决定的Ω共同决定。博弈重复进行。

州县官的收益函数：$R(w(t|b^t(\theta_l)))$

$\text{Max}\, m(w, c) = R(w(t|b^t(\theta_l)))\, f_R(w(t|b^t(\theta_l))) - C\{\mathbf{Q}(t^*(b^{f_g}|\theta_h)\, b^{f_g}|\theta_h)\}$

$f_C(t^*(b^{f_g}|\theta_h)), f_R(R|b^t) > 0, f_C(C|b^f) > 0, R'(b^t) > 0, R''(b^t) < 0; C'(b^{f_g}) < 0$

令$w(t|b^t(\theta_l)) = w(b^t)$；$\mathbf{Q}(t^*(b^{f_g}|\theta_h)) = \mathbf{Q}(x(b^f)), f_R w(t|b^t(\theta_l)) = f_R((R|b^t))$；

$f_C(t^*(b^{f_g}|\theta_h) = f_C(C|b^f)\, X = (w(b^t)), Q(x(b^f)))$，州县官转移给绅士的激励收入。同时考虑绅士风险厌恶，更愿意在宗法关系的约束下付出努力$b^f(\theta_h)$，因此令$g(b^f) < g(b^t)$。

当绅士的努力同时会带来州县官收益的增加与成本的降低两种效应时，州县官的最优合约应与绅士的努力在降低成本C与增加收益R上的努力按照比较优势分配一致，在双方都获得保留效用的情形下，激励相容的合约使得低宗法类型θ_l的绅士选择降低税收成本的努力b^f是没有效率的，$v\{b(t^*)\}$

$> v\{b(t)\}$。委托代理问题如下：

$$\min_{b^t, b^f} \iint X(R, C) f_R(R|b^t) f_C(C|b^f) dCdR$$

$s.t.\ i \iint X(R, C) f_R(R|b^t) f_C(C|b^f) dCdR - g(b^f) > v'$ 绅士的参与约束

$ii \iint X(R, C) f_R(R|b^t) f_C(C|b^f) dCdR - g(b^f) >= \iint X(R, C) f_R(R|b^t) f_C(C|b^f) dCdR - g(b^t)$代表激励相容的约束，低纳税能力的绅士选择降低州县官收税成本的努力b^f是没效率的。

公理3 假设州县官风险厌恶，增加工资降低绅士道德风险的工资合约收益递减，选择履行为高收税能力θ_h的绅士提供的合约$x(t^*)$，则为θ_l类型提供的工资$w(t)$将保持在较低水平，激励相容条件不满足时，b^t减少，G_0降低，纳税人的生产努力e降低。

证明：

令γ δ为i与ii的Kuhn-Tucker乘子，一阶条件：

$$v'(x) = \gamma + \delta\{1 - f_R(R|b^t)/f_C(C|b^f)\} f_C(C|b^t)/f_C(C|b^f)$$

当C增加时，$f_C(C|b^t)/f_C(C|b^f)$增加，$v'(x)$是凹函数意味着X(R，C)要降低，而成本C减少 的努力b^f相比于增加R 的b^t风险占优，因此工资w减少来激励绅士投入b^f而不是b^t。

上述公理解释了为什么清代地方上僚属官员的工资水平w较低[①]，宗族组织内的公共品服务水平$G(b^f(t^*(\theta_h)))$较高以及地方上科举功名e_h的投资旺盛、陋规制度化($x(b^f)$的情形。

四、结论

清代地方治理中存在的主要问题就是财政平衡与地方社会秩序的稳定。产权制度以及财政制度是我们理解个人的选择以及社会秩序演化的切入口，因为人们之间的经济、社会以及政治交往关系主要是在这两个关键的制度下不断形塑的。宗法财产制度下，人们根据自己预期到的外部成本以及收益来决定相应的交往策略，参与其中的个体在一个长期的交往过程中的博弈决定了最终社会秩序的形态。

① Ariel Rubinstein and Menahem E. Yaari(1981)对保险合约中经理人不断给代理人保险合同折扣的现象进行解释，认为这样一种合约是为了降低合约后续执行阶段道德风险的做法。

宗法财产权制度中财产所有人的实际缺位导致了长期财产控制人的成本得不到补偿,信息不对称以及儒家伦理提供的机会主义陈述的话语权力使得激励相容的财产交易合约难以维持;地方公共服务一事一费的供给是无效率的,一些公共服务本可以通过正式官僚政府提供获得规模化效应,但由于正式官僚的寻租行为无法得到有效控制而要依赖乡绅作为中间人发挥作用,公共事务合作的边界受到宗法关系的制约,正式政府组织在社会治理中的作用没有得到发挥。

唐代丝织品消费与文学艺术创作*

赵凌飞[①]

摘　要：唐代丝织品消费对于文学艺术创作具有一定的促进作用，因其充润笔而广受文人墨客所青睐，促进了唐代润笔之风的盛行；因其作为良好的书画艺术载体，广泛运用于绘画和制作帛书上，亦促进了唐代绘画艺术的进步；因其消费的广泛性和特殊性，为文人们提供了文学创作的良好素材，促进了唐代诗歌的繁荣。

关键词：唐代；丝织品消费；润笔；书画艺术；唐诗

丝织品是中国古代重要的消费品，而唐代又是中古时期丝织业发展的繁盛时期，因此唐代丝织品消费范围十分广泛，几乎遍及社会生活的各个方面。根据消费丝织品类型的不同，可将该时期的丝织品消费分为用于赏赐、制作服饰、作为礼赠、支付军费开支、缴纳赋税、充作官俸、用于借贷、充作货币、用作婚丧嫁娶之物等日常生活，以及用于充作与周边少数民族及周边诸国的友好交往之物等。丝织品消费虽是一种经济行为，但亦带来一定的社会功效，如在“钱帛兼行”的经济体制下，它可以作为货币用于支付“润笔”；在绘画艺

* 基金项目：本文系教育部人文社会科学研究青年项目“唐代财政体制变革与地方治理模式演变研究”（编号19YJC770033）的阶段性成果。

① 作者简介：赵凌飞，1986年生，浙江江山人，上海大学历史学博士，上海政法学院马克思主义学院讲师，华东师范大学马克思主义理论专业在站博士后。主要研究方向：隋唐经济史、丝绸之路史。

术中，它可以作为书画艺术的载体，用于制作绢画和帛书；在文学作品中，它亦由于精美的造型和生活中的消费形态而深受唐代文人所关注，为唐代文人提供丰富的文学素材。由此，本文拟以丝织品消费为视角，结合其与“润笔”“书画艺术”“唐诗”等三方面的发展情形，对丝织品消费与唐代文学艺术创作之间的相互关系作一简略探讨。

一、丝织品充作润笔

“润笔”一词最早见于《隋书》卷38《郑译传》，其载，“上顾谓侍臣曰：……译答曰：‘出为方岳，杖策言归，不得一钱，何以润笔。’上大笑。”[①]古代所谓的“润笔”，就本质而言，其实就类似于今天的“稿酬”。求人作文，必以财货为报；为人作文，也以索取报酬为常例。据洪迈《容斋续笔·文字润笔》云：“作文受谢……至唐始盛”[②]。唐人具有浓厚的稿酬意识。无论是求文者还是售文者，均以一个相对较高的标准进行。因此，在唐代，奉送“润笔”之物之盛，大大超越前代。由于唐代丝织业的迅猛发展，丝织品亦大量用于支付“润笔”。

一般而言，武则天以前，由于史书和文籍的编撰，多由官方组织人力，集体撰写，宰相监修，“润笔”的丝绸多由唐朝中央政府颁发。唐高祖时，曾给负责撰写《艺文类聚》的欧阳询、裴矩、陈叔达等“赐帛二百段”[③]；唐太宗时，修书润笔的赏赐更多，如给修《武德实录》《贞观实录》的许敬宗“赐物八百段”[④]；给为《隋书》作序，为《梁书》《陈书》《齐书》作总论的魏徵“赐物二千段”[⑤]；给撰《梁书》《陈书》的高思廉“赐彩绢五百段”[⑥]；给注解《汉书》的颜师古“物二百段”[⑦]；给修《周史》《氏族志》的令狐德棻“赐帛六百匹”，后又因其“修贞观十三年以后实录功，赐物四百段”[⑧]；唐高宗时，又给撰写《太宗实录》的敬播“赐帛

① [唐]魏徵：《隋书》卷38《郑译传》，北京：中华书局，1973年，第1137页。

② [宋]洪迈：《容斋随笔》，北京：中国世界语出版社，1995年，第182页。

③ [后晋]刘昫等：《旧唐书》卷189上《欧阳询传》，北京：中华书局，1975年，第4947页。

④ [后晋]刘昫等：《旧唐书》卷82《许敬宗传》，北京：中华书局，1975年，第2761页。

⑤ [后晋]刘昫等：《旧唐书》卷71《魏征传》，北京：中华书局，1975年，第2550页。

⑥ [后晋]刘昫等：《旧唐书》卷73《高思廉传》，北京：中华书局，1975年，第2593页。

⑦ [后晋]刘昫等：《旧唐书》卷73《颜师古传》，北京：中华书局，1975年，第2595页。

⑧ [后晋]刘昫等：《旧唐书》卷73《令狐德棻传》，北京：中华书局，1975年，第2598、2599页。

三百段”[①]；给撰《匡谬正俗》的颜师古“帛五十匹”[②]；给“撰武德、贞观两朝国史八十卷”的顾胤“赐帛五百段”[③]；大约自武周以后，中朝衣冠及寺观中人，以金帛作“润笔”求人撰写碑志的风气渐盛。据《唐国史补》卷中载“长安中，争为碑志……是时裴均之子，将图不朽，积缣帛万匹，请于韦相。”[④]文中所记，裴均之子为了撰写碑志以颂扬其功德而达至流芳百世，竟然不惜耗费万匹缣帛求助于韦贯之，此处不仅说明了唐人对于碑志的重视，更加反映了唐人对于文人的敬重，而不惜耗费巨大的代价支付文字酬劳。另有大书法家李邕因“早擅才名，尤长碑颂”，朝中官员多有持重金求其作碑文者，其“前后所制，凡数百首。受纳馈遗，亦至巨万”[⑤]。

安史乱后此风愈煽，以至出现“计字论绢”之现象。据《新唐书》卷176《皇甫湜传》记载：“（裴）度修福先寺，将立碑”，本想求文于白居易，后因皇甫湜自荐且亦才华横溢，因而求文于他，皇甫湜写成后，“度赠以车马缯采甚厚”，按理说稿酬已经十分优厚，但皇甫湜却不答应，要求以“碑字三千，字三缣”[⑥]的酬劳支付，最后裴度只得按照皇甫湜的要求支付。此处，裴度以每字三缣的价格支付稿酬，三千字则需缣九千匹之多，如此高昂的稿酬，可谓少见。对于此事，《唐语林校证》卷6亦载，“湜省书，掷于地，面叱小将曰：“寄谢侍中，何相待之薄也！湜之文，非常流之文也。曾与顾况为集序外，未尝造次许人者……其词约三千余字，每字三匹绢，更减五分钱不得”[⑦]。此处皇甫湜认为裴度应以每字三匹缣绸劳予他，并要求“更减五分钱不得”。而碑文“其字共三千二百五十有四，计送绢九千七百六十有二”[⑧]，如此之多的绢帛，皇甫湜在运送时，“辇负相属”[⑨]，以致引来洛阳市民的围观，其酬劳之高堪称“天价”。徒弟“润笔”即已如此之高，那么师傅又如何呢？据史籍记载，皇甫湜曾师从唐代极负盛名的大诗人、大文学家韩愈，而韩愈的“润笔”亦是十分可观，据刘禹锡

---

① [后晋]刘昫等：《旧唐书》卷189上《敬播传》，北京：中华书局，1975年，第4954页。

② [后晋]刘昫等：《旧唐书》卷73《颜师古传》，北京：中华书局，1975年，第2595页。

③ [后晋]刘昫等：《旧唐书》卷73《顾胤传》，北京：中华书局，1975年，第2600页。

④ [唐]李肇：《唐国史补》卷中，上海：上海古籍出版社，1979年，第41页。

⑤ [后晋]刘昫等：《旧唐书》卷190《李邕传》，北京：中华书局，1975年，第5043页。

⑥ [北宋]欧阳修等：《新唐书》卷176《皇甫湜传》，北京：中华书局，1975年，第5267-5268页。

⑦ [北宋]王谠撰，周勋初校证：《唐语林校证》卷6，北京：中华书局，1987年，第569页。

⑧ [北宋]王谠撰，周勋初校证：《唐语林校证》卷6，北京：中华书局，1987年，第569-570页。

⑨ [北宋]王谠撰，周勋初校证：《唐语林校证》卷6，北京：中华书局，1987年，第570页。

评论说其是“一字之价，辇金如山”[①]。如此一字千金的酬劳与皇甫湜相比定是有过之而无不及。唐代另一位大学问家白居易的“润笔”亦是极为高昂，据《修香山寺记》记载，白居易与大诗人元稹相较甚厚，元稹在离世之前，派人请求白居易为其撰写墓志并以绫帛等物相赠，其价值竟达“六七十万钱”之多，白居易推辞不过，便用于修葺香山寺。另据《新唐书》卷194《司空图传》记载：“王重荣父子雅重之。数馈遗，弗受。尝为作碑，赠绢数千”[②]。以上事例均表明，唐人对于文字酬劳的支付是十分重视的，求文者更是不惜重金。

随着唐人对于“润笔”重视程度的不断加深，在社会上亦逐渐形成一种独特的文化习俗。而此习俗的形成与当时社会的政治、经济、文化背景是密不可分的。唐代是中古时期社会经济发展的鼎盛时期，相继出现了“贞观之治”“永徽之治”“开元盛世”“元和中兴”“会昌中兴”“大中之治”等繁盛时期。政局的稳定，社会生产力的发展，社会经济的空前繁荣，尤其是丝织业的快速发展使得丝织品产量规模空前，这都为唐人优厚的“润笔”提供了坚实的物质基础。物质文明的繁荣必然带来精神文明的发展，所谓“文章千古事”[③]，唐人对于文化的重视亦是历史罕见的，“润笔”即是其中的一种表现。而在此过程中，由于丝织品的精美绝伦和价值高昂，因此广受唐人所喜爱，被充作“润笔”亦是十分自然的事情。随着丝织业在唐代的迅速发展，丝织品消费需求的不断提高，加上“钱帛兼行”的经济背景，丝织品用于“润笔”之费亦是从一定程度上使得“润笔”不仅有利可图，还可展现自我才华与价值，对于唐代文学的发展起了一定的促进作用。

二、丝织品在绘画艺术中的应用

蚕丝是蚕分泌的腺液，由蚕口中吐出，遇空气而凝结成的一种有机纤维，属蛋白质。主要含有丝质、丝胶及少量其他矿物质（灰分）、脂肪、蜡质、色素等。丝干中央的纤维为丝质，约占全丝的70%~80%，包附于丝质周围的是丝胶，约占全丝的20%~30%。[④]蚕丝有较好的耐酸性，稀酸能被蚕丝吸收而增加

① [清]董诰等：《全唐文》卷610刘禹锡《祭韩吏部文》，北京：中华书局，1983年影印本，第6169页。

② [北宋]欧阳修等：《新唐书》卷194《司空图传》，北京：中华书局，1975年，第5574页。

③ [清]彭定求等编：《全唐诗》卷230杜甫《偶题》，北京：中华书局，1960年，第2509页。

④ 苏州丝绸工业专科学校：《丝织学》，北京：纺织工业出版社，1960年，第16页。

其光泽;冷却的弱碱溶液可以去除丝胶及杂质,使丝质更加柔软光滑而无损于丝质。金属盐易被蚕丝吸收。因此,不论酸性染料或碱性染料,直接染料还是媒染染料,都能与蚕丝结合,并能固着于纤维。[1]墨水是一种含有色素或染料的胶体,与蚕丝能够有机融合。另外,桑蚕丝的吸湿性相对其他纤维而言较强[2],这就有利于将墨汁吸附在丝织品表面。由此,丝绸以其“轻软光滑,易着墨,便于书写,容量大,不受字数多少的限制,可折叠,舒卷自如,阅读方便等特点”[3],在相当长期内曾作为书籍载体,对于古代文化知识的传播起过重要作用。然因其成本高,需求量大,遂逐渐为纸所取代[4]。史载:“自古书契多编以竹简,其用缣帛者谓之为纸。缣贵而简重,并不便于人。”[5]至唐代,丝织品一般较少用于制作书籍,而是作为一种书画艺术的载体。

绢画是施彩于素绢上的绘画,属于帛画的一种[6],早在我国战国时期就已经出现。经考古发现,最早的绢画实物为1949年在湖南长沙陈家大山楚墓中出土的《人物龙凤图》[7]和1973年在长沙子弹库楚墓出土的《人物御龙图》[8]。由于唐代丝绸的数量和质量都有了极大的提高,丝织品用于绘画的现象亦十分常见。唐代的绢画不仅数量多,而且形式多样,内容和题材亦有了新的特色,因此,唐代堪称是中国古代艺术史上的一颗璀璨明珠[9]。

唐代的绢画从形式上大致可分为壁障画、屏风画、绢扇画和一般观赏画等,其题材又有宗教信仰、人物花卉,飞禽走兽等。据王绂《书画传习录》卷2《论画》载:唐人“其作画障,均属大幅,亦张绢素于壁间,立而下笔。故能腾掷跳荡,手足并用,挥洒如志,健美独扛。如骏马之下坡,若铜丸之走板。”[10]王绂所说的此类壁障绢画篇幅巨大,大多泯灭,鲜有保存。1972年在阿斯塔那187

① 武敏:《吐鲁番出土丝织物中的唐代印染》,《文物》1973年第10期。

② 《纺织材料学》编写组:《纺织材料学》,北京:纺织工业出版社,1980年,第278页。

③ 张大可主编:《中国历史文献学》,西安:陕西教育出版社,1991年,第43页。

④ 卢华语:《唐代桑蚕丝绸研究》,北京:首都师范大学出版社,1995年,第172页。

⑤ 范晔:《后汉书》卷78《宦者传·蔡伦》,北京:中华书局,1999年,第2513页。

⑥ 薄松年:《中国绘画史》,上海:上海人民美术出版社,2013年,第27页。

⑦ 杨权喜:《楚文化》,北京:文物出版社,2000年,第194页。

⑧ 杨权喜:《楚文化》,北京:文物出版社,2000年,第195页。

⑨ 杨希义:《唐代丝绸在社会生活中的地位和作用》,《西北大学学报(哲学社会科学版)》1987年第4期。

⑩ 王伯敏、任道斌:《画学集成》(下),石家庄:河北美术出版社,2002年,第151页。

号墓发掘出土的大型弈棋仕女图联屏绢画(72TAM187:1)[①]当是这类壁障绢画的代表,此幅绢画篇幅巨大,由两幅绢拼接而成,具有极高的绘画艺术和服饰艺术特色[②]。据载:这幅绢画清晰绘有十七个妇女形象[③],勾画了一组以对弈为中心的人物形象,布局适度,人物造型简练准确,显示了盛唐时期绢画独特的艺术风格,可谓我国绢画史上的一件珍品。从该画的表现形式上来说,更是预示了一种画风的重要转变:该画一改汉魏时以儒家礼制主导下以宣扬"贞妃烈妇"为主题和魏晋以来在表现文学作品、人物故事和山水风景中以仕女为点缀的手法,而转变为以唐代妇女生活为主要题材的表现手法,这一转变亦从侧面反映出了唐代绘画已逐渐从儒家教条中摆脱出来,实现文艺"为世用"的重大变革,而这一变革的发生与唐初较为进步的政治路线无疑是分不开的[④]。另外,从对弈绢画中亦可知唐人对于对弈的喜爱,除在丝织品上进行对弈场景的绘画外,亦有在丝织品上呈现棋局纹样,如阿斯塔那200号墓中就曾出土有十字棋局纹锦褥边(72TAM200:61),204号墓中出土有数件十字棋局文锦(72TAM204:12、13、58)[⑤]等以十字棋局为特色纹样。

唐代上层社会中亦流行一种屏风绢画,类似的实物在唐代墓葬中亦有出土。吐鲁番阿斯塔那第230号唐代张礼臣墓和第188号唐代昭武校尉张某之妻翱仙妃之墓中就先后出土了两幅屏风绢画,一为六扇舞乐屏风绢画(72TAM230:31),一为八扇牧马屏风绢画(72TAM188:15)[⑥]。据分析,这两幅绢画虽都以唐西州地区的乐舞和放牧场景为题材,但却表现了与中原地区绘画所具有的共同的时代艺术风格[⑦]。另有斯坦因所获的《观乐仕女图》[⑧]屏风绢画等。

观赏绢画亦是唐代绢画艺术中较为重要的一种表现形式。其中最为著名的当属韩干所作的《牧马图》[⑨],史载:"韩干画走马,绢坏,损其足。虽失足,

① 新疆文物考古研究所:《吐鲁番县阿斯塔那第十次发掘(1972—1973年)简报》,《新疆文物》2000年第3/4期合刊;李征:《新疆阿斯塔那三座唐墓出土珍贵绢画及文书等文物》,《文物》1975年第10期。

② 胡隽秋:《吐鲁番出土唐代〈弈棋仕女图〉的绘画艺术及服饰艺术》,《新疆文物》1997年第2期。

③ 吴仲超:《中国美术全集·绘画编2·隋唐五代绘画》,北京:人民美术出版社,1988年,第18-23页。

④ 金维诺、卫边:《唐代西州墓中的绢画》,《文物》1975年第10期。

⑤ 新疆文物考古研究所:《吐鲁番县阿斯塔那第十次发掘(1972—1973年)简报》,《新疆文物》2000年第3、4期合刊。

⑥ 新疆文物考古研究所:《吐鲁番县阿斯塔那第十次发掘(1972—1973年)简报》,《新疆文物》2000年第3、4期合刊。

⑦ 金维诺、卫边:《唐代西州墓中的绢画》,《文物》1975年第10期。

⑧ 刘文锁:《唐代西州的屏风画》,《新疆艺术(汉文)》2018年第5期。

⑨ 金维诺、聂崇正:《中国美术全集·卷轴画(一)》,合肥:黄山书社,2010年,第59页。

走自若也。”[①]由李公麟的描述中可知韩干的绢画技艺已经达至极高的境界。杜甫在《丹青引，赠曹将军霸》云：“先帝天马玉花骢，画工如山貌不同。是日牵来赤墀下，迥立阊阖生长风。诏谓将军拂绢素，意匠惨澹经营中。斯须九重真龙出，一洗万古凡马空。玉花却在御榻上，榻上庭前屹相向”[②]形象地描绘了供皇帝观赏的绢画风格。唐代以牧马为绘画题材的艺术形式在盛唐十分流行，但从《骏马图》[八扇牧马屏风绢画（72TAM188：15）[③]]到杜甫所描述的画面看，当时的绘画风格已经逐渐从着重以表现战马来颂扬武功表达尚武强兵的传统思想而转变为与皇帝及贵族们养马的嗜好相联系[④]。

唐代表现宗教信仰的绢画数量更多。1959至1960年期间，考古人员曾在吐鲁番阿斯塔那村北区的一批唐墓中发现了上百幅伏羲女娲绢画像[⑤]。如1972年在阿斯塔那墓葬群中出土湖蓝色绢绘伏羲女娲图（72TAM150：11）、浅蓝色绢绘伏羲女娲图（72TAM209：51）、深蓝绢绘伏羲女娲图（72TAM225：15）[⑥]；1973年阿斯塔那208号墓中出土的米黄色绢绘伏羲女娲图残片（73TAM208：13）[⑦]等。据说，这些绢画反映了唐代民间广大百姓对远古传说神像的崇拜[⑧]。随着佛教的广泛传播，反映佛教教义的绢画也日渐增多。《吐鲁番考古记》中记载有一份绢画佛教故事残片，为吐鲁番哈拉和卓旧城所出。

① 许孔璋：《进学赋》，合肥：合肥工业大学出版社，2003年，第8页。

② [清]彭定求等：《全唐诗》卷255刘方平《丹青引，赠曹将军霸》，北京：中华书局，1960年，第2321页。

③ 新疆文物考古研究所：《吐鲁番县阿斯塔那第十次发掘（1972—1973年）简报》，《新疆文物》2000年第3、4期合刊。

④ 祖丽菲叶·亚森、安丽珺：《唐代吐鲁番墓室画简述》，《新疆文物》2008年第3/4期合刊。

⑤ 新疆博物馆：《吐鲁番县阿斯塔那第二次发掘（1959—1960年）简报》，《新疆文物》2000年第3/4期合刊。

⑥ 新疆文物考古研究所：《吐鲁番县阿斯塔那第十次发掘（1972—1973年）简报》，《新疆文物》2000年第3/4期合刊。

⑦ 新疆文物考古研究所：《吐鲁番县阿斯塔那第十一次发掘（1973年）简报》，《新疆文物》2000年第3/4期合刊。

⑧ 具体报告及研究有：冯华：《记新疆新发现的绢画伏羲女娲像》，《文物》1962年第8期；刘凤君：《试释吐鲁番地区出土的绢画伏羲女娲像》，《新疆大学学报（哲学社会科学版）》1983年第3期；裴建平：《“人首蛇身”伏羲、女娲绢画略说》，《文博》1991年第1期；王嵘：《高昌墓葬〈伏羲女娲图〉的文化学意义》，《西域研究》1999年第1期；陈丽萍：《关于新疆阿斯塔那：哈拉和卓地区出土的伏羲、女娲画像及一些问题的探讨》，《敦煌学辑刊》2001年第1期；闵丙勋：《韩国国立中央博物馆藏吐鲁番出土伏羲女娲图考》，朴文英，译，《辽宁省博物馆馆刊》第1辑，沈阳：辽海出版社，2006年，第200–201页；[日]片山章雄：《吐鲁番伏羲女娲图的整理》，上智大学大学院史学专攻院生会《纪尾井史学》第15号，1995年，第45–57页；赵华：《吐鲁番出土伏羲女娲绢、麻布画的艺术风格及源流》，载赵华编：《吐鲁番古墓葬出土艺术品》，乌鲁木齐：新疆美术摄影出版社，第26–37页；孟凡人：《吐鲁番出土的伏羲女娲图》，载赵华编：《吐鲁番古墓葬出土艺术品》，乌鲁木齐：新疆美术摄影出版社，第10–25页；邓文宽：《吐鲁番出土“伏羲女娲书幡”考析——兼论敦煌具注历日中的“人日”节和“启源祭”》，载朱凤玉、汪娟编：《张广达先生八十华诞祝寿论文集》，台北：新文丰出版公司，2010年，第881–900页。刘文锁、沈昕璐：《唐代西州的墓室屏风与屏风式壁画》，载吐鲁番学研究院、吐鲁番博物馆编：《古代钱币与丝绸高峰论坛暨第四届吐鲁番学国际学术研讨会论文集》，上海：上海古籍出版社，2015年，第283–304页。

其高为12.4厘米、宽18.8厘米。绢底、彩绘一佛教故事，据黄文弼根据其手法分析应为唐时之物[①]。1983年，在西安的一座唐墓中发掘出土了一件中心绘有三眼八臂菩萨和供养人的绢画，从此绢画所反映的题材和风格来看，当属于佛教密宗一派[②]。另外在吐鲁番阿斯塔那墓中还出土了一幅陀罗尼经咒绢画（72TAM189：13）[③]。陀罗尼经咒是佛教经卷，唐高宗时由印度僧人传入中原。1954在四川成都市出土的唐代《陀罗尼经咒》是目前我们所知较早的印本书籍[④]。吐鲁番出土的一件陀罗尼经绢被（72TAM188：5）[⑤]残片上即有陀罗尼经，可知此经卷在唐代具有一定的影响。另外，1967年在北高加索山区的莫谢瓦亚·巴勒卡墓葬区还出土了唐末画风的绢画，残存山间骑者和马头形象，其墓主人属八至九世纪的阿兰人[⑥]，由葬俗可知其绢画与阿斯塔那墓葬相似，可推知其绢画的风格为唐人手笔。

由上不难看出，唐代丝织品作为绢画形式的消费无论是用于描绘日常生活中的各种美好场景，还是用于书写各种经卷或是绘制各种宗教崇拜的神像，亦是十分普遍的。

三、丝织品消费与唐诗的发展

丝织品在唐代是非常重要的消费品，用于官方和民间政治、经济和文化生活的各个方面，唐诗中对于丝织品的描述极多，学者亦对其进行了较多关

① 黄文弼著，中国科学院考古研究所编辑：《吐鲁番考古记》，北京：中国科学院出版，1954年，第57页。

② 李域铮：《西安发现的经卷》，《文博》1984年第1期。

③ 新疆文物考古研究所：《吐鲁番县阿斯塔那第十次发掘（1972—1973年）简报》，《新疆文物》2000年第3/4期合刊。

④ 程裕祯：《中国文化要略》，北京：外语教学与研究出版社，2011年，第181页。

⑤ 新疆文物考古研究所：《吐鲁番县阿斯塔那第十次发掘（1972—1973年）简报》，《新疆文物》2000年第3/4期合刊。李征：《新疆阿斯塔那三座唐墓出土珍贵绢画及文书等文物》，《文物》1975年第10期。

⑥［俄］阿·耶鲁撒利姆斯卡娅：《丝路上的阿兰世界》，载苏联列宁格勒国立爱米塔什博物馆馆刊《东方文化》，列宁格勒，1978年，第155页。转自张广达：《论隋唐时期中原与西域文化交流的几个特点》，《北京大学学报（哲学社会科学版）》1985年第4期。

注[①],但从唐诗中描写的丝织品消费等相关问题诗句的研究及相互关系关注不够,故此,本节从丝织品消费角度入手,重点对唐诗中对于丝织品消费等相关方面的描述进行梳理,并对丝织品消费与唐诗发展的相互关系进行简略探讨。

唐代丝织品种十分丰富,据笔者考证可知,至少有缯、帛、绢、练、缦、缣、绵、绸、绒、双紃、丝布、段、纱、縠、轻容、绡、锦、綢、绮、绫、絁、罗、纨、素、缟、绨、织成、绰丝、丝絮片、絣、蹙金绣等三十余种。不同品种又有着图案、纹样及消费类别及方式的不同。对于丝织物及相关消费情形的歌咏和描述常见于文学作品中,早在先秦时期,在《诗经·秦风·终南》中即有描写秦公着"锦衣狐裘";《小雅·巷伯》又有"萋兮斐兮,成中贝锦"的记载。而唐代诗歌是中国古代诗歌文学中的繁盛时期,对于丝织品及相关消费情形的描写亦极为丰富,真实生动地展现了丝织品在唐人社会生活中的消费、情感及文化艺术方面的发展情形。

(一)对于丝织产品的描述

唐代丝织品品种多样,不同品种根据其不同的技术和生产难度分为高级丝织品和一般丝织品,而相应的亦被制作成不同的丝织产品,用于社会生活中的消费。如鸡鸣枕、绢衣、绢裤、绢鞋、绢帽、白绢被单、覆面、银眼罩、纹锦遮胸、锦鞋、锦衣、罗衣、纱裙等等不胜枚举。而唐诗中对此描述亦十分丰富,如白居易《赠内》云:"缯絮足御寒,何必锦绣文。"[②]表明其缯絮用以御寒保暖。元稹《张旧蚊帱》云:"独有缬纱帱,凭人远携得。"[③]表明唐人用纱制成床帐,既能透气,又能挡蚊。质地轻薄柔软的纱亦被唐人制成衫、袴用于炎热的夏天,如白居易《寄生衣与微之,因题封上》云:"浅色縠衫轻似雾,纺花纱袴薄于云。

① 主要研究有:陈清奇:《从古典诗歌看我国蚕业的发展》,《农业考古》1984年第1期;赵丰:《从唐诗看唐代丝绸图案》,《丝绸》1983年第8期;李淑玲、吴微微:《唐诗与唐代家纺文化》,《艺术与设计》2008年第5期;朱新予:《中国丝绸史》(通论)、(专论),北京:纺织工业出版社,1992年;赵丰:《中国丝绸艺术史》,北京:文物出版社,2005年;赵丰:《中国丝绸文化史》,济南:山东美术出版社,2009年;赵丰:《中国丝绸通史》,苏州:苏州大学出版社,2005年;沈从文:《中国古代服饰研究》,香港:商务印书馆香港分馆,1981年;李斌城、黄正建:《隋唐五代社会生活史》,长沙:岳麓书社,1991年;王用生:《白居易和他的蚕桑诗》,《丝绸》1994年第8期;刘佳莹:《躺尸中的丝绸文化与唐代社会生活》,《文化学刊》2010年第1期;曾艳红:《丝绸文化视阈中的唐代丝绸与唐诗》,《广西民族大学学报(哲学社会科学版)》2010年第2期;曾艳红:《唐诗丝绸物事及其意象研究》,上海:上海师范大学博士学位论文2010年4月。朱丽娟:《从〈全唐诗〉中看唐代桑蚕丝绸业的发展》,福州:福建师范大学硕士学位论文,2010年。

② [唐]白居易著,谢思炜注:《白居易诗集校注》,北京:中华书局,2006年,第75页。

③ [唐]元稹著,翼勤点校:《元稹集》,北京:中华书局,1982年,第102页。

莫嫌轻薄但知著，犹恐通州热杀君。”[①]另外，纱亦可制成帽子、窗纱、帷幔、头巾、灯纱等日常生活用品。如刘长卿《赠秦系》云：“向风长啸戴纱巾”[②]，刘方平《月夜》云：“虫声新透绿窗纱”[③]，花蕊夫人《宫词》云：“纱幔薄垂金麦穗”[④]，韦应物《寄璨师》云：“林院生夜色，西廊上纱灯”[⑤]等。绡亦是一种轻薄织物，可用于制作夏天衣物，《开元天宝遗事》载：“贵妃每至夏月，常以轻绡”[⑥]。徐凝《宫中曲二首》云：“厌著龙绡著越纱”[⑦]反映了宫廷女装的奢侈。绨是一种厚重有光泽的丝织物，唐人用于制作御寒之袍，如戎昱《冬夜宴梁十三厅》云：“夜寒销腊酒，霜冷重绨袍。”[⑧]罗是中国古代最早的丝织品种之一[⑨]，其质地轻疏透明，价格昂贵。在唐代亦被制成各种生活用品，如罗衣、罗袜、罗裙、罗衫、罗帷、罗屏、罗幕等。唐诗中亦多有描述，如李白《杂曲歌辞·宫中行乐词》云：“石竹绣罗衣”[⑩]；李白《玉阶怨》云：“玉阶生白露，夜久侵罗袜。”[⑪]和凝《杂曲歌辞·杨柳枝》云：“瑟瑟罗裙金缕腰”[⑫]；温庭筠《杂歌谣辞·黄昙子歌》云：“罗衫袅向风”；[⑬]李贺《将进酒》云：“罗屏绣幕围香风”[⑭]；温庭筠《相和歌辞·阳春曲》云：“帘外春威着罗幕”[⑮]。此外，唐人亦以绫、绮制作袜子，如薛昭蕴《醉公子》云：“慢绾青丝发，光研吴绫袜。”[⑯]另外，唐人亦用丝织品制作各种帐、衾被、枕巾等。如李白《连理枝二首》云：“馥红绡翠被”[⑰]；李洞《曹郎中崇贤所居》云：“听水分衾盖蜀缯”[⑱]；赵嘏《杂曲歌辞·昔昔盐》云：“孤寝红罗帐”[⑲]；崔

---

① [唐]白居易著，谢思炜注：《白居易诗集校注》，北京：中华书局，2006年，第1199页。
② [唐]刘长卿著，杨世明校注：《刘长卿集编年校注》，北京：人民文学出版社，1999年，第454页。
③ [清]彭定求等编：《全唐诗》卷255刘方平《月夜》，北京：中华书局，1960年，第2840页。
④ [清]彭定求等编：《全唐诗》卷798花蕊夫人《宫词》，北京：中华书局，1960年，第8973页。
⑤ [清]彭定求等编：《全唐诗》卷188韦应物《寄璨师》，北京：中华书局，1960年，第1921页。
⑥ [五代]王仁裕撰：《开元天宝遗事》卷下，北京：中华书局，2006年，第51页。
⑦ [清]彭定求等编：《全唐诗》卷474徐凝《宫中曲二首》，北京：中华书局，1960年，第5379页。
⑧ [清]彭定求等编：《全唐诗》卷270戎昱《冬夜宴梁十三厅》，北京：中华书局，1960年，第3022页。
⑨ 赵丰：《中国丝绸通史》，苏州：苏州大学出版社，2005年，第13–14页。
⑩ [清]彭定求等编：《全唐诗》卷28李白《宫中行乐词》，北京：中华书局，1960年，第408页。
⑪ [唐]李白著，瞿蜕园、朱金城注：《李白集校注》，上海：上海古籍出版社，1980年，第374页。
⑫ [清]彭定求等编：《全唐诗》卷28和凝《杨柳枝》，北京：中华书局，1960年，第402页。
⑬ [清]彭定求等编：《全唐诗》卷29温庭筠《黄昙子歌》，北京：中华书局，1960年，第423页。
⑭ [清]王琦：《李贺诗歌集注》，上海：上海人民出版社，1977年，第312页。
⑮ [清]彭定求等编：《全唐诗》卷21温庭筠《阳春曲》，北京：中华书局，1960年，第280页。
⑯ [清]彭定求等编：《全唐诗》卷894薛昭蕴《醉公子》，北京：中华书局，1960年，第10095页。
⑰ [唐]李白著，瞿蜕园、朱金城注：《李白集校注》，上海：上海古籍出版社，1980年，第1728页。
⑱ [清]彭定求等编：《全唐诗》卷723李洞《曹郎中崇贤所居》，北京：中华书局，1960年，第8292页。
⑲ [唐]赵嘏、谭优学注：《赵嘏诗注》，上海：上海古籍出版社，1985年，第8页。

公远《独夜词》云:“锦帐罗帷羞更入”[①]等。唐诗中亦记载有丝织品制作的地毯、褥、扇子等。如白居易的名作《红线毯》[②]不仅描绘了丝织品织成地毯的情形,而且提到了“罗袜”“绣鞋”“锦褥”等丝织品。另有李白《感兴六首》云“锦衾抱秋月,绮席空兰芬”[③]等。唐诗中关于丝绸制品的相关描述举不胜举,仅通过上述简要梳理,便可知唐代以丝织品制成的生活消费品就有縠衫、龙绡衣、绨袍、罗衣、罗袜、罗裙、罗衫、罗帷、罗屏、罗幕、绣鞋、锦褥、纨扇、丝毯、锦帐、绮席、锦衾等。

(二)对于丝织品质量特点和价格的描述

唐代丝织工艺的进步使得丝织品的质量大大提高,有一般丝织品与高级丝织品之分,一般丝织品如缯、绢、绸、练、絁、缣等,高级丝织品如锦、绫、罗、纱等都是十分珍贵的丝织品种。唐诗中亦有此类描述,如白居易《即事寄微之》云:“衣缝纰纇黄丝绢”,[④]对于纱的特点和质量的描述如罗虬《比红儿诗》云:“天碧轻纱只六铢,宛如含露透肌肤。”[⑤]轻容是纱之至轻者[⑥],王建《宫词》云:“缣罗不著索轻容”[⑦]。縠是一种类似于纱的轻薄疏透丝织品,白居易《寄生衣与微之,因题封上》云:“云罗雾縠逐风清”[⑧]。杜牧《江上偶见绝句》云:“水纹如縠燕差池”。[⑨]李贺《恼公》云:“蜀烟飞重锦,峡雨溅轻容。”可知其不但轻,而且贵重,为唐人所喜爱。李群玉《校书叔遗暑服》云:“翠云箱里叠襶,楚葛湘纱净似空。”[⑩]绮是一种花纹丰富的丝织品,白居易《庾顺之以紫霞绮远赠,以诗答之》云:“一端香绮紫氛氲。开缄日映晚霞色,满幅风生秋水纹。”[⑪]绫是一种高级丝织物,价格昂贵,品质优良。如章孝标《织绫词》云:“去年蚕恶绫帛贵,官急无丝织红泪”[⑫];白居易《缭绫》云:“缭绫织成费功绩,莫比

① [清]彭定求等编:《全唐诗》卷801崔公远《独夜词》,北京:中华书局,1960年,第9012页。

② [清]彭定求等编:《全唐诗》卷427白居易《红线毯》,北京:中华书局,1960年,第4703页。

③ [清]彭定求等编:《全唐诗》卷183李白《感兴六首》,北京:中华书局,1960年,第1863页。

④ [唐]白居易,谢思炜注:《白居易诗集校注》,北京:中华书局,2006年,第1449页。

⑤ [清]彭定求等编:《全唐诗》卷666罗虬《比红儿诗》,北京:中华书局,1960年,第7630页。

⑥ [南宋]周密撰:《齐东野语》卷10《轻容方空》,上海:华东师范大学出版社,1985年,第187-188页。

⑦ [清]彭定求等编:《全唐诗》卷302王建《宫词》,北京:中华书局,1960年,第3446页。

⑧ [唐]白居易著,谢思炜注:《白居易诗集校注》,北京:中华书局,2006年,第1199页。

⑨ [唐]杜牧著,吴在庆校注:《杜牧诗系年校注》,北京:中华书局,2008年,第349页。

⑩ [清]彭定求等编:《全唐诗》卷570李群玉《校书叔遗暑服》,北京:中华书局,1960年,第6609页。

⑪ [唐]白居易著,谢思炜注:《白居易诗集校注》,北京:中华书局,2006年,第1079页。

⑫ [清]彭定求等编:《全唐诗》卷506章孝标《织绫词》,北京:中华书局,1960年,第5744页。

寻常缯与帛。”[①]关于丝织品的价格，则属唐诗中对于缭绫和红线毯的描述最具代表性，元稹《和李校书新题乐府十二首》云：“越縠缭绫织一端，十匹素缣功未到。”[②]白居易《红线毯—忧蚕桑之费也》云：“一丈毯，千两丝。”[③]

（三）对于丝织品纹样的描述

唐代丝织品纹样十分丰富，纹样中所反映的内容包含有民族文化、消费观念、审美观念甚至情感寄托。其中绫、锦中的纹样较有代表性。绫是一种质地细密，花纹丰富的高级丝织物，在唐诗中对其纹样特征有较多描述，如白居易《杭州春望》云：“红袖织绫夸柹蒂”[④]，白居易《新制绫袄成，感而有咏》云：“水波文袄造新成，绫软绵匀温复轻。”[⑤]章孝标《织绫词》云：“瑶台雪里鹤张翅，禁苑风前梅折枝。”[⑥]由上可知绫的纹样有柿蒂纹、水波纹、喜鹊纹、凤鸟纹、仙鹤纹、梅花纹等。充分说明了唐人对于植物和鸟类的喜爱，并寄托了其表示丰收、吉祥、尊贵、坚毅等情感。锦是唐代极具特色的丝织品，唐人对其是华丽纹彩赞赏有加，如郑谷《锦二首》云：“舞衣转转求新样，不问流离桑柘残。”[⑦]唐锦的纹样十分丰富，有龙纹、麒麟纹、蝶纹、雁纹、鸳鸯纹、葡萄纹、石榴纹、芙蓉纹等。唐诗如曹唐《小游仙诗九十八首》云：“红龙锦襜黄金勒”[⑧]，项斯《欲别》云：“锦缎裁衣赠”[⑨]王健《织锦曲》云：“蝶飞参差花宛转”[⑩]，秦韬玉《织锦妇》云：“联雁斜衔小折枝”[⑪]，温庭筠《织锦曲》云：“鸳鸯艳锦初成匹”[⑫]，岑参《胡歌》云：“葡萄宫锦醉缠头”[⑬]，元稹《早春登龙山静胜寺》云：“海榴红绽锦窠匀”[⑭]，唐彦谦《无题十首》云：“锦帐芙蓉向夜开”[⑮]。唐锦纹样中的龙纹、

---

① [唐]白居易著，谢思炜注：《白居易诗集校注》，北京：中华书局，2006年，第389页。

② [唐]元稹著，冀勤点校：《元稹集》，北京：中华书局，1982年，第227页。

③ [清]彭定求等编：《全唐诗》卷427白居易《红线毯》，北京：中华书局，1960年，第4703页。

④ [唐]白居易著，谢思炜注：《白居易诗集校注》，北京：中华书局，2006年，第1623页。

⑤ [唐]白居易著，谢思炜注：《白居易诗集校注》，北京：中华书局，2006年，第2235页。

⑥ [清]彭定求等编：《全唐诗》卷506章孝标《织绫词》，北京：中华书局，1960年，第5744页。

⑦ [清]彭定求等编：《全唐诗》卷675郑谷《锦二首》，北京：中华书局，1960年，第7738页。

⑧ [清]彭定求等编：《全唐诗》卷641曹唐《小游仙诗九十八首》，北京：中华书局，1960年，第7346页。

⑨ [清]彭定求等编：《全唐诗》卷554项斯《欲别》，北京：中华书局，1960年，第6409页。

⑩ [清]彭定求等编：《全唐诗》卷298王建《织锦曲》，北京：中华书局，1960年，第3382页。

⑪ [清]彭定求等编：《全唐诗》卷670秦韬玉《织锦妇》，北京：中华书局，1960年，第7658页。

⑫ [清]彭定求等编：《全唐诗》卷575温庭筠《织锦词》，北京：中华书局，1960年，第6694页。

⑬ [清]彭定求等编：《全唐诗》卷201岑参《胡歌》，北京：中华书局，1960年，第2105页。

⑭ [清]彭定求等编：《全唐诗》卷413元稹《早春登龙山静胜寺》，北京：中华书局，1960年，第4574页。

⑮ [清]彭定求等编：《全唐诗》卷671唐彦谦《无题十首》，北京：中华书局，1960年，第7668页。

麒麟等是一种吉祥物，亦是唐人对于祖先的一种崇拜；而鸳鸯则是预示了人们对于美好爱情的向往；葡萄、石榴等表达了唐人对于丰收的渴望。

(四)丝织品作为货币、用以纳税、赏赐等消费

唐代丝织品消费十分广泛，其中在充当货币或缴纳税收或进行赏赐等方面的消费更是十分普遍，这些消费情形，在唐诗中亦有体现。如戴叔伦《女耕田行》云："去年灾疫牛囤空，截绢买刀都市中。"①陆龟蒙《顾道士亡弟子奉束帛乞铭于袭美因赋戏赠》云："比于黄绢词尤妙，酬以霜缣价未当。"②白居易《卖炭翁 - 苦官市也》："半匹红纱一丈绫，系向牛头充炭直。"③以上均说明了丝织品作为货币或价值尺度进行的商品交易的情形。皮日休《正乐府十篇·贱贡士》云："南越贡珠玑，西蜀进罗绮。……如何贤与俊，为贡贱如此。"④则不仅说明了丝织品作为赋税和上贡而进行的消费，同时亦对统治者剥削和压迫人民的丑恶行径进行了揭露和批评。李颀《缓歌行》云："文昌宫中赐锦衣，长安陌上退朝归。"⑤崔尚《奉和圣制同二相已下群臣乐游园宴》云："合钱承罢宴，赐帛复追欢。"⑥由上则说明了丝织品用于赏赐的情形。另外朋友间联系感情时亦有丝织品的相互赠予，如白居易《寄生衣与微之》云："莫嫌轻薄但知著，犹恐通州热杀君。"⑦杜牧《张好好诗》云："赠之天马锦，副以水犀梳。"⑧

由上可知，从唐诗所描述的唐代丝织品无论从品种、数量、质量、纹样等方面都较前代有极大的提高，这与史料记载是相符合的。结合前文对于唐代丝织品消费的分析可知，唐诗中所描述的丝织品消费情形与史料记载亦较为一致，且从内容上而言，更是弥补了史料记载的不足，利于我们对唐代丝织品的消费情形作更加全面的了解。而对于唐诗的发展来说，随着唐代丝织业的发展，丝织品种的增多、丝织品质量的提高、丝织品纹样的丰富以及丝织品消费水平的不断提升，不仅为唐人生活上提供了充足的物质资料，更是给唐代

---

① [清]彭定求等编:《全唐诗》卷273王建《宫中调笑》，北京:中华书局，1960年，第3070页。

② [清]彭定求等编:《全唐诗》卷626陆龟蒙《顾道士亡弟子奉束帛乞铭于袭美因赋戏赠》，北京:中华书局，1960年，第7189页。

③ [清]彭定求等编:《全唐诗》卷427白居易《卖炭翁 - 苦官市也》，北京:中华书局，1960年，4703页。

④ [清]彭定求等编:《全唐诗》卷608皮日休《贱贡士》，北京:中华书局，1960年，第7019页。

⑤ [清]彭定求等编:《全唐诗》卷24李颀《缓歌行》，北京:中华书局，1960年，第320页。

⑥ [清]彭定求等编:《全唐诗》卷108崔尚《奉和圣制同二相已下群臣乐游园宴》，北京:中华书局，1960年，第1122页。

⑦ [唐]白居易著，谢思炜注:《白居易诗集校注》，北京:中华书局，2006年，第1199页。

⑧ [清]彭定求等编:《全唐诗》卷520杜牧《张好好诗》，北京:中华书局，1960年，第5940页。

文人提供了丰富的创作素材。而以丝织品为代表的奢华用品亦是缛艳诗风出现的物质基础，唐代文人们将丝绸文化、丝织品消费文化等充分融合到唐代诗歌当中，不仅使唐代诗歌成为反映唐代社会生活的重要窗口，更是给唐代文人借物言志，借物抒情，以丝织品作为符号和意象寄托情感，从而使唐诗更加富有意境。李明伟先生曾指出“唐诗的繁荣正好伴随着汉代以来开拓的丝绸之路的繁荣，它对唐诗风采以及唐人气质、观点的变化，有着不可忽视的影响”[①]。岑仲勉先生也指出过，丝绸之路的繁荣实为“唐诗革新的开基”[②]。随着丝织品贸易、丝织品消费范围的不断扩大，唐代诗歌亦跟随着丝织品传播到丝绸之路沿线，传至边塞，从而为唐代边塞诗歌的发展起了很好的推动作用。此外，丝织品充当“润笔”的盛行一定程度上促进了唐人“润笔”之风的兴盛，而作为绘画载体不断出现的绢画亦在拓宽丝织品消费范围的同时进一步提升了唐代绘画艺术的发展演进。

① 李明伟：《唐代文学的嬗变与丝绸之路的影响》，《敦煌研究》1994年第3期。

② 岑仲勉：《隋唐史》（上册），北京：中华书局，1982年，第241页。

宁夏农垦改革初期问题研究

廖　周[①]

摘　要:20世纪80年代,宁夏农垦在改革开放中逐步解决了吃大锅饭、剩余劳力就业、经济社会协调发展等问题,同时,由于农垦组织的特殊性,也使得农垦在普遍意义的改革中出现种种不适应,如家庭农场在市场中的效益问题、生产责任制下的考核问题、农业产业的市场竞争问题等,需要决策者在实事求是的基础上,精准施策,才能使垦区在深入改革中持续释放活力,实现农垦在现代农业建设中应有的作用。

关键词:农垦;国营农场;改革开放

1977年年底到1978年初,国务院在全国国营农场工作会议上提出,国营农场要实行"一业为主,多种经营,积极发展场办工业"的发展方针,拉开了农垦改革的序幕。根据这次会议的建议,当年成立国家农垦总局(1979年改为农垦部),加强了对各省市区农垦事业的领导。

一、宁夏农垦在体制机制上的初步改革

在领导体制上,1981年7月,宁夏回族自治区党委批准成立中共宁夏农垦局委员会,将1976年按照行政区划移交给各市、县管理的农垦系统各单位的党组织,收归农垦局党委领导。为加强企业管理,1978年4月,宁夏农垦按照

① 作者简介:廖周,宁夏社会科学院历史研究所助理研究员。

中央领导"农场潜力很大，一定要把国营农场办好"的指示，制定加强企业管理的"十要十不准"，实行科学种田、科学养猪、农机管理、挖掘生产潜力、"一业为主、多种经营"、勤俭节约、成本管理。不准计划外开支、扩大补助范围、不准私设小金库、砍伐林木等财经和生产纪律。[①]

为放宽农场经济政策，解放生产力，1983年6月，农垦出台《关于当前国营农场经济政策若干问题的暂行规定》，允许承包人员购买小型运输、加工设备，从事生产和运输；农场职工可在划给的自用地上种蔬菜、粮食、饲料、果树、造林。允许农场非饲养人员自己饲养家畜、家禽。农场职工可留职停薪，开荒种地、养殖，或自谋职业。允许职工离职，办理退场和转移户粮关系手续。允许职工在农场指定的地方自筹资金建房，也可自建公助，或者由农场把现有住房折价卖给职工。国营农场的职工的待业子女，可办自负盈亏的集体所有制或个体所有制的服务业、零售商店以及农副产品加工业等，可计算工龄。[②]经济政策的持续放宽，解放了人们的思想，激发了职工群众干事创业的激情，经济效益的提升使人们更加积极地拥护改革。

（一）实行财务包干制度

宁夏农垦在财务管理上，一直实行的是"盈利上缴、亏损上报"的统收统支"两条线办法"。为解决农垦企业长期吃国家的"大锅饭"的弊端。1977年，宁夏财政厅对农垦企业试行盈亏包干办法。此办法经过两年试行后，从1980年开始正式实行财务包干制度。

此办法包括两个层次的内容。一是自治区财政对农垦主管部门实行"亏损包干，减亏留用，超亏不补，一定几年"，或"一年一定"的办法。其中1980—1982年为一定三年，每年定额补亏600万元；1983—1984年为一年一定，在600万元的基础上，逐年递减补亏定额100万元；1985—1990年为每年定额补亏300万元。在"八五计划"和"九五计划"期间，财政对农垦的"定额补亏"和"扭亏增盈措施费"实有增加。2001年后，随着税收制度的改革，国家主要采取通过税收支持的方式扶持，农垦的财务包干制正式结束。

二是农垦主管部门对下属企业的财务包干。按照不同的企业类型，区别

① 《关于加强企业管理的"十要十不准"的规定》，1978年4月6日，第95号全宗第107号卷，宁夏档案馆藏。

② 《关于当前国营农场经济政策若干问题的暂行规定》，1983年6月14日，第95号全宗第92号卷，宁夏档案馆藏。

对待:生产条件好,盈利水平比较稳定的企业,实行利润包干上交,一定几年或一年一定,结余留用,短收不补的办法;生产条件一般,盈利水平不太稳定的微利企业,实行独立核算,自负盈亏,盈利留用,亏损不补;生产条件差,处于亏损的企业,实行定额补贴,结余留用,超亏不补。[①]

垦区在实行财务包干的同时,企业相应的建立了多种形式的联产承包经济责任制,打破了企业吃国家的"大锅饭",调动了企业、职工搞好生产经营的积极性,促进了扭亏增盈。1980—1985年6年累计盈利2800万元。1979年有13个企业亏损,占企业总数的68%,亏损额917万元。1985年亏损单位减少到3个,年亏损额降到38万元。

由于实行了财务包干,企业从增盈减亏中,获得了包干结余资金,用于补充农垦事业建设资金的不足。1980—1985年用于发展生产、调整产业结构、改变生产条件的包干结余资金1900万元,翻建职工住房10万平方米,近1000万元,中小学建设250万元,处理财务遗留问题278万元,为今后生产能力的进一步提高打下了基础,缓解了职工住房长期紧张的老大难问题,改善了企业办学条件。

财务包干制及生产责任制也存在一些问题。比如在包干补贴指标的分配上,企业之间差别较大,少数企业形成超亏挂账。在包干补贴指标的分配上过于固定,没有留余地,农业企业如遭灾害,家底薄的企业就很难承担。财务包十,基本解决了企业吃国家大锅饭的弊端,但企业内部吃大锅饭的问题,还没有真正解决。企业逐级承包,承包单位的超包干结余,有的全部用作职工当年分配,不留储备基金,这样形成超盈减亏个人拿走,超亏减盈企业挂账,实质是包盈不包亏。包干结余资金的管理、使用控制不严。有的企业只考虑需要,不考虑资金来源,不是先提后用,而是寅吃卯粮,包干结余资金花过了头。有的片面强调财务自主权,放松管理和监督。1985年上半年一度出现争上项目办工业和商业热,贷款失控。1985年贷款余额高达2900多万元,超过企业的承受能力。有的企业不按建设程序办事,盲目上项目,决策失误造成损失,有的违法经商,上当受骗,商品积压损失严重;有的违反财经纪律,

---

① 宁夏农垦志编辑委员会:《宁夏农垦志1950—1988》,银川:宁夏人民出版社,1995年,第403页。宁夏农垦志编纂委员会:《宁夏农垦志 1989—2004》,银川:宁夏人民出版社,2006年,第375-377页。

任意扩大开支范围和标准等。[①]

除此之外，导致这一时期场办工业效益难以提高的原因，还有经营者素质不高、党政关系不顺、工业原材料大幅上涨等因素。由于一些国营农场主管部门对承包人缺乏严格考核，或者没有引入竞争机制，依然是“伯乐点马”的老一套做法。国营灵武农场，9个场办工业企业，4个亏损，1987年亏损额达13.7万元。亏损的原因是多方面的，但承包经营者缺乏生产指挥能力和经营能力，不能不是一个重要原因。如逾期履约，用户终止了合同；决策无力，使工厂坐失盈利良机；以次充好，损害了企业的信誉等。在农场党政关系上，据1988年对15户场办工业企业的摸底，党、政关系（包括农场和下属工厂两级）处理较好的企业，约占61%；党政关系尚未理顺，工作不配合，彼此掣肘，内耗较大的企业占22%左右。部分农场党委书记及场办工业企业党支部书记，要么包办干预，要么甩手不管；还有一些场办工业企业厂长认为，企业承包后，就是厂长一个人说了算，独断专行，不能主动争取党组织对自身工作的支持。在原材料价格方面，据1988年对6家场办修造厂调查，仅原材料涨价一项，1987年内就使企业减利40多万元，是这几家企业全年目标基数利润的1.5倍。[②]

1988年，农垦局根据自治区政府关于自治区工业企业实行承包经营责任制的决定，对垦区各工业企业实行“包死基数、确保上交（对盈利企业）、超收多留、歉收自补”的承包责任制，后来又实行了扩大企业自主权等，调动了工业企业职工的积极性，但旧的经济体制仍影响着农垦工业的发展，成效不明显。

财务包干制和生产责任制，虽然一定程度上调整了生产关系，但在计划经济体制下，企业的市场主体并不明确，物资供应和人力资源也没有市场化，考核的重心又在基层，在“熟人社会”的影响下，不可能避免分配上的“小集体”平均主义。而且，看似设计缜密的责任制，其考核耗费人力物力，设计漏洞对生产力的束缚越来越大。随着国家有计划的商品经济向市场经济发展，这两项制度逐渐在现代企业制度框架内完善或被替代。

① 于长川：《总结经验完善财务包干制》，《宁夏农垦经济研究》1986年第2期。

② 白光：《对场办工业企业完善承包经营的几点思考》，《宁夏农垦经济研究》1988年第3期。

（二）农业生产责任制的实行

1978年的全区农垦工作会议后，垦区出台了对农场实行“三定一奖”的生产责任制管理办法：即定产量、定成本、定利润和超计划奖励。凡是全面完成“三定”任务的，按本单位工资总额提出10%作为奖励，超额完成任务者，超额部分中的20%交农垦局，80%留本单位作为扩大再生产和职工福利使用。

农场对职工实行定额管理。凡完成定额任务的，按本人基本工资计发；凡超额完成定额任务的，超额部分按工人平均工资计发，其中40%归单位，60%归本人，但最高不超过本人月工资的50%，当月兑现；对完不成定额任务的按工人平均工资扣除。对工厂，按照国务院批转财政部《关于国营企业试行企业基金的规定》执行。

财务包干的实行和企业自主权的扩大，增强了企业和职工的积极性，经济效益明显提高。1980年，农垦企业扭亏为盈，从1979年亏损742.76万元，变为盈利202.98万元。此后除1981年亏损67万元外①，从1982年起每年都盈利，盈利水平逐年提高。②

为完善财务包干和定包奖及其他形式的生产责任制，1981年，各农场对生产队和工副业单位在继续实行“三包一奖”的基础上，又对作业组和个人分别实行了各种具体的责任制。主要有以下几种形式：

一种是责任到人，联产奖赔。如连湖、南梁、简泉、平吉堡等农场的水稻田间管理实行了由队统一播种、追肥、除草、收获，其他田间管理任务承包给专人，收获时分地条和面积脱粒过秤，年终按计划产量计算，超产50千克奖五角，减产50千克赔一角。连湖农场各队的甜菜面积按全部劳力平均，承包给包括队干部在内的每户职工，除播种、施肥、灌水由队统一作业外，定苗、移栽、锄草、收获，直至装车交售等项作业，均由职工个人负责，每亩付给个人作业管理费15元，定产2000千克，超产部分80%计价奖励个人，欠产部分扣赔30%。

第二种是专企承包，超奖减赔。多数农场的养羊、养猪及其他养殖业实行了这种办法，即：按照饲养管理的各项要求，将产量和盈亏指标承包给专业

① 1979年，根据自治区畜禽办公室意见，农垦在连湖、渠口等9个农场建立机械化万头养猪场，计划投资1000万元，到1981年，已完成投资200多万元。因饲料无法解决等原因，决定停建，造成损失。

② 宁夏农垦志编辑委员会：《宁夏农垦志1950—1988》，银川：宁夏人民出版社，1995年，第404页。

组或专业户，超额完全计划按比例奖励，减产、减盈或增亏，也按比例扣赔。暖泉、连湖、灵武部分生产队的瓜菜也实行了这种责任制。

第三种是小段包工，以工计资。绝大多数农场对难以准确制订定额的作业项目，如平田和水稻、油料、双杂的定苗、除草等作业项目，实行小段包工。实行以工计资责任制，落实专人，固定地块，承包工时和农时，经验收质量合格后发给工资。

第四种是定额作业，超额计奖。其范围主要是季节性较强的农活，如修渠、挖沟、筑埂、收获等，办法是按作业定额计算奖赔，超定额者，除发工资外，超额部分按比例计奖，完不成的也按比例扣罚。

少数农场对个别有专长的职工实行了“承包利润，个体经营”的责任制。比如巴浪湖农场种子队有一名职工具有摄影技术，队上便与其夫妇签订合同，允许他们外出照相，除工资、福利和摄影所需要的一切费用自理外，夫妇二人每月交队利润22元。又如灵武农场四队，与有油漆专长的2名职工签订合同，允许外出搞油漆，也是一切费用自付，每人每月交队利润25元。[①]这种管理，现在看来似乎很合理，但在当时，“割资本主义的尾巴”的论调尚未完全停息，允许这种方式的个体经营存在，具有积极的历史意义。

各农场实行多种形式的责任制后，经营成果和个人利益联系的更紧，进一步调动了职工的积极性。如连湖农场1981年头4个月与去年同期相比，农业减亏4.6万元，畜牧业由亏损2万元为变盈利5000元，工副业增盈3.7万元。[②]

这些形式的责任制在执行过程中，也存在一些问题。比如有的农场只满足于把生产任务下达到生产队，对于责任如何细化到班组和个人思考不够；有的计划任务定得不准，指标不科学，有的发放奖金搞平均主义，互相照顾，奖罚不严明。

（三）家庭农场承包责任制的实行

为了推动家庭农场的发展，1983年11月农牧渔业部批发《关于在国营农场兴办职工家庭农场的意见》。提出了办好职工家庭农场的10条具体意见和应采取的步骤和方法。12月，宁夏农垦局出台《关于进一步完善农垦企业联

---

①《宁夏农垦局所属农场巩固和完善各种生产责任制的情况》，《国营农场经济研究资料》（内部资料）1981年第16期。

② 同上。

产承包经济责任制的意见》,决定从1984年起,全面推行各种形式的家庭联产承包责任制,彻底摆脱旧的办场模式。要求种植业一律承包到户,林业承包到户或到个人,果树承包到户或班组,畜牧业到户、到个人,工业承包到车间或班组工段。意见指出,搞承包到户,不是要改变全民所有制性质和国家职工的身份;要坚持统一生产财务计划,统一劳动管理制度,统一安排和使用大中型农机具和农田水利设施,统一制定责任制办法,统一处理承包计划内的产品(瓜、菜除外)。

在承包方式上,农垦局规定,由于宁夏的国营农场耕地少,农业劳动力多,每个农业劳动力占有耕地面积少的特点,目前在种植业上,尚不宜实行专业化承包,而是各种作物(粮食、经济作物和其他作物)综合承包的办法,以丰补歉,降低风险,保障收益。

在制定承包指标上,按产业不同分类处理。农垦局规定:种植业,应根据土地条件,分类划等,参照历史产量水平,制定不同的单产指标,按标准核定成本和利润;工副业按产值定利润;商业按进销差价定利润等等。由于当时国家实行的是公有制基础上的有计划的商品经济,所以,农垦局同时规定,承包者在完成承包任务后,超产的主要农业产品,由企业(农场)加价收购,不得擅自处理。①

简泉农场是推动职工家庭承包最早的单位。1984年2月,该场制定了《国营简泉农场1984年“双包”经济责任制试行办法》,推行包产量、包盈亏的“双包”生产责任制,土地固定到职工,一定三年不变。②虽然这份文件没有直接提出“家庭农场”,其内容在实质上和家庭农场并无二致。当年3月,自治区农垦局下发《关于贯彻执行中共中央一九八四年一号文件的若干政策规定》,要求“在稳定和完善生产责任制的基础上,积极试办家庭职工农场。”4月,平吉堡奶牛场职工子女要求就业的人数愈来愈多,而农场又无财力大面积开发荒地,农场党委在总结生产责任制的经验,结合当时中央鼓励农民开发荒地的政策,决定创办开发性家庭农场③,当年全场有51名职工、28户创办家庭农场,

①《关于进一步完善农垦企业联产承包经济责任制的意见》,1983年12月15日,第95号全宗第216号卷,宁夏档案馆藏。

② 国营简泉农场场志编写领导小组编:《国营简泉农场志》(内部资料),1988年,第33页。

③ 开发性家庭农场,指的是国营农场职工家庭或农村农户承包国家和集体的成片荒山,荒地、荒滩和水面资源,在国营农场和集体统一规划下,以部分或全部自筹资金、劳力和技术,进行开发经营,使之生产出具有使用价值和价值的商品性产品的家庭农场。余荣光:《家庭农场场长手册》,兰州:甘肃科学技术出版社,1989年,第32-33页。

开荒5226亩。

1985年，在全国农垦工作会议精神的推动下，宁夏农垦至年底共兴办6220个家庭农场，参加职工2.92万人，占农业职工总数的66.25%。承包耕地4.26万亩，占耕地总面积的74.82%。[①]家庭农场既发挥了大农场的机械化优势和较为完善的服务功能，又调动了职工及家庭各方面的积极性，还有效解决了“大锅饭”问题。

农垦的家庭农场承包责任制改革引起各方的关注。1985年11月至12月，自治区抽样调查队对简泉、连湖、渠口三个国营农场的家庭农场情况进行了重点调查，同时对其他农场的家庭农场作一般性统计调查。据调查显示，职工家庭农场的组织经营形式，主要是两种类型，一是独户形式，一是联户形式，其次是灵武农场全部和暖泉、前进农场一部分是以大组承包的组织形式。从经营规模看，全农垦系统5761个农业家庭农场，经营耕地在20亩以下的1146个，占19.9%，在20~50亩的3540个，占61.4%，50~100亩的819个，占14.2%，100~500亩的220个，占3.8%，500亩以上的36个，占0.6%。平均每个家庭农场经营55亩，每个劳动力承包18.68亩。由此可见，宁夏农垦系统家庭农场经营在20~50亩居多，规模偏小。

简泉农场1984年粮食总产为278.2万千克，创该场历史最高水平。80%的职工承包农田盈利，人均纯收入424.96元。连湖农场大部分实行大组承包，少数实行家庭承包，同样也促进了生产的稳定发展。渠口农场1985年全部实行家庭农场经营，在全区粮食普遍受灾减产的情况下，粮食仍然增产，总产达532万千克，比1984年增长6.7%。据对682个种植业家庭农场的调查，职工平均收入由1984年的610元上升到1985年的850元，增长32.81%。[②]

这份调查报告同时对家庭农场的盈亏进行了调查，并指出一般情况下，懂生产经营者盈，不懂者亏。如前进农场王学义家庭农场，该同志原为生产队长，全家五口人，两个劳动力，1985年承包51亩耕地，种小麦19亩，玉米9亩，葵花16亩，甜菜3亩，西瓜4亩。全年粮食生产任务为1.05万千克，油料任务1162千克，实际生产粮食1.06万千克，油料1813千克，分别完成承包任务的100.66%和156%，除完成上缴利润和各项生产费用368元外，农业纯收入

① 宁夏农垦志编辑委员会：《宁夏农垦志1950—1988》，银川：宁夏人民出版社，1995年，第406页。

② 靳文瑞：《对我区国营农场兴办职工家庭农场情况的调查》，《宁夏农垦经济研究》1986年第1期。

3100元，加养殖业等纯收入4300元，家庭人均收入860元，比承包前的1984年增收一倍。像这样的家庭农场，在前进和其他农场还不少。[①]

而亏损的家庭农场，主要原因是农场为家庭农场服务的组织体系尚未建立，国营农炀对家庭农场计划指标和产前、产中、产后的服务工作跟不上，主要是该“统”的没有“统”起来，影响了大农场优越性的发挥；职工采取插花种植的方式，规模过小，土地分得过于零散，不利灌溉管理和机械作业，影响了发挥规模效益；合同不够完善，承包指标有的偏高，也有的偏低，国家、集体、个人三者利益没有很有很好地结合起来。加上改革初期，职工积累少，无能力自负盈亏。

1986年，中央指示“凡是同农场签订了承包经营合同，实行定额上缴、自负盈亏的职工，不再按工资等级支付报酬，不再发奖金”[②]。当年，各农场对单户和联户家庭农场进行普遍调整和合并，除了少数农场继续办家庭农场外，主要实行以班组为单位，承包到班组，责任到人的经济责任制形式。种植业家庭农场中，独户经营的职工人数由1985年的8542人减为1986年的3503人。经过1987年的调整，完善各项规章制度，独户家庭农场的职工人数逐年有所回升。为完善家庭农场的经营管理，农垦局向各场推广巴浪湖农场1985年提出的“五统一”[③]制度。南梁农场制定了各行各业比较完善的承包责任制规程，农垦局以《国营南梁农场规章制度汇编》手册印发推广到各单位。在大农场和班组为主的承包关系中，农业生产队或场属工厂是重要的生产经营组织，它既是承包者，又是班组承包的发包者，还是各班组承包者的代表，有一定的经营权利。

关于家庭承包和班组承包的效益问题，据1987年的调查显示，家庭承包型中，既有南梁农场，亩均利润33.57元，也有简泉、玉泉营利润为-0.13元、-0.98元；在班组承包型中，既有连湖农场，亩均利润48.87元，也有长山头-6.55元。对此，明舟认为，种植业耕地经营规模，既不是越大越好，也不是越小越好，而是由各农场土地资源、劳力素质、经营管理水平等各种具体条件

① 靳文瑞：《对我区国营农场兴办职工家庭农场情况的调查》，《宁夏农垦经济研究》1986年第1期。

② 中共中央、国务院批转农牧渔业部《关于农垦经济体制改革问题的报告》的通知（中发〔1986〕8号），国家体改委办公厅：《十一届三中全会以来经济体制改革重要文件汇编 上》，北京：改革出版社，1990年，第184页。

③ 统一种植计划、统一主要机械作业、统一主要技术措施、统一计划财务管理、统一主要产品管理。

所决定。[①]

家庭农场从根本上改变了国营农场高度集中、统一经营的僵化模式，较好地克服了职工吃企业“大锅饭”的弊端，调动了广大职工自主经营的积极性，促进了产业结构的调整，加快了商品生产的发展，推动了管理机构由行政指挥型向经营服务型转变。但实行这种经营方式，也存在诸多问题。一是职工家庭农场在1993年之前，生产费用和生活费用由企业垫付，部分家庭农场收入不上交，盈利是自己的，亏损是企业的。二是部分农场只讲小，不讲大，只讲分，不讲统，大农场套不住小农场。三是好地有人包，差地无人管，土地越种越少。四是在承包地搞掠夺式经营，种地不养地，不挖沟、不平地、不积肥，怕花钱不投资。五是农业技术改造的速度显著放慢，机械耕作比重下降，农机利用率降低，化肥代替了有机肥，职工改土肥田措施积极性不高。六是有的农场产前、产后服务工作跟不上，虽然成立了公司，但有名无实，有的领导撒手不管，认为合同一订，万事大吉。有些机械化程度较高，条田较整齐的农场，家庭农场规模过小，不能充分发挥机械化的优势，影响轮作倒茬等有效农业措施的实施。[②]

（四）“农工商联合企业”改革

1978年11月，按照中央有关精神和自治区党委主要领导关于把农垦局办成农工商联合企业，尽快提高劳动生产率的指示，农垦局党组召开全区农垦工作会议。会议认为，把国营农场办成农工商联合企业，实行生产、加工、销售一条龙，是加速农业现代化的重大措施，势在必行，坚决办好。农垦局成立工商处，下设四个公司：商业服务公司、农垦牛奶公司、农垦建筑工程公司、农垦物资供销公司。

在农场的发展上，会议要求逐步实行生产专业化。按照“以粮为纲、全面发展、因地制宜、适当集中”的方针，根据各场的土壤、自然条件和生产特点的实际情况，逐步实行生产专业化和区域化。会议确定：黄羊滩、玉泉营、平吉堡农场以生产甜菜为主。贺兰山农牧场，以肉牛为主，发展养鸡、养羊，平吉堡奶牛场以饲养奶牛为主，长山头农场以油料作物为主。灵武农场，以养猪

① 明舟：《关于宁夏农垦种植业规模经营问题的探讨》，《宁夏农垦经济研究》1988年第4期。

② 参见张世鉴：《关于进一步完善职工家庭农场的几点意见》，《宁夏农垦经济研究》1986年第1期；付文奇：《实行共同投入法是解决国营农场农业后劲不足的必要措施》，《宁夏农垦经济研究》1987年第4期。

为主，连湖、渠口、巴浪湖、前进、暖泉、简泉、西湖、南梁农场以粮为主，各场均要发展多种经营。

1980年5月，经自治区人民政府批准成立宁夏农垦农工商联合企业总公司。之后，在银川市建立肉铺、杂品门市部、饭馆等商业网点19个。当年9月6日，农垦部党组成员刘英勇在宁夏农垦检查工作时指出，“办农工商联合企业是国务院的决定，各省都在试办，你们也在试办，现在有些场在银川开个小摊，自己的农副产品开始进入市场，但还是小打小闹。我们搞联合企业，用我们自己的原料、产、供、销一条龙，自产自销。力量还不足，可以内部搞联合。有的可以采取专业公司的形式，有的可以联营，联合起来，发挥我们的优势”。1981年3月，宁夏农垦农工商联合企业总公司设立供销经理部，主要经营农垦系统的各类产品，1985年改为宁夏农垦商业公司。

到1981年年底，垦区的商业网点发展到33处，销售额近400万元，纯盈利9万元。各场建筑业施工队伍发展到10个，承包建筑面积44.6万平方米，盈利47.8万元。1983年后，各农场陆续建立商业服务公司，垦区商业网点也不断增加，1987年最多时有118个。

在20世纪80年代，由于农垦的底子薄，历史包袱逐渐显现，且全社会专业型的消费市场也尚未形成，所以这一时期，垦区农工商综合经营的范围和规模都比较小，难以组建大规模的产业型公司。农工商综合经营方针，强化了农垦的农工一体化发展的传统优势，突破了以往农垦在商业发展方面的政策限制和障碍，使农垦在改革中，探索产业“一条龙”发展成为可能。

二、垦区场办工业的蓬勃发展与改革

党的十一届三中全会以后，农垦认识到，只有根据自己的优势大力发展工业，积极稳妥地发展第三产业，农垦经济才能振兴，农垦企业才能实现翻番的目标。因此从农垦局到各下属企业把发展工业放在重要位置，从组织机构到人员编制，加强对工业的领导，多渠道增加对农垦工业的投资。1981年至1985年农垦用于发展工业的投资达4468.1万元，相当于1950年至1980年30年总投资的127%。到1988年年底，垦区有工业企业84家，共有固定资产原值1.26亿元，年末职工人数1.02万人，占职工总数23.2%。到1991年，农垦工业总产值达到2.14亿元，但盈利只有219.3万元。[①]这一时期，农垦工业产值和经济效益发展速度不平衡、不稳定，未达到同步增长。

（一）推行推进场（厂）长、经理负责制

借鉴国有企业和集体企业的改革经验，1984年全国农垦工作会议要求，“农垦企业实行场（厂）长、经理负责制”，普遍实行经济承包制、劳动合同制、工资浮动制，把个人的劳动报酬同本单位生产经济成果直接挂起钩来。宁夏农垦于1987年试行场（厂）长负责制和场（厂）长任期目标责任制。此后，该制度成为领导管理体制中的基本制度。在场（厂）长负责制下，通过企业制定内部管理制度，确定企业所属的分场（厂）、站、公司、生产队（车间）的经济目标，把生产经营的责任层层落实到基层单位。垦区各单位围绕这一制度的执行结合自身实际陆续制定了考核办法。这一制度使企业有了更多的自主权和经营权，企业经营者和职工的收入与企业经营状况挂钩，初步实现所有权与经营权的分离，为下一步的现代企业制度改革创造了条件。

（二）企业对外开放和垦区经济合作的探索

在农工商联合企业的发展中，垦区工业逐渐探索利用区内区外两个市场的资金和技术，以多种形式对外开放，开展经济联合。

在利用国外资金方面。1985年，农垦局、玉泉营农场通过国内外考察、洽谈，以补偿贸易方式，引进意大利蘑菇生产设备、技术工艺和菌种。厂址后设在暖泉农场，工程于1987年9月竣工并投产，到1995年共生产盐水蘑菇680吨，年均生产97吨[②]。

与外省企业合作方面。如1985年兴建的灵武农场啤酒厂，引进罗马尼亚啤酒灌装线，引用沈阳啤酒厂提供的生产技术工艺，在实现的利润中沈阳啤酒厂分利15%，灵武啤酒厂分利85%。平吉堡奶牛场乳制品厂与浙江燎原乳制品厂联合，生产中档糖果，1985年下半年投产。

在联合办企业方面。最具有代表性的是银城联合啤酒厂的创办。1985年夏季，宁夏农垦将区优拳头产品“西夏牌”啤酒首次打入福建厦门市试销，

① 吴冠英、谢玉明：《二〇〇〇年宁夏农垦工业发展展望》，《宁夏农垦经济研究》1987年第3期。

② 该厂由于年实际生产能力达不到设计要求，加上国际市场盐水蘑菇价格跌落，各项生产成本不断增涨，造成债务负担过大、经营亏损严重。1998年4月破产。参见：《暖泉农场志》编纂委员会编：《宁夏回族自治区暖泉农场志（1955—1995）》（内部资料），1995年，第129页。

受到了当地消费者的青睐，促使著名桥乡厦门市同安县想引进银川啤酒厂的技术，在当地兴建一个联合啤酒厂。在自治区政府驻厦门办事处的协调下，农垦认为这是向沿海地区发展的一个有利时机。尽管在此之前，宁夏企业向东南沿海输出技术尚未有类似成功的先例，但是农垦没有因此气馁、胆怯，而是积极组织力量进行市场调研和可行性论证。根据双方协商，银川糖厂、银川啤酒厂输出技术和部分资金与厦门市同安县联营银城联合啤酒厂，双方共投资1540万元，农垦除技术转让费40万元外，另投资265万元，同时董事会明确了先留后分的规定，即在利润和折扣基金中，先按比例留足更改基金后，两家再按比例分配。该厂于1988年6月建成试产，年设计生产能力啤酒1万吨。1988至1990年，累计实现税利1050万元，经济增长率逐年两位数递增。1990年，年产啤酒1.25万吨，超越设计生产能力25%，实现税利647万元，人均创税利2万多元。而且生产的三种啤酒产品质量稳定，被福建省政府评为“省级先进企业”。跨入同行业先进水平，成为宁夏首家向沿海输出技术，取得良好经济效益的企业。[①]

在自治区内跨系统的联合方面。前进农场修造厂先后同长虹机械厂、农用汽车联合体、银川农机工业公司、银川贺兰山打桩公司、区农机鉴定推广站、银川小型拖拉机厂等十几个单位建立了产品协作关系，形成了一个松散的以产品协作为主的企业群体。这一多渠道的横向经济联合使该厂1984年转亏为盈，实现产值31.4万元，利润4.2万元，1985年又实现利润10万元。巴浪湖农场修造厂也与银川小型拖拉机厂形成协作关系，生产“东方红28”、“铁牛55”水泵、刹车箍等。1985年，仅刹车箍就生产6000个，每个可盈利6元。

在垦区内部。一种是原料产地与加工制造企业的协作。如银川糖厂与各农场的协作关系。糖厂积极扶持各场种植甜菜、大麦、啤酒花等原料，从而推动了各场经济作物的发展。充足的原料供应，使糖厂生产蒸蒸日上，产值利润年年增长：1984年产值2069万元，利润301.5万元，1986年产值3300万元，利润463万元。再一种是实行农场内部的“产供销”一条龙。如巴浪湖农场与职工个人共同集资3万元，加上银行贷款，于1985年11月建起生产双瓦楞的纸箱厂，日生产200只纸箱，供罐头厂及吴忠卷烟厂包装使用。为了使生产配套，1987年，该场又集资18万元，建起了日产黄纸板2.8吨的造纸厂，当年

① 王树林：《发挥技术优势实行横向联合提高企业经济效益》，《宁夏农垦经济研究》1991年第2期。

得利4万元。造纸厂所用原料主要是麦草，又为各生产队带来好处（每斤麦草1分钱）。通过内联形成，使造纸原料、造纸、纸箱、包装配套成龙。[①]

工业的发展不仅繁荣了垦区经济，还为自治区相关工业的发展做出了有力贡献。比如，始建于1969年的银川市城区玻璃厂，主要生产黄药瓶、口杯、啤酒瓶等。由于玻璃瓶生产经济效益甚差，一直亏损。1980年玻璃厂一分为二，分成工艺制镜厂和玻璃制瓶厂。分开后的银川玻璃瓶厂是一个设计日产5万只酒瓶的国营厂家，筹建五六年来国家共投进290万元，结果每天只能生产五千只瓶子。合格率还不到50%，产品卖不出去，连续三个月发不出工资，一百多工人灰心丧气。自治区领导找到农垦，希望把这个厂交给农垦局。农垦局通过分析后认为，把银川玻璃瓶厂接收过来，如果能整顿好，不仅可以保证农垦现有银川啤酒厂的瓶子供应，还可以解决正在建设的年产1万吨啤酒的灵武农场啤酒厂的瓶子供应。每个瓶子的成本可以比过去从兰州进货降低1角多。玻璃瓶厂接收过来之后，农垦首先调整了领导班子，从兰州玻璃厂请进来12个工程技术人员，并同兰州玻璃厂订了合同，保证把技术传给工人之后才能离厂。这个玻璃厂只经过短短的一段时间，就由原来日产50%合格率的5000只瓶子，上升到日产4万多只，合格率达80%以上，一跃成为每月盈利近2万元的单位。以前三个月没发的工人工资全部补发了，多数工人还能拿到超产奖。[②]到20世纪90年代，该厂成为技术力量雄厚、设备先进、配套设施齐全，颇具竞争力的新型企业，也是西北地区最大的玻璃瓶罐生产厂家之一。[③]

（三）场办工业为农场带来的变化

到1987年初，宁夏农垦有85个工业企业，职工9225人，1986年工业总产值7863万元（按1980年不变价格计算），实现利税1199万元。农垦工业，虽然职工人数只占全系统职工总数20%，但工业总产值占全系统工农业总产值的56.3%，利润占全系统利润的87.2%[④]。

---

① 白光、谢玉明、陈生寿：《发展联合促进生产搞活经济——对我区农垦企业横向经济联合的调查》，《宁夏农垦经济研究》1987年第2期。

②《访宁夏农垦局局长柳登旺》，《中国农垦》1986年第6期。

③ 宁夏通志编纂委员会编：《宁夏通志六工业卷（下册）》，北京：方志出版社，2007年，第925页。

④ 吴冠英、谢玉明：《二〇〇〇年宁夏农垦工业发展展望》，《宁夏农垦经济研究》1987年第3期。

农垦工业经济的繁荣，促进农场经济的综合发展，为发展农业、水产养殖业和园林生产等多种经营筹集了资金，促进了农场小城镇建设，工业的发展还拓宽了农场就业渠道。

在平吉堡奶牛场，1982年新建日处理鲜奶5吨的乳品厂，乳品厂的建设和1988年的扩建，促使了奶牛二队和三队的建设。奶牛的迅速发展促进了饲料工业的开发，而饲料工业的发展又加快了农业结构的调整和“原料”农业的发展。形成以奶粉生产为龙头的种、养、加、产、供、销的一体化生产，出现了农、牧、工三者协调发展的良性循环。农场自我积累，自我发展的能力不断增强，经济效益逐年提高。1985年全场总利润仅20万元，到1989年达到125.5万元，其中工业利润100.4万元。国营巴浪湖农场1980年前，仅有4个为农场生产生活服务的小厂子，工业产值不到200万元。1989年，发展到8个工业企业，工业产值达到837.8万元，比1980年增长了3.2倍。工业产值占该场工农业总产值的60.2%，工业实现利润130.2万元，占该场总利润的98.6%。工业经济成为这一时期农场经济的绝对主力。

场办工业扭转了农业基础较差的场域经济。简泉农场在农业生产条件差的情况下，利用紧靠贺兰山，自然资源比较丰富的优势，1984年改造和建设了年产原煤73万吨无烟煤矿和年产原煤1万吨的烟煤矿，改建一个年产30000吨的石英材料厂，新建一个年产1000吨的碳化硅厂和一个年产10000的碳化硅原料厂。这些资源工业的开发建设，从根本上扭转了该场生产经营长期亏损的局面，同时又促进了农业的开发和建设。该场1984年以前基本处于亏损状态，1985年以后，由于工业生产的效益逐年提高，使农场从1988年开始走出困境。1990年工业创利润129.2万元，使农场总利润达90.6万元，一跃成为农垦盈利的中等户。

农场经济的繁荣促进场区小城镇建设。工业和商品经济的发展，提高了农场场部的集聚效应，使长期滞留在农业中的隐蔽剩余劳力向农场场部集中，一部分向场办工业转移，一部分向商业服务业转移。农场场部由过去的生产指挥中心和行政管理中心逐渐向生产服务，商业集散的经济中心转化。到20世纪80年代末，多数农场的场部已成为各类工业、商业服务网点，建筑、运输基地，医院、学校以及各场娱乐场所的集中地。灵武、连湖、平吉堡、渠口等国营农场的场部已初趋城镇规模和生产服务体系。

场办工业的发展，拓宽了农场剩余劳动力的就业安置。国营农场因其组织上的特殊性，长期以来，农场职工子女需要内部安置。进入20世纪80年代，每年有800余名职工子女需要就业。另外，随着农业机械化程度的提高和规模效益的需要，全年还要从农业上分离出来数百名剩余劳动力，场办工业和第三产业的发展有力拓宽了这一渠道。1980年全垦区工业企业职工全年6544人，只占全垦区职工总数的15.7%，到1989年工业企业职工全年平均人数已达1.04万人，占全垦区职工总数的23.8%，在此期间，工业企业就解决了应就业人员的41.6%。[①]

三、垦区经济中几个逐渐显现的问题

1981年至1984年，全国粮食产量连续超高速增长，畜牧水产和农业经济作物快速发展。1985年，国家放开除蚕丝、药材、烟叶外的水果、水产品等132项农副产品市场，城乡居民“菜篮子”日益丰富。从国家层面，放松并相对减少了对粮食问题的关注和投入，从1984年至1990年，全国多数年份的主要粮食作物普遍出现“卖粮难”和“打白条”现象，经济作物市场也呈现出很不稳定的波状态势。同此时期，乡镇企业异军突起，其更加灵活的经营方式，对国有中小企业的冲击越来越大。

（一）短平快项目在市场中的脆弱竞争力

在发展工业的过程中，农场经济由自给半自给经济向大规模的商品经济转化，一些“短平快”项目仓促上马，加上体制和经营管理上较乡镇企业缺乏灵活度，各类产品的积压情况日渐严重。1985年年底，全系统积压煤炭4万多吨，机制砖3000万块，磷肥7500吨，各种酒类60多万斤，纤维板250吨。一个较为典型的例子，连湖农场纤维板厂在市场变化中，缺乏应对措施。该厂1978年投产，当时宁夏生产这种产品的厂仅有两家，自治区也很少从省外购入该产品，因此产品在全区畅销，供不应求。1979年至1981年平均每年产值100万元，利润平均16万元左右。随后几年，区内同类厂家增多，外省区进来的纤维板逐年增加，消费者对产品质量的要求越来越高。但该厂未能及时掌

① 吴冠英:《重新认识场办工业在农垦经济中的地位和作用》,《宁夏农垦经济研究》1991年第2期。

握市场需求的变化信息，既不在质量上下功夫，也不在品种上做文章，结果销售一年不如一年，积压越来越多，1984年仅盈利3.6万元，1985年盈利0.6万元，仓库积压已达250吨[①]，没法再生产，结果只能停产整顿。

（二）遭遇恶性竞争的枸杞产业

宁夏农垦从20世纪60年代开始种植枸杞，到1980年种植面积803亩，总产2.35万千克。农垦区划实施后，南梁农场首先建立枸杞生产专业队，实行专业化的枸杞生产。到1988年种植面积8480亩，总产量达到27万千克。南梁枸杞以它个大、色红、味甘甜而驰名。1981年，“碧宝”牌富硒枸杞开始出口，自治区将南梁农场列为枸杞外贸出口基地，1985—1988年共出口38.36万千克，出口金额485.8万元。

枸杞使用范围窄，国内除少量药用、保健饮品外，其他主要为出口。随着新疆、内蒙古、河北等省市枸杞产量的大幅上增，收购单位竞相压价，特别是出口单位。这就导致枸杞投入大、收益小，茨农[②]种植积极性不大，生产单位没经济效益，纷纷改种农作物。以南梁农场为例，1987年该场被自治区人民政府定位枸杞出口供货基地，其产品在1992年首届中国农业博览会上被评为金奖。在80年代中期南梁农场枸杞面积达到3000亩，到1994年年底，仅存1500亩。1992年该场枸杞亏损30万元，1994年亏损76万元。枸杞承包职工年收入只有1800元，而小麦、水稻等承包人每年获利近万元。[③]在粮食生产上，政府每年都要制定一些优惠政策，提高农民的积极性。而在枸杞种植上，就没有这种特殊待遇，处于无目标、无规划的运行中。

在宁夏的市场上，外省的枸杞大量充斥当地市场。各有关贸易单位，买进外地枸杞后，换成自己的包装，销往国内外。各地商贩，尤其是银川地区的商贩，盗用大公司的包装商标，廉价出售伪劣产品，致使大公司的声誉受损。1992年，宁夏枸杞企业集团公司与工商行政管理部门联合打击假冒伪劣产品，但效果并不显著，各出口单位的枸杞90%以上是外地生产的。自治区商检局对产地问题也无可奈何，因为地区间的差异实在无法定论。因此，工商部门的打假就显得软弱无力。

---

① 张世鉴:《国营农场要重视市场研究》,《宁夏农垦经济研究》1986年第2期。

② 在宁夏，民间俗称枸杞为茨(cí)，枸杞园为茨园，种植枸杞的农民为茨农。

③ 马建平:《浅析宁夏枸杞生产滑坡的原因》,《宁夏农垦经济》1995年第4期。

在税收方面，由于枸杞作为特产要交农业特产税，在种植效益极低的情况下，税务部门再征收特产税，等于是雪上加霜，这也是导致这一时期毁茨还农的重要原因。在科研方面，自治区每年虽然有枸杞方面的科研课题，但无法筹措科研经费，科研只是纸上谈兵，枸杞的深加工以及新产品的开发也遭到相同的命运。

（三）在区域产业布局调整中被淘汰的制糖业

随着宁夏农垦银川糖厂等自治区内制糖工业的发展，20世纪80年代至90年代中期，各国营农场甜菜种植面积逐年增加，当时，农垦的甜菜单产很高，比如，连湖农场大面积推广的“宁甜三〇一”甜菜品种，平均单产8057斤，有的单产超万斤。但由于垦区种植年限的延长和轮作周期缩短，垦区甜菜糖分有逐年下降的趋势。1987年，全系统总面积2.21万亩，总产量4867万千克。

甜菜是制糖的原料，所以其种植效益和制糖工业的发展密不可分。1982年，由于甜菜产量超过当时银川糖厂的实际加工能力，出现了“卖甜菜难”。到1986年又出现原料不足的问题。宁夏两个日处理甜菜千吨以上糖厂，应加工甜菜36万吨，实际只收购26万吨左右。银川糖厂因无原料，在1987年1月20日就停机，比往年少生产60多天。

在“有计划的商品经济”时代，食糖的定价由政府制定，1987年仍执行的是50年代的价格，生产的各项成本在上升，而食糖的价格都稳定不变，导致糖厂压低甜菜的收购价格。1986年，甜菜亩盈利68.08元，而玉米亩盈利85.02元，水稻亩盈利114.32元。①在这种情况下，尽管自治区人民政府下达指令性计划，糖厂也组织人员到农村进行宣传，并给种甜菜的农民以优惠待遇，但职工种植甜菜的积极性仍然不高。到1989年，粮食价格上调，订购外的粮食放开随行就市，瓜果、油料等价格都上涨，而甜菜120元每吨的收购价格缺乏刺激作用。90年代末，国家调整糖业产业布局，2000年后，宁夏制糖业从宁夏经济中整体退出，垦区不再规模种植甜菜。

（四）因质量问题被市场抛弃的啤酒花基地

1981—1984年，因市场销路不畅，啤酒花在宁夏垦区的种植规模原本并

① 张立业:《关于我区糖厂原料短缺和效益较低的原因与对策》,《宁夏农垦经济研究》1987年第3期。

不大。1986年,宁夏农垦在原轻工部西北酒花联营公司的订单鼓舞下,逐年扩大了种植规模。到1988年,以黄羊滩农场为主,系统有7个农场种植啤酒花,种植面积7770亩,总产106.9万千克,全区的啤酒花99%都由农垦系统生产。这一时期农垦生产的啤酒花质量比较好,95%的酒花甲酸含量在7%以上,超过了部颁标准,产品销售十多个省区,成为全国第三大啤酒花生产基地。黄羊滩农场也被轻工业部列为全国优质啤酒花生产基地。

和垦区糖业一样,啤酒花的种植于啤酒产业发展密不可分,随着银川糖厂啤酒分厂的扩建和灵武农场啤酒厂的新建,垦区啤酒花成为农场增收的重要经济作物。但与垦区糖业不同的是,啤酒花种植的大幅缩减却不能完全归结于啤酒产业的下滑,最关键的问题是这一时期,垦区啤酒花生产不注重质量,造成不可挽回的信誉损失和经济损失。如1989年,农垦发往山东等十几个省区的900多吨啤酒花中,有19家用户对201吨啤酒花的质量提出异议。其中大部分认为甲酸过低,满足不了用户的需求。当年约56吨花报废,直接经济损失35万元。最为典型的案例是,某农场发往湖北啤酒厂12吨花,经用户委托当地质检部门检查,甲酸只有4.5%。[①]1990年,某农场发往山东青岛啤酒厂20吨啤酒花,虽然甲酸高达7.4%,但褐色花片严重超标,用户恐影响酿造质量,将货退回,使农垦失去了像青岛啤酒这样的大客户。[②]啤酒花是典型的订单农业,没有订单,产业就无法生存发展。

(五)反复出现卖猪难问题

改革开放后,国家适当调整购销价格,实行划分饲料地和奖售化肥等鼓励养猪的政策。垦区各农场的养猪生产从实际出发,调整畜群结构,从注重饲养头数转向重视生产水平、经济效益和出栏率。1980年末生猪存栏3.45万头,出栏肉猪3.06万头,肥猪出栏率达47%,商品率为44.4%,达到较高水平。

进入“六五”计划(1981—1985年)以后,随着粮猪价格比例和购销价格的变化,农场养猪又逐年下降,母猪存栏年年减少,尤其是1984年前国家对国营农场实行生猪派购,收购价格数年不变,饲料价格逐年上涨,生猪斤成本高于收购价26.3%,因而出现了“养猪不如卖粮”,“卖猪难买肉难”的状况,严重挫

① 国家标准一级啤酒花的甲酸含量一般为6%。

② 洪夏晨:《从啤酒花市场变化谈今后我局啤酒花生产》,《宁夏农垦经济研究》1991年第4期。

伤了农场养猪的积极性。1985年取消生猪派购,实行有指导的议价议购,但对国营农场仍维持计划收购,收购价虽提高19.9%,但仍低于斤成本30.2%,加之饲料价格继续上涨,养猪效益下降,经营严重亏损。1986年购销市场开放,收购价再次调低,比1985年又降低3.3%,1986年生猪存栏比1980年降低31.7%,母猪减少63.5%,生产销售亏损28.3万元。1987年以后,自治区政府对生猪购销采取饲料差价补贴,奖售平价化肥,调高收购价格等扶持政策以解决市场肉食品的供需矛盾,但猪肉"少了就催,多了不收"以及"收活猪不如调冻肉"的局面并未从根本上消除。

1989年初又将收购价从1.84元调低1.78元,比1987年又降低了3.3%,同时玉米市场价却提高28%,农场养猪生产又面临新的卖猪难。从这一时期生猪发展经验看,政策、价格与饲料构成了左右养猪生产的主要因素,当然在不同条件下决定养猪生产兴衰的主导因素又有差别,而其中起决定作用的,是政策和价格。[①]

四、改革初期的垦区经济与社会

改革开放后,不适应经济社会发展的机制体制被不断突破,新的机制在实行中常变常新。新的经济体在垦区不断创立,人们在改革中欣喜获得,又感慨旧的失去,希望与失落并存。在"让一部分人先富起来"在价值取向面前,个人与集体不断产生博弈。在改革开放的列车上,随着生产力飞速发展,物质生活水平的提高不仅让人们看到了更多的风景,思想观念也获得极大解放,垦区经济社会发生了巨大变化。

(一)不断提升的经济社会地位

改革开放后,随着农工商一体化经营的发展,宁夏农垦向社会提供的商品农畜产品及其加工品越来越多。先后建成粮食、油料、甜菜、啤酒花、西瓜、枸杞、葡萄、苹果、生猪、奶牛、滩羊、渔业等十多个商品生产基地。

1986年左右,宁夏农垦每年向社会(国家)交售商品粮约占全宁夏的9%,商品油料约占20.45%,苹果产量约占20.47%,枸杞产量约占13%,牛奶产量约

---

① 严纪彤、王柏玲:《宁夏国营农场养猪生产三十年的回顾与展望》,《宁夏农垦经济研究》1989年第2期。

占43.7%,商品猪肉约占8%,白糖、啤酒的生产量约占全宁夏的80%以上。葵花、啤酒花、黄花、红花、玫瑰花等"五朵金花"的生产为全宁夏之冠。另外,宁夏农垦生产的"塞上春"白酒、"灵农大曲"、连湖低度白酒等,为宁夏优质产品,名列前茅。还有西瓜、二毛皮和煤、电石、酒精、硅铁、亚麻、磷肥、建材、农机配件等数十种工副业产品,在宁夏也占有一定地位,这些产品除满足本区需要外,还以一定的数量供应区外市场。

宁夏农垦经济不仅在生产资料公有化程度上高于农村,而且在技术装备和经营管理、商品率、劳动生产率等方面也大大优于农村,在宁夏农业实现专业化、商品化、现代化中,发挥着示范带头作用。1984年,宁夏农垦的耕地机械化程度为96.07%,而农村只有20.05%;农垦播种机械化为93.95%,而农村只有14.76%;农垦收获机械化达58.56%,农村只有2.4%;农垦脱粒机械化达72.58%,农村只有28.57%。

由于农垦机械化程度高,因而创造了比农村高得多的劳动生产率。1984年,农垦每个农业劳动力所创造的产值,按1980年不变价格计算达2473元,宁夏农村每个劳动力只有860元,农垦所创造的农业劳动率是宁夏农村的近3倍。农垦粮食商品率为44.8%,宁夏农村则只有26.8%。[①]

在20世纪80年代,宁夏农垦按耕地面积计算,相当于引黄灌区的一个多大县的耕地面积;以固定资产的原值计算,相当于宁夏轻工系统;按职工人数计算,仅次于宁夏煤炭系统而位居第二位。

(二)职工的收入与利益分配

"获得感"是改革的终极目的,收入是最能体现改革成果的指标之一。如前所述,农垦是一个农工商一体化的企业组织,职工的收入既有农民收入的特点,也有工业职工收入的特点,还有机关事业单位收入的特点。在改革开放初期,垦区职工收入的变化,和这一时期我国农业、工业的发展状况及特点较为一致。

在国营农场,场办工业是国营农场经济的重要组成部分,工业产值产值、利润都比农业高。1984年之前,农场内部工农职工之间收入分配上,从事二、三产业工作的职工收入,一般要略高于从事农业一线工人。这是国营农场内

① 明舟:《农垦经济在宁夏农业经济中的地位和作用》,《宁夏农垦经济研究》1987年第2期。

部较普遍存在现象。

随着农场内部经济体制改革的不断深入发展,农业在改革中先走了一步,特别是家庭农场承包责任制的改革,激发了农业的经济活力,原来被视为农工收入不如工业职工收入高的差别,随着改革后农业的发展,农业职工多种收入来源的增加,这种差别在部分农场逐渐缩小,而且有些农场出现了务工不如务农收入高的局面。

据靳文瑞(1988)对巴浪湖、简泉两农场修造厂职工家庭与两场两个农业队农工家庭收入抽样调查表明,1986年从事工业的职工家庭不如从事农业的农工收入高。农业队农工家庭人均纯收入为713.98元,而修造厂职工家庭人均纯收入是491.8元,农比工高出222.11元,高45.1%[①]。

但是这一差别并没有维持多长时间,随着粮食连年增产,国家在基本解决温饱问题后,将注意力逐渐转移到工业建设上,农业投入相对减少,粮食收购定价低,但农业生产资料逐年大幅上涨,农场的农业积累又多用于发展场办工业,生产粮食的农业工人获利相对工业职工收入大幅减少。

据自治区农调队调查,1988年一季度,每把锄头4.25元,比1986年提高1.99倍;犁铧每个为8.50元,比1986年提高1.33倍。以尿素为例,1986年,平价505.3元/吨,议价536.6元/吨,市场价591.8元/吨,到1988年3月,上涨到平价509.5元/吨,议价690.6元/吨,市场价715元/吨。其中议价上涨增幅高达28.69%。薄膜1986年平价每吨4530元,1988年3月提高到9730元,不到两年提高1倍多。[②]化肥由于国家计划内供应不足,致使一些经营生产资料的单位、企业和商贩,乘机倒卖,抬高化肥市价,增加了粮食生产成本。所以,是农业生产资料的大幅上涨和化肥等主要商品的"价格双轨制"[③]是这一时期农工粮食收入增幅较少的主要原因。

据马文兴(1991)的调查,1989年和1985年相比,垦区每百千克粮食交换植物油由17.3千克减少到14.95千克,减13.58%;交换猪肉减少29%。从事

---

① 靳文瑞:《巴浪湖、简泉两农场内部工农之间职工收入差距的浅析》,《宁夏农垦经济研究》1988年第1期。

② 乔亚庆:《农用生产资料的价格供应及其对我区农业生产的影响》,《宁夏农垦经济研究》1988年第3期。

③ 价格双轨制是指我国经济体制向市场经济过渡中的一种特殊的价格管理制度。在计划经济体制下,物资分配体制以行政区划为界,以行政指令为手段,通过层层申请、层层分配,并在此基础上有组织有限制地订货,价格完全由国家有关部门控制。从1981年开始,国家允许在完成计划的前提下企业自销部分产品,其价格由市场决定。这样就产生了国家指令性计划的产品按国家规定价格统一调拨,企业自行销售的产品的价格根据市场所决定的双轨制。

二、三产业的劳动力获得的纯收入是从事农业生产劳动力的1到3倍。[①]

在种粮食获利不高的情况下，许多家庭农场都不愿多种粮食作物，改种经济作物。农场管理方硬要家庭农场多种粮食，职工不愿在粮食作物上多投入，有的还把农场平价供应的化肥卖高价或到农村换大米，对农场的土地搞掠夺式经营，造成部分地力退化。以玉泉营农场为例。该场自1984年实行家庭承包后，青年职工都不愿到农业队承包粮食作物生产。农业队劳动力得不到补充，一部分耕地无人承包，有的被迫撂荒或包给临时工，有的甚至将土地转包给农民耕种，自己充当"二转手"。少量没有包完的土地只好由农业队干部集体耕种。1991年，玉泉营农场针对市场疲软，工业产品滞销的情况，决定工副业单位和机关科室去种农业队承包剩余地和新开垦的地，种植面积达2877亩，相当于一个生产队的农业种植面积。[②]

在生产责任制和承包制的完善中，由于个人在经济行为中的责权利趋向对等，一些小型商业企业的经营绩效明显好转。例如，南梁农场商店是一个经营百货、日杂和小型生产资料的综合商店。1985年前商店编制书记、主任、会计、保管及营业员等共12人，年商品营业额37万元左右，农场下达商店年利润指标1万元，商店很难接受。

1985年，该场原学校校长王玉成全家5人，并吸收原商店采购员，共6人承包商店。农场核定商店上交农场利润及五项费用（劳保福利基金，粮差补贴、其他福利基金、工会经费和企业管理费）共2.5万元。1986年，该商店营业额达到42万元，比承包前增加4万~5万元，增长10.5%~13.5%。承包人虽然不愿透露个人的实际收入，但表示每人的收入要高于调资后的工资水平。农场和承包人反映，商店承包前，每年商品损失额一般在4000~5000元，承包后已降为400多元，仅为承包前的10%。

承包后的商店服务态度和质量都有了明显的变化。主要表现在，凡是生产队需要的小型生产资料（化肥、农药等大宗生产资料由农场直接管理），商店总是想方设法保证及时供应，做到不误农时季节，改变了过去那种职工上班，商店开门，职工下班，商店关门的官商作风，群众购买日常生活用品再不

① 马文兴：《正确认识农业形势促进农业生产持续稳定发展》，《宁夏农垦经济研究》1991年第1期。

② 耿万荣：《浅谈国营农场农业劳动力的不合理转移问题》，《宁夏农垦经济研究》1991年第2期。

受时间的限制,只要急需,任何时候都可以选购①。

在利益的分配上,据柳登旺的调查,这一时期,职工负盈不负亏的问题,没有从根本上得到解决,在一些企业还相当严重。盈了个人拿,亏了企业背,兑现是兑盈不兑亏。挂账的人越来越多,金额越来越大。家庭承包长期靠"两借"(向企业借生产资料费用和生活费用),成本费用由企业包揽。这样企业贷款多,背的利息多,最后企业发生亏损,个人收入逐年上升,个人确实富了,而企业经济效益受到一定程度的影响,甚至于发生严重亏损。例如,简泉农场经过三年改革,职工仍挂账欠款达35万元。在养殖业上,私人养猪、养羊、养牛大发展。但他们不给国家提供商品,不给农场上交费用,既不考虑国家,也不考虑企业,完全是为了个人多得,把个人多得的胃口越吊越大。②造成这一局面的主要原因,还是计划经济体制尚未完全打破,垦区的制度改革满足于原体制的修修补补。当然这一问题,既是垦区的问题,在当时全国各个行业中均有不同程度的表现。

实现温饱后的垦区职工,在收入和支出上出现双增长,但家庭积累不多。据农垦局计财处对区属14个国营农场职工家庭收支状况的抽样调查,1988年,调查人均收入848.7元,扣除家庭副业生产支出、税款、家庭副业生产性固定资产折旧费和补助的调查费外,实际人均纯收入788.8元,比1987年调查户人均纯收入增加150.7元,增长23.6%。比当年宁夏全区农民人均纯收入482.2元多306.6元,高出63.6%。调查户人均实际支出778.5元,比上年调查户人均支出566.2元,增加212.3元,增长37.5%。报告指出,造成支出增长过猛的主要原因主要有两点:一是受物价上涨因素的影响。人均占生活费支出比上年增长23%;二是彩电、录音机和洗衣机消费迅速增多,调查户拥有量分别比上年增长52%、48.6%和32.8%③。

在工资改革方面,1985年,国家先后开展了企业干部工人的工资改革和国家机关事业单位工资制度改革。由于农垦系统既有工人,也有行政和事业编制人员,农垦的工资改革形成了机关事业单位的结构工资与企业工资并存的局面。即文教卫生人员参照国家机关,事业单位的改革办法,执行结构工

① 杨贵瑚:《认真做好农垦小型商业企业承包租赁经营》,《宁夏农垦经济研究》1987年第4期。

② 柳登旺:《关于农垦企业深化改革急待解决的两个突出问题——区农垦局党委书记、局长 柳登旺同志给局党委的一封信》,《宁夏农垦经济研究》1988年第1期。

③ 局计财处:《宁夏农垦国有农场1988年职工家庭收支状况》,《宁夏农垦经济研究》1989年第2期。

资。其他职工执行企业工资。在当时,"一企两制"的做法,对稳定队伍,促进垦区的教育卫生事业起到了一定的作用。但随着形势的发展和环境条件的不断变化,"一企两制"置两种分配机制于一个单位内部,矛盾逐渐显现。

比如改结构工资不久,灵武农场等一些经营管理好、经济效益高的企业,文教卫生人员就提出要同企业干部拿一样的奖金。因为企业干部的奖金要比文教卫生人员的奖励工资高出四五百元以上。被企业否定后,又提出要改回企业性工资。又如在渠口农场,在20世纪80年代经济效益起伏较大,职工的收入也随之大起大落。在效益好的时候,文卫人员和企业干部拿一样高的奖金;在效益差的时候,文卫人员仍拿奖励工资,而企业干部却没有奖金,职工们很有意见。在个别企业,因亏损严重,职工工资长期不能按时发放或支薪不足时,同在一个企业的文卫人员却拿保证工资,其效果是不言而喻的。

在结构工资内部,由于不同层次的倾斜政策也出现矛盾。比如1989年调资,机关、事业单位的各级专业技术干部的职务起点工资提高了两个档次,但企业专业技术干部的职务起点工资没有变动。在教师同卫生技术人员之间,同样在1972—1978年中专毕业并参加工作的教师,到1991年一般月工资140.5元,而医生只有92.5元。

在工、商、建企业职工与农场职工工资改革中,1985年之前,工商建企业执行的是自治区、市同行业的工资,工资比农场高。工资改革后,虽然有所增加,但工商建与农场定级标准、工资级差一致,没有考虑二者生活条件上的差异。[①]

凡此种种,出现增资不增情,反而增矛盾的现象。引述工资改革中的事例,并不是说工资改革不好,收入增加是改革的目的。今天来看,我们应该更加关注改革的公平性,防范个人将自己的处境与其参照群体中的人相比较,并发现自己处于劣势时,而产生的"相对剥夺感"。对此现象,马克思曾打过这样一个比喻:当大家都坐在茅屋里时,并未觉察生活怎样困苦,但是当茅屋旁边出现了宫殿,就会反衬出茅屋的简陋与寒酸,再坐在茅屋里面就会感到不堪忍受了。[②]当然,"相对剥夺感"是一种变量,解决这一问题只有靠发展,在发展中改革调整。

---

① 王宇林:《略沦农垦工资中的矛盾成因及对策》(上),《宁夏农垦经济研究》1991年第3期。

②《马克思恩格斯选集》(第1卷),北京:人民出版社,1995年,第349页。

(三)垦区社会保险问题逐渐显现

改革开放之前,我国职工的养老保险一直由企业和单位自行负担。在计划经济体制下,这种“企业保险”还可以维持。随着经济体制改革的深入,“企业保险”越来越无法适应经济社会发展的要求,需要进行改革。1983年,国家劳动部正式提出全民所有制单位退休费用社会统筹的设想,并于1984年正式开始全国试点,实行国营企业职工退休费用大范围的社会统筹。宁夏职工养老保险的改革,自1986年起,开始由“企业保险”向县、市级统筹过渡。截至1988年底,全区20个市、县全部实现了以市、县为单位的统筹。到1990年年底,区属企业除农垦和煤炭系统外,也都实行了退休费用社会统筹。1992年6月,自治区政府发布了《宁夏回族自治区全民所有制企业职工退休费用全区统筹的规定》,要求从1992年7月份开始,将全民所有制企业职工退休费用由县市级统筹向自治区级统筹转变。[①]

农垦的特殊性决定了从改革之初就与国家社会保险政策存在矛盾和冲突。农垦以农为主,所属企业大部分是农场,行业的特殊性决定了职工的收入和生活水平低于其他部门职工。以职工人均货币工资收入为例,1990年全国是2150元,宁夏是2252元,而宁夏农垦只有1420元,仅占全国职工水平的66%和宁夏职工水平的63%。国家在制定保险待遇政策时,参照的是全国职工的平均生活水平,由于农垦职工生活水平低于全国和地方水平,而报销待遇又要执行国家标准,所以难免发生矛盾。

以退休费为例。20世纪80年代末,国家两次调整退休费最低保证数,宁夏从原来的40元已提高到1991年的57元,净增17元。实事求是地说,57元并不高,仅相当于或略高于企业新职工的定级水平。但按照这个基数计算,一个未参加工改的退休职工每月退休费最低能领到125元左右(农垦约120元),而农垦在职职工1990年人均月工资收入只有118元。这一政策执行后,农垦系统有3650名退休职工提高了标准,占退休人数的65%。退休职工大幅度的提高待遇,引起在职职工的不满,表现了农垦的特殊性与国家保险政策上的矛盾冲突。

据调查,截至1991年,职工的保险待遇全垦区几乎没有一家企业是完全按照国家规定执行的,除离退休费和工伤工资外,其他保险待遇基本上是企

① 陈育宁、田家官:《宁夏社会保障体系研究》,银川:宁夏人民出版社,1996年,第38页。

业自定政策，或降低标准，或变相取消，效益差的企业如此，效益好的企业也是如此。

保险费中增加最快的是医疗费和离退休费，离退休费从1985年的351.14万元增加到1990年的1048.6万元，年增长率为24.5%。1990年年底，全系统离退休人员已有6935人，占职工人数的16%。因物价上涨和调资因素，人均月退休费从1985年的64.02元增加到1990年的126元，5年翻了一番。[①]保险费用连年增加，企业负担加重。

农垦社会保险制度是旧体制的产物，与改革的大环境不协调，因而引发的问题较多，成为农垦不安定的因素之一。到90年代初，职工与家属上访日益增多，其中多数是有关社会保险政策和待遇方面的问题。落后的保险制度成为农垦不安定的因素之一。

五、结语

改革开放初期，宁夏农垦在十一届三中全会制定的路线、方针、政策指引下，围绕"三个基地一个中心"[②]，大刀阔斧地进行了管理体制、生产结构、经营方式、分配制度的改革，实行财务包干，推行各种形式的承包责任制和场(厂)负责制，打破了企业吃国家的"大锅饭"，初步解决了职工吃企业的大锅饭的问题。特别是1983年中央提出"国营农场要办家庭农场"后，1984年在垦区开始试办，职工由单纯的生产者变为生产经营者，有了生产经营的自主权。到1986年底，农垦系统已建起6000多个家庭农场，基本上完成了大农场套小农场的双层经营体制的变革，极大地调动了企业和职工的两个积极性。1980年以后，结束了连续二十多年亏损的局面，1981—1988年累计实现利润6889.7万元，缴纳税金3929万元，利税合计1.08亿元。[③]

宁夏农垦根据垦区的地理位置和农业区划，建立了粮食、油料、瓜果、枸杞、甜菜、啤酒花、奶牛、瘦肉型猪、禽蛋、鱼等商品生产基地，使资源优势变成了商品优势。特别是油料、甜菜、枸杞、西瓜、啤、啤酒花的产量、销售收入都

① 王宇林：《农垦社会保险制度改革初探》，《宁夏农垦经济研究》1991年第2期。

② "三个基地一个中心"，即：内外贸商品生产基地，农业专业化、商品化、现代化示范基地，大城市和工矿区的副食品生产基地。成为当地农村推广先进技术和优良品种、产品加工、运输和销售的服务中心。

③ 宁夏农垦经济学会：《宁夏农垦经济的改革与发展研究》，银川：宁夏人民出版社，1989年，第6页。

创历史最高水平。农垦的商品基地建设,当时号称“十大商品基地”或“十二大商品基地”,虽然在市场的实践中,反映出的建设成效各不相同,但商品基地建设为农场探索商品经济的规律提供了宝贵的经验,为后来的农业产业化发展提供了可靠范本,同时也基本奠定了部分农场的特色产业发展道路。同时,农业生产的发展,不仅满足了工业生产的原料需求,也为场办工业的发展提供了积累资金。

在农业机械化的经营管理方面,各农场作了多种探索。有的农场实行机农合一,有的实行机农分开,哪种方式适合农场的实际就采取哪种方式。随着农机具革新、改造和推广,国营农场的机械化程度远远高于农村。1988年,国营农场的耕地、播种、收获、脱粒的机械化程度分别已达98%、96%、65%、96%,而宁夏农村分别只有30%、20%、27%、38%。由于国营农场的机械化程度较高,因而比农村创造的劳动生产率高3~4倍。

在工商业上,农垦新建和扩建了数十个场办工厂,农垦工业从建场初期的农机简单维修、粮油初次加工,向多行业、多门类、精加工、细加工发展。农垦商业以搞活农垦经济为宗旨,为基层和生产服务,销售农垦商品,疏通流通渠道,促进了农垦经济的发展。

从对国家的贡献来看。1988年农垦向国家提供商品粮3.67万吨,商品率达到42.4%,提供油料3027吨,商品率达到58%,提供各种肉类1698吨,提供各种水果6477吨,出口创汇总额370万元。农垦系统生产的白糖、油料,供应银川市居民的牛奶,在全区都占一定的比重。全区的啤酒花99%都由农垦系统生产。南梁农场成为自治区最大的枸杞基地,前进农场是自治区最大的渔业基地,黄羊滩农场是自治区最大的啤酒花基地,玉泉营是自治区最大的葡萄基地,平吉堡是自治区最大的奶牛生产基地。玉泉营农场建设葡萄生产基地,是宁夏最大的葡萄基地,其加工酿造的干红葡萄酒,成为宁夏“第一瓶葡萄酒”。农垦的葡萄基地建设在当时人们生活水平较低和消费结构尚未产生根本性变革之前,虽然一直效益不高,但正是坚持了这一具有超前眼光的发展举措,使宁夏农垦在新时期成为宁夏酿酒葡萄产业的开路人和引领者。

国营农场推行的职工家庭承包经营责任制和垦区企业各种形式的责任制,是发展社会主义商品经济的客观要求,有利于企业开放搞活。改革逐渐确立了企业经营者的中心地位,推动了国营农场内部配套改革和企业经营机制的形成和强化。场办工业的发展不仅促进了垦区经济，也提升了企业和经营者对市场的应变能力和竞争能力，职工收入稳步增加，职工生活得到改善。其中存在的包盈不包亏，承包基数和承包指标体系不科学、不健全等问题，是计划经济到市场经济转轨过程中普遍存在的问题，需要进一步改革。

场办工业的发展，带来了农垦经济的振兴，使农垦企业勃勃生机充满活力。在改革之初，农垦就清醒地认识到在有计划的商品经济体制下，存在工农业产品的“剪刀差”问题，解决这一问题的唯一方式，就是垦区工业化，农工商一体化发展。其次，随着土地承包制的推行，垦区出现了劳动力剩余现象，加上职工子女就业的压力，农垦也不得不采取兴办工业的方式加以解决。

在工业项目选择上，受大环境影响，不可能完全按照延长农业产业链去布局。在20世纪80年代全社会物资紧缺的时代背景下，基本上是什么赚钱就干什么。正如1988年全国农垦工作会议所指出：“我们应该学习乡镇企业的好经验，走乡镇企业的路。搞少量骨干项目是必要的，众多的要搞短、平、快项目。[①]”在全国其他垦区也是一样，这一时期的“五小”企业遍地开花。由于众多场办企业规模小，产品、技术持续创新不足，布局重复，产业优势衔接不够，为企业进入90年代后，出现长期亏损埋下了隐患。

这一时期，国家对工业的重视高于农业。1980年至1986年全国轻工业基建投资平均递增8.3%，重工业递增12.2%，而农业递减5.7%。在宁夏也是下降的趋势。1980年农业基建投资占全区建设投资的16.4%，而1985年就降到了9.2%。各级政府降低了对农业的资金投入。1979年时，国家对宁夏农垦农业投资为1274.5万元，进入1980年代后逐年下降，到1985年降至677.5万元，仅占1979年投资的53.2%。1986年开始对农业投资回升，到1988年增加到1533.3万元。1979年，农田基本建设投资为625.9万元，1988年仅为85万元。小型农田水利建设投资1979年320万元，1988年是280万元。[②]由于国家对农垦农业投资减少，尤其是对农田基本建设和小型农田水利投资的大幅下滑，使国营农场无力进行平田整地、改造低洼盐碱地以及挖沟、修渠等农业生产的基础工作，严重影响农业生产发展后劲。

垦区经济的发展，使农场职工家庭生活水平得到了相应的提高和改善。

① 中华人民共和国农业部农垦司:《农垦工作文件资料选编(1983—1990)》(内部资料)，1991年，第498-499页。

② 豫杰:《要重视国营农场的农业投入》,《宁夏农垦经济研究》1989年第3期。

各农场兴建的职工住宅，职工子弟学校、职工医院、文化娱乐场所等生活设施缩小了城乡区别。垦区教育、卫生、文化体育等社会事业的发展，在满足了人们日益增长的物质文化需求的同时，企业的社会负担也日益加重。在20世纪80年代，农垦企业的社会负担以每年26.3%的平均速度递增。劳动保险费、粮油倒挂补贴、中小学经费补贴、医疗费、治安经费等社会性开支占用了大量流动资金，企业自我积累和再生产能力日趋减弱。

农垦的特殊性决定了农垦的改革不能完全照搬一般农业和工商业改革的普遍模式，正是基于此，进入新世纪后，国家针对农垦的改革多采取专门的政策，加大对农垦系统农业产业的扶持力度，使得农垦这一特殊组织逐渐摆脱困境，在现代农业的建设中起到越来越重要的引领和示范作用。

六 民族学与人类学研究

当代世界苗族认同问题探析
——以《龙树脚杨氏苗族家谱》的编纂为例*

黄秀蓉①

摘　要:《龙树脚杨氏苗族家谱》是龙树脚杨氏苗族第一本成文家谱,对该家族乃至整个世界苗族群体都具有非常重要的意义。《龙树脚杨氏苗族家谱》对现今居住在云南省文山州麻栗坡县龙树脚村杨氏家族的父系血缘谱系、历史源流、跨国迁徙以及传统文化进行了较为全面的呈现。从资料收集到最终成书,这部家谱的编纂过程显示,无论身居何处,无论经历何种社会环境变迁,这个跨国而居的群体,仍然坚持苗族传统文化认同,坚持基于文化与血缘而生的族群认同,坚持对其文化母国——中国的情感认同。《龙树脚杨氏苗族家谱》的编纂过程,即是以杨氏家族为代表的世界苗族群体的相互认同过程。这种认同,甚至已逾越现代民族国家严格的疆域界限,形成以中国苗族为核心的文化共同体。

关键词:世界苗族;龙树脚杨氏家族;家谱;文化认同;族群认同

---

* 基金项目:本文系中国侨联2019—2021年度项目:"海外苗族经济文化交流与认同问题研究"(项目号19BZQK219)阶段性成果。

① 作者简介:黄秀蓉,女,法学博士,西南大学历史文化学院教授。主要研究方向为:世界苗学与中国南方民族历史文化。

一、问题的提出

当代，苗族已发展成为一个世界民族，既有在东南亚相邻国家之间的跨国而居，也有在美洲、欧洲、大洋洲等非周边国家的跨国而居。无论如何发展，苗族源于中国且其主体部分仍然在中国这一事实是不容改变的，是世界苗族认同的历史依据。云南省文山州麻栗坡县龙树脚村杨氏一族，属于苗族西部方言（川黔滇次方言）的白苗支系，其家族人员经过几世纪的迁徙，现已广泛分布在中国、越南、老挝以及美国等国家。从20世纪70年代开始，龙树脚杨氏家族的第一代知识分子杨献才先生就开始着手准备龙树脚杨氏苗族家谱的编纂，经过长达四十余年对国内外家族人员资料的收集与整理，《龙树脚杨氏苗族家谱》终于在2015年印刷出版。

《龙树脚杨氏苗族家谱》的面世，既具有一般家谱所具有的对一个父系家族血缘谱系传承的正本清源及区分血缘亲疏远近的意义，也有着超越一般家谱所不具备的族群认同、文化认同乃至国家认同的意义。因此，通过对《龙树脚杨氏苗族家谱》编纂过程的透视，我们可以窥探一个“跨国而居”的苗族群体对其家族传承的坚守，对其同源族群的认同，对其传统文化的维护以及对其文化母国的情感认同，即使现代民族国家严格的地理疆域限制也不能阻碍这种相向认同之心。

针对世界苗族群体的认同问题，部分西方学者对聚居于美国的苗族群体的文化认同进行过一些研究，如苏珊·波西尔对接受过高等教育的青年一代美国苗族的语言与文化认同研究[①]，杰克·克罗斯比对苗族千禧代孩子的文化认同困境的研究[②]，等等。国内学界的研究并不多见，张晓和麻勇斌分别对世界苗族认同的依据和特点以及研究中应该注意问题进行了分析，但并没有进行具体的族群认同研究。姚佳君对老挝苗族的族群认同与族群关系进行了分析。[③]王薇从英语文学的视角对美国苗族的文化身份认同阐释。[④]笔者也

① Susan Bosher, Language and Cultural Identity: A Study of Hmong Students at the Postsecondary Level, TESOL Quarterly, Volume. 31, 2012, No. 3.

② Jackie Crosby, Hmong Millennials in Minnesota Straddle a Cultural Divide, Http://www.startribune.com/ hmong-millennials-in Minnesota-straddle-a-cultural-divide/326689941/.

③ 姚佳君:《社会变迁中的族群认同与族群关系——以老挝丰沙湾市邦洋村Hmong人（苗族）为例》，南宁：广西民族大学硕士学位论文，2014年。

④ 王薇:《美国苗族英语文学中的文化身份认同》，《中央民族大学学报》2016年第2期。

曾对美国苗族代际间的文化认同变迁做过一定的研究。[①]本文试图在已有研究的基础上，利用《龙树脚杨氏苗族家谱》等文献资料以及该家谱编纂背后的诸多经历为基本资料，[②]以龙树脚杨氏家族国内外成员的互动为主线，动态呈现世界苗族群体之间的父系血缘认同、族群认同、文化认同以及对其文化母国的情感认同状态。不当之处，敬请指正。

二、龙树脚杨氏家族源流与跨国迁徙

杨氏苗族现居的龙树脚是一个村民小组，在行政上属于云南省文山壮族苗族自治州麻栗坡县董干镇新寨乡马波村。龙树脚的村民小组所在的麻栗坡县，位于云南省文山州东南部，县境东部与富宁县连接，西部与马关县毗邻，北部与西畴县、广南县相连，南部与越南社会主义共和国河江省的同文、安明、官坝、渭川、黄树皮、河江等五县一市接壤，国境线全长270千米。县境内有苗、彝、壮、瑶等十多个少数民族居住，且这些民族都属于跨境而居的民族群体。

目前，龙树脚的村民小组有72户人家，共计330人，除近年来极个别从外地嫁入的女性，全都为讲苗语西部方言川黔滇次方言的白苗支系。当今龙树脚的苗族共有九个姓氏，分别为杨、王、罗、陶、李、熊、项、吴、马，以杨姓的人数最多，共计17户117人。事实上，杨氏家族乃至整个苗族群体都不是龙树脚最早的居民。最早开发龙树脚的是彝族仆人支系的人。后来，由于种种原因，开发此地的彝族支系仆人放弃了龙树脚地方，龙树脚又成为荒原。到清末，始有少量苗族开始迁入龙树脚居住。最早迁入龙树脚的为王、陶、项三姓苗族人家。杨姓苗族迁入较晚，时间在中华民国二十二年(1933年)，领头人名叫杨冗宝(汉名)，其妻子是龙树脚陶姓苗族姑娘。[③]杨冗宝一家迁入龙树脚后，其近亲族人也随之迁入该地方，经过几十年的发展，成为龙树脚人数最多的苗族家族。

① 黄秀蓉:《从"苗族"、"美国苗族"到"苗裔美国人":美国苗族群体文化认同变迁》,《世界民族》2017年第1期。

② 本文所用资料，除正式标注出处的，部分为笔者及笔者所指导的硕士研究生于2018年1月至2月在云南文山龙树脚的田野调查所得，部分为笔者本人2015—2016年在美国苗族社区田野调查所得。另有一部分资料为杨桂林先生在电话、微信中提供。在此对杨献才先生、杨桂林先生以及所有提供帮助的人表示真挚的感谢！

③ 杨献才、杨桂林:《龙树脚杨氏苗族家谱》，未公开出版，由云南速盈(美雅奇)印刷有限公司印制，2015年，第55-56页。

(一)龙树脚杨氏家族的源流

据龙树脚杨氏族人的口头传说,他们的始祖是一个叫杨翁的人。杨翁这一名字,也见于西部方言苗族其他支系的始祖传说里,有时会发生音变而称为杨娄、杨娄古仑等。龙树脚杨氏苗族传说中的始祖杨翁,是否与汉文典籍中的苗族始祖蚩尤为同一人呢?我们可以通过一些汉文文献与田野资料进行分析。

首先,从汉文文献看,《明伦汇编·氏族典》有关于姓氏"蚩"的记载:"蚩氏,蚩尤氏之后也。"明确指出蚩氏乃蚩尤的后裔。实际上,"蚩"姓在汉族及其他民族群体中是一个极其稀少的姓氏。但在西部方言苗族的苗姓中,却有大量蚩姓的群体。《贵州省志·民族志》明确记载:"云南昭通地区、宣威及贵州威宁等地苗族杨姓,本姓卯蚩"[①]。即是说,这些地方的杨姓苗族,其苗语姓氏实为"卯蚩",只不过汉语姓氏为"杨"姓。云南文山地区的杨姓苗族最初也是从川南滇东北一带迁徙而去。川南、滇东以及滇东南地方的苗族,都属于苗语的西部方言支系,其中的两大主要亚群体,即自称分别为"Abmaub"和"Hmoob"的,[②]汉语音译为"阿卯"和"蒙",而在苗语发音里,"Abmaub"和"Hmoob"非常近似,"蚩"则指蚩尤无疑。因此,合在一起就是"卯/蒙蚩尤"。所以,龙树脚杨姓苗族口传始祖杨翁就应当是蚩尤无疑。

其次,根据田野调查中对龙树脚杨姓苗族的父系辈分的称呼来看,杨姓苗族亦应与蚩尤有渊源关系。以"我"为起点,杨姓苗族向上辈分的称呼分别是"父亲""爷爷""尤公""尤沙""尤国""尤朝""尤江""尤氨""尤·(不详)""尤·(不详)""尤根""尤王""尤查""尤夺"等。同时,我们也了解到,"蚩尤"在以杨姓苗族为代表的白苗支系里,它不仅只是一个象征性的祖先的名字,它已成为那些最优秀、最坚强、最勇敢的苗族男人的尊称。如果要对一个男人表示尊敬,往往都称他为"蒙蚩尤",或者就在他的名字前加"蚩"或"尤",就变成了"蚩某某""尤某某"。[③]杨姓苗族对父系祖辈的称呼都会加上"尤"字,也把"蚩尤"作为勇士的称呼与象征。我们据此可推测,"蚩尤"是白苗群体对其始祖杨翁的尊称。

---

① 贵州省地方志编纂委员会:《贵州省志·民族志》,贵阳:贵州民族出版社,2002年。

② 本文所用苗文词汇,均为国际通用RPA苗文,特此说明。

③ 有时,又可以作为长辈对晚辈的爱称。

(二)杨氏家族的历史迁徙与家族发展

既然龙树脚杨姓苗族始祖杨翁与汉文典籍中的蚩尤是同一人，则关于龙树脚杨姓苗族在历史时期的迁徙就较为清晰了。在涿鹿一战中，蚩尤为首的九黎集团战败，部分留在当地并最终融入华夏族系，[①]部分南迁。南迁后的蚩尤后裔在江淮区域建立了三苗国。后三苗国破，民众分三路继续西南向迁徙，形成今天苗族的三大方言区。[②]西部方言苗族即为《史记》里记载被迁到西北三危地区的那一支，后来又逐渐南下，到达川南、黔西北以及云南地区。

在历史时期，龙树脚的杨姓苗族具体经历里怎样的迁徙路线我们不得而知，但是从其家谱记载和报告人的口述来看，龙树脚杨姓苗族在清代早期开始从今天的四川地区向南迁徙并最终迁出中国去到越南的北部山区定居："清雍正年间，地方战乱，为了逃生，龙树脚杨姓苗族老祖杨治福子可能带着其子杨棉台、杨要枉、杨阿浪、杨钱灯、杨钱英等人跟随苗族人张、王、李姓离开四川，往广西北海、防城港方向迁徙。后来追兵追到广西北海、防城港，他们又沿着陆地迁徙到今越南高平、凉山。由高平、凉山又继续迁徙到今越南苗王地区定居。"[③]这与笔者对清代早期迁出中国来到越南的苗族是操西部方言的蒙人(Hmoob)支系而不是中部方言的穆人(Hmu)支系的论述相符合的。[④]

至于龙树脚杨姓一世祖(太祖)杨治福子及其家人在苗王县居住了多久，何时从苗王县迁出，现已无从考证，但知道他们从苗王县迁出后，曾在越南同文县弄头地方(苗族人称此地为"爪陶")居住。这支杨姓苗族在"爪陶"居住到第四代人时间，发生了他们记忆深刻的"广马战争"(1868年)[⑤]。苗族人在此次战争中失败，只好离开原居地而向其他地区逃亡，来到了普高坝子(亦在

---

① 这大概也是在汉族群体里有少量蚩姓存在的原因。

② 在西部方言苗语里，有一个词叫"夺干得"，用来指天地连接之处，报告者解释说当他们的祖先在迁徙的过程中，看到白茫茫的水域好像和天连接在一起，认为是到了无路可走的天边，就在那里定居下来。这与江淮区域之间在古代有着很多大江大湖的地理环境是相符合的。同时，他们把湖南、四川等地称"夺家乡"，意指祖宗们居住过的地方，表明其迁徙过程中曾在这些地方居住过。

③ 杨献才、杨桂林:《龙树脚杨氏苗族家谱》，未公开出版，由云南速盈(美雅奇)印刷有限公司印制，2015年，第55-56页。

④ 关于中国苗族向东南亚国家的迁徙问题，参见黄秀蓉《清代早期疆域建构与苗族支系蒙人的国际迁徙》，《西南大学学报》2017年第5期。

⑤ 清咸丰元年(1851年)，中国爆发了太平天国运动。清同治三年(1864年)，太平天国运动失败，太平军一支队伍在黄崇英的领导下，于同治六年(1867年)溃逃到越南北部边境地区。为了争夺地盘，黄崇英余部与当地苗族人发生了战争，苗族人称此战争为"广马战争"。"广马"即广人，黄崇英是广东人，他的余部也大多为广东人。

越南河江省同文县境内)。在这里,这支杨姓苗族分成三个部分朝不同的方向迁徙:一部分由杨结五、杨非劳、杨钱灯、松查坝·杨、着老街·杨、杨薄都、杨纸、杨白、杨织等带队,沿着清水河与红河迁徙到老挝北部山区;一部分由杨烤九、杨张董、杨生着等带队,迁入云南广南府纵龙寨,后又迁居云南开化府瑶人弯,约两代人后,其中的一支最终迁入今天麻栗坡县的龙树脚居住;第三部分往中国广西方向迁徙,其最终居住地不详,族人的发展状况也不清楚。

根据《龙树脚杨氏苗族家谱》的记载,龙树脚杨氏苗族从其一世祖杨治福子开始,从越南同文县迁出,其中的一支迁回到中国,最终定居龙树脚,并逐渐发展成为当地的大姓。根据其家谱,杨治福子后代各个支系的发展图如下:

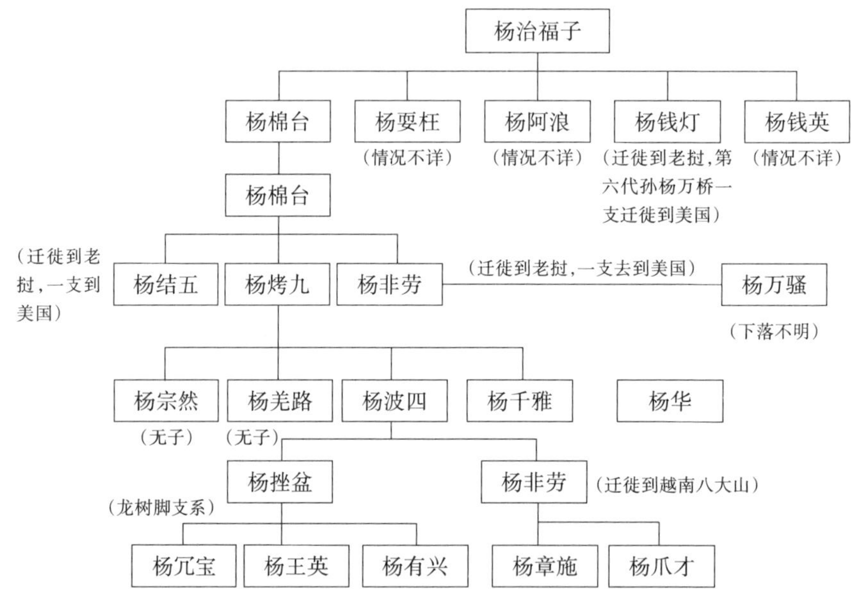

根据《龙树脚杨姓苗族家谱》中各个支系图制成

三、《龙树脚杨氏苗族家谱》的编撰过程

《龙树脚杨氏苗族家谱》得以问世,是龙树脚杨氏家族的第一代知识分子杨献才先生与其子杨桂林先生和其他族人几十年来的辛苦工作的结果。

杨献才(汉名),苗名波年·杨,于中华民国二十七年(1938年)生于麻栗坡对汛特别区龙树脚村一个普通苗族农民家庭。民国三十五年(1946年),7岁的杨献才进马波小学读书。1954年7月,以优异成绩考入麻栗坡中学就读,一个月后被保送到昆明民族师范学校读书。1958年8月,杨献才从昆明师范学校毕业,在麻栗坡县大坪小学任教,成为龙树脚杨姓苗族的第一代知识分子。此后,杨献才先生在不同的岗位上工作,退休前主持编纂了麻栗坡县第一部地方志《麻栗坡县志》,为麻栗坡地方教育与文化建设做出了杰出的贡献。杨献才先生现已从工作岗位退休,但并没有在家安享晚年,而是继续为地方文化的发展发挥重要作用。[①]

作为龙树脚杨姓苗族的第一代知识分子,杨先生具有非常浓厚的家族情怀。他在《龙树脚杨氏苗族家谱》的附录中写道:“我是龙树脚杨氏苗族的一名后生,多少年来我多么想知道自己家族的起源,家族的史变、史迁及家族的家规、家训等习俗。”[②]在后记中也写道:“编修《龙树脚杨氏苗族家谱》不是现在才想起要做的事情,而是在很早以前,我就想写一部龙树脚杨氏的家史。因为我知道,杨氏的家史是一部迁徙史、战斗史、逃难史、发展奋斗史。在旧社会,我们家没有哪一代人能够过上安定的日子,长期都是迁徙、战斗、逃难,在颠沛流离的苦难中生活。只有在中国共产党的领导下,各族一律平等,从我们这一代人开始,才得到读书,才有好日子过。为了感谢中国共产党,感谢毛泽东主席,同时也不要忘记过去苦难的日子,我试图编修了这部《龙树脚杨氏苗族家谱》”。[③]为此目的,杨先生从20世纪70年代开始广泛收集其家族的资料,甚至冒着极大的危险到越南、老挝等国家寻找杨氏家族族人和相关材料,用了将近四十年的时间,最终完成了《龙树脚杨氏苗族家谱》的编纂。

(一)对家族历史的跨国追寻

然而,要编纂出这样一本家谱,摆在杨先生面前的困难很多。一是没有任何文献资料曾记录过杨氏家族的任何历史;二是几个世纪以来,杨氏族人经历了大规模长时间的迁徙,散居在东南亚甚至西方各个国家之间,相互之间不通音讯,要寻找起来是一件非常不容易的事情。在困难面前,杨先生并没有屈服。从在20世纪70年代初,杨先生对其父亲杨有兴、堂叔爷杨钱云、堂大爹杨生盖、杨连幺以及大妈熊氏以及母亲陶明春进行了口述访谈,基本

① 作者纂写此文时,杨献才先生已80高龄,正与其子杨桂林编写麻栗坡县董干镇镇志。

② 杨献才、杨桂林:《龙树脚杨氏苗族家谱》,未公开出版,由云南速盈(美雅奇)印刷有限公司印制,2015年,第195页。

③ 杨献才、杨桂林:《龙树脚杨氏苗族家谱》,未公开出版,由云南速盈(美雅奇)印刷有限公司印制,2015年,第202页。

弄清了龙树脚杨氏苗族从越南迁回中国的路线、曾经居住过的地方，以及龙树脚杨氏支系的谱系。但是，一世祖杨治福子以下的其他支系，尤其是仍然居住在越南以及迁徙到老挝等其他国家的支系，情况则很不清楚。为了解国外族人的情况，杨先生及其子杨桂林冒着极大的危险，从20世纪70年代开始，数十次出境越南寻找杨氏家族的后裔。

杨献才先生出境寻找国外族人简表(1976—2010)

时间	地点	人物及事件
1976年3月	越南河江省官坝县八大山	找到杨菲称第三子杨爪才，大致了解杨菲称支系历史
1977年4月	越南河江省官坝县八大山	再次访谈杨爪才，对杨菲称支系家族史做补充调查
1993年9月	越南河江省河江市	拜会族人顾维和(杨氏家族，因母改嫁顾家，改姓顾)、杨万成(原越南河宣省公安厅厅长)，双方交流杨姓家族历史。
1994年3月	越南河江省河江市	在顾维和的带领下，对整个河江市的苗族同胞进行考察，并打听到杨氏族人杨祖熊、杨章施的居住地。
1994年11月	越南河江省河江市	采访苗族同胞马钱生(原越南河江省警备部副司令员)、吴朱介(原越南河江省人民委员会副主席)
1996年11月	越南河江省渭川县龙州	找到杨氏族人杨祖熊、杨章施(杨菲称第二子，时年已93岁)、杨钱生等，了解此一支系族人的历史与现状
1997年9月	越南河江省渭川县龙州	再次对杨章施(杨菲称第二子)做访谈，补充此支系的历史
1998年6月	越南河江省河江市	带领中国苗族大学生与越南苗族大学生进行联谊活动
1999年1月	越南河江省河江市	带领家人参加族人顾维和小女儿的婚礼
2003年11月	越南河江省同文县爪陶	拜访龙树脚杨氏苗族一世祖杨治福子的出生地，了解当地族人的发展及当代生活状况
2006年3月	越南河江省同文县茶坪	访问越南苗族王志诚(原越南国务委员)故居，并纂写《王志诚及其家族》一文
2009年12月	老挝万象市	拜会族人杨董戈，参加老挝族人举行的躲鸡圈仪式，了解此支系苗族的历史与现状

此表根据2018年1月笔者对杨献才先生的访谈资料整理。

在近四十年时间内，杨献才先生持续不断地去到越南（只在中越战争的十余年期间被迫中断），寻找仍然留在越南的杨氏族人，基本弄清楚了在越南的族人以及朝老挝方向迁徙的族人的历史，为龙树脚杨氏苗族家谱的编写奠定了坚实的基础。值得我们注意的是，在多年来出境寻找杨氏族人的过程中，杨先生的关注点虽然主要集中在对杨氏族人的寻找，同时也关注到境外非杨氏家族的苗族同胞，多次在越南拜访了非杨姓的苗族同胞，了解越南苗族同胞的历史与现状，还带领中国的苗族大学生到越南河江省与越南苗族大学生进行联谊活动。这些活动，事实上早已超越某一家族的层面而上升到整个苗族族群的层面。

（二）国外苗族对杨先生寻亲活动的热情回应

杨献才先生多年来在越南、老挝的寻亲活动得以成功进行，除了老先生自己的坚持外，一个重要的因素是国外苗族同胞的热情回应与大力帮助。杨先生不会越南语与老挝语，去到越南与老挝寻亲时，完全依靠当地苗族的帮助。从一般的苗族民众，到在越南、老挝政府任职的苗族官员，只要杨先生找到他们，他们都能够给予力所能及的帮助，一方面保证杨先生在越南、老挝时期的生命与财产安全，为杨先生提供交通食宿等方便，一方面为杨先生提供寻找杨姓族人的线索，更为重要的是，杨先生的族人们以及其他苗族群众在接待杨先生时，能够毫无保留地把他们所知道的家族历史与越南、老挝国内苗族的整体情况毫无保留地告知杨先生。

在杨先生数次达到越南、老挝寻找杨氏族人后，国外的杨氏族人也开始回到云南文山麻栗坡地区，寻找他们的文化与族群之根。由于越南与麻栗坡接壤，20世纪90年代初中越关系正常化以来，通过边民互市的形式，越南八大山地区的杨氏族人回到龙树脚寻亲的比较多，几乎年年都有，没有间断。其他地区如老挝、美国等国家的杨氏族人以及其他家族的苗族人也开始回到云南文山地区找到杨献才先生，进行文化寻根并寻找仍然居住在中国的亲人。

国外苗族(主要为杨氏族人)拜访杨献才先生简表(1994—2014)

时间	地点	事件
1994年6月	中国云南麻栗坡	法属圭亚那苗族杨冗车(RPA苗文的创始人之一)一行5人到麻栗坡寻亲,杨献才先生对他进行访谈,了解此支杨氏族人从老挝到法属圭亚那的经历
1995年12月	中国云南文山	美国苗族杨万桥到文山寻亲,杨献才先生对其进行访谈,认定其家族是龙树脚杨氏苗族始祖杨治福子的子孙
1996年3月	中国贵州贵阳	杨献才陪同美国苗族杨万桥到贵州贵阳过苗族年,认定美国苗族与贵州苗族有共同的始祖——蚩尤
1998年7月	中国云南文山	越南中央代表团团长王全山(苗族,王志诚之孙)会见杨献才先生,认为越南苗族源于中国
2000年4月	中国云南文山	美国苗族杨万桥再次到文山访亲,杨献才先生对其进行访谈,对美国支系的杨氏族人历史与现状进行了考证。
2001年12月	中国云南文山	美国苗族杨多署一行拜会杨献才先生,提供美国苗族杨氏族人的部分谱系资料(RPA苗文书写)
2001年2月	中国云南麻栗坡	越南苗族杨要马和杨钱章一行四人,专程来到龙树脚拜访杨氏族人,杨献才先生对他们进行了访谈,收集整理其家族迁徙历史
2005年12月	中国云南文山	美国苗族杨要彩夫妇到文山寻亲,杨献才先生对他们进行访谈,了解其家族历史与发展概况
2008年8月	中国云南文山	美国苗族杨多署一行再次拜会杨献才先生,带来了杨氏一世祖杨治福子等祖辈的书面材料(RPA苗文书写),为杨献才编写龙树脚杨氏家谱奠定了很好的基础
2009年6月	中国云南文山	老挝苗族杨雷到文山寻亲,杨献才先生对其进行访谈,杨雷介绍老挝杨氏族人情况,9月,杨雷再次到文山拜访杨献才先生,并提供了老挝杨氏族人的谱系资料(RPA苗文书写)
2013年2月	中国云南文山	美国苗族杨道博士(老挝苗族的第一位博士)夫妇到文山寻亲,杨献才先生对其进行访谈,了解其家族历史
2013年5月	中国广西隆林	杨献才先生陪同美国苗族杨道博士夫妇到广西寻亲,在此地,杨道博士把美国杨氏家族及越南苗王家庭遗址照片以及30余幅字画交与杨献才先生,帮助其编修家谱
2014年5月	中国四川兴文	美国苗族杨扣教授夫妇到兴文参加兴文苗族花山节,杨献才先生之子杨桂林陪同翻译,对其进行访谈,了解其家族历史

此表根据2018年1月笔者对杨献才先生的访谈资料整理

通过杨献才先生几十年来坚持不断地进行资料收集以及国外杨氏族人的热情回应与支持，龙树脚杨氏苗族的家族谱系、历史源流与迁徙历程已基本清晰。杨献才先生于2008年初开始编写《龙树脚杨氏苗族家谱》，初稿完成后，分发给部分杨氏族人进行修改，也不断新增新收集到的资料，前后易稿十数次，于2013年召开家族会议正式讨论通过，并于2015年由云南速盈（美雅奇）印刷有限公司印制后，分发给国内外杨氏族人，成为龙树脚杨氏苗族乃至整个杨治福子家族的第一本家谱。

四、《龙树脚杨氏苗族家谱》编纂与世界苗族群体认同问题探讨

认同问题一直是民族学人类学的一个重要研究领域，它是一种肯定的价值判断，能够回答“我们是谁？”这一问题。20世纪70年代，泰弗尔和约翰·特纳最早提出社会认同理论，用于解决族群之间相互歧视及冲突问题。继之而来的后殖民主义与女性主义的认同研究，更多地突出边缘群体的身份，女性、移民、少数民族成为认同理论关照的中心。国内的认同研究开展较晚，主要涉及认同危机、少数民族/族群认同、文化身份认同等。

在有关族群认同问题上，巴斯的族群认同主要是在区分差异中来认同自我族群的观点已引起学界的高度重视。[①]多数研究者认为，族群是人们在交往互动和参照对比过程中自认为或被认为具有共同的起源或世系，从而具有某些共同文化特征的人群范畴。[②]“族群”一般具备以下特征：有自己的名称和共享的记忆；在血缘纽带、文化传统和习俗、体质方面与其他群体不同；有集体认同，在社会中处于文化非主流地位，等等。[③]据此，我们可以说，族群是一种建构在认同基础上的人们共同体，“族群意识”是最基本的族群构成要素。

（一）与世界苗族群体的父系血缘认同

《龙树脚杨氏苗族族谱》一书的编纂，主要以杨氏苗族一世祖杨治福子为源头，追溯其子孙后代的迁徙历程和目前的发展状况。所以，书中记载的无

① ［挪威］弗雷德里克·巴斯：《族群与边界——文化差异下的社会组织》，北京：商务印书馆2014年。

② 潘蛟：《勃罗姆列伊的民族分类及其关联的问题》，《民族研究》1995年第4期。

③ 郝时远：《对西方学界有关族群释义的辨析》，《广西民族学院学报》2002年第4期。

论是中国龙树脚的杨氏族人，还是越南、老挝与美国的杨氏族人，他们都是具有共同父系血缘的群体，都有着共同的祖先历史记忆。散居世界各地的杨氏苗族群体，都认同这一事实，并为能够找到失散的父系血缘亲人而激动。

我们在对杨先生进行访谈时，每每谈到他与国外族人相识并相认时，杨先生的情绪仍然很激动。他描述与美国杨氏族人（杨万桥）相认时的场景："我们认识之后，我就把家族是怎么迁徙过来的，怎样从中国到越南，又怎样从越南迁回来的，老祖宗有哪些哪些，习俗有哪些哪些。一说了之后，不得了啊，他马上抱着我哭啊，说我说的这些人也都是他们的老祖宗嘛：'我终于找到我们的老祖宗，找到我们家族人了'。所以，我们现在这个家谱上的老祖宗，也就是他们美国杨氏苗族的老祖宗了。"当今生活在不同地方乃至不同国家的同宗同祖的杨氏族人后裔，终于因为龙树脚杨氏苗族家谱编纂这一契机而得以相识并相认。更为重要的是，他们的血缘认同并不止步于他们的一世祖杨治福子，他们还把他们的共同血缘上溯到传说中的杨翁（即苗族始祖蚩尤）。国外杨氏苗族到中国寻亲，不仅仅只认同杨氏族人，同时也认同其他方言区的苗族为自己人，认为天下苗族都是蚩尤的后裔。这已经把共同的父系血缘认同与祖先历史记忆上升到整个族群认同的高度。

（二）与世界苗族群体的语言文化认同

《龙树脚杨氏苗族家谱》的编纂过程，既是国内外杨氏苗族对共同父系血缘起源的认同，也是世界苗族群体语言文化认同的最好例证。

杨献才先生在国外寻亲的首要标准是对方要会说苗语。杨先生在越南、老挝的数十次寻亲活动中，以及国外苗族到文山寻根活动中，全部使用苗语西部方言川黔滇次方言进行交流。杨先生不会任何一种外国语，而国外的苗族也基本不懂中国普通话，个别老人会讲少量云南方言。因此，相同的母语成为他们相认的首要条件。杨先生在回忆他20世纪70年代去越南时说，"我是秘密出境到越南，不会说越南话，见到会说苗语的我就有一种天生的亲热感，认为他们是我的族人，至于是不是我们杨氏家人还需要背各自的老祖宗来确认"。而国外苗族回国寻亲时也认为能与他们用苗语通话的才是他们的族人，才会更进一步在族人的基础上印证彼此之间是否为有共同血缘的近亲族人。也即是说，语言的差异成为认同自我与区分他者的首要标识。

语言之外，强调共同或相似的文化传统，成为杨先生编纂家谱的另一重要标识。在能用苗语交流的情况下，杨先生在辨别国外苗族是否为同宗的血亲族人时，常会提及龙树脚杨姓苗族一个非常重要的传统，即忌食任何动物心脏，如果坚守这一传统的国外杨姓苗族，在家风和家规上也相同，便被认为是具有血亲的杨氏族人。如果不属于这一家支的杨姓苗族，便以"杀火龙猪"祭祀时摆肉几碗来区分家支，即九碗支系，七碗支系以及五碗支系。龙树脚杨氏苗族及其一世祖杨治福子的所有后裔都属于五碗支系。

在杨先生收集国外杨氏族人资料的过程中，他发现，现今生活在东南亚各国的苗族，即使与杨氏家族没有任何直系血缘关系，不属于杨氏家族，但是他们仍然具有非常多的同属于苗族群体的文化共性，包括相同的婚恋习俗、取老名习俗、丧葬活动中特有的仪式（指路仪式、打牛祭祀、巡逻仪式、放魂仪式等等）、特有的芦笙文化、特有的麻文化，等等。[①]这些文化共性，有效地把苗族群体与其他族群区分开来。当居住在不同国家的苗族群体发现，他们周围的其他族群都没有这些文化传统，而地理位置相对较远的不同国家的苗族同胞仍然都还保持着他们自己特有的传统文化时，那种同胞同族之间的认同感，表现得非常的强烈。

（三）与世界苗族对文化母国的情感认同

以杨氏家族为代表的跨国而居的苗族群体，虽然具有共同的血缘关系，也有共同的语言文化认同，具备同一族群的所有条件，属于典型的自在族群。但是在近代早期以来的民族国家建构中，"国族"建构与族群的排他性界定成为必然。居住在东南亚与西方世界不同国家的苗族群体，都纷纷被纳入所居国的国族体系中，这些国家政权也都承认了他们的国民身份，成为苗裔越南人、苗裔老挝人、苗裔泰国人以至苗裔美国人、苗裔法国人、苗裔澳大利亚人等等。然而，面对现代国家严格的地理疆域分割，世界苗族群体以其特殊的方式坚守着对其文化母国——中国的特殊情感认同。

1.《龙树脚杨氏苗族家谱》编纂中对华夏汉民族姓氏的攀附

杨先生在国内外杨氏苗族支系的资料基本收集完备后，开始编纂《龙树脚杨氏苗族家谱》。该家谱从中国神话传说开始，追溯姓氏的起源，谈到杨姓

① 杨献才、杨桂林：《龙树脚杨氏苗族家谱》，未公开出版，由云南速盈（美雅奇）印刷有限公司印制，2015年，第31-47页。

的产生，最终以龙树脚杨姓苗族家谱为终结。在写到杨姓姓氏来历时，他认为中国所有的杨姓，都源于姬姓的黄帝支系，是以封国（邑）为氏。[①]具体到龙树脚杨姓苗族的姓氏来源，杨先生认为其姓氏源于他们的口传始祖杨翁，也即是汉文典籍中的蚩尤。事实上，蚩尤是东夷九黎集团的首领，而九黎集团又是姜姓的炎帝的后裔，[②]所以龙树脚苗族的姓氏杨姓与源自姬姓的黄帝系的杨姓是不一样的。但是，杨先生又认为，无论是姜姓炎帝系的杨姓，还是姬姓黄帝系的杨姓，事实上跟中国国内其他所有姓氏一样，都源于华夏神话传说中的人类始祖伏羲氏，“不论姓氏多少，也不论按照哪种形式发展姓氏，万姓归一，都源于伏羲氏”。[③]

在家谱在修纂过程中，杨先生对龙树脚杨姓苗族姓氏的追溯，表现出明显的华夏汉民族起源攀附心理。他认为龙树脚杨姓苗族跟其他所有姓氏一样，均源于伏羲氏，而伏羲氏是华夏汉民族关于人类起源的神话传说，被尊为华夏汉民族的始祖。此种传说，经过历代汉文典籍的记载和演绎，已为绝大多数华夏汉民族同胞所认同。同时，在华夏汉民族从中原向四周边缘扩张的过程中，此种认同不断影响着被征服区域的其他族群。被征服地区的其他非华夏汉民族族群，为了避免被统治者所迫害，也为了融入主流社会或主流文化，主动攀附华夏汉民族姓氏并伪托郡望，这在西南地区非汉族群里是一种较为常见的现象。[④]蚩尤系的杨姓苗族，其姓氏相对独立而清晰，但是杨先生一定要把他们的姓氏溯源到华夏始祖伏羲氏，并载之于将传之后世的家谱之中，是得到了国内外杨姓苗族同胞的一致同意的，表明跨国而居的杨姓白苗群体对华夏汉民族作为有共同起源群体的认同，也间接表明了他们对华夏汉民族国家作为自己母国的认同。

2. 国外苗族对其文化母国中国的情感认同

以杨姓苗族为代表的世界苗族群体，在其姓氏源流上承认伏羲氏为其姓氏的源头。因此，无论迁出中国多久，也无论迁离中国多远，他们仍然保持着对文化母国的一种情感认同。

---

① 杨献才、杨桂林：《龙树脚杨氏苗族家谱》，未公开出版，由云南速盈（美雅奇）印刷有限公司印制，2015年，第19页。

② 清朝学者张澍《姓氏寻源·路史》“蚩氏：蚩尤之后。蚩尤：姜姓诸侯耆（黎）田子邛之支庶，同母弟八人，族孽兄弟七十二，共八十一人。”

③ 杨献才、杨桂林：《龙树脚杨氏苗族家谱》，未公开出版，由云南速盈（美雅奇）印刷有限公司印制，2015年，第15页。

④ 参见黎小龙：《土家族族谱与土家大姓土著渊源》，《西南师范大学学报（人文社会科学版）》2000年第6期。

当杨先生屡次出境寻找其同姓族人时，无论是杨姓苗族还是其他姓氏的苗族，一听说杨先生是从中国来的，都会非常热情地请他去家里做客，说是还在祖国的亲人来了。其实，在现代国家疆域界限的严格限制下，他们口中的这个“祖国”，更多是一种情感的因素，意指自己祖先居住的国度。既然是自己祖先的国度，那就与自己有着千丝万缕的联系。所以，近年以来，不断有国外的苗族群体（包括越南、老挝、泰国以及美国等国家）来到中国的苗族聚居区寻根。他们的寻根活动，一方面是寻找有直系血缘关系的家族人，一方面是寻找有着共同文化传承的所有的苗族群体。他们认为，无论是中国的苗族，还是在海外的苗族，都是一家人，其源头都在中国。这从他们对生活在不同国家的苗族的称呼可窥见一斑：中国苗族（Hmoob Suav）、越南苗族（Hmoob Nyab Laj）、老挝苗族（Hmoob Nplog）、美国苗族（Hmoob MesKas）等等。这些称呼表示，他们有着共同的名字——苗族（Hmoob），只是因为生活在不同的国家而具有不同的地域特征。在2018年美国城市圣保罗送与中国城市长沙的礼物中，[①]一个特别的命名为“Lucy”的身着美国白苗服饰的娃娃，在其胸前的标志性苗族银饰上，用汉文书写着“天下苗族是一家”，印证了美国苗族对中国苗族的认同，也表明美国苗族对其祖先居住之国——中国的情感认同。

国外苗族对的中国情感认同还表现在与中国苗族共同的灵魂信仰中。苗族相信万物有灵，普遍相信人有三个灵魂，其中的一个灵魂在其寄生的肉体死亡后，会返回到祖先居住的地方与祖先团聚。灵魂怎样才能回到祖先居住的地方呢？西部方言苗族传统的丧葬活动中，最先举行也是最为重要的仪式就是指路仪式。在指路仪式上，指路师根据历代口传的指路经，把亡人的灵魂从其死亡之所带回到出生之地，最终回到祖先居住的地方。无一例外的是，无论是美国苗族的指路经、老挝苗族的指路经，还是其他国家苗族的指路经[②]，亡灵最终与祖先团聚的地方都指向了黄河中下游地区，也即是他们的口传始祖蚩尤九黎集团曾经居住过的地方。从历史到现实，无论何种原因迁出

① 美国明尼苏达州的首府圣保罗和中国湖南省省会城市长沙在20世纪80年代结为姊妹城市。现在，圣保罗是美国苗族最为主要的聚居地，而湖南省也有大量的苗族居住。因此，在两个城市的经济文化交流中，共有的苗族文化占据了非常重要的位置。

② 参见纳雍县民族宗教事务局：《纳雍苗族丧祭词》，北京：民族出版社，2003年；云南省少数民族古籍整理出版规划办公室：《苗族指路经》（红河卷、文山卷），昆明：云南民族出版社出版，2005年；“Showing the Way”，老挝苗族未刊本；Yang，Cziasarh Neng：*Cultural Capital：Old Hmong Culture in Modern Times*，美国ProQuest Dissertations Publishing。

中国流散到世界各地的苗族，在其情感认同中，中国作为其祖先居住过的国家，是他们传统文化的发源地这一事实，从来就没有发生过动摇，在他们的心中，中国一直是以文化母国的形象存在着。所以才有近年以来国外苗族“回归中国”的热潮。

面对国外苗族的回归热潮，国内各个苗族聚居地区的苗族群众以及地方政府，也给予了极为热情的回应。根据作者不完全统计，从2014年至今，就有四川兴文、云南文山州、贵州黔东南州、重庆万盛、重庆彭水等多个苗族聚居区的地方政府邀请国外苗族代表团（包括越南、老挝、泰国以及美国等国家的苗族）前来交流访问。这种私人与官方活动的同时开展，极大促进了国外苗族对中国作为其文化母国的情感认同。

五、结语

在几千来的华夏汉文化中，一部家谱，对于一个父系家族血缘传承的重要性不言而喻。在历史时期，随着中国范围内民族交融的加剧，其他民族也在华夏汉民族的影响下开始编纂自己的家谱。苗族作为一个长期处于迁徙状态的民族，在近代以前几乎没有任何一个支系或家族编纂过自己的家谱。近年来，随着整个传统文化的复兴，民族地区的很多少数民族开始修纂自己的家谱，《龙树脚杨姓苗族家谱》便是在这样的背景下，出现在公众眼前。

《龙树脚杨氏苗族家谱》主要记载的是杨氏苗族一世祖杨治福子的直系后裔，因为各种原因而迁徙流散到世界不同的国家与地区，要相见并认识的机会原本缈茫，但因为《龙树脚杨氏苗族家谱》的编纂而重新汇聚在一起，实属幸运。更为重要的是，通过《龙树脚杨氏苗族家谱》编纂历程，国内外更多的苗族群体因此而相互认同，包括对共同的血缘始祖——蚩尤的认同，对苗族传统文化中的核心文化要素的认同，对其文化母国——中国的情感认同。散居世界各地的苗族群体，正是由于有了这样的血缘、族群、文化乃至对文化母国的情感认同，最终形成一个以中国苗族为核心的文化共同体。

统一多民族国家建构中的文化交流与认同:清代三种藏文史籍的中原书写*

曾现江[①]

摘　要:乾隆至嘉庆初年蒙藏地区学者所撰的藏文史书《汉区佛教源流记》《如意宝树史》《土观宗派源流》都用了较多的篇幅来记载中原。论文在梳理这三种藏文史籍相关记载的内容的基础上,指出相对于前代藏文史籍,这三种史籍的中原书写不仅都力求摆脱佛教史观的束缚,而且在记载的范围及其系统性、准确性、客观性都方面都有所突破,并且能够对以往藏文史籍中常见的一些有关中原的误解有所反省,反映了清代多民族文化的交流、对话与交融,以及蒙藏知识精英对中原文化的认同。三种藏文史书取得上述成就,乃是清代多民族文化交流与融合向深层次发展的大势使然。

关键词:《汉区佛教源流记》;《如意宝树史》;《土观宗派源流》;藏文史籍

清朝是中国统一多民族国家历史发展的重要时期。在清代,随着统一多民族国家的巩固,多民族文化的交流、互动也日趋频繁,一些少数民族学者对中原历史文化不仅有了较为深入的认识,而且还尝试立足于自身的文化本

* 基金项目:国家民委民族研究项目“土司制度实践与共同体意识的国家建构”(2019-GME-051);国家社科基金2018年度一般项目“以成本与绩效考量为中心的明清藏区治理比较研究”(18BMZ026)。

① 作者简介:曾现江,男,1976年生,博士,西南大学历史文化学院教授,博士生导师,研究方向为:族群与区域文化。

位，系统性地阐释中原历史文化，乾隆至嘉庆初年蒙藏学者撰写的藏文史籍《汉区佛教源流记》《如意宝树史》《土观宗派源流》就是其中的代表[①]。这三部存在密切关联的藏文史书有关中原的记载，展现了清代中叶蒙藏学者对中原历史文化的独特理解和高度的赞赏与认同，无论是在藏文史学有关中原史实记载的发展脉络上，还是从汉蒙藏等多民族文化交流与对话层面而言，都具有独特的价值与意义。学界对此虽有所体察，但仍有待进一步发覆。[②]

一、三种藏文史籍有关中原历史文化记载的基本内容

清代的藏文历史编纂学在前代基础上进一步发展，作者群体扩大，体裁更为多样，涌现出了不少名著，其中以对中原的记载而论，《汉区佛教源流记》《如意宝树史》《土观宗派源流》的内容最为丰富。这三种藏文史书——尤其是前两种，有关中原的记载，相近或相同之处颇多，显示出彼此间存在一定的继承关系，或者是有相同的史料来源。关于《如意宝树史》的撰写时间，作者松巴堪布·益希班觉在跋文中有明确交代，是“藏历第十三饶迥之土阳龙年”，即清乾隆十三年(1748)[③]。1757年准噶尔汗国覆灭后，出身于青海蒙古那颜之家的作者又补撰了一些有关卫拉特蒙古准噶尔等部的历史[④]。《汉区佛教源流记》的作者贡布查布(Mgon-po skyabs，亦译“贡布嘉”)出生于察哈尔蒙古乌珠穆沁札萨克亲王家族，在雍正乾隆时期担任过京师官学唐古特学(属理藩院，掌教授藏文以翻译西藏章疏文移之事)总监，通晓满汉蒙藏语言，著述甚丰，其汉文名字在清代档案文献中多写为“滚布扎卜”，有时也记为“古木布扎布”“古穆布扎普”等[⑤]。在《汉区佛教源流记》的“结语”中，贡布查布声称是受

① 贡布嘉：《汉区佛教源流记》，罗桑旦增，译，北京：中国藏学出版社，2005年；松巴堪布·益西班觉：《如意宝树史》，蒲文成、才让，译，兰州：甘肃民族出版社，1994年；土观·罗桑却吉尼玛：《土观宗派源流》，刘立千，译注，北京：民族出版社，2000年。

② 在这三种藏文史籍中，《如意宝树史》《土观宗派源流》更受研究者关注，但聚焦的主要是两书对藏地佛、本二教的阐释，唯近年始有学者留意《土观宗派源流》对儒家的记载，如魏冬：《清初藏传佛教视域下的儒家图景——以〈土观宗派源流〉为中心的探讨》，《中国哲学史》2015年第2期，以及牛宏傅、拉宇：《论清代藏传佛教高僧土观·洛桑确吉尼玛对儒学的判分》，《西藏大学学报》2018年第1期，另有孙林、群培：《简论清代学者贡布嘉撰述的藏文史书〈汉区佛教源流〉的史料来源》，《西藏民族学院学报》2009年第5期，则对《汉区佛教源流记》与《如意宝树史》的史料来源问题有所讨论。

③ 松巴堪布·益西班觉：《如意宝树史》，蒲文成、才让，译，兰州：甘肃民族出版社，1994年，第803页。

④ M.乌兰：《松巴堪布对〈如意宝树史〉的补撰》，《北方民族大学学报》2009年第6期。

⑤ 乌云毕力格：《关于清代著名蒙古文人乌珠穆沁公滚布扎卜的几点新史料》，《清史研究》2009年第2期。

大活佛西尔图克的嘱托而写，并将包括此书在内的自己的一些著作赠送给四川德格的司徒活佛，请其批评指教，但并未说明该书具体的写作时间[①]。将《汉区佛教源流记》从藏文译成汉文的罗桑旦增先生认为，西尔图克活佛与乾隆时任国师的章嘉活佛是同一时代的人，故推断该书写成于18世纪末[②]。国内研究者多接受此判断，从而以为《如意宝树史》的成书早于《汉区佛教源流记》，进而认为前者有关中原的内容应该是后者的重要史料来源[③]。不过，国外学者对贡布查布有更为深入的研究——一个相当重要的原因是他还是藏文《造像量度经》的汉译者，该文献对于佛教造像艺术史研究至关重要——并且在很多方面取得了共识，比如关于贡布查布的生平，已经确定他卒于1750年，而生年应该是1690年（意大利藏学家伯戴克曾认为是1669年），其创作活动介于1725年至1743年之间，其中《汉区佛教源流记》写于1736年[④]。事实上，《汉区佛教源流记》有提到：帝尧木龙年即位，南方进贡金龟，于是大力传播历算，并从此年开始纪年，"自木龙年至清乾隆元年即火龙年，整整过去四千零九十二年"[⑤]，这应该是该书撰写于乾隆元年（1736年）的一个有力证据。《如意宝树史》也记录了上述传说，但却称："据说从此时起至今第十三饶迥土龙年，已过了四千一百零四年"[⑥]。这不仅印证了《如意宝树史》的写作时间是乾隆十三年（1748年），较之《汉区佛教源流记》晚了12年，更显示其对《汉区佛教源流记》的继承，而不是相反。由此而观，贡布查布此书在藏文史学史上的地位，尤其是该书有关中原记载的价值，应该得到充分的承认和进一步的重视。

1.《汉区佛教源流记》有关中原历史文化的记载

从体裁上看，《汉区佛教源流记》仍属藏文史书编纂传统上的教法史，但与以前的教法史著作是以记载藏地的王统和佛教发展史为主，而兼叙印度及中原、于阗、蒙古等周邻地区的王统和佛教传播情况不同，该书可能是传世的

---

① 贡布嘉：《汉区佛教源流记》，罗桑旦增，译，北京：中国藏学出版社，2005年，第150-152页。

② 罗桑旦增：《汉区佛教源流记·译者说明》，北京：中国藏学出版社，2005年，第6页。

③ 孙林、群培：《简论清代学者贡布嘉撰述的藏文史书〈汉区佛教源流〉的史料来源》，《西藏民族学院学报》2009年第5期；朱丽霞：《藏族史书中的玄奘形象分析》，《西北民族大学学报》2013年第4期。

④ 参见魏查理：《〈造像量度经〉研究综述》，《故宫博物院院刊》2004年第2期；孙晓晨：《〈佛说造像量度经〉作者及汉译者》，《南方文物》2006年第4期。

⑤ 罗桑旦增：《汉区佛教源流记·译者前言》，北京：中国藏学出版社，2005年，第19页。

⑥ 松巴堪布·益西班觉：《如意宝树史》，蒲文成，才让，译，兰州：甘肃民族出版社，1994年，第742页。

最早的一部专门记载中原的宗教及历史文化等方面内容的藏文史籍。《汉区佛教源流记》主要有三方面的内容：

第一部分是“总论汉区风土人情及其简史”。书中所记的“汉区风土人情”，包括了中原的山川地理和行政区划，以及大、中、小城镇、人口等多方面的情况。随后的汉区“简史”，先是详细分析“皇”“帝”“王”及“皇帝”等称谓的由来及内涵，然后才着重介绍从“三皇”“五帝”到“三王”（夏商周），再经秦汉、魏晋南北朝、隋唐五代至两宋及辽、西夏、金，再经元、明，最后止于清初的帝王或朝代兴替历史，以及一些相关的传说和故事，尤其有关“传国玉玺”的传说。

第二部分是“概论何时诞生何诸佛教大师”，大体上属于藏文史籍编纂传统的“汉地教法史”。作者先是从与佛教教义比较的角度，简略介绍儒、道、墨、列、庄等先秦诸子的思想主张，以及其他一些宗教（可能是伊斯兰教、基督教）传入中原的一些基本情况，并沿袭中原佛教界关于三教优劣的所谓“儒教似星，道教如月，佛教如日”之说[①]，然后才是该部分的主体内容——中原佛教，重点是以东汉至明朝的历代高僧（包括南亚、西域等前来中原的高僧和出自中原的高僧）的事迹为中心，来建构佛教在中原的传播与发展历史，并对禅宗、深观宗（包括天台宗和华严宗）、广行宗（唯识宗）、律宗、密宗等佛教宗派的传承与发展做了不同程度的介绍，并提及元明时期一些著名藏传佛教高僧前往中原活动并接受朝廷敕封的情况。书中不仅用大量篇幅来讲述玄奘法师的事迹（贡布查布后来又将《大唐西域记》译成藏文[②]），而且还记录了著名僧人鉴真东渡日本传播佛法之事。

第三部分是“讲说由彼等渐次弘传之佛经名称品类”。作者先叙隋以来佛教典籍的翻译、编目、注释、校勘等情况，包括隋文帝时审订大造经，以及唐代《开元录》《贞元录》和宋代《祥符录》《景祐录》的编修，又着重介绍元代《至元法宝勘同总录》的编订过程，然后按经、律、论的分类，逐一介绍《至元法宝勘同总录》所录佛经，并就汉藏两种文字经卷之异同、有无、多寡等情况加予说明。

① 此说最早出自隋代隐士李士谦。《隋书》卷七十七《李士谦传》载：“客又问三教优劣，士谦曰：佛，日也；道，月也；儒，五星也”。后世中原佛史籍涉及儒道释三教优劣问题时，多引士谦之论。

② 王尧：《〈大唐西域记〉藏译本及译者工布查布》，《法音》2000年第12期。

2.《如意宝树史》有关中原历史文化的记载

《如意宝树史》是一部分地区阐述佛教历史的教法史著作，书中有关中原的记载集中在藏汉两地佛教史部分。先是在论述藏地佛教史时，于“王统世系”和“教法源流”两部分对中原有所涉及，但大体上只是沿袭前代藏文史籍唐蕃关系史方面的内容[①]。其后的“摩诃支那大汉地法王、佛教大师、佛法宗派之历史”才是专门记载中原的篇章，其结构仍然是先有“王统世系”，后为“教法源流”，而内容则多与《汉区佛教源流记》相近，只是大部分内容都相对简略。当然，在“汉地王统世系”部分，作者除沿用《汉区佛教源流记》有关中原的地形地理、从三皇五帝到清乾隆的中原王朝兴替历史，以及各时期的一些传说、故事之外，还转述“其他教法史”——应该是元明时期的藏文史籍——所记的有关西夏历史的“木雅王统记”，以及《青史》的西周至南宋的年代简表，即历朝的皇位传承代数及历年数。至于随后的汉地“教法源流”，其内容基本上不出《汉区佛教源流记》。[②]

3.《土观宗派源流》有关中原文化的记载

《土观宗派源流》由青海佑宁寺三世土观活佛罗桑却吉尼玛在清嘉庆六年（1801年）写成，虽然作者自认为这是藏地第一部评述宗派教义的著作，而非一般的教法史，但后世通常还是将其归类为教法史[③]。由于强调与一般教法史的区别，故此书并无其他教法史著作中常见的“王统记”内容，而只是集中讲述各地的宗教（以佛教为主）及思想流派等。书中有关中原的记载，集中于“汉地儒家、道家和佛教的教派源流”部分。作者先是分析中原、印度及藏地对汉地的不同称谓及其由来，随后指汉文史籍所记，中原虽然出现过多种宗教，但“真正能明确揭示真理而成为大宗的”，却只有儒、道、释三教，且“初儒教如星，次道教如月，最后佛则如日”，故接下即以此三教为重点，就各自的历史源流、理论主张、典籍要义、代表性人物、修行规制等展开论说。相对而言，书中对儒、释两教叙述甚详，对道教着墨较少。除此三教外，作者还扼要介绍墨子、列子、庄子的思想主张，并对域外传入中原的其他宗教（如伊斯兰教）略加评介。[④]

---

① 松巴堪布·益西班觉：《如意宝树史》，蒲文成、才让，译，兰州：甘肃民族出版社，1994年，第260、284-295页。

② 松巴堪布·益西班觉：《如意宝树史》，蒲文成、才让，译，兰州：甘肃民族出版社，1994年，第740-765页。

③ 孙林：《藏族史学发展史纲要》，北京：中国藏学出版社，2006年，第416-419页。

④ 土观·罗桑却吉尼玛：《土观宗派源流》，刘立千，译注，北京：民族出版社，2000年，第193-216页。

土观·罗桑却吉尼玛认为,“儒”的本义是教训之书,或明理之学。对于儒家,他主要阐述了五个方面的内容。一是儒及儒家的源流。儒起源于伏羲,传于仓颉;伏羲造专讲八卦的连山易,为中原最初的经典,相继出现的“五经”是儒家学问的根本;孔子是儒家的导师和儒学的创始人,其出生与释迦牟尼降世的年代相距不远,他的学说主要由弟子和再传弟子据其谈话,并阐释其意,发展而成“四书”;秦以后的儒家萧何,广释孔子之说,明定律制,又有朱子,其著述被视为儒家学说的典范。二是从儒家发展出来的学术。书中先是颇为详细的梳理历算即易学的发展脉络,然后又不惜笔墨的介绍中原的各种发明创造与文化成就:神农氏作《本草经》,汉地医学由此而起;黄帝轩辕氏仰观星辰而发明五行和天干地支以纪年月日,星象观测、舟车制造、宫屋建筑与战车、旗帜、服饰等亦皆起源于此时;大禹造五弦琴等乐器、作《乐经》,歌舞由此而兴;中原还有众多的诗词和讲解文辞修饰的书籍、历史著作,以及工巧技艺、堪舆之学、相人之术、占卜推算等。三是儒家所持理论。儒家经典没有提及业报轮回,儒家大多只重视现世生活,缺乏对生死的关注。“五经”和“四书”所讲及阐发的是仁、义、礼、智、信五种纲常,但并未否定业报轮回,而且还隐含着一些佛家的修行理论。土观活佛还讨论了《易经》对天、地、人的来源的解释,以及朱子所论“三魂六魄”,又认为孔子在《大学》中所论的大学之道,似乎已有大乘佛学的思想,尤其是“至于至善”之语,所指与佛徒修行的目标即成佛无异。四是儒家的修行规制。儒生先习“四书”,通达者可称“先生”,再研“五经”,可得秀才、状元等名位。学“四书”和“五经”而成博学之士,再习治理之术,就可出仕为官,辅佐朝廷,治理万民。也有不少精通典籍之人,既不愿做官为宦,也不愿经商务农,而是隐居乡里,惟思经史之义,间或授徒讲学,事少寡欲地度过一生。五是儒家对佛教的认识与态度。孔子似乎是景仰释迦牟尼的,但其所著之书从未谈论佛教的优劣。后世儒家,唯有朱子之书对佛法辈加赞扬,而周子(周敦颐)等则非难佛教徒不敬父母、君王,这自然遭到三世土观活佛的反驳。

关于道教,土观活佛仍从其源流入手,称道教的始祖为老君,有人老君与神老君之分:神老君即太上老君,人老君即老子。太上老君在天地初成时出世,八十一次化为人身,老子即其中之一,其出生年代与孔子略同。道教由太上老君传出,由其化身的老子和元始天尊广布人间,主张无形、无色、无上和自然大道之说。道教崇拜的神灵很多,既有五狱的山神,又有四渎河神和风、雨、雷电之神。为供祀这些神灵,需要做各种法事。在作法事时,要念诵净身、净口、净舌等咒语,沐浴斋戒,同时还要调息运气、凝神定气。道教还有八仙,以及具有很大法力并镇伏了很多非人邪怪的张天师。道教的修行需大量采用药物、秘方,以及各种修炼天神和神仙所传明咒的法术传授。道士亦分在家与出家两类。

三世土观把中原佛教明确区分为天竺传入和藏地传入两类。由天竺传入者,指的是佛教主要经西域传入中原地区后,不断吸收儒、道文化而形成的汉传佛教。土观活佛先是参照《汉区佛教源流记》,简略梳理汉传佛教的源流:西周昭王时,佛降诞并授记佛法将在千年后传入中原;东汉明帝"永平求法""白马驮经",是为佛教传入中原之始;魏晋南北朝,不少域外高僧来华译经弘法;隋、唐、宋三朝皆对佛经编目;元世祖时,对勘藏汉佛经,重定目录。在梳理汉传佛教的源流后,作者从法脉传承、著名高僧、主要经典、教义与教规及修行方法等方面,逐一解说律宗、密宗、广行宗、深观宗和禅宗等五大宗派的教义思想和传承,其中对广行宗、深观宗和禅宗的阐述颇详。由藏地传入中原的佛教,指的是蒙元以来藏传佛教在中原地区的传播。当然,作为格鲁派僧人,三世土观对萨迦、噶举及本教等派在中原的活动只是列举一二,而重点叙述的还是格鲁派在内地的活动,以及中央王朝对达赖喇嘛、班禅额尔德尼、章嘉、嘉木样、土观等各大活佛系统的敕封与管理。

二、三种藏文史籍有关中原历史文化记载的价值与意义

藏文史籍的中原书写,由来已久。吐蕃时期遗留下来的一些古藏文写卷和金石文献,以及12至13世纪的一些伏藏文献,都在叙及吐蕃佛教发展史及吐蕃与周边关系时对中原(主要是唐朝)有所涉及,元代后期的《红史》则首次用专门的篇章来讲述中原王朝的历史,其做法为元明时期诸多藏文史籍所沿袭,形成了从结构到内容都相当稳定的"汉地王统记"叙事传统。[①]《汉区佛教源流记》《如意宝树史》《土观宗派源流》对中原史实的记载方面,较之前代藏文史籍,尤其是元明时期的诸多藏史名著,已有多方面的突破,在相当程度上

① 张云、曾现江:《藏文史籍有关中原史实的记载及其研究价值》,《西南民族大学学报》2012年第5期。.

克服或弥补了藏文史籍中原书写长期存在的诸多缺陷与不足,并在汉蒙藏等多民族文化的交流、对话上具有独特的价值和意义。

1.对中原王朝历史的叙述摆脱了佛教史观的束缚

以往的藏文史籍叙述中原王朝历史的“汉地王统记”,都是以释迦牟尼诞生之时(即中原佛教界所主张的周昭王二十四年)作为中原历史的起点,且所记周代至唐朝以前的中原王统更替,仅仅是夹杂于佛教在中原地区的发展史,甚至是后世佛教所传“众像之始”的优填王旃檀瑞像从印度经西域,再到中原各地的流传史之中,直到唐初以后的中原王朝历史,才引用了一些藏译《唐书·吐蕃传》等相关内容。此类“汉地王统记”,从体例到内容,基本上是都因循照搬《红史》,实际上是一个佛教史观主导下的近乎封闭的书写传统。[①]《汉区佛教源流记》及《如意宝树史》所记中原历史,虽然仍然具有一些“汉地王统记”叙事特征,如对历朝的帝位传承及帝王在位年数的重视,但显然已跳出窠臼,不仅是以“三皇五帝”作为中原历史的开端,而且将中原的王统历史置于中原佛教史之前,从而将其从佛教史叙述体系中抽离了出来。

2.记载范围的扩大及内容系统性方面的突破

三种藏文史书所记内容更加丰富和全面,除元明时期藏文史籍传统的“汉地王统记”所主要呈现的中原王朝的更替及历朝的帝王世系外,还对中原的地理、行政区划、民俗等方面都有所涉及,尤其是有关中原宗教文化的记载,涉及的内容相当广泛和丰富,大多是前代藏文史籍所没有的。清代以前的藏文史籍几乎不载儒、道二家,即便是中原佛教,所记内容也相当狭窄有限,这不仅体现在叙述吐蕃历史时只是间接提及中原佛教的一些零散事项,纵然是《红史》等书的“汉地王统记”,也只是插叙一些从周昭王时卜知佛祖降诞到初唐时期与中原相关的佛教史故事。众所周知,中原地区历史悠久,文化源远流长,博大精深。春秋战国时期已蔚为大观的诸子百家争鸣,历汉、晋、唐、宋,逐步形成儒、道、释三家鼎足并立、互融互补的基本格局,共同构成了中原文化的主干。上述三种藏文史籍,尤其是《土观宗派源流》,对中原儒、道、释三家初步构建起具有高度概括性的阐释体系,并旁及诸子及中原的各种发明创造与文化成就,实不啻为中原文化的基本面貌勾勒出了一个大体轮廓,这在藏文史学发展史上无疑是非常重要的成就。

① 张云、曾现江:《藏文史籍有关中原史实的记载及其研究价值》,《西南民族大学学报》2012年第5期。.

3.在内容的客观性与准确性上的突破

10世纪末叶以来的藏文史籍，由于形成于佛教在藏区社会上占据统治地位的时期，且大多出自佛教学者之手，故其内容多侧重于宗教阐述，视佛教的兴衰为历史发展的主轴，其中有关中原的记载，则多以神话、传说与史实相互杂糅混同，模糊、混沌不清，且富有神化色彩，不乏虚构、想象与附会，失实之处颇多，即便是《红史》以来各书专门记载中原的“汉地王统记”，也不乏一些充满神迹的内容。然而，《汉区佛教源流记》等书在论述中原时，虽仍立足于佛教本位，但却能够在一定程度上弱化佛教史观，采取相对客观和理性的态度，在准确把握中原文化主干由儒、道、释三家共同构成这一总体格局的基础上，以相对包容、平等的视角逐一记载。虽然这三种藏文书籍的中原记载内容非常广泛，涉及中原历史文化的许多方面，但穿凿附会相对较少，除个别地方略存理解上的偏差外，绝大部分都契合于中原传统的认知范畴，体现出了较高的准确性。

在三种藏文史书中，《土观宗派源流》还尤其注意辨析和厘正藏地有关中原文化的一些误解、偏见，乃至错误。作者多次从藏语与汉语发音差异的角度，分析诸如孔子、周公、神农、文王、八卦、九宫等一些重要文化词汇传入藏地后所发生的称谓变异，从而对一些传统的错误认识给予澄清。如他认为，汉语习称圣贤为“神仙”，但“仙”的藏语发音被讹为“辛”，于是被尊为神仙的道教始祖老君就被藏人误以为是本教的教主辛饶。土观活佛还着重驳斥藏地视孔子为神变之王或善于工巧的能人，称这“全是暗中摸索之语”，又指有关“河图洛书”的一些附会之说“实为臆造的无稽之言”，许多关于八卦及十二属相来源的说法更是不值一驳的“邪说”，而不少有关中原历算之学起源的看法也是没有依据的。在谈到中原医药时，土观活佛指出，藏医源自中原而非印度，如藏医的经内五行，就并非印度所说的地、水、火、风、空，而是中原五行的木、火、土、金、水。他还指出，藏传佛教关于著名僧人帕当巴桑杰为汉地禅宗祖师达摩的种种说法，同样是缺乏依据的附会之辞。

4.对以往藏文史籍中常见的一些有关中原的误解进行反省

《汉区佛教源流记》和《土观宗派源流》都对以往藏文史籍中常见的一些有关中原的误解进行了深刻的反省，其中最值得珍视的无疑是两书作者对汉地佛教是所谓“顿门”教法的理解。长期以来，藏地对汉传佛教的认识，在很大程度上是与“吐蕃僧诤”联系在一起的。所谓“吐蕃僧诤”，据有后弘期第一部史书之称的《拔协》记载：桑耶寺落成后不久，汉地和尚摩诃衍那所传授的“顿悟”之法，受到大多数吐蕃信众的追随，故引起了主张“渐悟”的印度僧人及其支持者的不满，赞普墀松德赞于是请来梵僧莲花戒，令其与摩诃衍那分率僧众，就双方见地之高下优劣展开辩论，结果莲花戒获胜，渐悟之法成为吐蕃佛法正宗，顿悟之法则被禁止，摩诃衍那亦被逐出吐蕃。[①]虽然大量现代学术研究成果都证明，《拔协》的上述记载并非历史真实，而是对吐蕃僧诤历史场景的虚构，然而后世藏族史家不仅沿袭其说，而且还进一步妖魔化描写，直到把汉地和尚说成是谋害莲花戒的刽子手，视顿悟之法为异端邪说，汉传佛教则被贬称为“顿门”教法、“和尚之教”，遭到轻视，从而对汉藏文化的深层次交往与平等对话造成了相当程度的不利影响。[②]面对这种根深蒂固的传统认识，贡布查布、土观活佛以其卓识与勇气，不但对中原佛教予以系统论述，而且还进一步就藏传佛教传统有关“顿门”与“渐门”“和尚之教”等认识展开极具针对性的辨析。贡布查布指出，“顿门”与“渐门”都是佛教的修行方式，只是汉僧摩诃衍错误的将“顿门”作为所有凡夫俗子共同的修行之法，但摩诃衍那并不能代表汉地佛教[③]。三世土观活佛在查布查布所论的基础上，进一步认为：首先，顿悟与渐悟，不过是在引导弟子方法上的差别，藏地史书将二者视为不同的宗派，实属错误；其次，汉地禅宗与藏传佛教噶举派一样，都传承的是“大手印”教法；其三，至于汉地和尚摩诃衍那，其言论虽有所不妥，但并非汉地禅宗的全部主张，更不能代表整个汉传佛教，故“不可只就一和尚所言有误，便认为一切和尚之见皆是邪计”。[④]如此见解，虽然并未完全摆脱“吐蕃僧诤”叙述传统的影响，但无疑是10世纪末叶以来藏传佛教界对汉传佛教所做出的最大限度的“辩护”，这对于汉藏佛教——乃至汉藏文化的平等对话与深入交流所具有的重要意义自然是不言而喻的。

5.在多民族文化的交流、对话与融合及认同上具有独特价值

首先，作为教法史范畴的藏文史书，各书都关注汉藏文化交流——不仅是对元代以来藏传佛教在中原地区的传播给予一定的记载，而且对中原文化

① 拔·塞囊：《拔协(增补本译注)》，佟锦华，黄布凡，译注，成都：四川民族出版社，1990年，第48-55页。

② 沈卫荣：《西藏文文献中的和尚摩诃衍及其教法——一个创造出来的传统》，(台北)《新史学》2005年第1期。

③ 贡布嘉：《汉区佛教源流记》，罗桑旦增，译，北京：中国藏学出版社，2005年，第148页。

④ 土观·罗桑却吉尼玛：《土观宗派源流》，刘立千，译注，北京：民族出版社，2000年，第213-214页。

在藏区的传播及其社会影响也有所分析。其次，各书在力求概括性的介绍中原文化的同时，还从自身的文化本位出发——当然主要是站在藏传佛教的立场与价值观上，就中原儒、道、释及列子、墨子、庄子等诸子的思想与主张展开评论，并将其与藏传佛教做对比，探讨汉藏文化的共性与相互契合之处，得出了不少独特而不乏深入、富有启迪性的看法，这对于探讨清代蒙藏学者的中原观来说，无疑具有重要价值。其三，《汉区佛教源流记》和《如意宝树史》对从三皇五帝直至元明清的历史叙述，以及将"传国玉玺"传说贯穿于其中，都充分证明：在查布查布等蒙藏精英看来，无论是蒙古人建立的元朝，还是满洲人建立的清朝，与秦汉隋唐宋明一样，都是中原王朝历史序列的组成部分，而并非当今兴起于美国的"新清史"所谓超越于"中国王朝"的"内亚帝国"。

还值得一提的是，贡布查布和松巴堪布·益西班觉都出生自蒙古贵族之家。早在13至14世纪，蒙藏关系就已经相当密切。明末清初，以格鲁派（黄教）为代表的藏传佛教在蒙古各部迅速而广泛的传播开来，取代传统的萨满信仰，成为蒙古社会占据主导地位的宗教信仰。随着藏传佛教的传播，蒙古高僧、学者的藏文撰述也逐渐增多，其中不少是传承藏文历史编纂学传统的历史著作。[①]仅就清代藏文史籍有关中原历史文化的记载来看，贡布查布和松巴堪布·益西班觉等蒙古学者不仅对藏文历史著作的撰述范式已非常熟悉，而且能够赋予一定的创新，进而影响到藏文史学的发展，蒙藏文化交流、交融的程度由此可见一斑。

三、三种藏文史籍能够较为系统地阐释中原历史文化的原因

贡布查布、松巴堪布·益西班觉、土观·罗桑却吉尼玛之所以能够突破前代藏文史书有关中原史实记载的种种局限，对中原历史文化展开较为系统和客观的阐释，这既有赖于他们的个人学识，更与特定的社会环境有关。

清王朝有"兴黄教，即所以安众蒙古"之策，重视藏传佛教在维系国家统一与民族地区社会稳定方面的积极作用，力求将其吸纳进统治架构之中，不少藏传佛教高僧获任各级官职，在北京等地长期驻锡，这不仅密切了蒙藏地区与中原的联系，也在客观上促进多民族文化的交流与对话。特别是乾隆时

① 乌力吉：《拥有藏文文集的蒙古族著名学者》，《中国边疆史地研究》1996年第3期。

期，清王朝统治稳定，经济繁荣，统一多民族国家的巩固和发展程度超过了历代，满汉蒙藏等多民族文化的交流与融合也相应地达到了前所未有的高度，《汉区佛教源流记》《如意宝树史》《土观宗派源流》等藏文史书的中原书写，很好地反映了这一情况。

从史料传承看，《如意宝树史》和《土观宗派源流》的中原记载都不同程度地沿袭了《汉区佛教源流记》的相关内容。换言之，松巴堪布·益西班觉和土观·罗桑却吉尼玛乃是较早认可、接受并进一步传播布贡布查布的中原历史文化的认知的藏传佛教高僧，而这与二人都是佑宁寺的活佛高僧不无关系。位于今青海省互助土族自治县境内的佑宁寺原称“郭隆寺”，系由出身于土默特蒙古的四世达赖喇嘛云丹嘉措在17世纪初所遣高僧主持创建。明末清初，游牧于天山南北的和硕特蒙古南下占据青海，控制西藏地区，支持格鲁派在藏传佛教教派中取得优势地位，郭隆寺亦由此获得迅速发展，到清康熙时期已有章嘉、土观、松巴等大小活佛20余位，僧人逾7000名，院落2000余所，属寺49座，被誉为“湟北诸寺之母”。[①]佑宁寺地处汉、蒙、藏、土等多民族接触、过渡地区，故能够在明清时期的多民族、多文化关系格局中承担桥梁和纽带功能。此种功能在清王朝“兴黄教，即所发安众蒙古”之策实施过程中，更被该寺的章嘉、土观、松巴等活佛充分发挥出来。其中最具代表性的当属著名的章嘉活佛。从第二世起，历代章嘉皆获封“国师”，不仅负责掌管京城及内蒙古地区的藏传佛教，而且是清廷治理蒙藏地区的重要咨询对象，更在汉、满、藏、蒙等文化的沟通上贡献卓著。撰写《如意宝树史》的三世松巴和撰写《土观宗派源流》的三世土观都曾在内地任职、活动。在《如意宝树史》成书前，三世松巴·益西班觉先是于乾隆二年(1737年)赴京参与校对汉地印制的藏文经籍，获授“额尔德尼班智达”的称号；乾隆七年(1742年)再次赴京，再前往五台山居住3年。[②]三世土观前后三次奉诏入京，受封“驻京呼图克图”职衔与“净悟禅师”名号，参与乾隆时期沟通汉、满、蒙、藏文化的《四体清文鉴》《满文大藏经》等大型书籍的编纂。[③]入京供职和在内地的活动，使得贡布查布、松巴堪布·益西班觉和土观·罗桑却吉尼玛等得以直接学习和观察、体悟中原

① 韩儒林:《青海佑宁寺及其名僧》,《边政公论》1944年第3卷第1、4、5期。

② 曾国庆、郭卫平:《历代藏族名人传》,拉萨:西藏人民出版社,1996年,第280-283页。

③ 张世杰:《佑宁寺名僧土观第三世和松布第三世生平述略》,《青海民族研究》1991年第2期。

文化。如三世土观供职京师期间，于繁忙的政教事务之余，不仅与周围士人切磋请益，而且还在通晓汉语，却不谙汉文的情况下，请他人代为诵读汉文典籍，来进一步印证和加深对中原文化的理解。[1]概括言之，贡布查布、松巴堪布·益西班觉、土观活佛之所以能够对中原文化做出较为系统的阐释，乃是清代多民族文化交流与融合向深层次发展的大势使然。

---

① 土观·罗桑却吉尼玛:《土观宗派源流》，刘立千，译注，北京:民族出版社，2000年，第209-210页。

劳动、闲暇与“耗费”:《禄村农田》的启示

付来友[①]

摘　要:长期以来,关于小农行为的逻辑存在着理性主义和道义小农的争论。在这些争论中,人类学家的资料搜集工作发挥了重要作用,但是中国人类学学者的早期研究对这些争论的意义尚未得到足够重视。通过对《禄村农田》资料的分析发现,“生存经济”“原初丰裕”和所谓的“理性小农”均可以在恰亚诺夫的劳动—消费均衡框架下加以理解。这些不同的现象是以消费满足为目的的生产行为受阶级地位、资源禀赋、市场经济等因素影响的不同变化形式。费孝通对“消遣经济”的分析和恰亚诺夫的劳动-均衡论有着基本的假设,但是比恰亚诺夫更进一步,费孝通将劳动、闲暇、消费与文化因素联系在一起,为发展一种关于“耗费”的文化分类学提供了可能。

关键词:小农;禄村农田;消费

在以《江村经济》作为博士论文获得学位之后,费孝通立即回国,取道越南返回昆明。到达昆明仅仅两个星期,他便前往禄村展开调查。作为《云南三村》之一的《禄村农田》成为费孝通进行中国农村类型学比较的第二本著作。虽然《禄村农田》不及《江村经济》影响巨大,但是相比江村的研究,禄村的研究问题更为聚焦,资料也更为细致。禄村与江村相比,还是在受现代工商业影响的初期,为观察“传统”的农村社区生活及农民的行为提供了一个典

① 作者简介:付来友,历史学博士,学西南大学历史文化学院 民族学院讲师,主要研究方向:经济人类学。

型案例。本文试图通过对《禄村农田》的阐释,对关于小农行为的理论争论进行回应。

一、关于小农行为逻辑的争论

关于传统小农的行为逻辑存在着理性主义和道义小农的争论。道义小农理论滥觞于恰亚诺夫(Alexander Chayanov)的《农民经济组织》一书。这一著作初版于20世纪20年代,其主要的理论贡献是突破了经济学中利润最大化的逻辑分析小农的行为,提出了劳动—消费均衡的观点。恰亚诺夫认为小农的生产是以满足消费需求而非追求利润最大化为目的,小农的劳动投入会在主观感受到的劳动辛苦程度与家庭消费需求满足程度相等处达到均衡。恰亚诺夫在书中绘制了一幅图来表示这一均衡点,图中劳动的边际辛苦程度随着收入上升而上升,收入对消费需求的边际满足程度则随着收入上升而下降,两者的交点即是小农劳动投入的均衡点。[①]

与恰亚诺夫的观点密切联系的另外一种观点是,在传统农业社会中存在着大量的“隐性失业”人口。刘易斯(W. Arthur Lewis)的“二元经济论”就是以这一判断作为前提展开,人口相对于土地过于拥挤使得一部分人口边际生产率很小甚至趋近于零,这才使得工业化发展初期劳动力的“无限供给”成为可能。[②]黄宗智的农业“过密化”的观点也受到了恰亚诺夫的影响。资本主义企业会在边际报酬等于工资水平时停止在农场上的劳动投入,因为如果继续投入劳动,雇工给农场主带来的报酬将低于农场主支付的工资,农场主就会亏损。而自雇佣的小农在这一均衡点之后会继续投入劳动,因为在生存压力驱使下,继续投入劳动对需求满足来说显然是有利的。[③]这种农业“过密化”可以看作是“隐性失业”较弱的表现形式。只要小农劳动投入的机会成本上升,也即城市化的发展导致非农就业机会增多,那么在农业生产上“过密”的劳动投入也可以转化为“无限的劳动供给”。

舒尔茨(Theodore W. Schultz)在《改造传统农业》中的观点与以上两种观点均有所不同。舒尔茨以人类学家研究的危地马拉和印度两个农业社区的

① [俄]A.恰亚诺夫:《农民经济组织》,萧正洪,译,北京:中央编译出版社,1996年,第54页。

② [美]阿瑟·刘易斯:《二元经济论》,施炜,谢兵,苏玉宏,译,北京:北京经济学院出版社,1989年,第2-4页。

③ [美]黄宗智:《华北的小农经济与社会变迁》,北京:法律出版社,2014年,第7页。

案例作为支撑[①]，认为传统农业社会"十分贫穷而有效率"，而且并不存在隐性失业，"每一个愿意工作并能做一些工作的劳动力都就业了"。[②]遗憾的是，舒尔茨未明确提出一种小农的行为模型，他的这些描述对一个"糊口经济"的或"过密化"的传统农业社区或许同样适用。在人多地少的情况下，生产要素必将会得到充分利用，而为了维持生存，人们必然会想尽办法获取各种形式的收入，即使这些收入多么微薄，然而以此来说明人们实现了充分就业则有些牵强。为了生存，农民当然会斤斤计较每一个"便士"，这并不意味着农民的行为逻辑是资本家式的，而恰恰相反，这可能是一种"过密化"的体现。

波普金(Samuel L. Popkin)关于"理性小农"的论述主要是在与斯科特(James C. Scott)等人的"道义经济"对话基础上展开的。斯科特认为东南亚的小农处于生存的边缘，从而引出了一系列关于农民作物选择以及地主-小农关系的结论。出于生存考虑，农民会选择收入低但更稳定的作物，会更偏向于分成地租，地主也会对佃户承担更多的道义责任。[③]斯科特借鉴了波兰尼(Karl Polanyi)、沃尔夫(Eric R. Wolf)等人的观点，与恰亚诺夫相比他关于农民"道义经济"的论述要走得更远，这也使得他的结论处于更容易被攻击的地位。波普金认为关于农民行为的"道义经济"假设过于浪漫化，实际上农民生活中存在大量的投资和博弈行为，面对不同的选择农民会做出"理性"的决定。[④]

在这些争论中，人类学的田野调查资料发挥了重要作用，这些争论也反过来影响着人类学的研究。恰亚诺夫的理论成为经济人类学中实体主义学派的理论来源，而舒尔茨的理论也多借鉴人类学家的资料。遗憾的是，中国人类学早期农村研究的丰富资料没有在这一争论中发挥应有的作用。本文试图以费孝通的《禄村农田》中的资料为例，分析禄村村民的行为逻辑，从而对这一争论的某些方面做出回应。

---

① 即索尔·塔克斯(Sol Tax)的《一个便士的资本主义》和戴维·霍珀(W. David Hopper)的《中印度北部农村的经济组织》。

② [美]西奥多·W.舒尔茨：《改造传统农业》，梁小民，译，北京：商务印书馆，2011年，第35页。

③ [美]詹姆斯·C.斯科特：《农民的道义经济学：东南亚的反叛与生存》，程立显、刘建，等译，南京：译林出版社，2013年，第37、59、242页。

④ Samuel L. Popkin. The Rational Peasant: The Political Economy of Rural Society in Vietnam. Berkeley: University of California Press, 1979. P.17-31.

二、阶级分化与“隐性失业”

《禄村农田》中费孝通提出了“消遣经济”的概念。[①]这一概念的提出实际上可以与传统农业社会是否存在“隐性失业”这一问题联系起来。而要将两者联系起来,还需要引入阶级分析的视角。

在理性小农和道义小农之外,黄宗智的主张是将马克思主义对小农的描述考虑进来,形成对小农的一种综合全面的理解[②],但是他没有将阶级关系和“隐性失业”问题联系在一起。黄宗智认为舒尔茨将劳动力过剩等同于劳动边际报酬为零,实际上在进行一种“辩论游戏”,农村“隐性失业”是以“过密化”的形式体现出来的。[③]实际上如果考虑到阶级关系,我们可以对舒尔茨做出更为彻底的反驳。农村中确实存在劳动边际报酬为零的人口,即地主阶层。

费孝通对禄村“有田者脱离劳动”的描述让人印象深刻,他将禄村的人分为两种,一种是农闲时不用劳作的,一种是农闲时依旧要劳作的。但他又发现:

> 后来,我们住久了,知道那些农闲时可以蹲在街边抽烟谈笑的,农忙也忙不了他们,至多在掼稻时,换个地方蹲蹲,不在街旁而在田岸上罢了。那靠农闲时背老盐的,农忙时忙的更凶。农民有闲忙之别,在禄村这条界限也许特别明显。[④]

从费孝通的描述可以看出,在禄村劳作和闲暇并不是均等分配的,有田者可以退出劳动,占有更多的闲暇,无田者则需要付出更多劳动,拥有很少的闲暇。有闲者的存在说明相对于土地来说,劳动力是过剩的。人口中的一部分进行劳动就可以耕种全部的土地,并养活全部的人口。相对于土地的人口过剩造成的“隐性失业”以有田者退出劳动的形式表现了出来。无田者或少田者的劳动力不仅仅能够耕种他们群体本身的土地,他们尚有余力耕种有田者所占有的土地。有田者仰仗无田者的劳动过活,因而就可以退出劳动。这部分劳动力的退出减少了实际在土地上劳作的人口数量,从而使得实际参与

① 费孝通、张之毅:《云南三村》,北京:社会科学文献出版社,2006年,第110页。

② [美]黄宗智:《华北的小农经济与社会变迁》,北京:法律出版社,2014年,第6页。

③ [美]黄宗智:《中国小农经济的过去和现在——舒尔茨理论的对错》,《中国乡村经济》第6辑,2009年。

④ 费孝通、张之毅:《云南三村》,北京:社会科学文献出版社,2006年,第42页。

劳动的人口人均耕种的面积增加。

再进一步的分析我们还会发现，这种劳动和闲暇的分配并不是以村庄社区为单位进行的，而是跨社区的。费孝通探讨禄村劳力自给的可能性，认为只有在“整理农田”这一环节中禄村的劳动力会出现短缺，但是这种短缺得到了外来季节性劳工的补充。由于农作参差期的差异，禄村的农忙季节并不一定是周边地区的农忙季节，周边一些地区的农民就会利用农作期的差异到禄村做短工，但禄村的人并不会到其他地方去做工。禄村的人均土地更多，地也更肥，季节性劳工来源地则人均耕地少，地又贫瘠，难以养活当地的人口，所以这种流动就成了单向的。[①]这种劳动力的跨社区流动也造成了闲暇分配的跨社区调剂。周边地区过剩的劳动力本来应该处于一种“隐性失业”状态，但是他们的流动将这种劳力的过剩转化为了禄村有田者的闲暇。据费孝通估算，禄村实际全部脱离农田劳动的男子，可以在百分之三十之上，部分脱离劳动的为数更多。[②]

在《改造传统农业》中舒尔茨反驳P.N.罗森斯坦-罗丹（P.N. Rosenstein-Rodan）和阿瑟·刘易斯等人对东欧、东南欧和印度地区农村存在25%“隐性失业”的估计。[③]从禄村的情况来看，“隐性失业”的人口比重要更高。舒尔茨认为小农社会中不存在零价值的劳动，所有人都会辛勤劳作。从禄村的资料来看，他的立论显然是经不起推敲的。禄村的情况是，总人口中分化成了两类：一类是无田者，他们勤勉地劳动，“每一个便士都要计较”[④]，但这种汲汲于利益的行为不是资本家式的追求利润，而是为了满足处于贫困边缘的生计；另外一类则是有田者，他们则符合舒尔茨所反驳的农业社会中人们“游手好闲”的看法。有田者的“游手好闲”实际上是人多地少导致的劳动边际报酬下降的一种转化形式。

禄村的资料让我们看到了“隐性失业”人口所存在的真实状况。黄宗智认为家庭农场生产“过密化”原因在于家庭无法“解雇”自己的家庭成员，因而只能将多余的劳动力投入到有限的土地上。[⑤]这种从单个家庭展开考虑的视

① 费孝通、张之毅:《云南三村》，北京:社会科学文献出版社，2006年，第76页。

② 费孝通、张之毅:《云南三村》，北京:社会科学文献出版社，2006年，第93页。

③［美］西奥多·W.舒尔茨:《改造传统农业》，梁小民，译，北京:商务印书馆，2011年，第48页。

④［美］西奥多·W.舒尔茨:《改造传统农业》，梁小民，译，北京:商务印书馆，2011年，第39页。

⑤［美］黄宗智:《华北的小农经济与社会变迁》，北京:法律出版社，2014年，第58页。

角忽视的人口的流动性。正如禄村周边土地资源较少的地区一样，家庭中富余的劳动力并没不会将所有劳动力投入到有限土地上直到边际报酬为零，而是积极地开始流动到土地资源更多的家庭或者社区打工，从而提高自己劳动的边际报酬。伴随着这种人口的流动，相对于土地的劳动剩余就转化为了有田者的闲暇。因而“隐性失业”不仅仅表现为实际参与劳动者的“过密化”生产，还表现为部分人口可以依仗土地的收益退出劳动。阶级剥削导致了有闲阶层的存在，构成了“隐性失业”的一种重要表现形式。

三、“生存经济”与“原初丰裕”

20世纪60年代，一系列“重新发现”的恰亚诺夫的著作出现，其中斯科特的《农民的道义经济学》和萨林斯（Marshall Sahlins）的《石器时代经济学》影响最为广泛。虽然斯科特和萨林斯均从恰亚诺夫那获得理论灵感，但是两人却揭示出了两种大相径庭的现象。斯科特笔下的农民是一种“生存经济”的状态，而萨林斯笔下的部落则处于一种“原初丰裕”的状态。

“生存经济”和“原初丰裕”的差别不仅仅可以在不同社会中出现，也可以在同一社会中不同群体人身上出现。禄村的无田者实际上就处于一种类似“生存经济”的状况，而有田者则处于一种类似“原初丰裕”的状况。

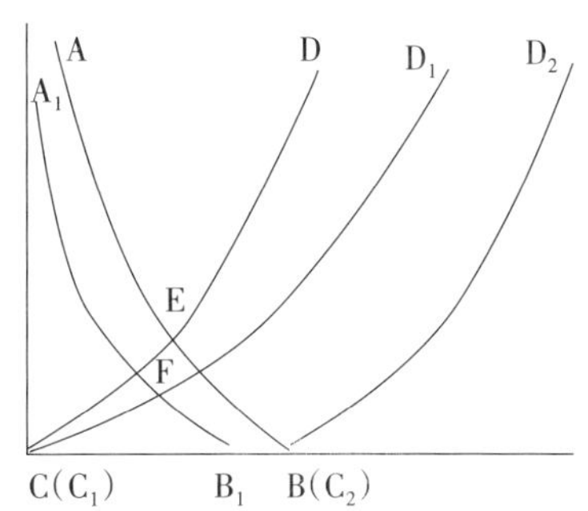

“生存经济”和“原初丰裕”虽然看似两种迥异的现象，但是两种状态实际上都是劳动—消费均衡的不同表现形式。为了方便起见，我们将恰亚诺夫的劳动-均衡模型图呈现如右图。其中横坐标表示收入，纵坐标表示劳动的辛苦程度或收入的效用满足程度。AB表示禄村村民生活水平下最后一单位收入的需求效用满足随着收入增加而下降的曲线（下文简称“需求满足曲线”）。CD、C_2D_2分别表示禄村无田者、禄村有田者的最后一单位收入的劳动辛苦程度随着收入增加而上升的曲线（下文简称“劳动辛苦程度曲线”）。同样，曲线A_1B_1表示萨林斯所描绘的“原初丰裕”社会的需求满足曲线，C_1D_1表示“原初丰裕”社会中的劳动辛苦程度曲线。

从图中可以看出，禄村无田者的需求满足曲线与劳动辛苦程度曲线相交于E点。此时劳动者最后一个单位收入付出的辛苦程度正好抵消这一单位收入所带来的效用，下一个单位的收入所带来的辛苦程度将会大于其带来的效用，所以劳动者会在E点停止劳动投入。E点所对应的横坐标值就是他的收入水平。对于依靠土地经营不劳而获的有田者来说，他们在辛苦程度为零的情况下就能得到比没有田的雇工还要高的收入，所以他们的劳动辛苦程度曲线要大大向右移动（C_2D_2），并与需求满足曲线在横坐标上相交（B点）。这一点所对应的收入要高于无田雇工的收入（即E点对应的横坐标值），并且不用投入任何劳动。

我们再看萨林斯所谓的“原初丰裕”社会中的均衡状况。在一个“原初丰裕”社会中，人们只要很低的物质水平就能够得到满足，因而其需求满足曲线要更靠右，即图中的A_1B_1。正如费孝通所指出的，每年禄村只需要三分之一的米产已够全村人民的消费，其余三分之二用来换取其他的消费品。[①]对于处于“原初丰裕”社会中的人来说，可能仅仅需要三分之一的产量就够了。另外“原初丰裕”社会的出现跟当地的资源禀赋优势也有关，人们只需要付出很少的劳动就能够获得足够生计来源，因而其劳动辛苦程度曲线C_1D_1要比CD更为平缓。A_1B_1和C_1D_1的交点为F点。这一点从绝对意义上来说，比一个农民社会的无田者或少田者的生活水平更低，因为“原初丰裕”社会中的人们除了温饱之外可能别无他求。但另一方面，为了满足这一需求，他们可能要比一个小农付出更少的劳动，有着更多的闲暇。

可以看出，不同社会的资源禀赋不同，社会文化所认定的消费水平不同，劳动辛苦程度曲线和需求满足曲线的走向和位置也不同，从而形成不同的均衡点，进而造成了“生存经济”和“原初丰裕”的差异。在像禄村这样的农业社区，有田和无田的区分影响了劳动辛苦程度曲线的位置，在同一个社区内部造成了收入和闲暇分配的不均。

在本文第一部分中我们提到波普金将小农看作是理性的，实际上与恰亚诺夫的劳动—均衡论并不冲突。波普金认为小农也会有投资和博弈的行为，而不是仅仅以生存为目的进行保守的行动。小农会试图通过获取高收入和更稳定的地位以获取长期的安全保障，这通常意味着争取从雇工到佃农到小

① 费孝通、张之毅：《云南三村》，北京：社会科学文献出版社，2006年，第59页。

农到地主的向上流动。[①]这种从雇工到地主的地位流动过程在上图中就表现为劳动辛苦程度曲线从左往右的移动。在这一流动过程中农民的决策可能是富有“理性”的，从这一意义上来说波普金的“理性小农”观点不无道理。但是雇工可能一辈子都是雇农，佃农可能一辈子都是佃农，在他们固定的阶层处境中，他们的决策可能更多是趋向于生存保障而规避风险的。

四、文化与“耗费”

上文从恰亚诺夫的劳动—消费均衡模型中分析了禄村有田者和无田者的行为逻辑。费孝通的本人解释与恰亚诺夫劳动—均衡论实际上是有着相同的基本假设。比恰亚诺夫更进一步的是，费孝通试图从劳动和消费均衡的基本假设出发，解释更宏观的文化现象。

费孝通说道：“人类的行为可以很明白地分为两类：一类行为的目的是在忍受现在的痛苦创造将来可以享用的效用；一类行为是享受的本身。前者是生产行为，后者是消费行为。”[②]这实际上就是恰亚诺夫模型中的劳动和消费两个方面。费孝通继续说道，如果将享受的行为推迟到来世，用今生的辛苦去换取来世的幸福，这种快乐主义就蜕变成了宗教中的苦修主义。通过减少欲望，清心寡欲来达到均衡则变成了禁欲主义。[③]如果转化到上图中，苦修主义就表现为需求效用曲线的往右移动，禁欲主义就表现为需求效用曲线往左移动。苦修主义者辛苦劳动，因为劳动对他们来说能产生极大的效用——换取来世的幸福。禁欲主义者则相反，他们通过减少欲望来避免辛苦的付出。

可以看出，费孝通借鉴韦伯(Max Weber)等人的观点，将个体意义上劳动与消费的均衡关系扩展了到了宗教领域，从而将个体行为与宏观的社会文化因素联系在了一起。虽然文化因素的存在改变了劳动-消费的均衡，但是这一切仍然是建筑在“以最少痛苦换取最大快感”的一种假定上。从一定意义上来说，费孝通的论证在一定意义上填补了文化和个体行为之间的理论鸿沟，将两者统一在了一种关于痛苦和快乐的“功利主义”假定之下。

① Samuel L. Popkin. The Rational Peasant: The Political Economy of Rural Society in Vietnam. Berkeley: University of California Press, 1979. P.23.

② 费孝通、张之毅:《云南三村》,北京:社会科学文献出版社,2006年,第108页。

③ 费孝通、张之毅:《云南三村》,北京:社会科学文献出版社,2006年,第109-110页。

与费孝通的解释路径不同，法国思想家乔治·巴塔耶(Georges Bataille)则提出"耗费"概念将功利性的消费和非生产性的消费区别对待。巴塔耶认为人类的消费应该分为两个不同的部分：第一部分是简约部分，它的最低要求表现为对生命的保存，以及在一个既定社会中个人的持续性生产活动；第二部分表现为所谓的非生产性的耗费，包括"奢侈、哀悼、战争、宗教膜拜、豪华墓碑的建造、游戏、奇观、艺术、反常性行为(偏离的生产目的的性行为等等)"。第二部分的活动的目的是其行为本身，是非生产性的，"耗费"就用来指代这类活动。[①]

不论费孝通将不同行为归纳到统一的解释路径下，还是巴塔耶划分了不同的范畴，都让我们看到了宏观的文化因素对个体的劳动—消费所产生的影响，这是恰亚诺夫局限在经济领域内的分析所无法看到的。从这一意义上来说，禄村有田者的闲暇产生的原因就在于个体享乐之外的非生产性"耗费"途径的匮乏。费孝通写道：

> 当然，我们还得注意的就是为生产而生产，不是为享乐而生产，虽是资本主义经济的基本态度，可是这也不是资本主义下劳动者的信条，而只是控制这制度的资本家的企业家的精神。这些脱离了劳动的人才会走上非人本主义的极端上去。在农村中，不劳动的地主们离开劳动的经验没有太远，他们刚爬出这必须以血汗来换米粮的水准。他们不容易了解离开了享乐，生产是有价值的。[②]

新教徒的资本主义生产并非为了享乐，而是为了荣耀上帝，因而他们对财富的创造可以看作巴塔耶所谓的"耗费"，超出了一般意义上的功利主义享受的目的。这种出于宗教目的的财富"耗费"在非资本主义社会有着更为丰富的案例。比如田汝康笔下的芒市边民，所处地理环境优越，"有田有地的自不用说，一般无田无地的光棍，一样可以应付"，因为芒市"肥美的原野上，最缺的是人力，因之劳动的报酬很高。"在这种优越的自然条件下，"人们似乎都可以变成懒虫了"。但是因为要做摆，"摆夷"们并没有因为良好的自然条件而变得懒散，而是每个人都辛勤地劳作，以为做摆积累财富。[③]因为有着宗教

① [法]乔治·巴塔耶：《色情、耗费与普遍经济》，汪安民，译，长春：吉林人民出版社，2003年，第27页。

② 费孝通、张之毅：《云南三村》，北京：社会科学文献出版社，2006年，第111-112页。

③ 田汝康：《芒市边民的摆》，福州：福建教育出版社，2016年，第118-120页。

上的消耗财富的渠道，故没有出现“消遣经济”的状况。

除了宗教性的消耗，另外一种常见的财富消耗方式就是部落社会中常见的“夸富宴”，这也是巴塔耶提出“耗费”概念的重要灵感来源。当多余的财富无法用于个体的物质享受时，往往被用于个体或群体之间象征性关系的生产。“夸富宴”中慷慨赠送或损毁财富为社会中多余的生产力提供了释放的渠道。一个更为具体的例子是特罗布里恩德岛岛民的薯蓣种植。他们的主要食物薯蓣产量十分丰富，大大超出了食用所需，但是他们仍然在园艺上投入大量劳动，并将多余的薯蓣大量存储起来用于展览和炫耀。这些薯蓣最后一半都会烂掉。“囤积食物的主要目的，就是放在仓库里面作展览之用，直到它烂掉为止，然后再用一批新的来代替。”①

新教徒为荣耀上帝积累财富，芒市边民为做摆勤奋劳动，以及特罗布里恩德岛岛民为炫耀和展览种植超过需求的薯蓣，都是因为在物质享乐之外为生产找到了目的。禄村之所以出现“消遣经济”一定程度上是因为除了物质上的享乐之外，没有为生产活动找到超越功利主义的目的。费孝通将新教徒资本家的非功利主义生产与禄村的生产进行对比，准确地捕捉到了这一原因。

除了非生产性的“耗费”途径匮乏，禄村“消遣经济”产生的另外一个原因是享乐渠道的匮乏。在上述引文之后，费孝通继续写道：

> 即使，假定在农村中，有人想利用人家劳动力来增进自己的物质上的享乐，且不说，招惹人眼，有碍安全，他能得到的享乐品也很有限。在一个交通不方便，离开自给自足的经济没有太远的农村中，就是基本的日用品还有时会发生问题。……可是内地的农村中有钱要买享乐也成问题，却是很普遍的。在这种情形中，至少是很容易使人少劳作，少消费，空着时间，悠悠自得，无所事事地消遣过去。②

禄村的状况迥异于以消费为中心的现代资本主义。随着激发资本主义兴起的宗教热潮褪去，苦修主义的影响逐渐逝去，代之以纯粹的消费欲望，人

① [英]马林诺夫斯基：《西太平洋上的航海者》，张云江，译，北京：中国社会科学出版社，2009年，第120页。

② 费孝通、张之毅：《云南三村》，北京：社会科学文献出版社，2006年，第112页。

们奉行“多生产、多消费、多享受的三多主义”。[①]市场经济带来了新的消费需求，为多余的财富找到了新的消费渠道，这就意味着需求满足曲线变得更为平缓，趋近于零的速度变慢，与横坐标在更高数值点上相交。需求满足曲线的变动使得劳动-消费的均衡点发生变化。新需求产生之前，多余的收入效用很低，随着这些多余的收入有了新的消费渠道，其效用也就随之提高。这一变动意味着人们要付出更多的劳动来满足新的消费需求，多余的闲暇将会被投入生产。

然而，市场经济中不断涌现的新消费需求是否也具有“耗费”的性质呢？在鲍德里亚(Jean Baudrillard)看来答案是肯定的。鲍德里亚认为，消费表面上看似是为了“享受”，实际上却是“对享受的否认”。消费并非具有享受功能，而是具有生产功能，生产着整个社会的“符号秩序和组织完整”。人们不是在孤立地进行消费，一旦展开消费就不可避免地进入“全面的编码价值生产交换系统中”。[②]正如萨林斯所说，“人们并不仅仅生产‘住所’或‘住处’：他们生产的是一定种类的居室，是农民的窝棚，或是贵族的城堡”。[③]在基本的消费需求得到满足之后，被市场经济所激发新的消费需求这种符号生产作用就更为明显。

因而，不论是宗教性的消耗、夸富宴式的炫耀，还是市场经济的消费主义，抑或“消遣经济”，我们最好将它们看作不同的文化体系，这些文化体系设定了多余的生产能力的“耗费”渠道。劳动—消费的均衡状况在不同的文化体系中表现出差异。费孝通将禄村与资本主义生产进行跨文化的比较为超越个体意义上的功利主义分析提供了可能。这是恰亚诺夫的劳动-消费均衡模型所无法做到的。

五、总结

通过《禄村农田》的资料以及费孝通的论述我们对以下问题做出了回应。

首先是传统农业社区是否存在“隐性失业”问题。我们可以看出，禄村地主阶级的存在是“隐性失业”的一种重要实现形式，相对于土地的过剩人口以

① 费孝通、张之毅：《云南三村》，北京：社会科学文献出版社，2006年，第110页。

② [法]让·鲍德里亚：《消费社会》，刘成富、全志刚，译，南京：南京大学出版社，2014年，第60页。

③ [美]马歇尔·萨林斯：《文化与实践理性》，赵丙祥，译，上海：上海人民出版社，2002年，第220页。

有田者的闲暇表现了出来。而无田者或少田者则是要为生计付出更多劳动，他们的生产呈现了一种“过密化”状态。舒尔茨认为传统农业社区不存在“隐性失业”，劳动力都得到了充分利用，他的论点显然站不住脚。

其次是小农的行为是否是“资本家式”的追求利润最大化。禄村有田者和无田者分化证明了恰亚诺夫的劳动—消费均衡论。小农集生产者和消费者于一身，生产和消费的具体关系决定了小农的行为方式。两者的关系不同，小农的行为会表现出很大差异。在消费得到满足的情况下，小农的行为可能就是“懒散的”“不思进取的”，在消费没有得到满足的情况下，则是勤奋的，汲汲于每一个“便士”。舒尔茨关于小农资本家式的行为逻辑的描述仅适用于无田者或少田者的情况，而且他们对利益的追求最终目的是满足处于贫困边缘的生计，而非为了追求利润。波普金的观点实际上与劳动—均衡模型也并不冲突，小农的投资和博弈行为实际上是为了改变自身劳动辛苦程度曲线的位置。

最后是文化与个体行为的关系问题。恰亚诺夫的劳动-消费均衡模型虽然不同于理性主义的解释，并有着更为广泛的解释力，但这一模型的基本假设仍然是“功利主义”原则。费孝通试图将这一原则加以扩展，让我们看到了文化因素对不同社会中劳动—消费均衡关系产生的影响。因为文化的差异，劳动和消费均具有不同的含义，因而单从抽象的、去情景化的劳动-均衡模型难以解释丰富多彩的文化差异。巴塔耶的“耗费”概念在此显得更有解释力。人们忍受“痛苦”去劳动的目的不仅仅是为了“享受”，还有着因文化而异的非生产性动机。因为文化的差异，人们多余生产能力被用于闲暇、炫耀、宗教奉献、市场主义的消费等不同的渠道。费孝通的论述为一种超越个体行为的跨文化比较提供了可能。

七 史坛名宿

听徐中舒先生讲先秦史

胡长林[①]

摘 要:本文是对徐中舒先生研究式讲授先秦史的课堂教学回忆。徐先生以西周历史研究的心得,纠正和批评郭沫若主编《中国史稿》中对史料的错用和解读;解析《豳风·七月》农耕生活风情,论证西周封建社会而非奴隶社会的性质;通过对“廩”“乘”“酒”古文字的解析,阐释西周的社会经济状况,以说明古文字所蕴含的历史信息。徐中舒先生的研究式授课充满浓厚的学术气息。

关键词:批驳《中国史稿》;解析《豳风·七月》;古文字解析

徐中舒先生

徐中舒与他的研究生(1978年)

① 作者简介:胡长林,1943年生,重庆人,西南大学历史文化学院教授,硕士生导师,主要研究领域为西方古典文明,长期从事世界古代史、西方文化概论课的教学。

人至老，不免爱回忆往事，特别是回忆年轻时的事。

一日，我与刘韵叶老师闲聊20世纪60年代的大学生活，谈及四川大学历史系的名教授，知道我在大一年级时听过徐中舒先生讲先秦史，他非常感兴趣。他是先秦史专业毕业的研究生，徐先生是先秦史的学问大家，羡慕地说能听徐先生亲自授课是非常幸运的事，这是一般历史专业的学生不可遇也不可求的学习经历，鼓动我把听徐先生讲课的事写出来。细想，写写也不无意义，如果写出来，一是可记录下大学期间难得的一段学习经历，再则可记录下“文革”前大学课堂教学的真实状况，于是就试着写下了这些文字。

一、大学的第一堂课

听徐先生先秦史是1962年的事，已过去50多年了，听课的内容有的至今仍留有印象，但有的多已模糊不清。

1962年，我被四川大学历史系录取，同年级有30多个同学。徐中舒何许人也？此前并不知晓，新生入学后，我是在历史系老师对新生进行热爱专业教育时才知道徐中舒之名的。作专业教育的老师向新生介绍说历史系是川大的名牌系，拥有多位国内知名的历史学家，首先就介绍了徐中舒先生。介绍他是我国著名的先秦史学家、古文字学家，早年师从国学大师王国维研学于清华大学国学院。他先后曾在复旦大学、燕京大学等校从教，抗日战争期间，受聘于四川大学任教，时任历史系系主任。老师对徐先生的介绍使同学们对这位历史学家仰慕之情油然而生的，至于他有多大的成就，有多大的学问，同学大多不甚了了，只知道他是一位学问大家。老师还告诉我们，1962级的学生是贯彻当年国家“择优录取”高考政策被录取的，因为基础好，历史系领导才决定由徐先生挂帅，配备最强的师资任课。老师还特别强调，徐先生主要从事研究工作，多年不曾为本科学生上课了，这次出马为1962级学生上课，你们应当感到幸运。专业教育时听了如此介绍，同学们对徐先生讲课都充满了期待。

徐中舒编的辞书

徐中舒先秦史论著

徐先生的课是从首讲“中国古代史”开始的，这门课是一年级的专业基础课程，学习的教材是郭沫若主编的《中国史稿》，徐先生只承担这门课先秦史这段内容的讲授。刚从中学跨入大学之门，同学们对大学老师如何讲课都怀有新奇之感，更何况是听著名历史学家讲课。

徐先生的第一堂课也是我们跨入大学之门的第一堂课，这第一堂课的情景至今记忆犹新。上课之前，同学们都早早走进教室，发现教室后面已坐了好些人，后来才知道是来听课的历史系的老师们、徐先生的助教和他的研究生们，还有学校教务处的老师。后排听课的估计在20人上下，他们都是趁徐先生难得讲课的机会来受教的。上课铃声响了，同学们都目不转睛地注视着敞开的教室门口。不多时，徐先生缓步走进教室，手持一个蓝色的文件夹，目视着同学们踏上了讲台。当年川大上课的惯例是上下课师生都是免礼的，所以老师进教室时没有学生起立与老师还礼的互动仪式。仔细端详站在讲台上的徐先生，他头发花白，脸宽圆，戴一副墨框眼镜，身穿蓝色呢料中山装，看样子已年过六旬，但精神饱满。

我们每个同学面前都放好了一本《中国史稿》的教材，令我们不解的是讲台上没见徐先生有《中国史稿》教材。当时我以中学老师拿着教科书讲课的思维想，他不拿《中国史稿》怎么讲课啊？哪知徐先生打开文件夹，并没有按照《中国史稿》的内容顺序进行讲解，而是一开始就讲《中国史稿》中史料处理的错误、一些观点提法不当之类。我们作为一年级学生，只具备从中学课本得到的有限历史知识，而且笃信教科书讲的都是对的。《中国史稿》史料处理怎么会不当？怎么还会有错？徐先生这种讲法令尚未进入史学之门的新生们难于理解。但我们只得耐心听下去，越听越觉得先生讲得深奥，听起来似懂非懂。说实话，听完徐先生讲课后我很难说懂了多少，有什么收获。要说收获，那就是第一次领略了徐先生讲课的风范。徐先生一口的安徽腔，娓娓讲解，所讲的内容都烂熟于心，全是脱口而出，只是偶尔看看文件夹中的讲稿。讲到需要引述的史料，他多在黑板上书写出来，书写格式就像线装书那样纵向一行行从右向左。他的粉笔板书非常流畅，字体大小疏密有致，给人以行云流水之感。他有时板书很随意，还把粉笔夹在两根指头之间，就像夹着一根烟卷那样在黑板上书写，写下的字却非常流利漂亮。先生如此流利漂亮的板书，让我印象深刻，令我十分佩服。

二、批驳《中国史稿》

徐先生对先秦史部分的讲授，我记得好像是从仰韶文化开始的，继而夏代、殷商、西周，后至春秋。整个讲课过程他都贯穿着纠错、批评这样的讲法。课后助教老师指点我们说，徐先生的这种讲法是研究式的教授法，不同于一般的讲解，真要听懂和理解他讲的内容是需要具有相当的历史知识和理论基础的。显然，徐先生这种研究式讲课对作为一年级学生的我们来说似乎早了点，我们听后似懂非懂也是很自然的事。可同学们听不懂徐先生的课，背地里却遭到助教老师的讽刺，说是“山野之猪吃不来细糠”。虽然如此，我们还是很珍惜他授课的机会的。听了徐先生一学期课，很遗憾当年没有留下详细的听课笔记，他讲课中探究了些什么问题，实难一一稽考道出。好在当年作为教材的郭本《中国史稿》一书我保存至今，50多年后重新翻翻，发现书中的旁批还零星记有徐先生课堂讲授的笔录，其中多处是徐先生对郭本《中国史稿》所论问题的纠正和批评。这里，我选择几处旁批内容，可见徐先生当年的研究式讲授。

例如，郭本介绍牧野之战，说商王把大批奴隶和战俘武装起来迎战周师，“在激烈的战斗中，商王军队中的奴隶兵，调转戈头，发动起义，使周师顺利占领了朝歌……”旁批：商王利用奴隶作战不可能，不可信，不合历史事实，完全是今人的想象。

又如，郭本认为商的灭亡是“受尽压迫和剥削的奴隶不断反抗”的结果，徐先生不同意此说。旁批：商的灭亡并非是因为奴隶的反抗，而是由于奴隶主的反抗。《牧誓》中云，商纣王"乃维四方之多罪逋逃，是崇是长，是信是使，俾暴虐于百姓，以奸宄于商国"。纣王重用罪恶之人，施暴于百姓，作乱于商邑，这引起奴隶主对纣王的不满。又，《左传·昭公七年》："纣为天下捕逃主"，可见是纣王收留了逃亡的奴隶，亦引起奴隶主对他的不满。于是，失去奴隶的奴隶主们联合起来伐纣而至商亡。

这段旁批记录了徐先生对商灭亡原因的不同观点，认为商不是亡于奴隶的反抗，而是亡于奴隶主的讨伐。这一看法与当时流行的阶级斗争观点相违背，有点离经叛道，但先生却大胆表述了。

再如，郭本认为商在宗教领域已形成了一个"至上的神……称为帝或上帝。上帝是有意志的人格神，是宇宙万物的主宰，上帝有好恶，能发号施令，实行赏罚，一切人事……都为上帝所主宰"。旁批：商代的上帝并非唯一的神，上帝之外还有其他神，还有下帝，上帝可能只不过是一个出名的神而已。商人对上帝的认识没有这样神圣、先进，对上帝也并非崇拜"至上"，他们不相信上帝时还要"射天"，反对上帝。

徐先生认为上帝非神圣至上，可以反对，人们还可"射天"。这一认识如在"文革"时期，一定会受到批判，会被认为是借对"上帝"的看法含沙射影攻击伟人。1962年个人崇拜尚未达到"文革"时期的顶峰，可徐先生就这么讲了，没有避讳，也没有人作含沙射影的联想。

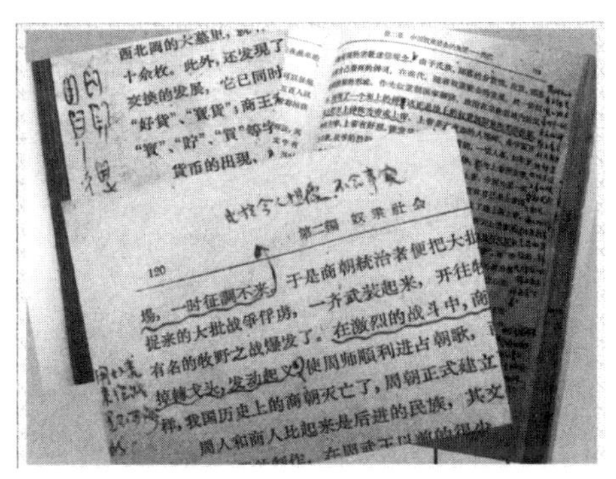
西北冈的大墓里，
十余枚。此外，还发现了
交换的发展，它已同时
"好貨"、"寶貨"；商王
"貨"、"貯"、"貿"等字
貨币的出现，
第二编 奴隶社会
120
于是商朝统治者便把大批
场，一时征调不来，
捉来的大批战争俘虏，一齐武装起来，开往
有名的牧野之战爆发了。在激烈的战斗中，商
掉转戈头，发动起义，使周师顺利进占朝歌，
样，我国历史上的商朝灭亡了，周朝正式建立
周人和商人比起来是后进的民族，其文

《中国史稿》批注1

郭本《中国史稿》的旁批还记录了徐先生指出的郭本史实错误或错用。

例如，郭本介绍周初对商朝贵族的处理时说"召公主张把他们全部杀绝，吕尚犹豫不决……"旁批：这并非是召公的主张，而是太公。吕尚也并非犹豫不决，而是主张顺周者留，逆周者诛，主张是明确的。

又如，郭本讲井田实行集体耕耘，诗称“千耦其耘”，耕作者受田峻监管，“井田中建置有小屋，叫作“郵”，田峻就在那里监工”。旁批：错！“邮”不是田峻监工之所，而是国王传达命令的地方，有所谓五里一邮。建置在田中用作田峻监工小屋称为“亭”。

再如，郭本讲周代已有“国”和“野”、“都”和“鄙”的区别，反映了城乡之间的对立。

旁批1：这样解释是错误的，“国”和“野”并非城乡对立。“国”最初是贵族的庄园，主人和亲属居于“国”内，是纯粹的消费居所，不是城市，“国”的附近是工商平民所居之地。“野”是手工匠人劳作和居住的地方，“都”是在“国”的基础上后来发展起来的。“鄙”是郊野边远的农耕之地，周代乡村地方组织，五百家为一鄙。“都”和“鄙”才是城乡的对立。

旁批2：封建社会初，城市并不发达，农村是封建统治的中心，农村统治城市。到了春秋时期，手工业发展了，要求城郭保护，“国”发展成“都”，形成城市，才逐渐产生城乡对立。

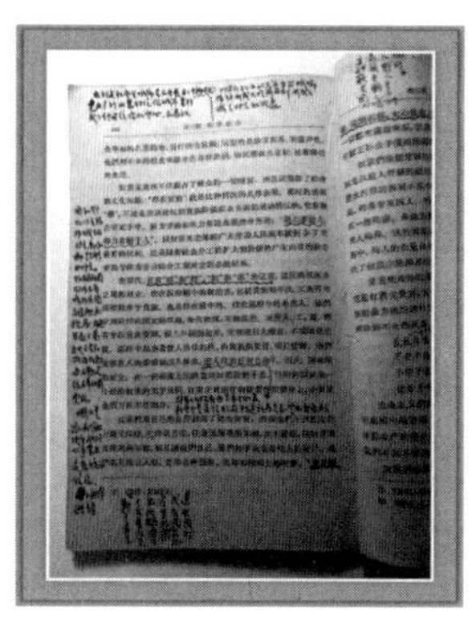

《中国史稿》批注2

《中国史稿》批注3

郭本《中国史稿》中的这些旁批，是我的听课笔录，虽不很完整，所记虽是只言片语，但真实地记录了徐先生研究式讲授先秦史的部分具体内容。

三、解析甲骨金文

徐先生讲了一个学期的课，给我印象最深，也是最清晰的是他以解析古文字讲授商、周历史。他是研究古文字的权威专家，在讲授商、周历史的过程中，常常插入甲骨文、青铜器上的铭文作解析，用以说明商、周的社会历史状况。其中我还清楚记得的是他对“廩”“乘”“酒”这三个古文字的解析。

徐先生在讲授商代农业时，特别讲到“廩”字的出现。他解释说廩是储存粮食最早的粮仓，不大，建于田畴之中。他在黑板上写下了几个不同古体的廩字作解析。最初的廩是象形字，好似一座小小的棚屋，下面是凹形的土坑，土坑的两边竖立着两根木柱，支撑着顶端尖状的棚。先生解释说，廩这种储存粮食建筑的出现，表明当时粮食生产已不是即产即食了，生产的粮食供人们食用后已有存余，反映了商代粮食生产发展的水平。

车，这是古代大型的运输工具。徐先生讲车是在商代才开始有的，最早的车是牛车，甲骨文、青铜铭文的“乘”字就是牛车，他就在黑板上写出“乘”的几个不同的古字。最初的“乘”字也是象形字，字形就像一头牛拉着车子的简笔图画。图画上面是尖角，先生解释说尖角表示的是拉车的牛的象形，中间的十字结构是木制的车架，两边的圆形就是车的轮子，这个象形字经演变就成了现在的“乘”字。一架牛拉车就是一“乘”。先生说牛车的发明是中国古代运输工具的一次飞跃，也可以说是运输工具的革命。商人的牛拉车说明他们已会利用畜力为生产和生活服务了，这是商代社会生产力进步的表现，对后来的影响是深远的。

徐先生同样以古文字解析了“酒”字的形象和含义。他讲酒是由粮食酿造而成的萃取物，认为酒的出现有两方面的历史意义：一是表明商代的粮食加工手工业出现了；二是表明商代的粮食是充足的。他发挥说，酿酒是人们吃饱了饭之后才会做的事，如果人们饥饿，吃不饱饭是不会把粮食用于酿酒的，否则就太奢侈了。徐先生对酒的这种说法后来还引出了一段小插曲。1962年，正值国家粮食短缺的“三年困难时期”，当时四川实行居民粮食定量，每人每月定量配给粮食19斤，人们都食不果腹，处于饥饿和半饥饿状态。好事者认为徐先生借讲古代酿酒的历史，谈“饥饿”，谈“吃不饱饭”是含沙射影攻击政府的粮食政策，政治思想有问题，于是便向学校领导做了汇报。据说徐先生因此还受到领导的批评教育。

徐先生用甲骨文、金文讲解先秦历史同学们都感到很新奇。他写在黑板上的甲骨文和金文我是第一次见到，他对古文字的解析我也是第一次听到，因为新奇，便把一些很有形象感的古文字摹写在教科书上，一直存留到今天。

四、徐先生的西周封建论

徐先生对西周社会性质的论证性讲解给我留下深刻印象。郭本《中国史稿》认为西周大量使用奴隶从事农业生产,西周处于奴隶社会阶段,而且是中国奴隶制社会的鼎盛时期。徐先生对此持相反的观点,认为西周是封建社会,已从殷商时代的奴隶制进入封建制时代了。他从西周的分封制、井田制、宗法制等不同的方面进行了论证。现在还留在我记忆中的是先生对古诗《豳风·七月》的分析论证。他认为《豳风·七月》这首叙事诗,描写的就是西周封建制度下农耕生活的情景诗。诗云“同我妇子,馌彼南亩”,是写农人带上老婆儿子下田耕作,把饭也带到田间,这说明农人都是有自己的家室的,带上老婆儿子下田表明是小家庭的耕作,不是“千耦其耘”那种集体耕作。小家庭的耕作是比较自由的农耕劳动。奴隶是没有家室的,奴隶不可能带着老婆儿子干活,奴隶劳动还要受监督,没有人身自由,这是奴隶社会与封建社会劳动者的重要区别。徐先生说,西周的农业生产者身份已经改变,认为农业生产还大量使用奴隶的说法是不合乎事实的。又,诗云“女执懿筐,遵彼微行,爰求柔桑”,是写女人们背着筐,沿着田间小道去采摘桑叶用以养蚕的情景。养蚕是用来抽丝的,蚕丝是纺织用的,采桑养蚕反映的是女子与纺织相关的劳作。男子下田干活,女子采桑养蚕、纺织,构成了男耕女织分明的图景。男耕女织这是中国封建社会典型的小农经济形式,这种小农经济在西周的存在,表明西周已脱离奴隶制社会进入封建时代了。徐先生同时也讲到,西周虽然已进入封建社会,但封建领主土地上的农人并不是完全自由的,他们还受到主人享有某种特权的约束。“春日迟迟,采蘩祁祁。女心伤悲,殆及公子同归。”就反映了这样的情形。写采桑的姑娘心怀隐忧,担心主人的公子哥儿对她有非分之想,会强行把她带走。这说明封建主土地上的农人还存在人身不完全自由的现实,这种不自由应该看着是奴隶制度留下的残余痕迹,这与奴隶人身的不自由是有区别的。

我对徐先生这样论证西周是封建社会之所以印象深刻,是因为他的观点与郭本《中国史稿》所论是奴隶社会的观点截然不同。究竟那种说法对?以我们当时的历史知识水平是难以判断的。像这类似懂非懂的问题多由课后辅导解决。川大当时实行严格的助教辅导制度,徐先生讲课之后,他的助教要定时给我们做辅导,助教都是年轻老师。辅导有两种形式:一种是集体辅导，由助教在教室给同学解析主讲教师所讲内容的重点、难点；另一种是单独辅导，是解答同学的疑问，称为“答疑”，答疑活动常常是助教在学生寝室进行的。辅导答疑使课堂讲授还未懂的问题得到一定的消化。

五、感悟

年岁久了，听徐先生讲课的详情虽然日渐淡忘，但现在追忆起来，听他的课受益不浅，我有两点感受很深切。

一个是徐先生讲课在多处提出了与教材《中国史稿》不同的看法和观点，特别是讲述有争论的西周社会性质问题，认为西周是封建社会而不是奴隶社会，这是我第一次知道教科书上的说法和观点未必都是对的，是可以研究、可以商榷的。这使我受到了关于历史研究“学术”的启蒙教育，构建起了“学术”这个概念，知道对历史问题的不同看法和观点这是学术问题，破除了惯常笃信书本权威的僵化意识，提高了对历史观察和认识的起点。这门课期末考试是开卷作文，题目就是《简论西周的社会性质》。有同学接受徐先生看法论述西周封建社会的，有同学按《中国史稿》观点论述西周奴隶社会的，作文都紧扣学术问题，全班评为“优”的就有20来个。这一结果令系领导很满意，称赞说这个年级以后会出几个人（指有历史研究有造诣者）。通过这样的作文题和开卷考试的方法，进一步使我增强了对“学术”的理解，这对我后来从事世界历史教学和研究不无帮助。从学术切入讲课的高起点这是我听徐先生讲课的一大收获。

再一个是徐先生引用和摹写甲骨文、金文讲述商、周历史，这是我第一次见识中国的古文字的真实形象。从他对古文字的解析中，我才第一次知道在古文字中隐含着丰富的历史信息，才知道古文字本身就是历史。对甲骨文、金文的这种认识，极大地影响了我对世界文明中古文字的关注。我多年讲授大学本科历史专业的基础课“世界古代史”，内容涉及古埃及象形文字和古巴比伦楔形文字，这是流行于北非和西亚地区数千年的古老文字，隐含着古埃及和古巴比伦文明丰富的历史信息。在教学中，我学习徐先生解析甲骨文和金文的方法，充分利用这两种古文字，解析其中隐含的古埃及和古巴比伦社会经济状况，收效甚好。利用古文字讲解历史，这是从徐先生那里学来的，这不能不说是我听徐先生讲先秦史得到的又一大收获。

50多年前听徐先生讲先秦史能有这样的收获,确如刘韵叶老师所说是我在大学期间非常幸运的事。当年听课时不觉得,事后才感觉受益匪浅。

我,包括我川大的同学们,能在大学受教于名家的这段学习经历的确是值得珍视的。